MANA-
GE
-MENT

제2판

경영학의 이해

이창대 · 조영석 지음

정독
DEEP READING

제2판

경영학의 이해

제2판 머리말

특정한 조건하에서 적용하는 AI에서 모든 상황에 일반적으로 적용할 수 있는 AGI(Artificial General Intelligence)시대와 양자역학의 원리를 활용해 기존 슈퍼컴퓨터보다 수백만 배 이상의 계산 성능을 제공하는 차세대 컴퓨팅 기술인 양자컴퓨터 시대를 살아가게 되는 우리에게 경영학은 어떠한 의미일까를 생각한다. 경영학과에 입학한 학생들에게 제너럴리스트의 역량이 필요한지? 스페셜리스트의 능력이 더 필요하게 될지 어떠한 사고의 틀을 가져야 할까? 결과적으로 하이브리드 능력(제너럴리스트 기반 위에 스페셜리스트 능력이 균형을 이룬)을 갖춘 인재가 필요한 시대이다. AGI는 전문지식을 대체하지만 문제를 정의하는 능력은 오로지 인간이 할 수 있기 때문이다. 우리는 경영전반에 대한 이해, 즉 경영관리기능인 계획화, 조직화, 지휘화, 통제화를 이해하고 부서 간 통합적 사고를 통한 메타지식이 필요하다. 경영학을 공부하는 우리 학생들이 전략적 사고, 문제정의능력, 그리고 AI를 활용한 의사결정 등이 필요하다. 이러한 시대에 경영학 전공자는 보다 폭넓게 경영학의 전반적인 지식을 이해하고, 깊게 경영학 전공분야 중 한곳에 집중하는 하이브리드형 인재가 되어야 경쟁력이 있다고 생각한다.

이번 경영학의 이해 제2판에서는 경영의 개념과 기업의 탄생, 기업의 본질, 그리고 경영자의 의사결정, 경영환경, 사회적 책임, 기업가정신을 중심으로 집필하였다. 우리 학생들이 하이브리드 능력을 갖추기 위해 일반적인 경영관리의 기능인 계획과 조직, 지휘와 통제, 그리고 경영의 기능을 중심으로 살펴본다. 이번 경영학의 이해 제2판에는 조영석 교수가 함께 참여하였다. 혼자가 아니라 함께하는 것이 경영의 개념과 부합되고 더 좋은 결과가 나오기 때문이다. 아무쪼록 경영학의 이해 제2판을 통하여 새로운 시대에 필요한 하이브리드 지식을 우리 학생들이 잘 공부했으면 좋겠다. 많은 영리기업이나 비영리기업이 고객들에 대한 페인포인트에 공감하여 인류사회가 필요로 하는 제품과 서비스를 산출하기 위하여 노력하는 현장중심의 경영학 교육이 되는데 도움이 되었으면 한다.

이 책을 출판하게 동기를 준 우리 학생들에게 고마움을 전한다. 끝으로 언제나 삶의 모범이 되시는 부모님과 가족들에게 감사하며, 특히 좋은 책을 출간하기 위하여 정성을 다하는 도서출판 정독의 김중용 사장님, 심성보 편집이사님께 감사의 마음을 전한다.

2025년 12월

승달산 연구실에서

이창대

머리말

오늘날 경영학의 위기가 다가왔다. 과연 대학에서 경영학을 가르친다는 것은 어떤 의미일까? 표준화되어진 상식 수준의 경영지식을 가르치는 경영학으로 외면받게 되는 것은 아닐까? 2022년 세계 최고의 혁신대학으로 미네르바 대학이 선정되었다. 오늘날 경영학을 가르치는 대학교수는 현장으로 더 더 더 앞으로 현장의 경영을 가르쳐야 한다고 생각한다. 경영학은 누구를 위한 학문인가? 경영학의 이해를 위해 우리는 과거 역사에서 배워야 할 소위 경영의 원리는 무엇인가? 경제학자인 Ludwig von Mises(1881. 9. 29.~1973. 10. 10)는 경영학을 연구하는 Peter Ferdinand Drucker(1909. 11. 19.~2005. 11. 11)에게 경영학이 무슨 학문이냐?라는 질문에 인간의 행복을 달성하는 것은 궁극적으로 물질적 소비수준의 증대를 통해서라며, 기업의 생산활동과 조직 구성원들의 생산성을 향상하는데 관심을 가지고 있는 학문이라고 답한 것을 소환해보면서 다시 한번 경영학의 원리는 무엇인지를 생각해 본다.

역시 경영은 사람을 널리 이롭게 하는 것이라는 피터 드러커의 말에 전적으로 동의한다. 이는 경영은 인간의 물질적 삶을 변화시킨다는 것이다. 또한 경영은 실사구시의 학문이다. 이를 위하여 「경영학의 이해」라는 책을 집필하게 되었다. 경영학과에 입학하여 처음으로 접하는 신입생들은 물론 복수전공이나 부전공, 그리고 연계전공 등 다양한 학문 분야에서 융합이나 연결과 관계라는 가치를 창출하기 위해 참여하는 학생들에게 경영학의 기본원리와 개념, 그리고 이론을 보다 쉽게 수요자이자 사용자인 학생들의 눈높이에서 기술하고자 노력하였다. 이를 위하여 경제신문, 인터넷 사이트 등을 참고하여 다양한 사례를 제공하고, 학생들이 각장을 학습한 후 강의 요약, 연습문제 등을 제시하였다. 과거의 기업을 경영하는 것이 100m 달리기 경주라면 오늘날 기업의 경영은 1,000m 허들 경주처럼 복잡하고 어려운 실정이다. 오늘은 계획화, 내일은 실행, 모레는 통제하는 경영원리를 잘 활용하는 것이 우리가 배워야 할 논리이다. 아무쪼록「경영학의 이해」라는 책을 통하여 여러분들이 경영의 개념, 역사, 그리고 경영관리의 원칙을 잘 공부했으면 좋겠다.

급변하고 있는 세상 속에서 또 하나의 경영의 이해라는 책을 세상에 내놓는 것은 경영학 교육을 통하여 우리의 생각을 바꾸고 경영자의 관점을 이해하고 조직 구성원들의 생각을 변화시켜 인류사회가 필요로 하는 제품이나 서비스를 산출하는데 도움을 주었으면 좋겠다. 이 책을 출판하게 동기를 준 우리 학생들과 동료 교수님들의 유익한 조언이 도움이 되었다. 끝으로 항상 일관된 삶의 모습을 보여주시는 부모님과 가족들에게 감사하며 특히 좋은 책을 출간하기 위하여 애를 쓰는 도서출판 정독의 김중용 사장님, 심성보 편집이사님께 감사의 마음을 전한다.

2023년2월
승달산 연구실에서
이창대

차 례

제 1 부

경영학 일반론

제 2 부
계획과 조직

제 3 부

지휘와 통제

제 4 부

경영의 기능

BUSINESS ADMINISTRATION

01

PART 01

경영학 일반론

Chapter 01

경영학의 이해

제1절 경영학원론 첫 수업

제2절 경영의 개념

제3절 경영학의 역사

제4절 산업혁명과 경영

제5절 내일이라는 세상에서의 경영

제1절 경영학원론 첫 수업

경영학원론 수업을 수강하는 여러분들을 환영합니다. 여러분들은 경영대학에, 또는 경영학과에 경영 관련 학과의 신입생일 겁니다. 아니면 경영학을 복수전공이나 부전공, 그리고 연계전공 등 다양한 학문 분야에서 융합이나 연결과 관계라는 가치를 창출하기 위해 참여하는 학생들일 것입니다. 아무튼 이제부터 여러분들과 함께 경영학원론 문자 그대로 경영학의 기본적인 원리인 계획, 실행, 그리고 통제라는 관리의 순환과정과 경영학의 각 기능들에 대해 가장 기본적인 내용을 다루는 수업입니다. 경영이란 현대사회에서 익숙한 용어로서 대부분의 사람들은 경영을 하고 있고 경영 현장에 있기도 합니다. 여러분들은 경영학을 혹은 경영을 무엇이라고 생각하십니까? 여러분들이 생각하는 경영이라는 의미를 문장이나 단어로 표현할 수 있습니까? "경영은 [   ]이다." 여러분들은 이곳에 어떠한 단어나 문장을 대입할까요? 어떤 학생은 경영은 관리이다, 혹은 목표를 달성하는 것이다 등 다양한 단어나 문장으로 경영을 표현할 것입니다. 여러분들이 생각하고 있는 경영과 이번 학기 경영학원론에서 다루는 것들이 같을까요? 처음이라는 것은 매우 설레이는 단어입니다. 여러분들처럼 대학 신입생으로서 대학 생활의 첫 전공 관련 수업인 경영학원론 어떠한 마음가짐으로 수업을 듣고 계십니까? 경영학은 너도 알고 나도 아는 일반적이고 상식적인 것이 아닙니다. 경영학은 상식을 넘어서 여러 가지 과학적 연구들이 축적된 결과이며 통찰력을 주는 학문입니다.

여러분들에게 오늘 경영학원론 첫 수업에 BTS(방탄소년단)가 해외에서 세계인들 앞에서 아리랑 메들리를 부르는 모습(https://www.youtube.com/watch?v=vwc5zTay-VJw)을 소개할까 합니다. 한국과 프랑스 수교 130년을 기념하여 2016년 6월 14일 프랑스 파리에서 개최된 KCON 2016 행사에서 공연한 모습입니다. KCON은 2012년 미국에서 처음 시작한 세계 최대 한류 컨벤션으로 K-Pop, K-드라마, K-뷰티, K-푸드 등 한국문화의 모든 것을 체험할 수 있는 행사입니다. 공연된 이 영상을 본 우리들은 무엇을 느꼈을까요? 우리나라 말로 타국에서 저렇게 많은 젊은 시대의 사람들에게 부르는 아리랑은 우리 국민이라면 자랑스럽게 생각하고 가슴속에서 무엇인가 울컥하지 않을 수 없을 것입니다. 이 모습이 바로 경영이라고 생각합니다. 2025년 6월 20일부터 Netflix에서 방영된 케이팝 데몬 헌터스(KPop Demon Hunters)는 K-컬처의 새로운 물결이었습니다. 케데헌의 성공요인은 한국적인 요소들을 곳곳에 녹여내면서 외국인들에게 신비롭고, 한국인들에게는 익숙한 재미를 준 점입니다. 메기 강 감독은 처음 아이디어를 떠올렸을 땐, 단순히 한국 여성과 K-POP을 주제로 한 슈퍼히어로 영화였습니다. 케데헌은 한국 샤머니즘에 기반을 두고 한국의 여러 시대를 담아내고 한국 음악이 세월을 거쳐 어떻게 발전해왔는지를 보여줄 수 있는 기회가 있었고 특히 한국의 전통 복식(의상)이 전 세계 사람들로부터 주목받고 존중 받으며 공유되는 모습을 지켜보는 것이 한국인으로서 굉장히 의미 있는 경험이고 감동이었다고 합니다. 한국문화 속에서 수백 년 동안 존재해온 것들을 이야기의 기반으로 출발하였고 한국 문화의 더 많은 면모를 보여주었습니다. BTS도 메기 강의 케이팝 데몬 헌터스도 세계의 젊은 시대의 사람들에게 감동과 가치를 준 것이 바로 경영입니다.

오늘 첫 수업이기 때문에 여러분들과 함께 경주 최부자의 이야기를 살펴보고자 합니다. 경상북도 경주시 교동 69번지에 있는 만석꾼 경주최씨의 가옥은 1971년 5월 27일 국가민속문화재로 지정되었습니다. 400년 동안 9대 진사와 12대 만석꾼을 배출한 집안으로 보통 경주 최부잣집 또는 경주 최진사집으로 널리 알려져 있습니다. 현재 가옥이 위치한 곳은 신라시대 요석공주가 살았던 요석궁 터라고 전해지고 경주최씨 최언경(崔彦璥 1743~1804)이 이곳에 터를 잡아 정착하여 약 200년을 이어져 내려왔습니다. 이전까지는 최부잣집의 파시조(派始祖)인 최진립(崔震立)부터 약 200년 동안 경주시 내남면 게무덤이라는 곳에서 살다가 교동으로 이전한 것입니다. 경주 내남면 게무덤에서 7대를 내려오면서 살았고 교동에서 5대를 만석꾼으로 유지하며 살았다고 합니다. 최부잣집에서 전해오는 전통은 진사 이상의 벼슬을 금지했고, 만석 이상의 재산을 모으지 말라고 했습니다. 또한 찾아오는 과객을 후하게 대접하고, 흉년에 남의 논밭을 사들이지 못하게 했습니다. 그리고 "며

느리는 3년 동안 무명옷을 입고 사방 100리 안에 굶어서 죽는 사람이 없게 하라"고 했습니다. 최부잣집의 1년 쌀 생산량은 약 3천 석이었는데 1천 석은 사용하고, 1천 석은 과객에게 베풀고 나머지 1천 석은 주변에 어려운 사람들에게 나누어 주었다고 합니다. 12대 400년 경주 최부자집에 스웨덴 국왕 구스타프 6세(스웨덴 황태자)가 1926년 황태자비와 함께 신혼 여행으로 조선을 방문하였다고 합니다. 그는 신라시대 고분발굴 작업에 참여하게 되었습니다. 6.25전쟁 당시 1951년 경주 교동 스웨덴 의료참전단이 경주 최부자의 집을 찾아 여성전용 공간인 안채와 부엌을 카메라에 담아오라는 스웨덴 국왕의 특별명령을 수행중이었습니다. 흔히 부자는 3대를 못 간다는 말이 있습니다. 성경에는 부자가 천국에 들어가기는 낙타가 바늘 귀를 통과하는 것만큼 어렵다고 했습니다. 경주 교동 최부자 그들은 누구인가? 마당 한편의 곡식창고, 최부자의 명성은 부의 규모 때문이 아닙니다. 1671년 경주에는 굶어 죽는 사람이 많았는데, 최국선은 "많은 사람들의 굶주림이 이 지경이 되었는데 어찌 집안 재물을 아껴 저들이 죽어가는 것을 보고만 있겠는가?"라며 과감히 곳간을 열었습니다. 풍년의 기쁨을 누리면 흉년의 아픔 또한 이웃과 함께하는 것이 부자의 도리라 생각하였기에 일어난 일이었습니다. 이때부터 백리 안에 굶어 죽는 사람이 없게 하라는 말이 나왔습니다. 과거 흉년이 들면 부자들에게는 재산 불리기에 절호의 기회였습니다. 하지만 "흉년에는 땅을 사지 마라"고 하여 도덕성을 강조하였고 부자의 사회적 책임을 다했던 최부자, 더불어사는 공동선 의식과 이웃이 편해야 내가 편하다는 생각을 가진 오늘날 우리가 살아가는 이 세상에서 보기드문 사람이 아닐 수 없습니다. 여러분들은 최부자집을 어떻게 생각하시나요? 함께 더불어 사는 너도 살고 나도 살 수 있는 방법을 실행한 최부자집, 즉 만석 이상 하지 마라. 최부자집을 이야기할 때 빠지지 않는 독특한 재산운영방식입니다. 이는 토지가 좁은 영남에서 만석 이상의 소작료는 필연코 무리가 뒤따라 누군가의 원성을 살 수밖에 없는 일입니다. 소작료 수입을 만석으로 고정하자 땅이 늘면 늘수록 최부자집의 소작료는 낮아졌습니다. 최부자집이 부유해지면 소작인의 곳간도 늘어나는 독특한 상생의 경제 형태입니다. 따라서 소작인은 최부자집이 땅을 더 많이 갖기를 바랐고, 땅이 나오면 최부자집에 소개했습니다. 이는 오늘날 기업에게도 시사하는 바가 큽니다. 재산축적의 정당성 확보와 나눔의 실천을 통한 안정적인 부의 유지가 가능한 지혜가 아닐 수 없습니다.

또 다른 한 사람을 소개하고자 합니다. 한국 최초의 여성 최고경영자인 김만덕(1739~1812)입니다. 김만덕은 조선시대 제주도의 상인입니다. 12살 때 부모를 잃고 은퇴한 기생에게 수양딸로 맡겨져 기생 수업을 받은 후 제주 관가의 기생이 되었지만 가문에 누가 된다는 친가 쪽의 이야기를 듣고 그만두게 됩니다. 객주일을 시작하면서 본토와 제주도 사이의 물자 유통을 통해 탁월한 감각으로 장사를 시작해 거상이 됩니다. 기방손님들이 준 정보를 바탕으로 제주도만의 특산품을 시의적절하게 판매를 합니다. 그녀의 판매 원칙은 첫째, 박리다매(薄利多賣)입니다. 하나하나의 이익은 적게 보는 대신 많이 팔아서 큰 이익을 남기는 것을 원칙으로 삼았습니다. 기녀 생활의 경험을 살려 제주 양반집 부녀자나 기녀들에게 옷감, 장신구, 화장품 등을 싼 가격에 팔면서 그 양을 점차 늘려나가면서 큰 이익을 남겼습니다. 둘째, 적정한 가격으로 사고파는 것을 원칙으로 삼았습니다. 큰 이익이나 눈앞의 이익을 보려하지 않고 사는 사람이나 파는 사람이나 합리적으로 인정할 수 있는 적정가격으로 변함없이 상거래를 했습니다. 셋째, 정직한 믿음을 바탕으로 거래하는 것을 원칙으로 삼았습니다. 이는 돈을 믿는 것이 아니라 인간의 정직과 성실성을 기반으로 경영을 한 것입니다. 김만덕은 그냥 부자로 살지 않았습니다. 1790년대 제주도에 심한기근이 발생하였고 많은 사람이 죽었습니다. 그녀는 재산 대부분을 처분하여 육지에서 쌀을 사와 이웃과 함께 하였습니다. 추사 김정희는 그녀를 은혜로운 빛이라 하였습니다. 만덕의 선행이 조정에 알려져 정조가 상을 주려하자 만덕은 이를 사양했습니다. 이에 정조가 만덕의 소원을 물어보라 했고, 만덕은 서울에 가서 왕궁을 보는 것과 금강산을 유람하는 것이라 했습니다. 당시 제주는 출륙금지가 엄했던 시절로 특히 만덕과 같은 여성이 제주를 벗어나 육지로 나간다는 것은 상상할 수도 없는 일이었습니다. 한국 최초의 여성 최고경영자인 만덕의 당찬 행동과 혁신적인 생각을 엿볼 수 있는 일화입니다. 최부자집도 김만덕도 경영을 잘 하였던 것입니다. 여러분들도 동의하시나요? 이번 학기 경영학원론 첫 수업 시간에 BTS와 케데헌 그리고 경주최씨와 김만덕의 사례를 통하여 앞으로 배워야 할 경영학원론의 기본적인 개념들을 살펴볼 것입니다.

이번 학기 여러분들과 함께 경영학원론을 소개하기 위하여 먼저 강의계획서를 살펴보도록 하겠습니다. 오늘 강의실에서 만나는 많은 학생들이 대학 새내기일 것입니다. 대학에 입학하여 전공기초과목으로 수강하게 된 경영학원론, 경영학의 이해 수업을 통하여 경영학을 전공하는 여러분들에게 경영의 개념, 원리 등을 소개하는 교과목입니다. 오늘 첫 시간 앞으로 공부하게 될 수업내용을 강의계획서를 중심으로 살펴보면, 먼저 이번 학기 경영학원론의 교과목 개요에 소개된 바와 같이 경영학의 기초개념과 현대 기업의 경영원리를 개괄적으로 설명합니다. 4차 산업혁명 시대를 넘어 메타버스와 옴니버스라는 보이는 세상에서 보이지 않는 세상, 기후변화와 환경변화 등으로 우리가 경험해보지 않은 세상에서 인류사회가 필요로 하는 제품과 서비스를 만들어내기 위하여 여러 가지 자원을 어떻게 효율적이고 효과적으로 관리할 것인가에 대하여 공부할 예정입니다. 이를 위하여 이번 학기 경영학원론에서의 교육목표는 여러분들이 첫째, 기후변화와 환경변화 등 기업을 둘러싼 경영환경과 경영원리를 이해하는 것입니다. 둘째, 주요 경영기능의 기본개념 및 통합과정을 이해하는 것입니다. 셋째, 경영윤리의 중요성을 인식, 넷째, 경영의사결정을 위한 분석기법의 활용 및 문제해결 능력의 배양이며, 다섯째, 경영통제에 대한 이해입니다. 강의운영방법과 교수학습방법으로는 설명식 수업모형인 강의법과 학생들이 자신의 의견을 자유로이 발표하고 다른 사람의 의견을 들으면서 학생들 간 또는 교수와 학생 간에 의견이나 아이디어를 상호 교환하면서 경영학에 대해 공부할 예정입니다. 수강생 유의사항으로는 여러분들이 자발적이고 적극적으로 이 수업에 임하여야 하며, 학생들 스스로 토론과 질의응답을 통하여 개념을 정립하여야 합니다. 특히 경영학적 개념체계를 익히는 중요한 수업이므로 보다 적극적으로 이 수업에 참여하여야 합니다. 교재 및 참고도서는 인터넷을 포함한 다양한 원천으로부터의 경영학 책과 신문기사를 보고 필요한 것은 나중에 쉽게 찾아보기 위해 다양한 원천인 신문, 잡지, 인터넷 등에서 글이나 사진 등을 모아서 자료로 활용하면 좋겠습니다. 이번 학기 경영학 수업은 다음과 같이 진행됩니다.

경영학 수업 내용

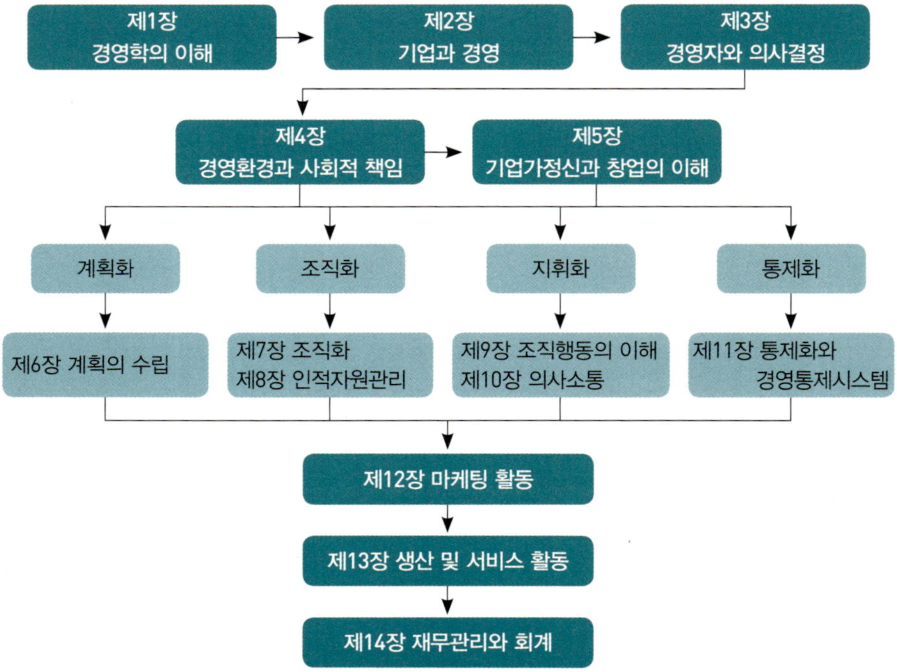

요점정리

페인포인트(pain point)

고객의 관점 : 고객이 제품이나 서비스를 이용하면서 느끼는 불편함과 어려움, 그리고 문제점을 찾아내 이를 개선해 가치를 창출하는 것을 의미

- 검은 TV화면이 집안 인테리어를 저해한다고 느끼는 불편함을 해결(LG 시그니처 올레드)
- 2011년 출시된 번개장터 : 고객들이 원하는 브랜드의 중고거래를 위해 짝퉁거래라는 문제점을 차단하기 위한 가품검사 등 신뢰도 향상
- 노래 한곡을 들으려고 앨범을 사는 것은 합리적인가?
- 전문사진작가도 아닌데 멋진 풍경을 찍겠다고 손에 카메라를 들고 다녀야 할까?

사례 | **대전의 노포 성심당…장사보다 나눔을 강조**

성심당은 대전의 '노포'입니다. 갑자기 뜬 빵집이 아니죠. 흥남 철수 때 피난민이었던 임길순이란 분이 1956년 대전역 앞 천막에서 찐빵 장사를 한 게 시작이었어요. 지금 성심당을 이끌고 있는 임영진 대표는 창업자의 아들로 2세 경영자입니다. 임영진 대표는 단순히 경영을 승계한 게 아니라 정말 동네 빵집이나 다름 없었던 성심당을 전국구 스타 빵집으로 올려 놓습니다. 성심당의 경우 대전에서만 6곳의 매장을 운영 중이죠. 성심당을 모셔가기 위해 전국의 백화점과 쇼핑몰이 줄을 섰지만 모두 거절했어요. 이건 과거 실패 경험이 뼈아팠기 때문일 겁니다. 실은 성심당도 파리바게뜨처럼 가맹 사업을 한 적이 있어요. 2000년대 초반이었는데요. 임영진 대표의 동생 분이 주도했습니다. 하지만 가맹 사업은 결국 실패로 끝났어요. 공장에서 찍어낸 빵이 소비자의 기대를 충족시켜주지 못했거든요. 가맹 사업은 성심당의 브랜드 이미지에도 안 좋은 영향을 미쳤어요. 성심당 본점까지 장사가 안됐죠. 이 일로 성심당은 부도 위기에까지 내몰렸어요. 가맹 사업을 하느라 큰 빚을 졌거든요. 이후 심기일전해서 결국 빚을 다 갚긴 했지만 이런 경험은 임 대표에게 깊이 각인됐어요.

성심당은 2005년에 큰 화재 사고를 겪었어요. 본점과 빵 공장이 전부 불탔죠. 사람들이 많이 다쳤고 설비는 다 못 쓰게 됐어요. 임영진 대표는 이때 성심당을 접을 생각까지 했다고 해요. 그런데 이 위기에서 성심당을 지켜낸 건 직원들과 대전 시민들이었어요. 직원들이 자발적으로 모여서 복구 작업을 했고 중고 기계를 사서 빵을 만들기 시작했어요. 그러자 시민들이 열성적으로 성심당 빵을 사줬죠. '성심당을 우리가 지켜야 한다'면서요. 화재 이후 오히려 매출이 30%나 증가했다고 해요.

성심당은 설립 때부터 장사보다 나눔을 강조했던 빵집이었어요. 창업자 임길순 씨는 빵을 팔고 남으면 고아들에게 늘 나눠줬어요. 이런 정신은 후대로 이어졌죠. 성심당의 작년 기부금은 20억원으로 광고선전비의 7배에 달했어요. 지역사회와 나누고 베풀었던 게 고스란히 돌아온 것이었어요.

[자료원: 한경비즈니스 NO. 1536 pp 54-55. 발췌]

에어비앤비(airbnb)
고객의 관점 : 포화상태에 이른 시장에서 호텔을 예약할 수 없는 사람들을 위해 웹사이트를 개설하고 공간을 빌려주는 고객과 공간을 빌리는 고객을 서로 연결해주는 플랫폼 고객 한 명을 콕 집은 뒤 그 사람을 연구할 거예요. 그 사람의 여정을 보면서 이 사람의 여정을 어떻게 더 좋게 만들까 고민하겠죠. 어떤 부분을 개선해야 하는지에 대해서 한 사람을 위해 멈추지 않고 무한대의 개선을 할 겁니다. 그 사람이 진짜 그 제품을 사랑할 때까지 한 사람이 정말로 만족하면 그 다음 두 번째 사람에게 가서 그 사람이 그 제품을 사랑할 때까지 다시 제품을 만들 겁니다. 그리고 세 번째 사람에게 갑니다. 그렇게 계속하면 당신의 제품을 사용하는 사람들이 당신의 마케터가 됩니다.

제2절 경영의 개념

1. 경영의 개념

경영이란 일상생활에서도 많은 사람들이 경영을 이야기한다. 우리가 전공하는 경영학이 일반적인 상식적인 경영학과 차이가 나는 것은 무엇일까? 이제 우리는 경영을 어떻게 정의할까? 여러분들은 경영을 어떻게 설명할 수 있을까? 인류사회가 필요로 하는 재화나 서비스를 제공하거나 판매해 이익을 얻은 조직을 우리는 비즈니스라고 한다. 즉, 기업이다. 기업 하면 어떤 성공적인 크고 잘 나가는 기업의 이미지가 떠오르는가? 삼성, LG, Apple, 스타벅스, 네이버, 아마존, 현대자동차 등 크고 성공적인 기업이나 다국적 거대 기업이 생각나는가? 아니면 동네 주변에 있는 60계 치킨, 파리바케트, 슈퍼마켓, 세탁소, 꽃집, 맛있는 식당 등이 생각나는가? 모두 다 재화나 서비스를 제공하거나 판매하여 이익을 얻고자 한다. 모든 조직은 경영을 수행하고 있다. 조직의 목표를 달성하기 위하여 무엇인가 보다 능률적이고 효율적인 방법을 통하여 조직의 인적자원, 물적자원, 재무자원, 정보자원 등을 계획하고 실행하고 통제하는 과정을 하고 있다. 경영은 무엇인가 인적자원 및 물적자원 등을 유기적으로 결합하여 무엇인가 만들거나 제공하는 것을 관리하는 것을 의미한다. 지금으로부터 80여 년 전 제2차 세계대전 직후 모든 나라의 지식인들에게는 비즈니스라는 말은 좋지 않은 말이었다. 미국에서조차도 우수한 성적으로 대학을 졸업한 사람도 기업에 취업하기를 싫어하고 공무원이 되거나 연구기관에 취업하고자 하였다. 그러나 오늘날 많은 사람들은 기업에 취업하고 창업하고 있다. 많은 대학에서 경영학과가 없는 대학은 찾아보기가 어려운 현실이다. 손자에게 주는 고등학교 졸업 축하선물이 경영관련 서적을 선물하고 있는 현실이다. 그만큼 우리가 살아가는 세상에서 경영은 뗄레야 뗄 수 없는 필수적인 개념이자 배워야 하는 학문이다. 경영학은 소위 실사구시의 학문이기도 하다. 우리가 살아가는 세상에서는 우리 모두는 어디엔가 소속되어 있다. 가족, 학교, 사회, 국가, 세계, 그리고 지구이다. 가족도, 학교도, 사회도, 국가도 모두 특정한 목표를 달성하기 위하여 여러 사람들로 구성되어 있는 집단이라고 할 수 있다. 가정의 목표는 행복일 것이고, 또 다른 조직들도 모두 목표를 가지고 있다. 그렇다면 우리가 살아가는 이 세상에서 소속되어 있는 모든 조직들은 자기만이 가지고 있는 혹은 추구하는 어떠한 목적과 목표가 있다고 볼 수 있다. 또한 그 조직에는 사람들이 있을 것이고, 무엇인가 구조가 있다. 이렇게 사람들이 모여서 조직구조를 가지고 추구하

요점정리

경영이란 인류사회가 필요로 하는 재화나 서비스를 산출하기 위하여 고객이 느끼는 불편함(pain point)을 해결하기 위해 필요한 여러 가지 자원(인적자원, 물적자원, 재무자원, 정보자원 등)을 효과적이고 효율적으로 관리하는 여러 가지 제반 활동

경영이란 ?

1) effectiveness 2) efficiency/productivity 3) decision-making 4) cooperation
5) harmony 6) value creative

는 어떠한 목적과 목표를 달성하기 위하여 경영이 필요하다고 할 수 있다. 따라서 경영은 조직이 추구하는 목표를 달성하기 위하여 효과적이고 효율적으로 사람들을 통하여 완성해가는 과정이라 할 수 있다. 그렇다면 효과와 효율은 어떻게 다른가? 경영학을 공부하는 사람들에게 첫 번째로 소개하고 알아야 할 개념이 바로 효과(effetiveness)와 효율(efficiency)이다. 여러분들이 이제 경영의 이해 또는 경영학원론을 공부한 후 다른 사람들에게 설명해 줄 바로 그 개념이 효과와 효율을 구분하는 것이다. 효과는 무엇인가? 조직이 추구하는 목표를 달성하는 것, 즉 그 목표를 달성하기 위하여 올바른 일을 찾아야 하는 것이라고 할 수 있다. 효율이라는 것은 그 목표를 달성하기 위한 수단인 여러 가지 자원(인적, 물적, 정보 등)을 올바르게 활용하는 것을 의미한다. 효율이라는 것은 경영자들이 조직의 목표를 달성하기 위하여 추구하는 적절성이라고 할 수 있다. 효과적으로 일한다는 것은 우리가 기업활동이나 살아가는 활동에서 해야 될 일과 하지 말아야 할 일, 긴급한 일과 긴급하지 않은 일에 대해 우선순위를 명확히 알고 일하는 것을 의미한다. 효율적으로 일한

그림 1-1 효율성과 효과성

Effectiveness(효과성) \ Efficiency(효율성)	LOW	HIGH
HIGH	**높은 효과성 & 낮은 효율성** • 경영자는 올바른 목표를 추구하지만 자원의 효율성이 낮음 • 고객이 원하는 제품이지만 금액이 높음	**높은 효과성 & 높은 효율성** • 경영자는 목표를 추구하고 자원의 효율성도 높음 • 품질과 가격이 모두 고객이 원하는 제품
LOW	**낮은 효과성 & 낮은 효율성** • 경영자는 잘못된 목표를 추구하고 자원의 효율성도 낮음 • 고객이 찾지도 않는 낮은 품질의 제품	**낮은 효과성 & 높은 효율성** • 경영자는 잘못된 목표를 추구했지만 자원의 효율성은 높음 • 고객이 찾지 않는 높은 품질의 제품

다는 것은 주어진 일과 시간에 대하여 최소한의 투입으로 최대한의 산출을 이끌어 내는 것을 의미한다. 효과성의 높고 낮음과 효율성의 높고 낮음을 4분면에 표시하면 [그림 1－1]과 같다.

이제 여러분들과 함께 경영이라는 개념에 대해 구체적으로 생각해 보아야 할 것이다. 과연 경영이란 무엇일까? 경영이라는 단어를 들으면 무엇이 떠오르고 무엇이라고 생각하고 있나? 삼성이나 현대자동차 같은 기업이 떠오르는가? 아니면 홈플러스, 이마트, 롯데마트가 떠오르는가? 아니면 파리바게트, 스타벅스, 이디아 커피가 생각나는가? 제품이나 서비스를 제공하거나 판매하는 기업이 생각날 것이다. 경영은 무엇인가? 경영이란 주고 받는 것이다. 인류사회가 필요로 하는 제품과 서비스를 주고 그 대가로 현금을 받든 카드로 결제하든 무엇인가 지불하는 것이다. 노동시장에서도 우리는 노동을 제공하고 그 대가로 급여를 받는다. 만약 우리가 400만원의 급여를 받는다면 400만원만큼의 노동을 하면 공평하다. 그러나 주는 사람과 받는 사람의 기대는 다르다. 주는 사람은 일한 만큼의 급여만 주고 싶지 더 주고 싶어하지 않는다. 또한 받는 사람은 받는 만큼의 일을 하고 싶어하지 더 많은 일을 하고 싶어하지 않는다. 주는 사람에겐 늘 급여가 많다고 생각하고 받는 사람에게는 월급이 적어 보인다. 만약 주인의 마음과 같이 일하는 직원이 있다면 만약 직원의 마음을 이해하는 사장이 있다면 어떨까? 우리가 살아가는 이 세상은 이렇게 주고받는 원리가 존재한다. 주는 것보다 받는 것을 더 좋아하는 우리이지만

그림 1-2 남편과 부인의 주고받음

		부인 지고	부인 이기고
남편	이기고	부인은 지고 남편은 이기는	부인도 이기고 남편도 이기는
남편	지고	부인도 지고 남편도 지는	부인은 이기고 남편은 지는

그림 1-3 기업과 소비자의 주고받음

		소비자: 손실	소비자: 이익
기업	이익	소비자는 손실이고 기업은 이익인 영역	소비자도 이익이고 기업도 이익인 영역
기업	손실	소비자도 손실이고 기업도 손실인 영역	소비자는 이익이고 기업은 손실인 영역

말이다. 여러분들은 무엇을 주고 무엇을 받을 것인가? 삶이라는 것도 주고 받는 것 아닐까? 경영이라는 것이 머리로는 잘 이해하지만 가슴으로 경영의 의미가 와닿을까? 예를 들어 우리 주변에 많은 빵집을 생각해 보자 빵집의 경우 장사꾼과 사업가의 관점을 들여다 보자. 기술자만 있고 경영자가 없다면 운영이 잘 될까? 늘 맛을 테스트하고 새로운 제품을 개발하고 체크해야 하고 빵의 맛을 일관성 있게 유지해야 한다. 빵집을 경영한다면 여러분들이 생각하는 것들일 것이다. 빵집은 시스템적으로 작동되고 맛의 일관성, 그리고 단점을 장점으로 변환하는 노하우, 고객관리, 조직관리, 비전을 만들어주고, 사람 관리, 목표설정 등 사업가적 마인드를 가져야 할 것이다. 대기업이 운영하고 있는 빵집과 동네 개인이 운영하는 빵집, 무한경쟁이라는 제빵시장에서 대기업인 헤비급과 동네 빵집인 플라이급이 싸우는 경쟁에서 반드시 헤비급이 이기는 것이 아니다. 경영이란 너도 살고 나도 살아가는 것이 머리가 아닌 가슴으로 이해하는 것이 경영이 아닐까? 우리가 살아가는 세상에서 우리 가정에서 부부간에 싸움이 일어났을 때, 너 죽고 나 죽자, 아니면 나는 죽을 테니 너는 살아라. 아니면 너도 살고 나도 살자가 좋은 해결방법이 아닐까?

무엇이 가슴으로 이해하는 가정경영일까? 너도 살고 나도 살아가는 상생의 경영이 가정을 경영하는 것이 아닐까? 따라서 경영이란 남편도 살고 부인도 살 수 있는 의사결정이 바로 효과와 효율을 달성하는 것이 아닐까? 기업도 마찬가지다. 소비자도 이익이고 기업도 이익인 서로 윈윈할 수 있는 경영자도 이익이고 종업원도

그림 1-4 나와 너의 주고받음

		너 OK	너 No
나	OK	I'm OK You are OK 너도 좋고 나도 좋고	I'm OK You are No 나는 좋지만 너는 손해
	No	You are OK I'm No 너는 좋지만 나는 손해	I'm No You are No 나도 너도 좋지 않다

이익인 영역, 모두가 이익이 되게 운영하는 것. 그것이 바로 경영의 개념이다. 결국 기업은 이윤을 추구하는 것이 아니라 소비자의 마음을 얻어 기업도 살고 소비자도 살아가는 것이다. 우리는 살아가면서 타인과의 관계 속에서 살아간다. 이러한 관계 속에서 나만 손해보는 것이 아니라 너도 좋고 나도 좋은 주고받는 관계가 좋을 것이다. 나와 너의 주고받음도 마찬가지다([그림 1-4]).

우리는 살아가면서 어떠한 선택을 할 것인가? 너도 좋고 나도 좋은 것을 선택하는 것이 좋을 것이다. 다산 정약용 선생은 유배지에서 아들에게 보내 편지인 세상에는 두 가지 큰 저울이 있는데 옳고 그른 것과 또 다른 저울은 나에게 이익이 되거나 손해가 되는 저울인데 이는 [그림 1-5]와 같다.

이제 본격적으로 경영이라는 개념에 대해서 살펴보자. 경영이란 인류사회가 필

그림 1-5 옳고 틀린 이익과 손실의 저울

		저울 옳은 저울	저울 틀린 저울
저울	이익의 저울	是而利의 저울 옳은 것을 지켜 이로움을 얻음	非而利의 저울 그릇됨을 따라가 이로움을 얻음
	손실의 저울	是而害의 저울 옳는 것을 지키다가 해로움을 얻음	非而害의 저울 그릇됨을 따르다가 해로움을 얻음

요로 하는 재화나 서비스를 산출하기 위하여 필요한 여러 가지 자원(인적자원, 물적자원, 재무자원, 정보자원 등)을 효과적이고 효율적으로 관리하는 여러 가지 제반 활동이라고 정의할 수 있다. 조직의 목적을 효과적이고 효율적으로 달성하기 위하여 필요한 여러 가지 자원(인적자원, 물적자원, 재무자원, 정보자원 등)을 계획하고 조직하고 지휘하고 통제하는 활동이다. 경영이란 같은 목적을 지닌 구성원들이 목표를 달성하기 위하여 환경과 관련하여 경영자원을 효율적으로 계획하고 조직화하여 관리하고 통제하는 모든 활동과 과정이다. 영국의 주간지 〈이코노미스트〉가 경영 구루 중의 구루라고 칭한 톰 피터스(tom peters)는 40여 년 이상 현장을 중심으로 기업을 관찰한 결과 경영은 하드한 것(수치, 계획, 조직도)이 아닌 소프트한 것(사람, 관계, 문화)에 초점을 맞추어야 한다고 주장하였다. 기업은 사람을 최우선으로 해야 하고 커뮤니티에 협조하며 영감을 주는 제품을 만들어 세상을 조금 더 낫게 만드는 것이라고 주장한다. 여하튼 많은 학자나 경영자들이 경영에 대한 다양한 정의를 하고 있지만 모두 대동소이할 것이다. 핵심적인 단어는 효율성, 효과성, 계획, 조직, 지휘, 통제, 목표, 관리일 것이다. 이러한 경영을 측정하는 것이 효과성과 효율성이다. 경영의 개념을 일정한 제도적 환경하에서 경영수단을 활용하여 다수인의 협동으로 인류사회가 필요로 하는 제품과 서비스를 생산, 공급을 지속적으로 수행하는 동태적인 과정이기도 하다.

경영의 대상으로서 대표적인 것은 기업이다. 기업(enterprise)은 자원을 결합하여 제품이나 서비스를 창출하고 이를 판매하여 이익을 창출하는 활동을 반복하는 조직이다. 즉, 기업은 인적자원과 물적자원을 결합하여 재화와 서비스를 생산하고 이를 판매함으로써 이익을 창출하고 창출되어진 이익을 투자하거나 배분하는 활동을 수행하는 조직이다. 다시 말해 노동이나 자원, 그리고 자본을 투입하여 경영과정인 계획화(planning), 조직화(organizing), 그리고 통제화(controlling)를 통하여 제품과 서비스를 생산하고 소비자에게 판매하는 일련의 활동을 하는 조직을 의미한다. 또한 기업이 수행하고 있는 경영활동의 관계를 그림으로 살펴보면 인적자원과 물적자원을 투입하여 경영과정을 통하여 제품과 서비스라는 산출물을 소비자나 기업과 정부에 제공한다. 경영활동을 보다 구체적으로 살펴보면 다음과 같다. 즉, 기업 외부의 다양한 이해관계자와의 활동을 통하여 경영활동을 수행하고 있다. 이러한 경영활동을 수행하기 위하여 노동, 자본, 자원이 투입되어야 하는데, 필요한 자금은 외부에서 조달하기도 하고 자기가 가지고 있는 자금을 이용하기도 한다. 외부에서 자금을 조달할 경우 자본시장(capital market)을 이용한다. 가장 일반적인 자금 조달방법은 은행에서 차입하거나 주식이나 사채를 발행하는 방법이다. 필요한 자본이 확보되었으면 다양한 생산설비가 필요하다. 예를 들면 토지나 건물, 기계장치, 그리고 차량 운반구들과 사무용품들이다. 이제 노동시장으로부터 판매활동과 생산활동을 수행할 사람이 필요하다.

2. 경영의 필요성

여러분들은 왜 경영을 공부하고자 하는가? 왜 공부해야만 하는가? 도대체 경영학이 무슨 의미가 있는가? 고등학교 시절 진로를 결정할 때 여러분들이 고민했던 것은 무엇이었을까? 공과대학은 무엇인가 과학적이며 화살 하나를 과녁의 정중앙에 반드시 맞추어야 하는 것이고, 경영대학은 본인이 가지고 있는 여러 화살 중 하나만 맞추어도 되는 곳이라 생각하지 않았는지. 과연 경영을 왜 공부하는 것인가? 경영이라는 것이 너무 상식적인 것 아닌가? 누구라도 알고 있는 몰라도 대충 말로 때울 수 있을 것 같은 공부로 생각하지 않았는지. 과연 경영학이 학문인가? 경제학은 학문이 맞는 것 같은데. 공학도들은 대부분 자기전공별 기술을 가지고 있다고 생각한다. 건축학과는 설계라는 기술을, 전기전자공학과는 전기전자 분야 기술을, 조선해양학과는 조선기술을, 의과대학은 내과·외과·신경과·안과 등 전문기술을, 작곡과는 작곡 기술을, 피아노학과는 피아노를 누구보다 잘 연주하고, 인문학 중 영어영문학은 영어와 문학을, 여러분들이 알고 있는 많은 전공들은 각 전공 분야별로 특기가 있다. 그렇다면 경영학은 어떠한가? 여러분들이 배우고자 하는 경영학은 어떠한 특별한 기술을 가지고 있는가? 경영학도 다른 전공들과 마찬가지로 기술이 있다. 여러분들은 이제 그러한 기술을 가져야 한다. 의사결정을 누구보다 잘할 수 있는 기술, 시장과 산업을 분석할 수 있는 능력, 경영조직을 설계하고 실행할 수 있는 능력, 전략적 사고와 기획을 할 수 있는 능력, 제품이나 서비스의 원가를 정확하게 계산할 수 있는 능력, 마케팅을 이해하는 능력, 소비자의 마음을 이해하는 능력, 지적자산을 관리할 수 있는 능력, 정말 많은 기술과 능력을 여러분들이 원하는 것을 배우고 체화할 수 있는 학문이다. 그래서 여러분들이 경영학을 공부하는 이유이기도 하며, 경영이 필요한 이유이기도 하다. 경영학은 실사구시의 실용적인 학문이다. 경영학을 공부하는 이유 중 하나는 우리가 살아가는 앞으로의 세상에서 필요한 학문이다. 오늘날 복잡하고 불확실한 현대생활에서 우리에게 경영기술이 필요하다. 특히 조직은 불확실한 상황에서 윤리적인 또한 효율적인 의사결정을 해야 하기 때문이다. 그렇기 때문에 우리들은 경영이 필요하며 경영학을 공부하는 이유이다. 우리가 배우는 경영학은 첫째, 모든 조직의 유형인 영리기업이나 비영리 조직에서 필요하다. 둘째, 중소기업이나 대기업 혹은 개인기업과 같이 모든 조직의 규모에서 필요하다. 셋째, 모든 조직의 계층인 하위경영자, 중간경영자, 최고경영자들에게 경영이 필요하다. 넷째, 모든 조직의 기능인 생산 및 운영관리, 마케팅, 인적자원관리, 회계, 재무, 정보시스템 등 다양한 조직영역별로 경영이 필요하다. 이는 [그림 1 - 6]과 같다.

우리가 배우는 경영학은 마치 영국의 전래동화인 보라색을 너무 좋아한 왕이 그가 보는 모든 것을 보라색으로 바꾸라고 주문하자 신하들이 힘들어하자 현명한 어느 사람이 보라색을 좋아한 왕에게 보라색 안경을 씌워주었던 것처럼 여러분들이 좋아하는 경영학의 각 분야들을 듣고 보고 경험하여 각각의 전문기술을 탑재해야 하지 않을까? 우리에게 작고 가까운 곳을 관찰하기 위해서는 현미경이 필요하고, 크고 먼 곳을 보기 위해서는 망원경이 필요하고, 높은 곳에서 조망하기 위해서 드론을 띄워 살펴보는 것처럼 우리들은 우리에게 맞는 경영학 각 분야의 기능들을 현미경으로 작고 가까운 현상을 세밀하게 관찰할 수 있는 기술과 더불어 멀리 조직의 앞날을 계획하고 방향을 설정하여 앞으로의 시간적 예측을 할 수 있는 망원경과 같은 시각을 가진 경영자가 되어야 한다. 또한 타인의 아픔과 기쁨에 공감하

그림 1-6 경영의 필요성

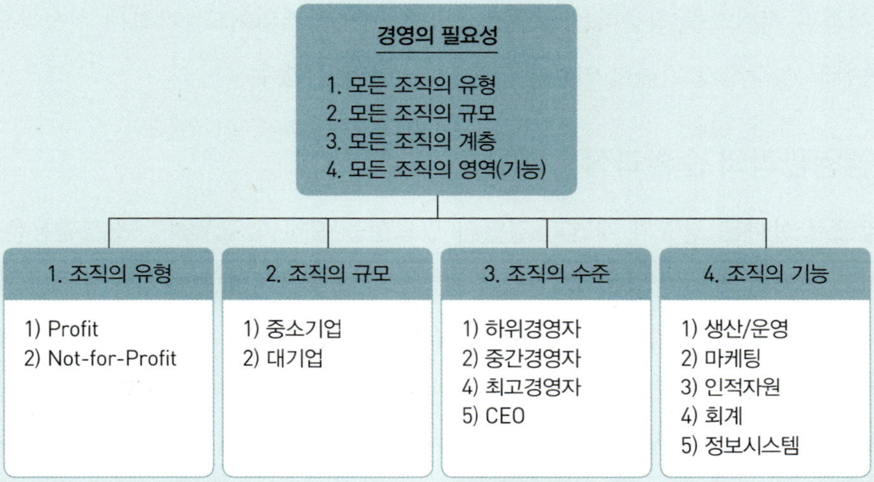

는 경영자가 되어야 한다.

경영학은 무엇인가? 경영학은 기본적으로 기업을 연구하는 학문이다. 여러분도 경영학을 전공하기 위해 경영학부나 경영학과를 선택하였다. 우리가 고등학교 때 배운 것을 기억해 보면 경제활동을 수행하는 경제주체로 기업, 가계, 그리고 정부라는 3대 경제주체가 있다는 것을 알고 있다. 경영학은 경제학과 어떻게 다를까? 경제학은 가계, 기업, 정부의 경제활동과 상호관계 등을 거시적으로 분석한다. 경제학은 한정되어 있는 재화나 용역의 생산, 분배, 그리고 소비라는 관점에서 경제현상을 살펴보는 사회과학의 한 분야이다. 사회과학은 우리가 살아가고 있는 사회현상을 설명하고 예측할 수 있는 이론을 개발한다. 사회과학이론이란 자연과학과는 달리 사회시스템을 구성하고 있는 인간사회와 개인의 상호작용, 문화, 정치, 경제, 심리 등을 인과관계를 이용해서 과학적 방법으로 연구하는 학문분야이다. 경영학은 사회와 인간 중에 사회를 구성하고 있는 기업을 대상으로 하고 기업을 구성하고 있는 다양한 구성원인 경영자, 조직구성원, 그리고 기업의 제품과 서비스를 필요로 하는 소비자를 연구대상으로 삼는다. 사회과학으로서의 경영학은 생산의 주최인 기업을 중심으로 살펴보는 실천과학이자 응용과학이다. 기업은 창업 이후 제품과 서비스를 창출하는 활동을 지속하는 계속기업이다. 기업은 지속적으로 생존하고 성장하기 위해서 이익을 창출할 수 있어야 한다.

3. 경영관리의 순환과정

앞에서 살펴본 경영의 개념과 경영의 필요성을 통하여 구체적인 경영활동은 무엇이고 어떠한 과정이 있을까? 경영은 관리보다 포괄적이고 전반적인 상위의 개념을 의미한다. 경영관리는 기업목표를 효율적으로 달성하기 위하여 경영자의 경영활동과 관리자의 관리활동을 포괄하는 개념이다. 이러한 경영관리의 순환과정은 무엇인가? 일련의 연속적인 과정으로 이루어지는 것을 의미한다. 즉, 인류사회가 필요로 하는 재화와 서비스를 산출하기 위하여 조직의 목표를 달성하기 위한 여러 가지 활동이나 과정을 의미한다. 순환과정이라고 하는 말은 한 번만 일어나고 끝나는 것이 아니라 일련의 과정이 연속적이라는 의미이다. 이러한 일련의 과정은

그림 1-7 경영의 순환과정 1

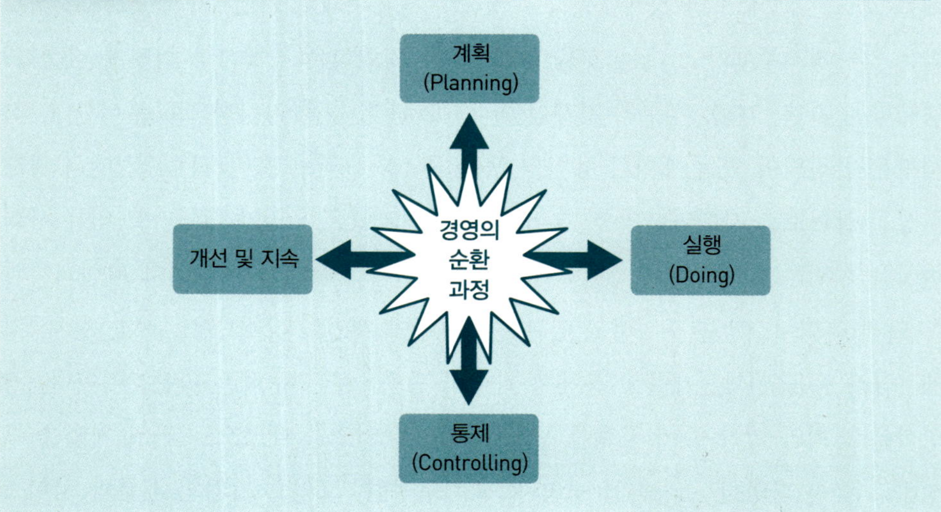

계획하고, 실행하고, 그리고 평가하는 것이다. 우리가 계획하고 실행한 것이 계획하였던 것처럼 되지 않았다면 우리는 다시 계획을 수정하여 실행하는 것이다. 이러한 계획을 수립하고 실행하며, 실행된 결과를 평가과정을 거처 다시 계획을 수정하는 소위 피드백하는 일련의 연속적인 과정을 의미한다. 이를 그림으로 나타내면 [그림 1-7]과 같다.

경영관리란 경영자의 경영활동과 관리자의 관리활동을 포함하는 개념으로 조직구성원들이 기업의 공동목표를 달성할 수 있도록 계획, 조직, 지휘, 조정, 통제하는 일련의 과정을 의미한다. 결과적으로 경영관리의 순환과정은 영리조직이나 비영리조직이 계획을 수립하고 그 계획을 실행하고 계획 한대로 실행되었는지 평가하고 평가 결과 계획과 이탈되었다면 개선하고 계획대로 수행되었다면 지속하는 과정을 의미한다. 또 다른 측면에서 경영자의 기능을 중심으로 경영의 순환과정을 계획(Planning)하고 조직(Organizing)하고 지휘(Leading)하고 평가(Controlling)하는 과정으로도 본다. 또한 경영관리의 순환과정에 조정기능을 추가하여 계획(Planning)하고 조직(Organizing)하고 지휘(Leading)하고 조정(Cordination), 평가(Controlling)하는 과정으로도 본다. 이를 그림으로 나타내면 [그림 1-8], [그림 1-9]와 같다. 이

그림 1-8 경영관리의 순환과정 2

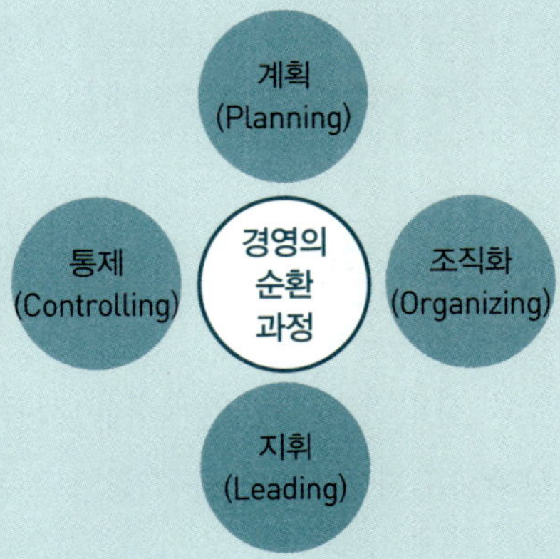

그림 1-9 경영관리의 순환과정 3

계획 (Planning)	조직 (Organizing)	지휘 (Leading)	조정 (Cordination)	통제 (Control)
기업의 경영목표를 설정하고 효율적인 방법을 기획하고 설계	사람과 일의 관계를 조정하고 조직 구성원들이 담당해야 할 역할 결정	조직의 목표를 달성하기 위해 조직 구성원들에게 영향을 미치는 과정	조직 내의 각 부문이나 조직 구성원을 상호 연결시키는 과정	기업의 경영목표와 성과를 측정하여 당초 계획한 대로 실행되었는가를 확인하고 수정

"길을 아는 것과 그 길을 걷는 것은 분명히 다르다(There is a difference between knowing the path and walking the path)"는 영화 〈매트릭스〉에서 모피어스의 말처럼, 길을 아는 것은 매우 중요하다. 왜냐하면 방향을 잃으면 모든 것이 의미가 없기 때문이다. 그러나 그 길을 실제로 걷는 것이 중요하다. 아무리 정교한 계획과 지도가 있더라도 실행이 중요하기 때문이다. 바로 실행하는 Just Try가 필요하다.

길을 아는 것과 그 길을 걷는 것은 분명히 다르다. 길을 아는 것도 중요하지만 그 길을 걷는 것이 더 중요하다. 길을 아는 것과 그 길을 걷는 것은 마치 지도를 보는 것과 실제 여행을 떠나는 것과 같다. 지도를 보면 어떤 지형이 나타나고 목적지까지의 길이 표시되어 있지만, 실제로 그 길을 걷기 위해서는 마음의 결단과 실제적인 준비와 노력이 필요하다.

우리는 계획을 수립한다. 이러한 계획 속에서는 모든 것이 논리적이고 준비되어진 것처럼 보이지만 실제 현실에서는 한 걸음을 내디디는 순간 우리는 거센 파도 앞에 선 것처럼 휘청거릴 수 있다. 머리로 이해하는 것은 쉽지만 몸으로 실천하는 건 어려울 수 있다. 아무리 계획이 잘 수립되어도 실행하지 않으면 아무 소용이 없다는 말이다.

는 페욜(Fayol)의 경영자의 기능을 중심으로 경영자가 계획하고 조직화하고 명령하고 조정하고 통제하는 기능을 바탕으로 한다.

앞으로 교과서를 중심으로 경영관리의 순환과정을 계획화, 조직화, 지휘화, 그리고 통제화를 중심으로 살펴보고자 한다. 이를 그림으로 표현하면 [그림 1 - 10]과 같다.

그림 1-10 **경영관리의 순환과정과 관련 목차**

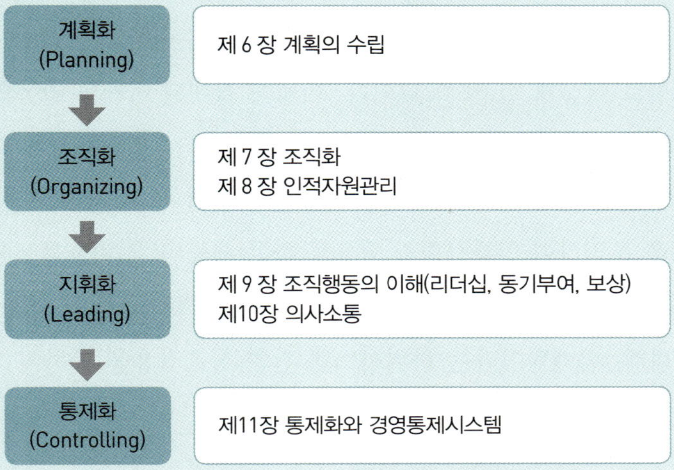

그림 1-11 **경영의 집**

경영의 순환과정을 통하여 경영이라는 집을 살펴보면 [그림 1-11]과 같다. 지금까지 살펴본 경영의 순환과정을 통하여 경영이라는 집을 건축한다면 지붕에 해당하는, 즉 가장 중요한 비와 바람과 햇빛을 막아줄 지붕의 역할을 하는 기업이 앞으로 나아가야 할 계획화와 전략에 해당된다. 그 다음 경영의 각 기능별로 목표를 설정한 것을 실행하는 것이다. 이는 기업의 가치사슬(value chain)별로 실행하는 것이다. 예를 들면 경영이란 인류사회가 필요로 하는 제품과 서비스를 창출하기 위한 구매, 생산, 판매기능을 가치사슬별로 실행하는 것이다. 특히 마케팅 활동이라는 가치사슬 측면에서는 마케팅 전략 및 마케팅 계획을 수립하고 이러한 전략과 목표를 가치사슬별로 어떻게 실행하느냐이다. 이렇게 실행된 마케팅 활동의 결과를 평가하는 통제화의 과정이 경영의 순환과정이다.

기업은 소비자들의 불편사항(pain point)을 파악하여 여러 가지 자원(인력, 기술, 자본, 원자재)을 투입하여 인류사회가 필요로 하는 제품 및 서비스를 산출하기 위하여 경영관리의 순환과정(plan-do-see)을 경영관리의 하위시스템인 연구개발, 생산, 인사, 재무/회계, 마케팅이라는 하위시스템 간의 상호작용을 통하여 제품과 서비스 산출한다.

그림 1-12 시스템 관점에서 본 경영

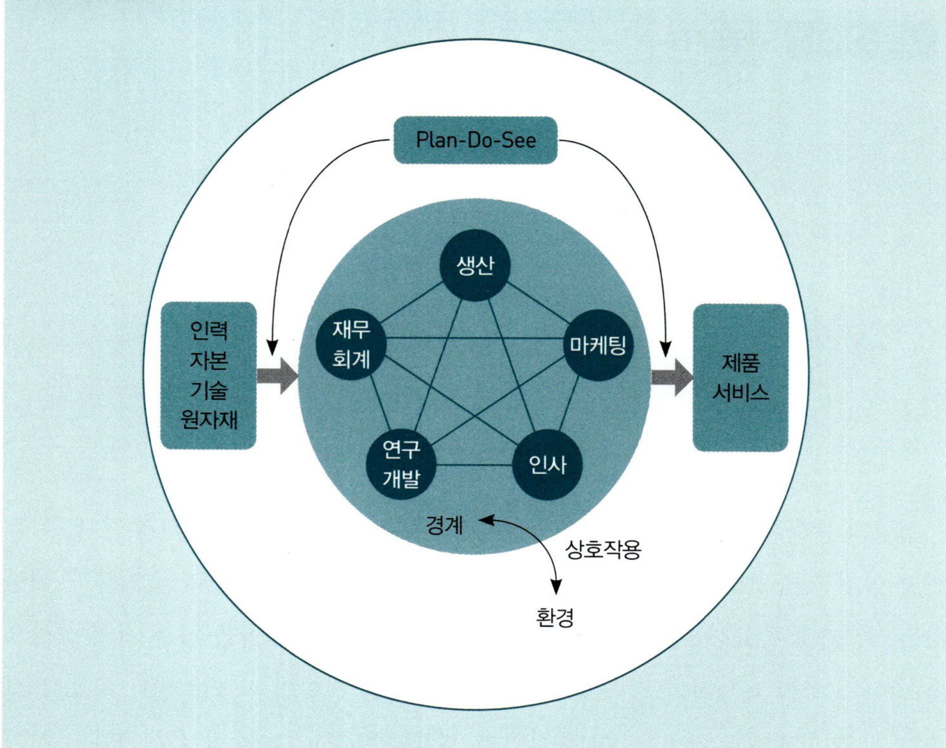

사례 | 선택의 연속인 경영, 당장 해가 돼도 옳은 길 택하는 용기

[윤동한 한국콜마 회장] 경영은 선택의 연속이다. 무엇을 선택하고 무엇을 버려야 할지 선택하는 것은 여간 어려운 일이 아니다. 그럴 땐 다산 정약용 선생의 가르침에서 힌트를 얻는 것이 좋은 해결책이 된다. 그는 필자에게 '선택의 스승'이다. 지난 31년 동안 기업을 경영하면서 큰 선택이 필요한 순간마다 그의 가르침을 되새겼다.

시이해를 시이리로 바꾸는 지혜

정약용은 유배지에서 아들에게 편지를 보냈다. 선택에 대해 다산이 어떤 철학을 갖고 있었는지 잘 보여주는 서신이다. 옳고 그름을 뜻하는 '시비(是非)'와 이익과 손해를 뜻하는 '이해(利害)'를 조합해 가르침을 전했다.

"천하에는 두 가지 큰 저울이 있는데 그중 하나는 시비(是非)의 저울이고 또 하나는 이해(利害)의 저울이다. 이 저울에는 네 개의 등급이 있다. 그 첫째는 옳은 것을 지켜 이로움을 얻는 '시이리(是而利)', 둘째는 옳은 것을 지키다가 해로움을 입는 '시이해(是而害)', 셋째는 그릇됨을 따라가 이로움을 얻는 '비이리(非而利)', 마지막이 그릇됨을 따르다가 해로움을 불러들이는 '비이해(非而害)'다."

그의 가르침을 곱씹어 보자. 가장 최선은 역시 옳은 길이면서 이익도 나는 '시이리'일 것이다. 시이리가 가장 이상적인 것은 분명하다. 하지만 현실에서는 어떨까. 처음부터 시이리를 선택할 상황에 놓일 확률은 얼마나 될까. 아마 그리 높지 않을 것이다. 정도를 걷겠다고 다짐하지만 실제로는 이상하게도 이익보다 손해가 나는 '시이해'로 접어들 때가 많다. 이때는 옳은 길을 택했으면서도 손해를 보기 때문에 혼자만 바보처럼 사는 것 같고 괜히 자기만 손해 보며 사는 것처럼 느껴지게 된다. 정약용 선생은 우리에게 '시이해'를 택할 용기를 가르친다. 처음에는 손해를 보는 것처럼 보여도 결국에는 손해가 이익으로 바뀌는 '시이리'가 된다는 것이다. 시이해에서 시이리로 전환되는 데 일정한 시간이 걸릴 뿐이다. 이 기간을 견뎌야 달콤한 열매를 맛볼 수 있다는 것이 핵심이다. 하지만 그 과정을 견디는 일은 역시 만만치 않다. 대부분의 사람들은 당장에 손해 보는 것을 견디기 어려워한다. 이와 관련해 흥미로운 실험이 있다. 미래에 커다란 이득을 챙기는 선택지와 당장 손해가 발생하지 않도록 하는 선택지 중 무엇을 선택할 것인지 물어본 실험이었다. 많은 사람들이 후자를 택했다. 나중에 100만원을 받는 것보다 당장 1만원이라도 손해 보지 않는 편이 낫다고 해 '손실 혐오'라는 용어까지 만들어졌다. '시이해'를 선택하는 것이 얼마나 어려운 것인지를 잘 보여준다. 반대의 경우도 생각해 보자. 우리 주변에는 틀린 길이지만 이익이 나는 '비이리'의 사례도 얼마든지 있다. 고속도로에서 갓길 주행을 하는 차량을 떠올려 보자. 막힌 길을 피해 갓길로 달려 길게 늘어선 차량들을 앞질러 가는 사람들은 당장의 이익을 위해 욕심을 부린다. 하지만 이렇게 반칙 행위를 하면 CCTV에 걸려 과태료를 물거나 심하면 사고가 나기도 한다.

사고가 나지 않더라도 나쁜 운전 습관을 갖게 되니 해가 되는 것은 마찬가지다. 눈앞의 이익을 얻기 위해 틀린 길이라도 선택했지만 결국 해를 입는다. 이처럼 시이해와 시이리, 비이리와 비이해는 인과관계가 서로 연결돼 있다. 정약용 선생은 이 인과관계를 이해하고 옳은 길을 선택하면서 당장의 손해를 견딜 수 있는 용기를 심어주고 싶었던 것이다.

옳지 않은 선택이 쌓여 실패가 된다

인생은 선택의 총량으로 결정된다는 말이 있다. 누구나 한두 번은 옳지 않은 선택인 줄 알면서도 이득이 보이는 비이리를 선택하며 살아간다. 그런데 비이리만 자꾸 선택하다 보면 다른 길이 주는 이득을 경험하지 못하게 된다. 그리고 그 옳지 않은 선택이 쌓여 실패가 된다. 기업 경영도 마찬가지다. 필자는 창업 초기에 여러 우여곡절을 겪었다. 그중에는 옳지 않은 선택에 대한 유혹도 상당히 많았다. 전기요금을 제때 납부하지 못해 단전 예정 통보를 받았던 위기 상황이 되니 더욱 그랬다. 무자료 거래를 제의하는 곳도 있었고 주문할 때 리베이트를 요구하는 곳도 적지 않았다. 하지만 그때마다 떠올렸던 것이 정약용의 가르침이었다. 선택의 연속인 경영이야말로 당장의 득이 되지 않더라도 옳은 길을 선택해야 성공으로 이어질 것이라고 믿었다. 때로는 '옳은 길'을 선택했다는 것 자체가 주는 순기능이 있다는 것을 되새기곤 했다. 정약용의 가르침을 터득하고 실천하는 것은 쉽지 않은 일이다. 게다가 복잡하고 어려운 경제 상황 속에서 당장 자신에게 손해되는 일이라고 생각하면 아무리 옳은 일이라고 해도 결심하기가 쉽지 않다. 하지만 사람 마음이란 게 한 번 낸 길로 걷고 싶지 길이 나지 않은 곳으로는 걷고 싶지 않다.

따라서 원칙과 신념을 지키기 위한 굳센 마음으로 옳은 길을 선택해 길을 터놓아야 한다. 그의 가르침은 지금도 창업 당시 마음먹은 초심과 기본을 다시 생각할 수 있게 해주는 나침반 역할을 하고 있다.

[약력] 윤동한 한국콜마 회장은 한국 화장품과 제약 산업을 대표하는 인물이다. 윤 회장은 농협중앙회를 거쳐 1974년 대웅제약에 입사해 부사장에까지 올랐다. 하지만 창업의 꿈을 이루기 위해 1990년 한국콜마를 설립하고 국내 화장품업계 최초로 제조업자개발생산(ODM) 시스템을 도입해 매출 1조원의 기업으로 키워 냈다. 2017년엔 이순신 리더십을 전파하는 사단법인 서울여해재단을 설립해 이사장을 맡고 있다.

[자료원: 한경비즈니스 제1220호에서 발췌]

제3절 경영학의 역사

1. 경영학의 역사

(1) 고대시대

개인이나 기업이나 실패하지 않기 위해서는 과거 역사의 중요성을 이해하여야 하며 과거를 통하여 오늘을 돌아보아야 한다. 경영학도 마찬가지이다. 경영의 역사는 과거로부터의 경영이론가와 실무자들이 과거의 경영사건, 과정, 현상, 기록들을 통하여 배우고 중요한 정보를 얻을 수 있는 통로이자 방법이다. 이러한 경영의 역사는 오늘날 기업이나 경영에 있어 매우 중요하다. 먼저 역사 속의 경영의 흔적들을 살펴보자. 고대 이집트 기자 지역에 있는 쿠푸왕의 대피라미드는 기원전 2560년 무렵 건축되어진 이집트 제4왕조의 파라오였던 쿠푸의 무덤으로 추정되며 높이는 146.5m이고 230만 개의 바위로 구성되어 있다. 어떻게 피라미드가 건축되어졌을까? 물론 많은 노동력과 시간이 소요되었겠지만 무엇인가 경영의 개념이 있어서 계획을 수립하고 사람들로 하여금 돌을 다듬고 이동시키고 건축하게 했던 것이다. 피라미드는 건설용 돌을 깨러 가던 채석단의 8,800여 명의 사람들에 의해 깨져서 운반되었다. 어떻게 돌을 원활하게 공급하는 계획을 수립하고 현장 노동자들에게 적절한 의·식·주를 공급하였을까? 또한 이집트 까르낙 신전의 경우도 마찬가지이다. 어떻게 카다란 돌을 가져오고 어떻게 쌓았을까? 이집트의 고대도시 룩소르의 경우도 마찬가지이다. 룩소르 신전은 나일강 동쪽에 위치하고 있는데 고대도시 테베에 있는 이집트의 신전 단지다. 아문 신에게 바치는 보다 작은 규모의 구조물이 있던 자리 위에 세워졌으며, 테베의 삼위신인 아문, 아문의 아내 무트, 그리고 그들의 아들 콘수에게 헌정됐다. 신전으로 통하는 길은 넥타네보 1세가 건설한 '스핑크스의 길'이며, 훗날 아메노피스 3세가 세운 숫양의 머리를 한 스핑크스들로 교체됐다. '스핑크스의 길'은 룩소르 신전에서 시작해서 북부의 카르낙 신전까지 3㎞가량 뻗어 있다. 높이가 24m에 달하는 오벨리스크는 기원전 1300년, 제19

왕조의 파라오 람세스 2세가 세운 것으로, 신전 입구 '스핑크스의 길'이 끝나는 곳에 서 있다. 신전 내부는 32개의 기둥이 서 있는 정원을 통해 들어갈 수 있다. 이 내부 성소는 이집트의 조각과 로마의 스투코(치장 벽토)로 장식한 전실을 포함하고 있는데, 이는 로마인들 역시 이곳을 제를 올리는 데 사용했음을 알 수 있다. 과거 고대시대에도 경영활동이 존재했음을 증명하고 있다. 그리스 로마시대에서도 경영의 역사가 존재한다. 로마 황제들은 자신의 권력 기반을 강화하고자 대중의 관심사를 축제와 스포츠에 집중시켜 경영하였던 것이다.

(2) 중세시대

중세시대는 보통 1050년에서 1300년을 중심으로 하는 전후의 시기를 지칭하는데 지중해 지역을 중심으로 무역의 기능이 있었고 대도시 자치 공동체가 생성된 이탈리아 지역을 중심으로 도시기능을 유지하며 이슬람과의 지중해 무역을 지속하여 작지만 수출로 유럽으로 금을 유입시키거나 이슬람으로부터 수입하였다. 14세기 초 흑사병 대유행을 지나 중세 말기가 되자 유럽의 상업은 더욱 발전하였다. 농업용 토지의 개발과 경영도 소유자와 경영자가 분리되는 기업형 영농이 출현하였고 광업과 제조업 분야 역시 기업형 조직에 의해 관리되었다. 상업이 발전하고 화폐경제가 살아남으로 세금은 토지세보다는 간접세 위주였다. 금융업도 활성화되어 이탈리아 상인들을 중심으로 10세기부터 합자회사 형식의 상회를 설립해 지중해 무역을 거의 독점하다시피 하면서 많은 이익을 얻었고 이후 유럽 각지에 지점들을 설치하면서 해당 지점들이 위치한 국가들에 금융업이 발전하였다. 중세시대에는 지방 소도시의 재래시장이 열리면서 농축산물의 교환 활동이 일어나고 목공이나 가죽제품 수공업자들의 생산품을 판매하는 것 또한 경영의 개념을 통하여 일어난 일이다. 또한 구약성경 출애굽기에는 애굽 탈출을 위한 이스라엘 민족의 조직을 오늘날 수직적 계층조직이나 권한위임의 법칙, 예외에 의한 관리원칙과 같은 1,000부장, 100부장, 50부장, 그리고 10부장의 조직화에 대한 기록이 나타난다 (너는 또 온 백성 가운데서 능력 있는 사람들 곧 하나님을 두려워하며 진실하며 불의한 이익을 미워하는 자를 살펴서 백성 위에 세워 1,000부장과 100부장과 50부장과 10부장을 삼아 그들로 때를 따라 백성을 재판하게 하라. 출애굽기 18장 21~22절). 중세시대에는 대표적으로 가장인 남성이 강력한 가장권을 가지고 가족 구성원을 통솔하는 형태인 가부장제가 주를 이루었다. 중세시대에는 1494년 베네치아의 승려이자 교육자이며 여행가인 루카 파치올리(Luca Pacioli)가 〈산술, 기하, 비례 및 비율개론(*Samma de arithemtica, geometria, proporcione e proporcionalit*)〉이라는 책에서 복식부기의 원리를 처음으로 문서에 체계적으로 기술한 것으로 알려져 있다. 베네치아 공화국은 약 1,100년 동안 존속한 공화국이었다. 베네치아 공화국에서는 베네치아인들은 12세기부터 운하를 따라서 상선 및 군선의 조립생산라인을 배치하고 관련 산업을 인근지역에 집중하였다. 상선 및 군선의 조립생산라인에서는 전시상황의 경우 군선 100척을 2개월 내에 완성할 정도로 분업을 통한 경영을 하고 있었던 것으로 나타났다. 중세시대는 소위 싸우는 사람, 기도하는 사람, 그리고 일하는 사람으로 대표된다.

(3) 근대시대

고전시대의 예술, 과학, 철학, 상업적 부흥을 되찾고자 르네상스와 대항해 시대를 시작으로 하는 근대시대에 경영은 1776년 아담 스미스의 〈국부론〉에서 시작된다. 18세기에는 봉건시대가 막을 내리고 자본시대가 시작되는 시기이다. 이때 영국에서 산업혁명을 통하여 늘어난 생산품을 팔 수 있는 더 넓은 시장이 필요했고 자유무역이 성행하게 되었다. 이때에는 국가의 부를 금고에 금과 은이 얼마나 쌓여있는지로 보는 중상주의 사상이 주류를 이루었다. 이러한 중상주의 사상은 아담 스미스를 가장 화나게 한 사상이었다. 아담 스미스는 이윤 추구를 목적으로 하는 개인의 보이지 않는 손의 작용으로 나라의 부를 증대한다는 이론에 근거하여 자유방임 경제를 주장하였다. 이러한 시장경제는 사고 파는 사람 모두에게 만족스러운 결과를 가져오고 사회의 자원을 적절하게 배분할 수 있다는 것이다. 국부론의 사상은 모든 부의 근원은 인간의 노동이라는 관점에서 출발하였고 분업의 장점을 이야기한다. 분업의 장점은 핀을 만들 때 혼자서 전 공정인 처음부터 끝까지 일을 한다면 하루에 20개 정도를 생산하지만 18단계의 제조공정으로 10여 명이 일을 나누어서 작업하면 하루에 약 48,000개가 생산된다는 것이다. 아담 스미스는 어디서든 노동이 이루어지면, 즉 생산적인 노동은 부가 이루어진다는 것이다. 국부론에서 국부는 모든 국민이 연간 소비하는 생활필수품과 편의품의 양이라고 새롭게 정의하였다. 모든 가치는 노동에 의해 발생되기 때문에 상품의 가치는 생산하는데 들어간 노동량이 좌우한다고 주장하였다. 아담 스미스의 국부론은 근대시대에 매우 중요한 영향을 미쳤고 이를 바탕으로 근대시대는 크게 고전적 경영학, 행동주의적 경영학, 그리고 계량적 경영학으로 구분할 수 있다. 고전적 경영학은 1911년 출간된 테일러의 〈과학적 관리법〉을 시작으로 경영학의 역사를 세 가지 시기로 구분해 책을 소개하고 있다. 먼저 1차 시기는 대량 생산과 소비가 시작되고 기업의 무한 성장이 이뤄졌던 1910년대에서 60년대까지다. 프레더릭 테일러, 앙리 패욜, 막스 베버 등에 의해 경영이 태동하고 이론적 기반이 마련된 시기로 경영의 가장 본질적인 의문점들을 해결해주는 책들이 주류를 이루었다. 이러한 시점을 고전적 접근방식인 고전적 경영학으로 이야기한다. 행동주의적 경영학은 인간행동에 대한 관심을 가지고 출발하였는데 매슬로의 욕구단계설, 호손실험과 인간관계론, 그리고 맥그리거(D. McGregor)의 X·Y이론, 허츠버그의 동기－위생이론이다. 계량적 접근의 경영학은 제2차 세계대전 동안 군대를 중심으로 개발되어진 수학 및 통계적 모형들을 바탕으로 연구되었다.

1) 고전적 경영학

고전적 경영학에서는 인간은 합리적이라는 가정에서 출발한다. 영국의 산업혁명 이후 꾸준히 지속되어온 생산성 향상에 대한 관심과 연구는 19세기 말 생산 현장의 능률 향상에 대한 연구와 사무실의 관리원칙 정립에 대한 연구로 발전했는데, 이것이 20세기 초에 다시 미국에서는 테일러와 길브레스 부부의 과학적 관리법으로, 그리고 프랑스에서는 패욜(Fayol)의 관리원칙으로 정립되기에 이른다. 여기에 막스 베버(Max Weber)의 관료제라는 이상형 조직이론이 결합되어 1950년대까지 능률 향상

그림 1-13 고전적 경영학 요약

고전적 경영학

- 인간은 합리적
- 패욜의 관리 원칙
- 과학적 관리법(Taylor, Gilbreth)
- Weber의 관료제

을 위한 최선의 해결방안을 마련하는 데 치중하게 되었던 것이다. 고전적 경영학을 요약하면 [그림 1-13]과 같다.

그림에서 보는 바와 같이 고전적 경영학의 가정은 인간은 합리적이라는 것이다. 과학적 관리법은 테일러(Frederick Taylor)가 철강회사에서 일하면서 작업자들의 업무성과가 낮은 것을 파악하고 이를 해결하기 위하여 과학적인 방법을 활용하여 최적의 작업 방법을 찾고자 노력하였다. 과학적인 발견의 결과 시간연구(time study)와 동작연구(motion study)를 통하여 절약과 능률을 경영관리의 중요한 가치로 인식하였다. 이러한 시간연구와 동작연구라는 과학적인 작업과정탐색을 통하여 최소의 노동과 비용으로 생산성을 높일 수 있는 과업에 대한 표준과 절차를 정하게 되고 목표를 달성하기 위한 과학적인 접근방법이 개발되었다. 또한 시간연구와 동작연구를 통하여 종업원들이 일률적인 시간제 임금이 아닌 생산량에 비례하여 서로 다른 임금을 받는 인센티브제도를 통하여 차별적 성과급제를 주장하였다. 길브레스(Frank와 Lillian Gilbreth) 부부는 테일러의 작업시간 연구를 심화하여 동작연구(motion study)를 창안하였다. 길브레스는 1911년부터 컨설팅 엔지니어로 활약하며 공장관리운동을 추진하였는데 벽돌쌓기에서 불필요한 동작을 찾아 동작의 수를 줄이는 실험을 실시하였다. 과학적 관리법을 요약하면 [그림 1-14]와 같다.

그림 1-14 과학적 관리법 요약

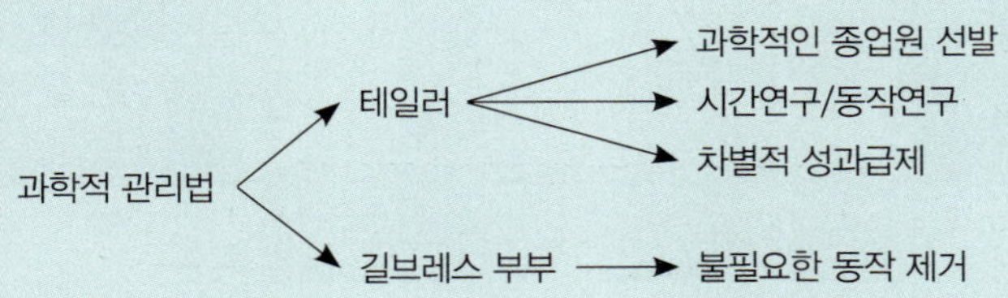

또한 1913년 미국의 기업가인 포드(Henry Ford)는 자동차 생산공정에서 컨베이어시스템과 동시관리시스템을 도입하였다. 포드시스템의 특징은 표준화(standardization), 단순화(simplification), 전문화(specialization)이다. 이러한 포드시스템을 통하여 자동차의 가격이 인하되고 근로자의 임금은 증가하고 생산성은 향상되었다. 프랑스의 패욜은 올바른 경영에 관심을 가진 경영의 다섯 가지 기능을 발견하고 14가지의 관리원칙을 제시하였다([그림 1-15]). 14가지의 관리원칙은 ① 직무의 전문화(specialization), ② 권한과 책임(authority and responsivility), ③ 규율(discipline), ④ 명령일원화(unit of command), ⑤ 지시의 통일성(unity of command), ⑥ 개별적 이해관계보다는 조직 전체의 이해관계가 우선시(목표를 위한 개인의 포기; subordination to the general interest), ⑦ 일에 대한 보상(remuneration), ⑧ 집권화(centralization), ⑨ 수직적 계층화(scalar chain), ⑩ 질서(order), ⑪ 공정(형평성; equity), ⑫ 고용안정(stability of tenure), ⑬ 주도권(initiative), ⑭ 단결(esprity de corps)이다. 독일의 사회

그림 1-15 패욜(Fayol)의 14가지 관리원칙

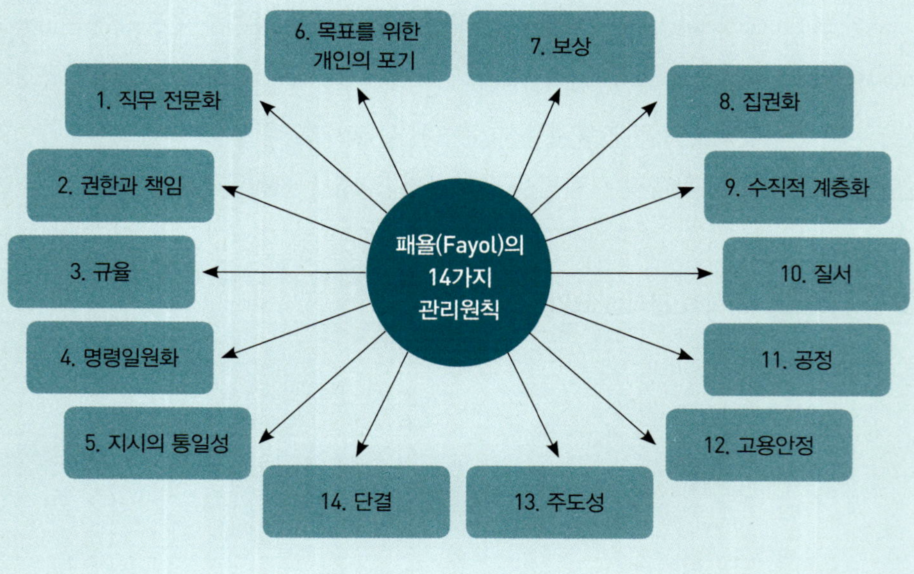

주의자였던 베버(Max Weber)는 정해진 법과 규칙에 따라 운영이 되는 이상적인 조직의 형태를 관료주의 조직이라고 규정하였다. 관료주의 조직은 ① 분업, ② 조직의 권한위계, ③ 업무에 필요한 사람을 선발할 때 전문적인 능력평가결과에 의한 공식적인 선발을, ④ 명문화되어 시스템으로 적용되는 규칙인 공문화, 표준화 업무처리인 공식적인 규칙, ⑤ 개인적 특성을 배제시켜 모든 조직 구성원들에게 공통적이고 일관성있는 규칙을 통해 통제한다는 것, ⑥ 경력중심, ⑦ 모든 업무는 간단하고 반복적이며 명확하게 나누어서 하는 분업의 특징을 가지고 있다. 오늘날 공무원조직과 매우 유사한 관료주의 조직이다.

2) 행동주의적 경영학

행동주의적 경영학에서는 인간의 행동에 대한 관심을 중심으로 이루어진다. 인간행동에 대한 관심은 호손연구(Hawthorne experiment)에 의해 시작되었다. 하버드대학의 메이요(E. Mayor)는 미국의 전화기 제조회사인 웨스턴 전기회사에서 1924년에서 1939년 사이 조명의 밝기와 생산성을 중심으로 현장실험, 관찰, 그리고 심층면접을 통한 연구가 이루어졌다. 연구결과 조직 속에는 집단을 움직이는 집단규범이 존재하고 근로자들의 환경에 영향을 미치고 결국은 생산성에 영향을 미친다는 것이다. 생산성은 작업조건보다도 인간관계적 심리적 요인이 중효함을 밝혀냈고 조직에서 개인과 집단행동에 관한 새로운 해석을 제공하였다. 호손실험을 통하여 조직 구성원들은 경제적 조건뿐만 아니라 심리적, 사회적 욕구에 영향을 주는 감정적인 논리에 따라 동기부여가 된다는 사실을 통하여 인간관계론이라는 새로운 학문이 태동하게 된다. 이는 오늘날 조직행동과 인적자원관리의 기본적인 인간의 행동과 태도는 서로 관련이 있으며 집단은 개인의 행동에 영향을 미치며 이러한 집단의 기준은 조직 구성원의 생산성을 결정한다는 것이다. 조직행동과 인적자원관리라는 오늘날 경영학의 기본적인 통찰을 제공하였다. 호손연구와 마찬가지로 조직행동학에 영향을 미치는 것으로 매슬로우의 욕구 5단계설, 허츠버그의 동기-위생이론, 맥그리거의 X·Y이론, 아지리스의 성숙-미성숙이론은 인간은 사회적이고 자기실현적이라는 행동주의적 접근방식이다. 1954년 욕구단계설을 발표한 매슬로우의 욕구 5단계설은 사람들이 가지고 있는 욕구는 일련의 단계가 있으며 하위단계의 욕구가 충족되어야 그 다음 단계의 상위단계의 욕구를 충족시키는 방향으로 동기부여가 된다고 주장한다. 매슬로우의 욕구 5단계설은 첫째, 생리적 욕구인 기본적 욕구, 둘째, 안전과 안정의 욕구, 셋째 사회적 소속의 욕구, 넷째, 인정과 존경의 욕구, 그리고 마지막으로 자아실현 욕구로 나누어진다는 것이다. 기본적 욕구는 숨쉬고 먹고 자고 입는 등 기본적인 요소인 의·식·주와 같은 기본적 욕구를 의미하며 안전의 욕구는 문자 그대로 안정, 안전, 병이나 위협 회사로 부터의 해고와 같은 회피하고 싶은 욕구를 의미한다. 사회적 소속감의 욕구는 우리 모두도 동아리나 학교 등 소속감에 대한 욕구를 의미한다. 인정과 존경의 욕구는 문자 그대로 우리는 다른 사람으로부터 인정받고 존경받고 싶은 욕구를 의미한다. 자아실현 욕구는 최종적으로 인간은 자아성취에 대한 욕구가 있다는 것이다. 이를 그림으로 나타내면 [그림 1-16]과 같다.

매슬로우의 욕구 5단계를 농업 분야에 적용한다면 생리적 욕구에 해당되는, 즉 의·식·주이며 기본적인 일반 농산물들이 이에 해당될 것이다. 두 번째 단계인 안전과 안정 욕구는 친환경농산물이나 60계 치킨과 같은 신체적·감정적 안정을 갖게

그림 1-16 매슬로우의 욕구 5단계

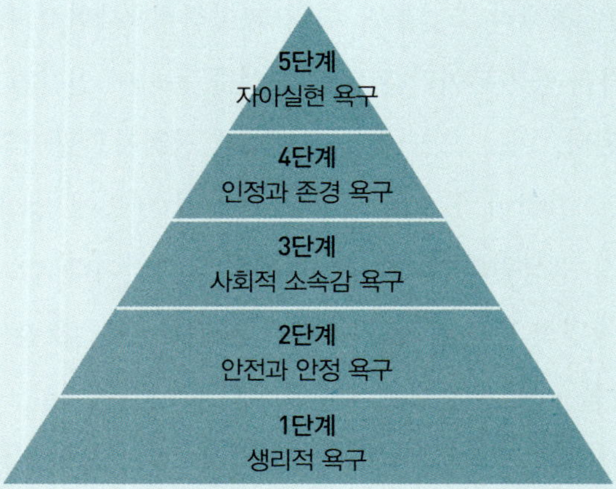

되는 것이 해당된다. 세 번째 단계인 소속감 욕구는 사람은 홀로 살 수 없다. 사람은 다른 사람들과 공동체를 이루며, 사회 일원으로 살아간다. 사람에게는 소속감의 욕구는 중요하다. 가정과 친구와 같은 사회적 소속감의 욕구이며 이는 합격사과, 러브모양의 딸기 등의 제품이 해당된다. 네 번째 단계인 인정과 존경의 욕구는 명예나 권력의 개념의 명품 농산물, 고급 농산물 등이 해당될 것이다. 다섯 번째 자아실현의 욕구는 자신의 재능과 잠재력을 발휘하는 욕구로서 고급막걸리(해창막걸리 등)나 위스키 30년산(발렌타인 등)이 해당된다. 여러분들이 기업의 경영자라면 매슬로우의 욕구 5단계를 어떻게 활용할 것인가? 다음으로 허츠버그의 동기 – 위생이론은 동기부여의 내용이론으로 개인의 동기를 자극하는 데 관련된 요인으로 만족 여부에 영향을 미치는 동기요인과 불만족 여부에 영향을 미치는 위생요인으로 구분하였다. 여러분들은 학교생활을 하면서 어떤 경우에 만족하였나? 어떤 경우에 불만족하였나? 이렇게 만족과 불만족은 연결되어있다고 생각하나? 불만족이 없어진다면 만족하는 상태가 될까? 동기요인은 충족될 경우 만족되는, 즉 동기부여가 가능한 요인들이다. 동기요인으로는 성취감, 인정, 일 자체, 책임감, 발전이나 성장을 의미한다. 위생요인은 충족되지 않으면 불만족을 가져오는 요인을 의미한다. 위생요인으로는 회사규칙과 관리, 감독, 상사와의 관계, 작업조건, 급여, 동료와의 관계, 개인생활, 부하직원과의 관계, 안전과 같은 것을 의미한다. 동기이론과 위생

그림 1-17 허츠버그의 동기 – 위생이론

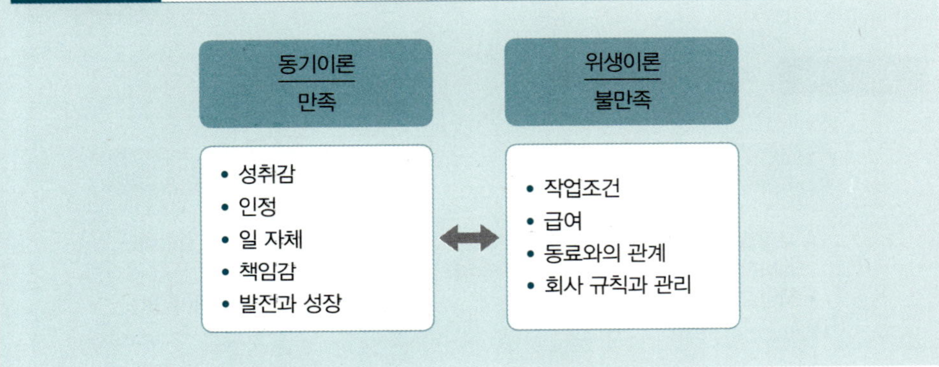

이론은 [그림 1 - 17]과 같다. 여러분들의 학교생활에서 동기요인과 위생요인은 무엇일까? 여러분들이 졸업하고 회사생활을 한다고 가정한다면 여러분들의 동기요인과 위생요인은 무엇일까?

맥그리거의 X·Y 이론은 메이요의 호손연구와 매슬로우의 욕구단계설로부터 영향을 받아 경영자나 관리자는 조직 구성원을 대하는 관점이 경험을 통하거나 직관적으로 두 가지 인간관을 가진다는 것이다. 그중 하나가 X 이론으로서 사람은 일하기를 싫어하며 가능한 한 일을 하지 않고 지내기를 원하며, 사람은 야망과 책임감이 부족하며, 특히 사람은 변화를 싫어한다는 것이다. 이와 반대로 Y 이론은 X 이론과 반대로 사람은 기꺼이 일하려는 동기를 가지고 있으며 자기통제 능력이 있다는 것이다. 이로 인하여 책임을 지며 사람들은 창조적이고 스스로의 일을 한다는 것이다. 맥그리거의 X·Y 이론은 [그림 1 - 18]과 같다. 여러분들의 학교생활에서 X 이론과 Y 이론에 근거하여 적용하여 이해해 보자. X·Y 이론은 상반되는 인간본질에 대해 설명하고 있다. 회사에서 사람을 채용할 때 어떠한 사람을 채용하고 싶어할까? X 스타일의 사람인가? Y 스타일의 사람인가? 아지리스의 성숙·미성숙이론은 맥그리거에서 영향을 받아 인간 본성에 대한 새로운 주장을 하게 된다. 아지리스는 성숙단계는 조직 구성원들이 능동적이고 자율적 존재이며, 복잡하고 다양한 행동을 하며, 자신의 업무에 커다란 관심을 가지고 자기통제를 하는 것을 의미한다. 이와 반대로 미성숙단계는 조직 구성원들이 수동적이고, 타인에 대한 의존심이 강하고, 한정되고 주어진 행동만 하고 단기적 관점을 가지고 자아의식이

그림 1-18 맥그리거의 X·Y 이론

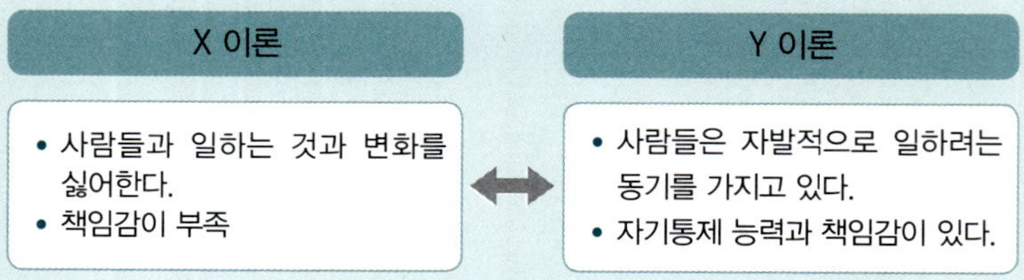

결여되어있다는 것이다. 미성숙 단계는 앞에서 살펴본 X 이론과 유사하고 성숙단계는 Y 이론과 유사하다. 여러분들은 대학생활을 하는데 성숙단계인가 미성숙단계인가?

3) 계량적 접근의 경영학

계량적 접근의 경영학은 생산시스템이나 제조관리, 물류관리 등 경영시스템의 운영이 보다 과학적 방법을 바탕으로 또한 컴퓨터를 활용하여 여러 가지 문제들을 해결하는 방법이 개발되기 시작하였다. 제2차 세계대전이 일어나는 동안 군대에서 여러 가지 문제들을 해결하기 위하여 개발한 수학 및 통계학을 바탕으로 한 모형들로부터 발전되기 시작하였다. 대표적으로 오늘날 경영과학(MS; Management Science)이나 군사작전 연구(오퍼레이션 연구; Operations Research)를 기반으로 나타나기 시작하였다. 이러한 계량적 접근방법은 경제학의 계량경제학이나 수리경제학과 마찬가지로 계량경영학으로 발전하게 된다. 이러한 계량적 접근방법은 특히 생산공정과 물류네트워크, 정보시스템의 최적화에 이용되었으며, 선형계획법(LP; Linear Programing), 의사결정분석, 시뮬레이션, 재고관리모형, 대기행렬모형, 프로젝트 관리모형으로 확산되었다. 선형계획법은 목표를 설정하는 경영관리처럼 목적함수를 설정하고 이러한 목적함수를 달성하기 위해서는 제약조건(시간, 공간, 자금 등)이 존재하는데 이러한 제약조건하에 목적함수를 달성할 수 있는 수리모형이다. 이러한 수리모형은 오늘날 정유사에서 생산계획을 수립하는데 사용되기도 한다. 여러분들은 경영학원론을 수강하고 전공분야에서 공부하게 될 것이다. 시뮬레이션은 실존하는 현상이나 작동 등을 모의실험하는 것을 의미한다. 전쟁시뮬레이션, 의사결정시뮬레이션 등 다양한 방법으로 사용되어진다. 전쟁시뮬레이션은 워게임이라고 불리며 지난 수십년간 활용되었으며 기상시뮬레이션에도 활용되어졌다. 대기행렬모형은 여러분들도 경험하였을 것이다. 마트에서 결재하기 위해 줄을 서거나 은행에서 번호표를 받고 대기하여 서비스를 받는 것을 생각하면 된다. 시스템 내에서 필연적으로 존재하는 대기행렬을 효율적으로 통제하여 고객이 도착하여 대기하고 서비스를 받고 돌아가는 일련의 총체적 과정을 여러 가지 모형을 통하여 해결하였다. 이러한 계량적 접근방법은 품질관리에 적용되어 총체적 품질관리 기법(TQM; Total Quality Management)의 기초가 되었다. 1954년 출간된 피터 드러커의 〈경영의 실제〉라는 책에서 경영자의 역할을 강조하였다. '경영이 바로 현대 최고의 예술이자 과학'이라는 점을 피력해 현대 경영관리 사상을 일깨워주는 새로운 방향을 제시하였다. 오늘날 경영시스템에서는 도미노피자나 삼성갤럭시폰을 만드는 과정에서 근로자가 잠깐 한눈을 팔아도 시스템이 품질을 관리해주고 있다. 최종생산물은 생산라인에서 모든 작업과 결과물을 점검하고 확인한다. 따라서 모든 제품의 품질이 균일하다. 소위 6시그마, 100PPM 등 다양한 품질관리 덕분이다. 은행과 보험사 금융기관들도 마찬가지이다. 은행의 업무 또한 컴퓨터나 ATM((Automated Teller Machine), 엑셀작업이나 프로그램들이 모두 처리한다. 은행들은 업무의 모든 단계를 시스템화했기 때문이다. 이처럼 생산 현장에서 인간적인 요소를 제거함으로써 오늘날 생산시스템에서는 더 값싸고 적은 노동력으로 우수한 품질을 달성하고 유지할 수 있는 자동화 시스템을 갖추었다. 이러한 계량적 접근방식이 오늘날 더욱더 가속화되기 시작하였으며 현대적 접근방식인 시스템 접근 방식에도 영향을 미쳤다.

4) 현대적 접근(시스템적 접근)의 경영학

오늘날 조직들이 처한 환경과 상황은 모두 다르다. 또한 같은 조직이라도 시간이 흐름에 따라 변화의 정도가 크고 새로운 경영환경과 상황에 직면하게 된다. 따라서 경영관리기법들도 각각 처한 상황에 가장 적합한 형태로 적용되기 시작하였다. 현대적 접근의 경영학은 소위 시스템적 접근방식으로 변화하였다. 현대적 접근 방식은 먼저 각 조직이 처한 상황이 다르다는 상황이론에서 출발한다. 상황이론(contingency theory)은 모든 조직이 유사하다는 가정하에 조직의 목표달성이나 효율성 극대화를 위하여 기업이 채택하는 비슷한 관리방식을 추구하는 고전적 조직이론을 비판에서 출발하였다. 상황이론은 기업은 조직구조, 관리방법, 그리고 환경 등의 기업을 둘러싼 상황요인에 따라 성과가 달라지게 된다는 것이다. 주로 환경, 기술, 조직구조 등에 따라 적합한 관리방법을 찾아야 한다는 것이다. 시스템

(system)적 접근 방식은 기업에 처한 문제의 인식과 시스템으로서의 구조를 파악하는 것이다. 시스템이란 기업이 목적을 달성하기 위해서 상호작용하면서도 독립적인 하위시스템들의 집합을 의미한다. 시스템은 기업의 외부환경과 상호작용이 일어난다면 개방형 시스템이라 하고, 그렇지 않다면 폐쇄형 시스템이라고 한다. 우리가 살아가는 오늘날의 기업들은 모두 개방형 시스템을 지니고 있다. 이러한 시스템은 기업은 각종 상호의존적인 독립적 하위시스템인 개인과 집단, 공식적 조직구조와 비공식적 조직구조, 권한과 책임, 조직 구성원의 태도, 동기부여 등 여러 가지 하위시스템들의 집합으로 구성되어 있다. 기업들은 부서와 부서들 개인과 개인, 다른 기업들과의 상호작용 등 여러 가지가 밀접한 상호작용하에 운영되고 있는 것이다. 이러한 시스템적 접근방식은 어떠한 것이 문제인지를 명확화하는 과정을 먼저 파악하고 그 다음 해결하고자 하는 특성에 대한 인식, 그리고 모형화와 시뮬레이션을 통해 해결방법을 확인하고 평가한다. 이렇게 찾아낸 해결방법으로 다시 계획화, 설계하고 실행하고 평가는 접근 방식을 시스템적 접근방식이라고 한다. 지금까지 살펴본 고전적 경영학, 행동주의적 경영학, 계량적 경영학, 그리고 현대 경영학을 그림으로 나타내면 [그림 1-19]와 같다.

그림 1-19 근대시대부터 현대까지의 경영학

고전적 경영학	➡	행동주의적 경영학	➡	계량적 경영학	➡	현대 경영학
• 인간은 합리적 • 패욜의 관리 원칙 • 과학적 관리법 (Taylor, Gilbreth) • Weber의 관료제		• 호손 연구 • Maslow 욕구5단계 • 동기-위생 이론 • XY이론		• 경영과학 • 오퍼레이션 연구 • 선형 계획법 • TQM		• 상황이론 • 시스템 이론 • 글로벌 경영 • 전략경영

제4절 산업혁명과 경영

1. 1차 산업혁명과 경영

산업혁명이란 인류사회에 필요한 제품과 서비스를 생산하는 데 있어서 획기적인 변화를 의미한다. 산업혁명이라는 용어는 1884년 아놀드 토인비의 〈18세기 영국 산업혁명 강의〉라는 책을 통하여 사용되기 시작하였다. 이러한 산업혁명은 18세기 후반부터 약 100여 년 동안 유럽을 중심으로 생산기술과 사회조직에 커다란 변화가 일어났다. 영국에서는 중세시대의 농경 방법으로 농사짓는 땅을 3등분해서 3년마다 한 번씩 밭을 쉬게 하는 삼포제를 대신하여 새로운 농업기술이 도입되었다. 새로운 농업기술이 도입되어 윤작을 통하여 연속적인 경작이 가능해지고 지력이 회복될 때까지 농사짓지 않던 예전의 방식에서 벗어나 자신의 경작지에서 독립적으로 농사짓는 것을 선호하였으며 농지를 임대해 주기도 하였다. 1차 산업혁명은 농업에 있어 고용주와 피고용인들의 관계가 나타나게 되었다. 후에 이러한 노동관계의 변화에 따라 노조가 등장하게 된다. 그러나 농업이 어렵게 되자 대안(대체제)을 찾기 시작하였는데 그것이 양을 활용하여 모직물을 만드는 면공업이었다. 면공업의 주요공정은 목화에서 추출한 애벌실로 방사(실)를 만드는 방적(spinning)공정과 방사를 사용하여 직물을 만드는 방직(weaving)공정으로구분된다. 처음에는 사람이 직접 물레를 돌려서 실을 뽑았는데 어떻게 하면 효율적으로 실을 뽑을 것인가에 대한 고민으로 방적기가 만들어졌다. 이러한 방적기의 발명으로 면공업은 비약적인 발전을 하게 된다. 면공업의 발전으로 시골에서 농사짓던 사람들이 도시로 이동하게 되었고 이는 농업사회에서 공업중심의 사회로 전환되는 계기가 되었다. 생산혁명이 일어나자 면공업에 있어서 기존의 노동력이 기계로 대체되자 노동자들을 실직시키고 임금이 하락하게 된다. 기계가 노동력을 대체하자 옷 만드는 기술자들은 일자리를 잃게 된다. 이렇게 일자리를 잃은 노동자들은 공장기계를 부수기 시작하였다. 18세기 말에서 19세기 초에 걸쳐 영국의 공장지대에서 일어난 노동자들에 의한 기계파괴운동인 러다이트 운동(Luddite Movement)이 일어난다. 한편 시골에서 농사짓던 사람들의 도시로의 이동은 도시인구를 증가시켰고 지주들은 땅의 사용료를 올리고 집값과 물가도 덩달아 오르게 된다. 그러나 공장주들은 오르는 물가만큼 인건비를 올려주지 않자 빈곤층이 증가하게 되고 이러한 결과 노조를 결성하게 된다. 한편 제임스 와트의 증기기관의 발명으로 촉발된 산업혁명은 18세기 말에서 19세기 초까지 종전의 수공업체계를 기계공업체제로 완전히 탈바꿈시켜 놓았다. 전통적으로 농업으로 생활을 영위하던 공간에 공장이 우후죽순처럼 들어서면서 섬유와 제련산업 등이 부를 창출하는 대표산업으로 부상했다. 또한 당시 영국을 중심으로 프랑스, 벨기에 등 산업혁명을 주도한 일부 유럽 국가는 독보적인 산업지대를 형성했다. 이와 함께 증기기관을 이용하는 증기선과 기차 등장으로 범선에 의존해 온 수송체계의 획기적 변화를 가져왔다. 19세기 중반 들어 본격적으로 증기기관이 동력으로 이용되면서 세계 산업지도에도 적지 않은 변화가 일어났다. 섬유산업이 대표적인 산업의 자리를 굳건히 지키고 있는 가운데 제강산업과 석탄산업, 증기기관을 매개로 하는 철도 등 수송산업이 비약적인 발전을 거듭했고 공장 가동에 필요한 전기와 공작기계, 합성염료 산업도 주도적인 산업대열에 합류했다. 특히 증기기관의 보편적 확산과 철도 등 새로운 수송체계가 자리 잡으면서 종전 수력이 지녔던 생산 입지의 한정성이 크게 개선됐다. 1차 산업혁명기간 동안 산업화가 진행되었으며 도시민들은 산업화의 혜택으로 구매력이 급증하고 인구도 증가하게 된다. 1차 산업혁명 시기 아놀드 토인비가 1884년 oxford대학의 강의에서 1760~1840년까지 영국에서 진행되었던 제1차 산업혁명은 새로운 기술들이 서로 결합되면서 영국의 섬유산업을 자동화하고 제철산업, 교통. 유통 등 국가산업을 전반적으로 혁신시켰다고 설명하였다.

2. 2차 산업혁명과 경영

1차 산업혁명과 함께 한 시대를 풍미했던 증기기관은 1892년 독일 출신의 엔지니어 칼 디젤의 디젤엔진 발명으로 스포트라이트 밖으로 밀려나게 되었다. 1939년 세계 최초의 산업용 가스터빈이 스위스 외샤텔의 지역 발전소에서 전기를 생산하기 시작했다. 19세기에서 20세기로 전환하는 시점에 석유를 에너지원으로 하는 내연기관의 발명과 더불어 전력·전기 통신 분야의 획기적인 발전은 산업현장에 많은 변화를 가지고 왔다. 철강생산 비용이 저렴해지고 합금 기술이 발전하면서 자동차와 비행기 등 새로운 교통수단이 1차 세계대전을 전후로 등장했는가 하면 정보와 소리를 전기신호로 바꿀 수 있게 되면서 전화와 라디오 등 통신산업이 새로운 산업으로 출현했다. 특히 종전까지 증기열의 손실에 대한 염려로 한 공장 내 집중배치가 불가피했던 기계를 분산 배치할 수 있게 되면서 대량 생산의 초석이 다져졌다. 이 시대에는 화학, 전기, 석유 및 철강 분야에서 기술혁신이 진행되었다. 소비재를 대량생산하는 구조적 측면의 발전도 있었고, 식료품 및 음료, 의류 등의 제조기계와 더불어 가공, 운송 수단의 혁신, 심지어 오락 분야에서도 영화, 라디오와 축음기가 개발되어 대중의 요구에 부응했을 뿐만 아니라 고용의 측면에서도 크게 기여하였다. 1908년 헨리 포드(Henry Ford; 1863~1947)가 자동차 산업에 종사한 지 10년이 된 해 자동차 시대가 열렸다. 모델 T가 디트로이트 피켓 에미뉴 공장에서 처음 조립되어 판매되기 시작했다. 포드는 1913년 디트로이트 하일랜드파크 공장에 컨베이어 시스템을 도입하고 규모의 경제를 이루어 냈다. 이 시기에는 컨베이어 시스템으로 대표되는 포드 시스템을 중심으로 생산성이 높아지고 금융시스템과 결합하여 자동차가 대중소비재가 되면서 자동차 관련업종인 유리, 고무, 철강, 시멘트 등 관련 산업이 출현하게 된다. 전기에너지를 기반한 대량생산 혁명이 일어난 시기이다. 이러한 2차 산업혁명 시대에 경영은 보다 효율적인 관리방법들을 탐색하기 시작하였으며 대량생산과 노동의 분업이 이루어지기 시작하였다. 2차 산업혁명시대 공산품의 대량생산이 가능해지고 생산시설의 확충에 따라 고용창출이 이루어지고 대도시의 개발과 건물이 착공되고 완성되어진다. 많은 노동자들이 임금이 상승하고 이러한 임금으로 냉장고를 비롯한 많은 소비재들을 소유하고 소비하게 된다. 이러한 소비를 촉진하기 위해 기업들은 광고가 생겨나게 되고 광고산업이 발전하게 되는 시기이다.

3. 3차 산업혁명과 경영

여러분들은 혹 이러한 광고를 들어본 적이 있습니까? 포장마차를 운영하는 한 할머니가 등장하면서 청년들에게 외친다. “뭐라고 돼지털세상이라고?” 디지털세상에 대한 언급이다. 하이텔이라든지 페이저(소위 삐삐)라는 문자수신기, 이 당시 하드디스크가 20메가바이트 정도였던 시기이다. 2012년 미국 펜실베니아대학교 경영대학의 리프킨 교수가 〈3차 산업혁명〉이라는 책을 발표하였다. 이 책에서는 인터넷과 재생에너지가 3차 산업혁명을 이끌 것이라고 주장을 하게 되며 리프킨 교수는 3차 산업혁명의 대표적인 특징으로 커뮤니케이션기술의 발달인 인터넷과 새로운 에너지체계인 재생에너지의 결합으로 수평적 권력구조로 재편한다고 주장하였다. 이러한 시대에는 컴퓨터, 인공위성, 그리고 인터넷의 발명을 통하여 정보통신기술이 발달하게 된다. 컴퓨터는 1946년에 인공위성은 1957년에 인터넷은 1969년에 처음으로 등장하였으나 당장 보급되지 않았다. 1990년에 등장한 월드와이드웹을 계기로 인터넷이 급속도로 발전하게 되었다. 1980년대에 처음 등장한 태블릿 PC, 태블릿 컴퓨터, 그리고 2010년대 초반의 스마트폰은 변화를 더욱 가속화하게 하였다. 이러한 변화는 기술이 발전될수록 변화의 속도가 가속화되었고, 휴대용 인터넷 기기와 SNS(Social Network Service)가 사회에 많은 영향을 미치게 되었다. 이는 정보기술을 뛰어넘어 정보혁명으로 이어지게 되는 시기였다. 20세기 IT기술의 발달로 디지털 혁명이라고 불리기도 하고 데이터를 바탕으로 하는 정보사회라고 불리웠다. 앨빈 토플러는 농업혁명이나 산업혁명에 이은 제3의 물결이라고 불리기도 하였다. 20세기 후반에는 반도체 광섬유 유전공학 소프트웨어 등에 기반을 둔 새로운 산업이 태동해 21세기를 준비하고 있다. 특히 인터넷의 발달은 디지털 네트워크와 초소형 정밀기계 시스템(MEMS), 소프트웨어 뉴미디어산업 등의 발전에 지대한 역할을 했다. 또한 대부분의 기업은 뜻밖의 횡재를 기대하기보다는 기술혁신과 새로운 시장을 적극 개척하기 위해 고도로 숙련된 연구개발 인력을 확보하기 시작했다. 또한 각 지역의 테크노밸리를 토대로 컴퓨터 분석기술과 유전자 배열 기술 등 첨단 기술 개발에 전력을 기울이고 있다. 90년대 초반부터 미국 경제가 이례적인 장기 호황을 누린 것도 다른 국가들이 대량 생산체제에 안주하는 동안 일찍이 인터넷 등 정보통신산업의 기술혁신에 뛰어들었기 때문이다. 전문가들은 이러한 기술 혁신 주기가 50~60년이 아닌 30~40년 주기로 단축됐고 앞으로도 더욱 단축될 전망이다.

4. 4차 산업혁명과 경영

4차 산업혁명이라는 말은 독일의 경제학자 클라우드 슈바프(Klaus Schwab, 1938년 3월 30일)가 의장으로 있는 2016년 세계경제포럼(World Economic Forum, WEF)에서 처음으로 사용한 용어가 이슈화되었다. 4차 산업혁명의 주요 개념은 인공지능(AI; Artificial Intelligence), 사물인터넷(IoT; Internet of Thigs), 가상현실(VR; Virtual Reality), 빅데이터, 로봇공항, 무인항공기, 3차원 인쇄, 나노기술 등 6대 분야에서 이루어지고 있는 기술혁신을 의미한다. 인공지능은 인간의 인식판단과 추론, 그리고 문제해결까지 인간의 두뇌작용과 같이 컴퓨터가 스스로 추론하고 학습하고 판단하면서 작업하는 것을 의미하면 우리는 2016년 3월 알파고를 기억할 수 있다. 2016년 3월 알파고가 이세돌 선수를 4:1로 이기는 모습을 본 우리들은 현재 직업 중 50%가 10년 이내에 사라질 것이라는 예측을 믿지 않을 수 없게 된다. 알파고와 이세돌 선수의 경기시작 전 네티즌 92%의 예상은 이세돌 승리(5대0(51%), 4대1(27%), 3대2(14%))였으나 결과는 4대1로 알파고가 승리하였다. 이세돌은 "시간을 되돌린다면 바둑을 배우더라도 바둑 기사가 되진 않을 것이며, 저는 학문적인, 예술적인 접근 방식으로 바둑을 배웠을 것이다"라고 이야기한다. 인공지능이 나오면서 이게 그렇게까지 가치가 있을까라는 본질적인 의문이 들기 시작한 것이다. 사물인터넷(IoT; Internet of Thigs)은 우리가 살아가는 생활 속 사물들을 유·무선 네트워크로 연결하여 정보를 공유하는 환경을 의미한다. 즉, 사물들에 통신기능을 내장하여 인터넷과 연결하여 가전제품과 전자기기는 물론 헬스케어, 전기·수도의 원격검침, 스마트홈 등 다양한 분야에서 사물을 네트워크로 연결하여 정보를 공유한다. 오늘날 우리들은 물리적 공간, 디지털공간, 그리고 생물학적 공간의 경계가 희석되는 기술융합의 시대를 살아가고 있다. 가상현실(VR; Virtual Reality)은 컴퓨터로 만들어 놓은 가상의 세계에서 사람들이 실제로 같은 체험을 할 수 있도록 한 최첨단 기술을 의미한다. 2020년 7월 21일 한국경제연구원에서 800대 기업의 조사결과 75%가 유연근무제를 신규로 도입하거나 확대하고 그중 56.7%가 유연근무제 시행이 업무효율 및 생산성 향상에 긍정적 평가하고, 그중 56.1%는 코로나 사태가 진정되더라도 유연근무제를 지속하고 확대할 계획이라는 결과가 나왔다. 세상이 바뀌었다. 모든 것이 바뀌었다. 1차 산업혁명부터 4차 산업혁명까지 경영과의 관련성을 그림으로 나타내면 [그림 1 - 20]과 같다.

그림 1-20 산업혁명과 경영

1차 산업혁명	2차 산업혁명	3차 산업혁명	4차 산업혁명
농업 → 면 공업 섬유산업 러다이트 운동 증기기관 → 산업 수송 산업(철도)	내연기관(석유) 통신산업 출현 대량생산의 초석 자동차 산업 대량생산	디지털 세상 컴퓨터, 인공위성 태블릿 PC 스마트폰 SNS	사물인터넷 가상현실 인공지능 빅데이터 메타버스
1760~1840	1892	1946~1990	2016

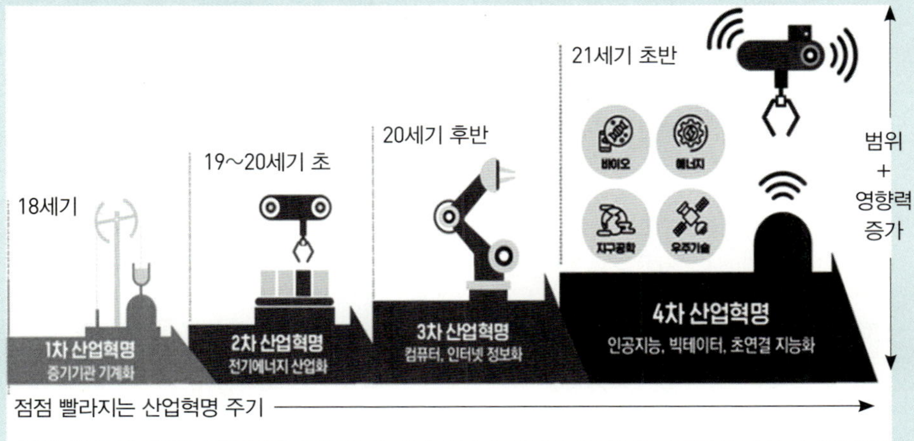

사례 | "우리는 아바타로 출근해요" 직방

메타폴리스 접속 후 4층 회의실 L3에서 진행하려고 하는데, 오후 2시 30분에 접속하면 로비에 나가 있을게요. 이 주소로 로그인해 주세요." 2022년 2월 21일 부동산 중개 스타트업 직방과 만나기로 한 날, 기자에게 e메일이 한 통 날아왔다. 회사의 주소 대신 적힌 것은 이 회사의 메타버스 협업 툴인 '메타폴리스' 설치 주소였다. 링크를 설치하자 '메타폴리스'란 건물 이미지가 생겨났다. 사전에 등록된 아이디로 로그인하자 기자만의 아바타가 생겼다. 영상 캠과 오디오를 입력하자 아바타의 얼굴이 실제 기자의 얼굴로 바뀌었다. 아바타지만 곧 기자 이름과 직함을 단 가상 공간의 '나'였다. 기자의 아바타는 곧 3차원(D) 건물 앞에 있었다. 게임과 같은 그래픽에 마치 게임을 하는 듯한 착각이 들었지만 곧 로비에서 직방 관계자와 만났다. 아바타지만 화상 채팅을 하듯이 얼굴이 보였고 목소리도 들렸다. "안녕하세요." 메타버스상에서 반갑게 인사를 나누고 함께 엘리베이터를 타고 4층 직방 사무실로 올라갔다. 4층에는 직방의 직원들이 근무하고 있었다. 가상 공간이지만 직방 직원들이 실제 일하는 사무실이었다. 직방이 새로운 시도로 업무 공간에 대한 정의를 다시 쓰고 있다. 지난해 7월부터 전 직원 360여 명이 메타버스 공간으로 출근 중이다. 직방은 지난해 2월 1일부터 오프라인 출근을 전면 폐지하고 원격 근무(클라우드 워킹) 제도를 전격 도입했다. 신종 코로나바이러스 감염증(코로나19) 사태로 비대면 근무가 자연스레 시작되면서 원격 근무로 시스템을 전환한 것이다. 직방은 거기에 멈추지 않았다. 원격 근무 툴을 조금만 더 몰입감 있게 만든다면 재택근무의 단점으로 꼽히는 소통 부족과 생산성 저하를 극복할 수 있다고 판단했다. 실제 사무실처럼 모여 일하는 근무 환경을 온라인상에서 만들어 볼 수 있지 않을까. 직방은 온라인 업무 집중도를 높이면서 동시에 직원들이 소속감을 느끼고 유대감을 가질 수 있는 툴을 고민했다. 회사는 곧 가상 공간 안에서 함께 일할 수 있는 사무실을 만들기로 했다. 그렇게 이 회사가 자체 개발한 메타버스 협업 툴인 '메타폴리스(Metapolis)'가 지난해 7월 탄생했다.

[자료원: 한경비즈니스 2022.3.3. 발췌]

사례 | 부동산 거래(발로 찾는 집이 아니라 손으로 찾는 집)

- 빅데이터 직접 현장을 가지 않더라도 가상현실 VR카메라로 찍어 직접 발로 움직이기보다는 손으로 집을 찾는 시장으로 변환 부동산 플랫폼 앱을 통하여 구매자가 원하는 집을 찾는 시스템
- 가상현실 기술이 진화로 부동산업계에 접목하여 장소시간 제약없이 비대면 중개
- 아파트 정보만 한곳에 모아 제공 거래가 많은 아파트나 주변 학군 정보를 제공하기도 하고, 자동으로 빌라 시세 파악해 제공, 인공지능이 몇 초만에 시세정보를 통하여 즉각적인 새로운 변화

제5절 내일이라는 세상에서의 경영

우리는 2019년 12월 코로나 바이러스로 인하여 경험해보지 못한 세상을 살아왔다. 비대면 활동을 통하여 대면으로 이루어지던 생활양식에 많은 변화를 가져다 주었다. 기업에서는 온라인 경영과 재택근무로 중간관리자가 멸종되었다고 하고, 초·중·고등학교에서는 비대면수업으로 인하여 학습성과가 저하되었다는 우려의 소리도 있었다. 긍정적인 측면에서는 환경적인 측면에서 대기오염이 감소되었다는 것이다, 우리는 과거를 살아왔고, 그리고 현재를 살고 있고 미래를 살아갈 것이다. 그것은 바로 어제이고 오늘이고 내일이다. 그렇다면 우리가 배우고자 하는 경영의 어제와 오늘 그리고 내일에는 어떠한 변화가 우리의 눈앞에 펼쳐질 것인가? 내일이라는 세상에서의 경영은 어떻게 이루어지고 실행되고 있을까? 앞으로의 세상은 크게 3가지 변화가 일어나고 있다. 첫째, 수명이 길어진다(Lifespan)는 것이다. 이렇게 수명이 길어지는 내일이라는 세상에서는 어떠한 형태의 경영을 하게 될까? 둘째, 수명이 길어지고 동시에 우리의 건강(Healthspan) 또한 지속된다. 셋째, 기술변화(Technological change)가 가속화될 것이다. 특히 앞으로 머리·팔·다리를 갖추는 등 골격 구조가 인간과 유사하고 팔로 물건을 다루고 직립 보행을 하는 등 동작도 인간과 유사한 휴머노이드 로봇 등 다양한 변화들로 인하여 10년 내에 사라지는 일자리가 약 870만 개가 될것이고 로봇과 일자리를 놓고 경쟁하는 세상이 도래할 것이다. 이러한 내일이라는 세상에서 호흡하게 되는 우리들에게 지금 배우고 있는 경영원리가 어떠한 의미가 있을까? 분명한 것은 우리가 살아가게 될 앞으로의 세상에서도 경영은 필요하다는 것이다. 현재 존재하는 것들의 형태와 고객의 경험과 우리들의 직업이 변화할 것이다. 어떻게 보면 우리들은 off-line, on-line, 그리고 meta와 omnibus라는 땅에서 살아가게 될 것이다. 이렇게 많은 변화들 속에 경영의 역할은 마찬가지로 목표설정, 실행, 그리고 피드백이라는 경영관리의 프로세스를 지속할 것이다. 앞으로의 세상에서 일어나는 인류사회가 필요로 하는 제품과 서비스를 어떻게 주고받을 것인가? 음악과 미술 그리고 건축 등 인류사회가 필요로 하는 작품을 사고 팔 때 어떻게 그 가치를 지켜나가야 할지 고민하게 될 것이다. 앞으로의 세상에서 모든 종류의 콘텐츠(음악, 미술, 연주, 작곡 등)를 소비자에게 바로 제공될 것인가? 이때 대체 불가능 토큰(Non Fungible Token; 이하 NFT)이라는 블록체인에 기반한 고유한 디지털 수집품이다. NFT는 암호화폐에 사용된는 기술인 블록체인을 통해 거래내역이 검증된 고유한 디지털 아이템을 의미한다. 이러한 NFT는 출처, 소유권의 이력, 희소한 정도가 명확하게 기록되어지고 투명하게 공개되며 네트워크에 영속적으로 존재하는 것을 의미한다. 암호화폐는 인터넷상에 존재하는 디지털 화폐이다. 이러한 암호화폐는 투자목적으로 거래할 수도 있고, 물건을 구입하거나, 예금의 형태로 예치할 수도 있다. 이러한 암호화폐를 사고 팔 때도 송금하거나 예금하거나 물건을 구매할 때도 암호화폐로 일어나는 모든 주고 받는 거래는 검증을 필요로 한다. 이때 NFT가 필요할 것이다. 앞에서 살펴본 4차 산업혁명시대 우리가 살아가는 이 시대에 암호화폐 거래소에서 NFT를 사고파는 경영이 이루어지고 있다. 2004년 마크 저커버그가 페이스북이라는 IT기업을 캘리포니아 맨로 파크에 설립하고 전 세계 최대 규모의 소셜미디어 플랫폼을 운영하고 있다. 2012년에는 인스타그램을 인수한 후 2014년 왓츠앱, 오큘러스를 인수하였다. 2021년 페이스북을 메타 플랫폼 주식회사로 전환하였다. 메타(Meta Platforms, Inc)라는 회사이름은 메타버스에서 유래한 것으로 소셜미디어에 집중되어진 기존의 사업모델을 차별화하여 메타버스를 주력 사업모델로 삼기 위함이다. 이는 가상공간에서의 체험을 중점으로 두는 사업모델로 확장하고 있다. 메타버스는 기존의 지식과 기술(knowledge)들과 경험(experience)이 모여서 창의적인 것을 만든 것이 아닐까? 데이터와 가상이미지(AR/VR) 등 여러 가지 기존기술과 디지털 가속화를 통하여 창의적인 것을 만들어내는 것이 메타버스이다. 결국은 메타버스 또한 비즈니스(경영)이다. 앞으로 이러한 비즈니스는 우리들의 현상을 이해하는 것으로부터 출발한다. 디지털의 최종점은 아나로그처럼 실존화되는 것이다. 뉴노멀시대 모든 것이 디지털화되면서 데이터 기반의 현실성과 현실세계와 똑같은 가상세계를 구현하는 것인데 이러한 모든 것도 우리가 배우는 경영학의 개념을 응용하여야 한다. NVIDIA는 1993년 언젠가 PC가 게임과 멀티미디어를 즐기기 위한 소비자 디바이스가 될 것이라는 믿음으로 NVIDIA는 Jensun Huang, Chris Malachowsky, 그리고 Curtis Priem가 공동 창업하였다. 당시만 해도 그래픽 칩 회사는 20개가 넘었고 3년 뒤에는 무려 70개까지 늘렸다. 2006년까지 NVIDIA는 여전히 독립적으로 운영되고 있었고 다른 누구도 해결할 수 없는 문제를 해결하기 위해 가속 컴퓨팅 분야를 개척해왔다. 오늘날 AI 분야에서 NVIDIA의 기술은 게임, 헬스케어, 교통 등 100조 달러 규모의 다양한 산업을 혁신시키고 있으며 인류의 삶을 크게 바꿔나가고 있다. 현재 NVIDIA는 AI에 관한 연구는 게임, 헬스케어, 수송 등 모든 것을 혁신하고 사회에 큰 영향을 주고 있다. NVIDIA Omniverse는 엔비디아 RTX 기반 3D 시뮬레이션 및 협업 플랫폼이다. 3D 이미지나 영상을 만드는 개발자들이 옴니버스에 접속해 함께 3D 이미지나 영상을 만드는 플랫폼이다. 그래픽, 시뮬레이션, 인공지능(AI) 분야에서 실제 세계와 가상세계를 융합해 사실적인 디테일로 실시간 시뮬레이션을 지원한다. 옴니버스 플랫폼은 3D 빌딩디자인의 반복처리, 3D 애니메이션 장면 수정, 자율차를 위한 협업 등을 진행하는 엔지니어의 협업을 지원하는 점이 특징이다. 특히 옴니버스를 이용하여 공장과 시설을 똑같이 디지털 트윈으로 만들어 놓고 거기서 자동화 시스템 로봇 등 먼저 시험을해서 문제점과 보완점을 수정해서 현실에서 도입할 수 있다. 실제로 BMW 그룹은 연간 2백만 대 이상의 자동차를 생산하며, 엔비디아 옴니버스를 활용해 디지털 트윈 공장을 설립했다. 이는 디지털 방식으로 설계됐으며, 옴니버스를 통해 처음부터 끝까지 시뮬레이션할 수 있다고 한다. 그리고 네트워킹 및 통신회사 에릭슨(Ericson)은 옴니버스를 사용해 5G 전파를 실시간으로 시뮬레이션해 밀집된 도시 환경에서 다중 경로 간섭을 최소화하고 있다고 한다. NVIDIA Omniverse는 3D 디자인 협업 및 확장 가능한 멀티 GPU, 사실적인 실시간 시뮬레이션을 위해 쉽게 확장할 수 있는 플랫폼으로서 개인이 제작하고 개발하는 방식과 팀원들과 함께 작업하는 방식을 혁신하여 각 조직의 모든 구성원과 프로젝트에 보다 창의적인 가능성과 효율성을 제공하고 있다. 엔비디아는 지멘스와 손잡고 산업용 메타버스 개척에 힘쓰고 있다.

2022년 8월 발표한 엔비디아 옴니버스 아바타 클라우드 엔진은 가상 세계에서 가상비서나 디지털 휴먼을 통해 대화형 아바타를 빠르게 만들고 배포하는 서비스이다. 가상비서나 디지털 휴먼은 인간과 인간을 둘러싼 환경 사이에 여러 가지 센서를 통하여 정보를 제공한다. Omniverse에서 디지털 트윈을 생성하면 BMW, Ericsson, Siemens Energy, Lockheed Martin과 같은 회사에서 고유한 개체, 프로세스 또는 환경의 물리적으로 정확한 가상 복제본을 제작할 수 있다. 이 모든 것이 실제 데이터 입력값과 지속적으로 동기화되고 AI를 통해 지원된다. NVIDIA Omniverse Enterprise 디지털 트윈, 공장, 5G 네트워크, 발전소 덕분에 그 어느 때보다 빠르고 충실하게 기후 연구가 이루어지고 있다. Omniverse 플랫폼을 구축할 때 20년이 넘는 NVIDIA의 핵심 렌더링, AI, 시뮬레이션 기술을 활용하여 시간과 노력을 절약할 수 있다. 모듈식으로 쉽게 확장 가능한 Omniverse는 엄격한 모놀리식 개발을 대체하고 있다. 로우 코드 및 코드리스 Python 기반 개발을 통해 개발자는 3D 도구를 빠르고 효율적이며 지속 가능하게 제작할 수 있다. 복잡한 3D 워크플로우를 가속화할 뿐만 아니라 가능성 있는 아이디어와 혁신 기술을 시각화, 시뮬레이션, 코딩하는 새롭고 획기적인 방법을 지원한다. 레이 트레이싱, AI, 컴퓨팅과 같은 복잡한 기술을 3D 파이프라인에 통합하는 데 더 이상 비용이 들지 않는다는 이점이 있다.

사례	휴머노이드 로봇 '옵티머스'

일론 머스크 테슬라 최고경영자(CEO)가 휴머노이드 로봇 '옵티머스'를 공개하고 향후 수백만 대를 생산해 2만 달러 이하로 판매한다는 계획을 밝혔다고 로이터·AP·블룸버그 통신 등 외신이 2022년 9월 30일(현지시간) 보도했다. 머스크는 앞으로 3~5년 이내에 로봇들의 주문을 받을 수 있을 것이라고 예상했다. 토요타자동차나 혼다자동차 등 다른 업체들도 휴머노이드 로봇 개발에 나서고 일부는 농구선수처럼 슛을 쏘거나 자동차 조립공정에 참여하는 등 복잡한 일을 수행하는 로봇을 선보이기도 했으나 공장에서 사용할 수 있는 대량 판매용 휴머노이드 로봇 개발을 추진하는 것은 테슬라뿐이다.

[자료원: 연합뉴스 2022.10.1. 발췌]

2016년 알파고 이후 많은 산업분야에서 디지털 전환이 추진되었고 COVID-19이라는 팬데믹을 거치며 가속화되었다. 소위 ABCD(AI, Block Chain, Cloud, Data(Big Data)로 대표되는 기술들은 디지털기업들의 창업, 성장 새로운 비즈니스 모델의 등장이 일어났다.

인공지능(AI, Artificial Intelligence)은 기업의 경영뿐만 아니라 인류 문명에 새로운 전환점을 제시하고 있다. 2022년 11월 30일 OpenAI가 내놓은 ChatGPT 3.5는 세상을 깜짝 놀라게 하였다. 인공지능이 사전에 학습한 LLM(Large Language Model)을 기반으로 사용자의 질문이나 지시에 대응하여 새로운 콘텐츠를 스스로 생성해 내는 딥러닝 모델, 즉 생성형(GPT, Generative Pretrained Transformer) AI가 등장한 것이다. ChatGPT 3.5는 출시 5일 만에 사용자 100만 명, 2개월 만에 1억 명을 확보하며 신기술 채택 속도의 신기록을 세웠고, 이후 미국의 Gemini, Claude, Perplexity, Grok, 중국의 Deepseek, Qwen, 한국의 HyperCLOVA X, 뤼튼 등 다양한 생성형 AI가 등장하며 사회경제적으로 엄청난 변화를 가져왔다. 이러한 AI 혁명의 핵심에는 NVIDIA의 극적인 성장이 있다. NVIDIA는 ChatGPT 출시 이후 약 3년 만에 시가총액이 3,600억 달러에서 4.34조 달러로 12배 증가하며 세계 1위 기업으로 부상했다. 이는 기술혁신이 기업가치에 미치는 파급력을 보여주는 대표적 사례다.

세계적인 컨설팅 회사 McKinsey는 2025년 6월 현재, "전 세계 기업의 78%가 최소 하나의 업무 영역에서 AI를 활용하고 있으며, Fortune 500 기업의 85%가 AI 기술을 도입하고 있다"고 보고하였다. 기업들은 AI를 활용하여 마케팅 자동화, 고객서비스, 업무 프로세스 개선 등 다양한 분야에서 20~50%의 생산성 향상을 경험하고 있다. 또한 AI 투자 1달러당 3.7달러의 수익을 창출하며, AI 기반 비즈니스 모델을 도입한 기업들이 그렇지 않은 기업보다 1.5배 높은 매출 성장을 보이고 있다는 Wharton School의 연구 결과도 있다.

인공지능 활용의 확산은 M. Porter의 경쟁전략과 자원기반이론에 새로운 차원을 추가하였다. 즉, AI 활용 역량이 새로운 경쟁의 축으로 부상하면서 기업들은 데이터와 AI 인재 확보 경쟁을 벌이고 있다. 특히 NVIDIA의 CUDA 생태계 구축 사례는 플랫폼 전략과 경제적 해자 이론을 실증하며 선점자 우위와 생태계 잠금 효과의 중요성을 보여준다.

AI 산업 및 관련 기술의 기하급수적 증가는 전 세계 경제에 수많은 변화와 가치 증가를 수반하며, 일자리 시장에도 엄청난 변화를 초래하고 있다. 이에 기업들은 단순한 효율성 증대를 넘어 비즈니스 모델의 전면 재편에 나서고 있으며, 조직구조를 수평화하고 워크플로우를 AI 중심으로 재설계하고 있다. 향후 에이전틱 AI 활용으로 기업경영의 효율성은 더욱 증가할 것으로 전망된다.

한편, AI와 연계하여 발전하고 있는 휴머노이드 로봇 분야도 주목할 만한 기술 혁신이다. 글로벌 휴머노이드 로봇 시장은 매우 빠르게 성장하고 있다. 테슬라의 옵티머스, 보스턴다이내믹스의 아틀라스, Figure AI 등 주요 기업들이 AI와 빅데이터를 결합한 휴머노이드 로봇을 공장에 투입하기 시작했다. 휴머노이드 로봇은 AI 기반의 범용 비전-언어-행동(VLA) 모델을 통해 인식, 언어 이해, 학습된 제어를 통합하여 복잡한 작업을 수행할 수 있게 되었다. 의료, 소매, 교육 산업에서 특히 빠른 성장이 예상되며, 개인화된 의료 서비스와 노령인구 증가에 따른 케어 서비스 수요가 주요 성장동력으로 작용하고 있다.

혁신적인 변화를 몰고 온 AI 대전환(AX, AI Transformation) 시대의 경영은 전통적인 경영학 이론들이 새로운 맥락에서 재해석되어야 함을 의미한다. 기업들은 기술적 역량뿐만 아니라 조직 문화, 인적자원, 프로세스의 총체적 변화를 통해 AI 기반 경쟁우위를 구축해야 하는 시대에 진입했다. 특히 휴머노이드 로봇의 등장은 제조업뿐만 아니라 서비스업까지 산업 전반의 자동화 패러다임을 근본적으로 변화시킬 것으로 전망된다.

사례 | 글로벌 빅테크들의 최종 목표 'AGI'의 정의는?

최근 한국 지사를 설립한 오픈AI가 '범용 인공지능(AGI)'이 회사의 최종목표라는 점을 분명히 했다. 업계 관계자들은 AI 모델들이 빠른 속도로 발전하면서 AGI의 실현이 더 이상 미래의 이야기가 아니고 조만간 현실화될 것이라고 예측하고 있지만 AGI의 정의에 대해서는 의견이 분분한 상황이다. 최근 오픈AI 이사회 의장이자 시에라(Sierra) CEO인 브렛 테일러(Bret Taylor)는 인터뷰를 통해 기존의 AGI 개념은 현재의 시장상황에 맞지 않고 새로운 개념이 나오고 있다고 밝혔다. 과거 AI 연구의 최종 목표였던 '튜링 테스트'는 이미 오래전 달성됐으며 3년 전 생각했던 AGI 목표도 이미 실현됐다는 설명이다.

실제 업계에서는 새로운 AGI의 정의와 평가 기준이 제시되고 있다. 구글 딥마인드는 '메타인지 능력을 갖추고 인간보다 뛰어난 문제 해결 및 개념 학습 역량을 기반으로 광범위한 비물리적 작업을 수행할 수 있는 AI'를, 브렛 테일러는 'AI가 디지털 기술 및 아이디어 영역 등 거의 모든 분야에서 인간의 지능을 능가하거나 비슷한지'를 평가 기준으로 제시했다. 잘 만들어진 AI라도 활용되는 분야에 따라 사용자의 체감정도가 다르다. 오픈AI가 최근 공개한 'GPT-5'를 코딩 작업에 활용할 경우 뛰어난 결과를 제공했지만, 여행 계획을 세우는 것과 같은 일상적인 업무에서는 '적절한 답변' 수준에 머물렀다.

오픈AI 브렛 테일러 이사회 의장은 "AGI의 핵심은 '일반화(Generalization)'라고 생각한다. 연구자들 사이에서도 수학에 매우 뛰어난 AI가 다른 분야에서도 뛰어난 능력을 보일지에 대해 의견이 갈린다"며 "모델이 특정 과제를 위해 훈련되지 않았더라도 다른 분야에서 성능을 발휘할 수 있다고 믿는다"고 말했다. 한편 AGI 개발을 주도하고 있는 오픈AI, 구글 딥마인드, 메타 등 글로벌 빅테크들은 각자의 사업 전략을 펼치고 있다.

먼저 오픈AI는 AGI의 달성을 기업의 최종 목표로 공격적인 기술 개발 로드맵을 제시하고 있다. 실제 GPT-5 모델을 출시하며 'AGI로 가는 중요한 이정표'라고 소개했으며 특히 'GPT-5 thinking' 모델이 인간처럼 사고하는 능력에 근접했다고 강조했다. 이를 증명하기 위해 벤치마크 점수를 활용하고 있다. 구글 딥마인드는 AGI가 가져올 잠재적 위험에 대비하는 데 주력하고 있다. 오남용, 목표 오정렬, 사고, 구조적 위험 등 네 가지 위험 요소를 제시했으며 이를 방지하는 데 우선순위를 두고 있다. 메타 마크 저커버그(Mark Zuckerberg) CEO는 '개인화된 초지능'을 핵심 비전으로 제시하며 일상과 밀접한 '24시간 개인 비서'를 만드는 것을 목표로 한다고 강조했다. 메타버스라는 물리적 공간과 AGI를 통합하는 가상 세계인 '호라이즌 월드' 개발에 힘쓰고 있다.

[자료원: IT DAILY 2025.9.15.]

사례 | 양자컴퓨터 상용화, 먼 미래 이야기일까?

양자컴퓨터가 상용화 시점에 대한 논의가 여전한 가운데 전문가들은 상용화를 위해 '양자 오류수정'과 '양자 우월성' 기술부터 확보해야 한다고 입을 모았다. 양자컴퓨터는 양자물리학 기반으로 대규모 연산을 처리할 수 있는 새로운 형태의 컴퓨터다. 일반 슈퍼컴퓨터는 연산을 '비트' 단위로 계산한다. 비트는 0 또는 1로만 값을 출력하는 이진법 구조다. 반면 양자컴퓨터는 '큐비트' 단위로 작동한다. 큐비트는 0과 1 사이의 무한한 값을 동시에 처리할 수 있으며, 이를 '양자 얽힘' 또는 '중첩'이라 한다. 양자컴퓨터는 해당 기술 기반으로 일반 슈퍼컴퓨터보다 빠른 계산 속도를 갖췄다. 예를 들어 1큐비트는 1비트보다 계산 속도가 2배 빠르다. 2큐비트는 4배, 4큐비트는 16배 빠르다. 큐비트가 많을수록 연산 속도는 배로 는다. 이에 기존 컴퓨터의 비트 처리 방식이 가진 한계를 극복할 수 있다. 주로 신약 개발, 항공·우주, 인공지능(AI), 금융, 보안, 최적화 경로 산출 등 다양한 산업에서 활용 가능하다. 현재 양자컴퓨터 상용화에 대한 전문가 예측은 극명히 나뉜다. 상용화까지 갈 길 멀다는 시각이 있는가 하면, 이미 상용화 초기 단계 진입했다는 의견도 공존하고 있다. 최근 엔비디아 젠슨 황 CEO는 CES 2025 기조연설에서 "유용한 양자컴퓨터가 등장하려면 최소 30년은 더 필요할 것"이라고 내다봤다. 마크 저커버그 메타 CEO 역시 "양자컴퓨터 상용화는 아직 먼 이야기"라며 "광범위한 도입까지 10년 넘는 시간이 걸릴 것"이라고 내다봤다. 반면 마이크로소프트 미트라 아지지라드 전략적 임무 및 기술 부문 대표는 이달 자신의 블로그에서 "2025년은 양자 기술 준비 해(Quantum-Ready Year)"라며 "인류가 신뢰할 수 있는 양자컴퓨팅 시대의 문턱에 도달했다"고 강조했다. 또 "양자컴퓨터가 의미 있는 문제를 해결해 새로운 비즈니스 가치를 창출할 것"이라며 "올해 양자 연구와 개발 속도가 가속화될 것"이라 예상했다. 앨런 바라츠 디웨이브퀀텀 CEO도 "양자컴퓨터는 이미 상용화 단계에 접어들었다"고 주장하면서 마스터카드 등 대형 기업들의 양자컴퓨터 활용 사실을 근거로 들었다. 실제 양자컴퓨터 상용화를 위한 노력도 이어지고 있다. 가장 대표적인 기업 사례는 구글과 IBM이다. 두 기업은 양자컴퓨터 상용화 목표 시기를 2030년으로 설정하고 2019년부터 개발 경쟁에 돌입했다. 현재 두 기업은 양자컴퓨터를 서비스형 모델(QaaS) 형태로 제공하고 있다.

구글은 구글클라우드와 연계된 퀀텀 AI 플랫폼으로 연구자와 기업이 양자컴퓨터 리소스에 접근할 수 있도록 지원하고 있다. 주로 연구 중심 서비스를 제공한다. IBM은 IBM 퀀텀 플랫폼으로 상업적 서비스를 운영 중이다. 고객이 IBM의 양자 하드웨어와 소프트웨어를 클라우드상에서 이용할 수 있도록 지원한다. IBM은 '퀴스킷(Qiskit)' 등 소프트웨어와 '퀀텀 시스템 원' 같은 하드웨어를 활용해 금융, 화학, 물류 산업에서 양자컴퓨팅 이용 환경을 제공한다. 올

〈구글 양자컴퓨터〉

해 4천158큐비트 규모의 '코카부라' 출시를 앞둔 상태다. 전문가들은 양자컴퓨터 상용화를 위해선 해당 컴퓨터가 모든 분야에서 일반 슈퍼컴퓨터를 능가하는 '양자 우월성'을 구현해야 한다고 입을 모았다. 실제 기업이나 연구소가 양자컴퓨터 기술을 일반 컴퓨터와 병행해 사용하는 경우가 많다. 이는 현존 기술로 양자컴퓨터가 모든 분야에서 슈퍼컴퓨터를 능가하지 못하기 때문이다. 한국IBM 표창희 상무는 "양자컴퓨터는 빅데이터 계산 처리 속도에서 일반 슈퍼컴퓨터를 능가할 수 있지만, 데이터 처리와 분석에서는 일반 컴퓨터가 더 우수하다"고 설명했다. 표 상무는 "빠르면 3년 내 양자컴퓨터가 기존 컴퓨터를 뛰어넘는 양자 우월성을 확보할 것"이라며 "이를 바탕으로 상용화도 이뤄질 것"이라고 전망했다. 양자컴퓨터의 양자오류수정 구현도 상용화 필수 조건으로 꼽힌다. 양자컴퓨터가 큐비트를 많이 탑재할수록 데이터 처리량은 증가하지만 큐비트 품질이 낮으면 오류 발생 가능성이 높아지기 때문이다. 현재 구글과 IBM 등 개발사들은 양자오류수정 기술에 집중하고 있다. 구글은 지난달 9일 양자컴퓨터 칩 '윌로우'를 발표하면서 양자오류수정 기술 구현 성과를 내놨다. IBM은 2029년까지 양자오류수정 기능을 갖춘 양자컴퓨터 출시를 목표로 뒀다. 이를 위한 기술 연구도 착수한 상태다.

표 상무는 "양자오류 문제가 해결되면 양자컴퓨터가 산업 전반에 널리 활용될 가능성이 높아질 것"이라며 "실질적으로 안정화된 퍼포먼스를 보이며 확장성까지 갖추기 때문"이라고 설명했다.

[자료원: ZDNET Korea 2025.1.30]

사례 | 순다르 피차이(Sundar Pchai) 구글 최고경영자

순다르 피차이(Sundar Pichai) 구글 최고경영자(CEO)는 인도계 미국인으로 40대(1972년생) 초반이었던 2015년 CEO 자리에 올랐다. 당시 창업 동지도 아니고 나이도 어린 인도 출신 피차이가 CEO 자리에 오른 것에 대해 업계에선 우려를 나타냈다. 하지만 피차이는 구글이 최우선 가치로 여기는 혁신가적인 면모를 보여줌으로써 우려를 기우로 만들어냈다.

그는 인도 공과대 카라그푸르, 미국 스탠퍼드대·펜실베니아대 등에서 전기재료공학·경영학 등을 수학한 후 2004년 구글에 입사했다. 구글 입사 후 4년 후인 2008년 마이크로소프트의 웹 브라우저 '인터넷익스플로러'를 대체하는 크롬을 선보이며 주목받았다. 검색엔진 '구글'과 휴대폰 운영체제 '안드로이드'로 성장한 구글은 피차이를 중심으로 인공지능(AI) 사업 영역 확장에 박차를 가하고 있다. 지난 21일(현지시각) CNBC에 따르면 이날 구글은 호주에 연구소 법인(Google Research Australia)을 설립했다. 이는 앞서 발표한 모기업인 알파벳이 10억 호주 달러(약 8,600억원)를 향후 5년간 호주에 투자하는 '디지털 미래 이니셔티브' 계획의 일환이라는 설명이다. 새 연구소는 AI, 클라우드 컴퓨팅, 양자 컴퓨팅 등을 연구할 예정이다. 다우존스 보도에 따르면 알파벳의 CEO이기도 한 피차이는 대규모 호주 투자를 결정하면서 "호주의 디지털 인프라 발전에 도움이 될 것이며 클라우드 컴퓨팅에 중점을 둘 것"이라고 밝혔다. 피차이는 CEO에 오르면서부터 AI 사업을 강조해왔다. 구글은 기존 제품과 서비스에 AI 기능을 빠르게 적용했다. 최근에는 AI 사업 영역 확장을 위해 과감한 투자를 진행하고 있다. 호주 투자뿐만 아니라 지난 9월에는 AI 자율주행차 기업 누로(Nuro)에 6억 달러를 투자했다. 누로는 로봇 자율주행차를 이용한 상품 배송에 주력하는 기업으로 알려졌다. 이 외에도 글로벌 클라우드 서비스 업체인 제네시스(Genesys)와 파트너십을 확대하는 계약을 체결하기도 했다. 구글의 AI 사업을 진두지휘하고 있는 피차이는 AI에 대한 긍정적인 견해를 밝힌 바 있다. 2018년 다보스포럼 사전 행사로 열린 연설에서 피차이는 "인공지능은 전기는 물론 불을 발견한 사건을 뛰어넘는 변화를 일으킬 것"이라며 "인공지능에 대해 불길한 예상을 하는 사람들도 있지만 긍정적인 쪽으로 전개될 것으로 확신한다"고 말했다. 2017년 12월 중국 우젠에서 열린 세계인터넷대회에서도 피차이는 "인공지능은 자원의 합리적인 분배와 민주화를 촉진하며 새로운 산업혁명을 주도할 것"이라고 강조했다. 그는 "사생활 침해에 대한 우려에 주의를 기울이겠다"고 말하기도 했다. 앞으로 AI 기술이 더욱 확산될 것이라는 점은 누구도 부인할 수 없다. 피차이가 이끄는 거대 IT 공룡이 과연 인류에 도움을 주는 AI 시대를 주도할 수 있을지 관심이 모아지고 있다.

[자료원: 인사이트코리아(http://www.insightkorea.co.kr)]

용어정리

인스타그램 사진 촬영과 공유에 특화된 소셜미디어. MZ세대를 중심으로 한 청소년 및 청년층이 가장 많이 쓰는 앱 중 하나로 꼽힐 만큼 SNS 분야에서 폭발적인 인기와 압도적인 점유율을 보이고 있다. 글을 중심으로 하는 페이스북 서비스보다 더 성장하고 있다. 문자 그대로 메타의 효자인 셈이다. 인수 당시 1조원을 들인 저커버그는 고평가 논란과 함께 '너무 많은 돈을 들여 괜한 짓 한다'는 주위의 회의적인 시선을 한 몸에 받았으나 현재 기업가치는 111조원이 넘는다.

왓츠앱 모바일 메신저 서비스로서 문자 메시지와 이메일 사용 빈도가 높은 미국과 현지 메신저들(카카오톡, 라인, 위챗 등)이 시장을 장악한 동아시아, 지역적 특수성으로 글로벌 기업이 제대로 진출하지 못한 일부 국가를 제외하면 페이스북 메신저와 함께 세계에서 가장 널리 쓰이는 모바일 메신저다.

오큘러스 가상현실(VR) 기기를 개발하는 회사. 현재 VR 기기 시장에서 압도적인 1위를 차지하고 있다. 페이스북 등 소셜미디어 사업을 중심으로 했던 메타가 SNS 기업을 넘어 메타버스 기업으로 발돋움하겠다는 비전을 밝힌 현재, 메타버스 부문의 하드웨어를 담당하는 핵심 회사

암호화폐 암호기술을 활용한 디지털 또는 가상의 화폐

NFT(Non-fungible token, NFT) 블록체인 기술을 이용해서 디지털 자산의 소유주를 증명하는 가상의 토큰(token)이다. 그림·영상 등의 디지털 파일을 가리키는 주소를 토큰 안에 담음으로써 그 고유한 원본성 및 소유권을 나타내는 용도로 사용된다. 즉, 일종의 가상 진품 증명서

블록체인(Block Chain) 블록(Block)'을 잇따라 '연결(Chain)'한 모음을 말한다. 블록(Block)에는 일정 시간 동안 확정된 거래 내역이 담긴다. 온라인에서 거래 내용이 담긴 블록이 형성되는 것이다.

가상현실(VR; virtual reality) 컴퓨터로 만들어 놓은 가상의 세계에서 사람이 실제와 같은 체험을 할 수 있도록 하는 최첨단 기술

증강현실(AR; Augmented Reality) 현실의 이미지나 배경에 3차원 가상 이미지를 겹쳐서 하나의 영상으로 보여주는 기술

확장현실(XR; eXtended Reality) 확장현실(XR)은 가상·증강현실(VR·AR) 기술의 개별 활용 또는 혼합 활용을 자유롭게 선택하며, 확장된 현실을 창조한다. 마이크로소프트(MS)가 개발한 홀로 렌즈는 안경 형태의 기기지만 현실 공간과 사물 정보를 파악하여 최적화된 3D 홀로그램을 표시한다는 점에서 확장현실(XR)의 한 형태로 볼 수 있다.

휴머노이드 로봇 머리·팔·다리를 갖추는 등 골격 구조가 인간과 유사하고 팔로 물건을 다루고 직립 보행을 하는 등 동작도 인간과 유사한 로봇을 의미한다.

뉴 스페이스(New Space) 우주개발이 정부 주도에서 민간으로 이전되는 것을 이르는 말로, 정부 주도의 '올드 스페이스(Old Space)'에 대비되는 개념

자율주행 운전자가 직접 조작하지 않아도 차량의 외부 환경 및 운전자 상태를 인지하고, 인지한 정보를 바탕으로 판단한 후 차량을 제어해 스스로 목적지까지 주행할 수 있게 도와주는 기술

디지털 헬스케어 의료 기술에 정보통신기술(ICT)을 결합하여 개인 맞춤형으로 질병을 예방하고 삶의 질을 높이기 위한 건강관리 서비스

AGI(artificial general intelligence; 범용 인공지능) 현재 인공지능 연구는 음성 인식, 바둑 등 특정한 문제에 대해서는 좋은 성과를 보이고 있으나, 아직 사람과 같은 지능을 갖추지는 못하고 있다. 예를 들어, 사람과 대화하며 동시에 바둑도 둘 수 있는 인공지능 에이전트는 아직 개발되지 않았다. 범용 인공지능은 컴퓨터로 사람과 같은 또는 그 이상의 지능을 구현하는 것을 의미하며 알파고(AlphaGo)처럼 특정 문제만을 해결하는 인공지능을 좁은 인공지능(ANI: Artificial Narrow Intelligence)이라 한다.

양자컴퓨터 미시세계의 물리 법칙인 양자역학의 원리를 활용해 정보를 처리하는 미래형 컴퓨터로, 1980년 대 초 물리학자 리처드 파인만에 의해 처음으로 제기된 개념이다. 이는 반도체가 아닌 원자를 기억소자로 활용하여 슈퍼컴퓨터의 한계를 뛰어넘는다.

강의 요약

1. 경영이란 인류사회가 필요로 하는 재화나 서비스를 산출하기 위하여 필요한 자원(인적, 물적, 정보, 재무)을 효율적으로 관리하는 제반 활동

2. 효과와 효율이란 무엇인가? 효과는 조직이 추구하는 목표를 달성하는 것, 즉 그 목표를 달성하기 위하여 올바른 일을 찾아야 하는 것이라고 할 수 있다. 효율이라는 것은 그 목표를 달성하기 위한 수단인 여러 가지 자원(인적, 물적, 정보 등)을 올바르게 활용하는 것

3. 경영관리의 순환과정이란 영리조직이나 비영리조직이 계획을 수립하고 그 계획을 실행하고 계획한 대로 실행되었는지 평가하고 평가 결과 계획과 이탈되었다면 개선하고 계획대로 수행되었다면 지속하는 과정을 의미한다.

4. 경영관리의 순환과정은 기업의 경영목표를 설정하고 효율적인 방법을 기획하고 설계하는 계획(Planning), 사람과 일의 관계를 조정하고 조직 구성원들이 담당해야 할 역할을 결정하는 조직(Organizing), 조직의 목표를 달성하기 위해 조직 구성원들에게 영향을 미치는 과정인 지휘(Leading), 조직 내의 각 부문이나 조직 구성원을 상호 연결시키는 과정인 조정(Cordination), 기업의 경영목표와 성과를 측정하여 당초 계획한 대로 실행되었는가를 확인하고 수정하는 통제(Controlling)을 이루어져 있다.

5. 경영학은 실사구시의 실용적인 학문으로서 우리가 살아가는 복잡하고 불확실한 현대생활에서 적절한 계획, 그리고 평가를 위해 필요한 학문으로서, 따라서 경영이 필요하다.

6. 고전적 경영학은 인간은 합리적이라는 가정에서 출발하며, 패욜의 14가지 관리원칙, 테일러와 길브레스의 과학적 관리법, 그리고 베버의 관료제가 대표적이다.

7. 행동주의적 경영학은 인간의 행동에 대한 관심을 가지고 인간행동에 대한 호손연구에 의해 시작되었다. 매슬로우의 욕구5단계설, 허츠버그의 동기－위생이론, 맥그리거의 X·Y이론, 아지리스의 성숙－미성숙이론이 있다.

8. 계량적 접근의 경영학은 생산공정과 물류네트워크, 선형계획법(LP; Linear Programing) 의사결정분석, 시뮬레이션, 재고관리모형, 대기행렬모형, 프로젝트 관리모형이다.

9. 시스템(system)적 접근 방식의 경영학은 기업에 처한 문제의 인식과 시스템으로서의 구조를 파악하는 것이다.

10. 1차 산업혁명은 농업에서 섬유사업으로의 전환과정에서 증기기관과 기계화로 대표되고, 2차 산업혁명은 내연기관에서 전기에너지 산업화를 통한 대량생산으로 대표되고, 3차 산업혁명은 컴퓨터, 인공위성, 태블릿 PC등 인터넷의 정보화로 대표되고, 4차 산업혁명은 가상현실, 인공지능, 빅데이터, 메타버스로 대표되는 것을 말한다.

연습문제

1. 프랑스 파리에서 개최된 KCON 2016 행사에서 BTS의 아리랑 메들리(https://www.youtube.com/watch?v=vwc5zTayVJw)를 들어보면서 여러분들이 생각하는 경영은 무엇인가?

2. 기업은 왜 존재하는가? 효과와 효율성 관점에서 설명하시오.

3. 최근 등장한 경영관리기법에 대해 조사하기

4. 테일러가 제시한 과학적 관리법의 내용에 해당하지 않는 것은?

① 차별성과급제 ② 과학적 근로자 선발
③ 과업관리 ④ 비공식 조직

5. 고전적 경영학은 인간은 합리적이라는 가정에서 출발한다. 다음 중 고전적 경영학에 해당하지 않는 것은?

① 패욜의 14가지 관리원칙 ② 테일러와 길브레스의 과학적 관리법
③ 베버의 관료제 ④ 매슬로우의 욕구 5단계설

6. 패욜(H. Fayol)의 일반적 관리원칙에 해당하지 않는 것은?

① 지휘의 통일성 ② 직무의 분업화 ③ 보상의 공정성
④ 조직의 분권화 ⑤ 권한과 책임의 일치

7. 테일러의 과학적 관리법에 관한 설명으로 가장 적절하지 않은 것은?

① 조직의 관리과정을 계획, 조직, 충원, 지휘, 통제로 구분하여 분석하였다.
② 분업의 원리를 적용하여 업무를 세분화하고 종업원들을 하나의 직무에 전문성을 갖도록 하였다.
③ 시간과 동작연구를 통하여 일일 표준작업량을 산출하였다.
④ 종업원 개인의 성과 차이에 따라 임금을 차별화하였다.

8. 현대 경영학 이론에 대한 설명으로 적절하지 않은 것은? (2011년 공인노무사)

① 과학적 관리법(scientific management)에서는 효율과 합리성을 강조한다.
② 인간관계론(human relations)에서는 인간의 사회·심리적 요인을 중시한다.
③ 행동과학(behavioral science)이론에서는 조직 내 비공식 조직의 활용을 중시한다.
④ 시스템이론(system theory)에서는 조직을 여러 구성인자가 유기적으로 상호작용하는 결합체로 본다

9. 맥그리거(D. McGregor)의 X·Y이론 중 Y이론에 관한 설명으로 옳은 것을 모두 고른 것은? (2022년 공인노무사)

ㄱ. 동기부여는 생리적 욕구나 안전욕구 단계에서만 가능하다. ㄴ. 작업조건이 잘 갖추어지면 일은 놀이와 같이 자연스러운 것이다. ㄷ. 대부분의 사람들은 엄격하게 통제되어야 하고 조직목표를 달성하기 위해서는 강제되어야 한다. ㄹ. 사람은 적절하게 동기부여가 되면 자율적이고 창의적으로 업무를 수행한다.

① ㄱ, ㄴ ② ㄱ, ㄷ ③ ㄴ, ㄷ ④ ㄴ, ㄹ ⑤ ㄷ, ㄹ

10. 허츠버그(F. Herzberg)의 2요인 이론에서 위생요인에 해당하는 것은?
(2021년 공인노무사)

① 성취감 ② 도전감 ③ 임금
④ 성장가능성 ⑤ 직무내용

11. 테일러(F. W. Taylor)의 과학적 관리법에 제시된 원칙으로 옳은 것을 모두 고른 것은? (2024년 공인노무사)

ㄱ. 작업방식의 과학적 연구	ㄴ. 과학적 선발 및 훈련
ㄷ. 관리자와 작업자들 간의 협력	ㄹ. 관리활동의 분업

① ㄱ, ㄴ ② ㄷ, ㄹ ③ ㄱ, ㄴ, ㄷ
④ ㄴ, ㄷ, ㄹ ⑤ ㄱ, ㄴ, ㄷ, ㄹ

12. 조직의 목표를 달성하기 위하여 조직구성원들이 담당해야 할 역할 구조를 설정하는 관리과정의 단계는? (2024년 공인노무사)

① 계획 ② 조직화 ③ 지휘 ④ 조정 ⑤ 통제

정답 4. ④ 5. ④ 6. ④ 7. ① 8. ③ 9. ④ 10. ③ 11. ⑤ 12. ②

Chapter 02

기업과 경영

제1절 기업과 경영의 이해

여러분들이 고등학교 시간에 배운 지식 중 경제주체에 대해서 공부한 기억이 있을 것이다. 경제주체란 경제활동에 참여하는 개인이나 집단을 의미하는데 경제학에서는 경제적인 수입과 지출 활동을 목표로 존재하는 가계, 기업, 정부를 경제의 3대 주체라고 한다. 경제주체 중 하나인 기업을 여러분들은 어떠한 곳이라고 생각할까? 많은 대답 중 하나가 기업은 이윤을 추구하는 곳이라고 대답할 것이다. 또한 돈을 버는 곳, 여러 사람들이 모여서 공통의 목적을 추구하는 곳, 국가경제의 발전에 기틀이 되는 곳이라고 대답하는 학생들도 있을 것이다. 그렇다면 기업의 존재 이유는 무엇인가? 이러한 질문에 대한 답으로 대부분 이윤추구, 주주의 이익 극대화라고 대답한다. 미국의 비즈니스라운드테이블(BRT; Business Round Table)은 미국 200대 대기업 최고경영자로 구성된 협의체이며 이익단체이다. 전미 제조업 협회(NAM; National Association of Manufacturers)는 미국 상공회의소(US Chamber of Commerce)와 함께 미국에서 가장 영향력이 큰 로비 단체이기도 하다. 한국의 전국경제인연합회(전경련)와 비슷한 성격을 가지고 있다. 비즈니스라운드테이블이 처음 세워진 것은 1972년이다. 미국의 대표적인 알루미늄 생산 업체인 알코아(Alcoa)의 최고경영자 존 하퍼(John Harper)와 미국을 대표하는 복합기업 제너럴일렉트릭(GE)의 최고경영자 프레드 보쉬(Fred Borch)가 설립을 주도했다. 초기 비즈니스라운드테이블은 미국 대기업에 대한 시민들의 적대감을 낮추고 정부와의 대화를 통해 기업의 이익을 대변하는 기구로서 역할을 했다. 비즈니스라운드테이블은 1978년부터 기업경영의 원칙을 정기적으로 발표하여 왔는데 1997년 이후부터 기업의 존재 이유에 대해 주주이익 극대화라고 하였다. 2019년 비즈니스라운드테이블에서는 기업의 존재 이유인 기업의 새로운 목적을 선언하였다. 첫째, 고객에 대한 가치의 제공, 둘째, 직원에 대한 투자, 셋째, 협력사에 대한 공정하고 윤리적인 대우, 넷째, 지역사회에 대한 기여, 다섯째, 지속적인 주주가치의 창출이 기업의 역할이라고 하였다. 여러분들이 생각하는 기업의 존재이유는 무엇인가? 또한 어떻게 설명할 수 있을까? 우리나라의 경우 사회적 책임을 강조한 유한양행의 경우 창업자인 유일한 박사는 국민건강, 국민보건 향상이라는 기업목표를 통하여 기업에서 얻은 이익은 그 기업을 키워 준 사회에 환원해야 한다는 경영철학으로 기업의 존재이유에 대해 다시 한번 생각해 볼 수 있게 하였다. 사업이란 이익의 관점으로만 보거나 설명될 수 없다. 사업의 목적이 이익극대화가 아닌 고객창조라고 보는 경영자도 존재한다. 어떤 경영자는 무슨 사업이든 사람이 시작하고 또 경영한다는 관점에서 기업을 경영하고 기업의 존재이유로 생각하고 있다. 여러분들이 잘 알고 있는 피터 드러커는 기업의 존재 이유를 기업의 목적을 고객창조로 정의한다. 미국의 아웃도어 브랜드인 파타고니아(patagonia)는 1986년 친환경기업으로 창립하였다. 의류회사이면서도 환경을 위하여 옷을 사지 말라는 광고로 유명하며 슬로우패션으로 튼튼하고 오래 입는 옷을 만들어 버려지는 옷을 최소화하자는 철학을 가지고 있다. 이러한 기업의 철학은 "우리는 우리의 터전인 지구를 되살리기 위하여 사업을 한다(We're in business to save our home planet)"라는 기업가치를 가지고 있다. 파타고니아의 창업자인 이본 쉬나드는 산, 강, 그리고 바다를 다니며 자연환경에서 배운 것을 경영에 접목하였다. 파타고니아의 모든 면 옷의 소재를 100%로 유기농 목화로 바꾸고 화학물질을 사용하지 않고 면 옷의 변형을 방지하기 위한 기술을 개발하였다. 1996년 모든 면 의류를 100% 유기농으로 만들었으며 지구를 살리는 일을 기업의 가치로 만들어 기업을 운영한다. 기업(company)이란 한솥밥을 먹는 공동체이다. com+pany의 com은 함께라는 접두어이고 pany는 빵이라는 것이다. 이렇게 경영자, 조직 구성원들이 공동의 목표를 위해 한솥밥을 먹는 식구이다.

영국의 경제학자 Coase(1937; The nature of Firm)가 "기업이 왜 존재하는가?"라는 명제에 대한 해답을 제공하였다. 경제행위가 기업이라는 형태에 의하여 이루어지는 것은 시장가격기구에 의한 경우보다 비용이 적게 들기 때문이라고 하였다. Coase 교수는 물건을 만들고 서비스를 제공하기 위해 계약을 체결하여야 하는데 그때마다 누구와 계약을 해야 하며 또한 믿을 수 있는 사람과 고용계약을 할 때마다 협상을 해야 하고 이러한 협상은 결국 비용이 많이 소요되는 것으로 보았다. 예를 들어, 물건을 만들기 위해서는 여러 가지 다양한 작업이 이루어져야 하고 이 작업을 할 때마다 매번 계약을 맺으려면 그 업무에 누가 적임자인지 찾아야 하며 필요한 정보도 수집해야 하며 계약을 체결할 때마다 협상을 해야 하기 때문에 거래비용(Transaction costs)이 많이 들기 때문이다. 이렇게 비용이 많이 든다면 차라리 회사라는 울타리 안으로 끌어들여 그런 업무를 내부에서 해내는 것이 비용 측면에서 유리하고 효율적이다. 즉 회사가 다양한 계약 비용을 최소화하는 형태라는 것이다.

제2절 기업의 탄생

1858년 4월 10일 95미터 높이의 건축물이 영국 템즈강변에 세워졌다. 건물 안에는 무게 15톤의 분침길이만 4미터가 넘는 영국 최대 시계 빅벤(Big Ben)이 설치되었다.

빅벤은 이후 영국의 상징이 되었다. 이 빅벤이 등장하면서 표준시가 사용되었다. 이전에는 태양의 움직임에 따라 해가 뜨면 일하고 해가 지면 휴식을 취했다. 그러나 철도회사들이 생겨나면서 변함없이 이어져 오던 자연법칙을 바꾸어 놓았다. 태양의 움직임에 따라 각지의 시간을 정한다면 열차 운행에 심각한 차질이 벌어진다. 국토가 넓은 미국에서는 표준시가 더 긴급했었다. 1883년 11월 18일 미국에서 처음으로 전국의 열차시간표가 통합되었다. 이 모든 것을 바꾼 것은 바로 기업의 힘이었다. 기업에 의해 변한 하나의 사례이다. 지난 수세기를 걸쳐 기업은 개인 간의 질서와 국가 간의 경쟁 규칙을 새로 써왔다. 오늘날 이 세상에 나온 유형과 무형의 다양한 제품들은 기업의 도전이 만들어낸 결과이다. 기업은 하나의 조직이며 제도이자 문화이다. 기업은 생존방식이자 생활방식이기도 하다. 현재 여러 나라의 기업들은 각자 자신만의 고유의 발전을 걸어가고 있다. 오늘날 많은 사람들은 지하철과 버스, 자동차를 이용하여 기업(회사)으로 출근한다. 우리가 일상적으로 살아가는 세상이다. 거리를 지나다니는 사람은 우리들의 모습이다. 이는 공기처럼 너무 익숙하다. 마찬가지로 기업은 공기와 같이 소중하다. 2009년의 경우 기업은 세계인구의 81%에 일자리를 제공해 주었다. 세계 100대 경제주체 중 51개가 기업이고 49개가 국가이다. 세계 10대 기업의 총 매출액을 합하면 세계에서 가장 작은 100개의 GDP와 같다. 기업은 인류사회가 필요로 하는 제품과 서비스를 생산하고 있다. 기업은 생활의 질을 높이는데 중요한 역할을 한다. 기업에서 일하면서 가족을 부양하고 있다. 역사적으로 중요한 혁신은 국가가 아니라 기업에서 창출되었다. 모든 국가는 기업을 필요로 한다. 세계 곳곳에서 기업은 문을 열고 또 문을 닫는다. 모든 기업들은 흥망성쇄의 역사를 써나가고 있다. 전 세계 최대의 온라인 판매를 진행하고 유통업 외에도 클라우드 서비스 및 구독 서비스를 제공하고 있는 아마존닷컴(amazon)을 포함하여 수없이 많은 기업들이 존재하고 있다. 기업은 제품이나 서비스를 제공하기 위한 목표를 달성하기 위한 하나의 도구이다.

제3절 기업의 역사

인류는 타고난 장사꾼이며 아담 스미스는 거래는 인간의 본성 중 하나이며 언어처럼 오래된 역사를 가지고 있다고 했다. 은행 역할을 한 그리스 신전, 실크로드를 거쳐갔던 아라비아 상인들, 근대유럽의 상업조직 등 수많은 기업은 세월이 지나면서 점차 그 형태를 갖추어 갔다. 시기적으로 16세기 후반에서 17세기 초 영국과 네덜란드에서는 현대적 의미의 주식회사가 세워졌다. 주식회사의 원형은 고대 로마와 중세 서유럽에서 유래한 것으로 보인다. 고대 로마의 상업조직은 서로 자본을 출자한 합자회사의 형태를 보였고, 아리스토텔레스는 법이 있으면 곧 사회가 있다고 했다. 고대 로마의 기업은 동업자들이 공동출자한뒤 실무자에게 경영을 맡겼다. 로마법에서 사람은 권리를 가지고 있는데 그 권리는 바로 재산권 소유의 권리였다. 소송의 권리도 가지고 있었다. 소유권은 함부로 침범할 수 없는 권리. 법률로 개인의 권리를 보호하고 소유권을 확실히 규정한 것은 자유거래와 시장형성에 전제가 되었다. 그러한 이유 때문에 최초의 기업을 만든 것은 로마인으로 보고 있다. 진정한 기업의 시대는 사람들이 자유를 얻은 뒤 찾아왔다. 오래된 장부인 상업계약서는 이탈리아의 문서보관소에 많이 보관되어 있다. 재산관계를 보여주고 있으며, 시장을 통한 교환, 자율적이고 자주적인 방식을 통하여 자기가 가지고 있는 여러 가지를 타인과 교환하였다. 재산권이 보호되지 않았다면 기업도 없다.

15세기 말 제네바 출신의 콜롬버스는 신대륙을 발견하였고 인구자원이 생겨났다. 신대륙은 광활한 시장이었다. 대항해 시대로 촉발된 시장의 변화는 급격한 시장의 수천 년 동안 단순한 인간관계로 이어진 전통적인 상업조직은 충분한 인력과 자금을 제공할 수가 없었다. 기업을 설립하면 책임을 져야 한다. 기업의 3대 책임은 유한책임, 투자권익의 자유로운 양도, 그리고 법인이라는 지위이다. 이는 기업을 정의하는 중요한 특징이다. 법인을 사람에게 비유한다면 독립적인 하나의 객채인, 개인기업과 합자기업은 오늘날도 장점을 발휘하고 있으며, 주식회사는 타인과의 협력을 바탕으로 한다. 기업은 구성원들이 활동할 수 있는 무대를 만들어주었다. 19세기 말 중국의 외교관인 설복성은 기업의 위력을 이렇게 평가했다. 기업은 산을 옮기고 바다를 메우고 바람과 전기를 부리고 물과 불을 만들 수 있다. 서양의 여러 열강들이 바다를 건너오니 대단하지 않은가?라고 하였다. 슘페터는 만족스러운 비누를 만드는 것으로는 부족하고 다들 씻고 싶은 마음이 들도록 만들어야 한다. 수요를 창출하여야 한다. 기업의 본질은 사람들에게 시장을 개척할 수 있는 기회를 준다. 1882년 애디슨이 미국 최초의 발전소를 세운 뒤 인류는 어둠의 제약을 극복할 수 있었다. 위대한 발명만으로는 사회에 필요한 제품을 만들 수 없었고 기술과 자본이 결합된 전기회사가 전기를 생산해내었다. 주식회사는 근대 가장 위대한 발명이다. 이 세상에는 다양한 기업이 존재한다. 그들은 생산제품도 규모도 목표도 관리방식도 다르지만 한 가지 같은 것은 사람들의 꿈과 희망을 품고 있다는 것이다. 기업은 돈을 어떻게 벌고 쓰는지 알려주고, 우리의 의식주와 밀접한 관련을 맺고 있다. 우리는 기업에 대해 잘 알고 있는가? 이상적인 기업이란 전 구성원이 기업활동에 참여하고 자신의 에너지를 쏟는 기업이다. 단기적이지 않은 장기적으로 수익을 내는 기업, 그리고 오랜 세월 변하지 않은 영원불변한 가치를 통해 우리들이 살고 있는 이 세상에 이익을 환원하고, 사회적 책임을 다해서 나눔을 실천하는 기업이다. 오늘날 기계화된 설비의 증가로 사람들은 일자리를 잃고 있다. 기업은 불필요한 비용을 절감하기 위해 많은 노력을 다하고 있다. 기업이 탄생한 이래로 기업에 대한 비난은 사라지지 않고 있다. 시장경제에서 없어서는 안되는 기업에 대한 대안은 아직 찾지 못하고 있다. 어쩌면 미래에 기업이 국가를 매입하겠다고 할 수도 있다. 우리는 수많은 기업에 대해 다시 생각해 볼 필요가 있다. 기업이 없는 사회는 상상할 수 없다. 우리가 직접 만든 기업이라는 괴물, 과연 기업은 무엇인가? 개인의 행복, 사회발전에 어떤 영향을 미치고 있는가? 우리가 태어나기 전부터 기업은 존재했고 우리가 죽고나서도 존재할 것이다. 우리의 과거이자 미래인 기업. 과거와 현재의 교차점에서 기업을 조망해보자. 지난 과거를 볼 수 있다면 면 미래도 내다볼 수 있다.

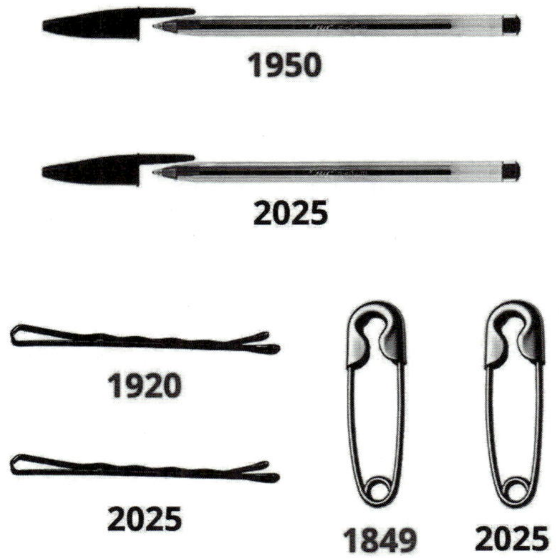

동화제약(1897년)

대한민국에서 오래된 기업 3위(128년)

"좋은 약이 아니면 만들지 마라, 동화는 동화식구 전체의 것이요, 또 이 겨레의 것이니 온 식구가 정성을 다해서 다 같이 잘 살 수 있는 기업으로 이끌어라." 〈5대 사장 보당 윤창식〉

1. 동화는 좋은 약을 만들어 소비자에게 봉사하고 그 효험을 본 정당한 대가로 경영되는 회사이다.
2. 동화는 정도를 밟고 원리원칙에 의하여 경영되는 회사이다.
3. 동화는 젊어서 정당하게 땀흘려 일하고 노후에 잘 살아 보려는 동화식구의 회사이다.
4. 동화는 동화식구가 업무수행중 잘못이 있을 경우 이를 솔직히 시인할 줄 알고 고쳐서 전화위복이 되게 하는 회사이다.

제4절 기업의 본질

기업(enterprise)은 희소한 자원을 이용하여 최대의 이익을 추구하는 의사결정 단위로서 영리를 목적으로 하는 생산주체이다. 기업(企業)은 문자 그대로 해석하면 업(業)을 기획(企劃)하는 것을 의미한다. 한 나라의 경제를 구성하는 주체는 정부, 기업, 가계로 구분되는데, 이 중 기업만이 경영활동을 통하여 새로운 가치를 창출하는 역할을 담당한다. 정치적 이데올로기의 대립이 사라지고 자본주의 경제체제의 확산과 발전으로 인하여, 경제력의 규모가 그 나라의 국제적 위상을 가늠하는 기준이 되고 있다. 즉 한 나라의 경제력 증감은 새로운 부를 창출하는 그 나라의 기업활동이 얼마나 잘 이루어졌는가와 관련된다. 실제적으로 각 나라의 국제적 위상은 세계적으로 우수한 기업을 얼마나 보유하고 있는가? 그래서 기업들이 가치증대를 잘 수행했는가? 이것은 국내총생산량으로 계산되어 경제적 기준지표로 사용된다. 본질적으로 기업은 영리를 목적을 달성하기 위한 의도적, 인위적 결합체이다. 기업은 계속기업(going concern)을 전제로 사회적 존재가치와 존속의 정당성을 획득하기 위해서는 합리적 의사결정을 통하여 이익을 획득하고 지속적인 부를 창출하여야 한다. 이것이 기업의 가장 기본적인 책임이자 사회로부터 주어진 역할이며 본질적인 존재의 목적이다. 이와 같은 개념은 미시적 거시적 측면에서 접근하여 구체적으로 살펴보면 다음과 같다. 전통적인 입장에서 밀튼 프리드만(M. Friedman)은 기업의 사회적 책임은 이윤을 극대화하는 것이라고 주장했다. 기업활동은 노동, 자본, 물자, 기술 등의 투입물을 물리적, 화학적으로 가공하여 새로운 가치를 지닌 제품과 서비스라는 산출물을 생산하는 역할을 수행한다. 여기서 투입물과 산출물의 가치를 화폐로 환산하면 수익과 비용이 되고 기업은 바로 수익을 극대화하고 비용을 최소화함으로써 그 차액인 이윤을 극대화하는 조직인 것이다. 즉 기업이란 사람, 돈, 물자 등의 여러 자원을 조합하여 제품과 서비스를 만들어내지만 최소자원으로 최대효과를 얻어서 이윤을 극대화하는 기관인 것이다. 그러나 이와 같은 방식으로 기업을 운영한 결과, 즉 각종 자원을 투입하여 좋은 제품과 서비스를 생산해도 팔리지 않으면 돈이 되지 않고 재고가 쌓이게 되어 문을 닫게 되는 것이다. 그 이유는 이 관점이 생산중심적이라는 것이다. 기업이 영속성을 가지려면 그 산출물을 이용하는 고객이 있어야만 가능한 것이다. 이러한 상황을 잘 대변한 것이 기업의 역할은 고객의 창조라고 한 드러커의 견해이다. 한 나라의 국민경제를 구성하는 경제주체 중에서 기업은 유일한 생산 주체로서 지속적인 가치를 창출하는 조직으로 기업은 다음과 같은 특징을 갖는다. 첫째, 기업은 목적성을 갖는다. 기업은 경제구성체로서 특정 목적을 달성하기 위해 결성된 목적의식체이다. 둘째, 기업은 독립성을 갖는다. 기업은 개별경제단위로서 국민경제를 구성하는 경제단위이며, 기업의 책임하에 운영되는 독립적인 주체단위이다. 셋째, 기업은 영리성을 갖는다. 기업은 정부기관이나 교회와 같은 비영리조직과는 다른 독립적 자본계산단위를 행하며 자본의 가치증식을 위한 영리추구를 목적으로 한다. 넷째, 재생산성을 갖는다. 기업은 생산과 재생산을 실현하는 주체로서 생산의 제 요소를 결합하여 가치를 증대시키고 확대재생산을 통하여 기업이 존속과 성장을 더 나아가서 국가의 경제적 부를 증대시킨다. 다섯째, 이해관계자의 소득원천이 된다. 기업은 사회가 요구하는 새로운 재화와 서비스를 창출하고 신 결합을 지속적으로 추진하여 재생산, 확대 재생산함으로써 기업과 관련한 이해관계자들의 소득의 원천을 제공한다. 마지막으로 기업은 스스로 수요를 창조하고 개발하는 수요 창조성을 갖는다. 수요창조는 혁신활동과 생산요소의 신 결합으로 이루어진다.

기업의 특징 요약	
1. 목적성	4. 재생산성
2. 독립성	5. 소득원천
3. 영리성	6. 수요창조

제5절 기업의 종류

기업의 종류로는 출자자에 따라 사기업, 공기업, 공사공동기업으로 나눌 수 있다. [그림 2-1]에서 사기업은 민간인이 출자하여 경영하는 기업이며 소유방식에 따라 개인기업과 공동기업으로 나눌 수 있는데 개인기업으로는 개인적으로 사업을 경영하는 사람인 개인사업자가 해당한다. 공동기업은 소수 공동기업(합명회사, 합자회사, 유한책임회사, 유한회사, 민법상조합, 익명조합)과 다수 공동기업(협동조합, 주식회사)으로 나뉜다. 소수 공동기업을 법률에 따라 나눠보면 합명회사는 2인 이상의 무한책임사원(회사를 구성하는 자본금을 낸 투자자이거나, 혹은 운영하는 이사 중 기업의 채무에 대한 변제 책임을 지는 구성원)으로 구성되는 인적 대표회사이다. 원칙적으로 모든 사원이 경영에 참여하고, 회사의 채무에 대하여 직접 연대, 무한의 책임

그림 2-1 기업의 종류

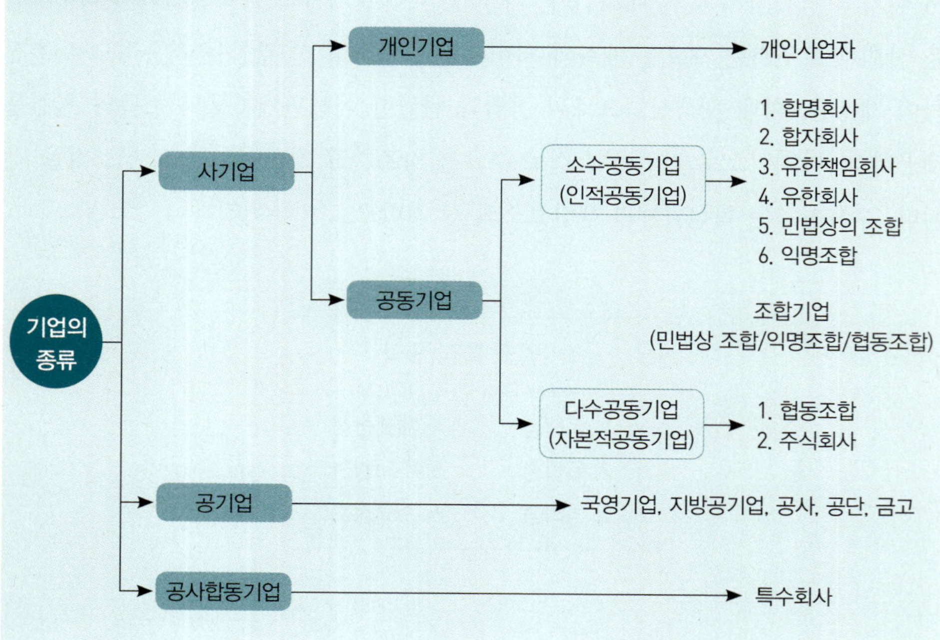

을 지며, 모든 사원이 변제할 책임을 갖는다. 대자본 조달이 곤란하며, 개인기업의 성질을 가진다. 합자회사는 1인 이상의 무한책임사원과 1인 이상의 유한책임사원(회사를 구성하는 자본금을 낸 투자자 중 투자금만큼 책임을 지는 구성원)으로 구성되는 회사이다. 무한책임사원이 회사에 출자하고, 회사의 채무에 대해 회사와 함께 연대하여 변제해야 한다. 반면 유한책임사원은 자신이 회사에 출자한 금액을 한도로 책임을 부담한다. 유한책임회사는 1인 이상의 유한책임사원으로만 구성되어 있으며, 유한책임사원으로 구성되는 합자회사와 유한회사의 중간적 형태로 볼 수 있다. 운영에 있어 유연성이 있으므로 벤처회사가 많이 해당된다. 월트디즈니컴퍼니코리아유한책임회사가 이에 해당한다. 유한회사는 주식회사와 유사한 형태를 보인다. 출자자는 유한책임만을 지고, 소유와 경영이 분리된 형태로써, 설립 시 출자와 관련하여 주식회사와 달리 잔고증명이 필요하지 않고, 검사인의 조사 절차도 필요하지 않아, 주식회사보다 설립 절차가 비교적 간단하다는 장점을 가진다. 외국 대기업이 우리나라에 현지법인을 만들 경우 자본이 충분하고 굳이 주식이나 회사채를 발행할 필요가 없기 때문에 유한회사 형태를 많이 활용한다. 유한회사의 예로는 넷플릭스나 구글 등이 있다. 민법상 조합은 계약으로 형성되고, 계약 당사자인 조합원의 개인적 입장을 무시할 수 없다는 점에서 단체성이 약하며, 법인격을 부여하기에 부족한 조합이다. 공동 사업의 개념이 민법상의 조합 계약에 기초한다. 익명조합은 무한책임을 지는 영업자와 유한책임을 지는 익명의 조합원으로 구성되는 조합이다. 당사자의 일방(익명조합원)이 상대방(영업자)의 영업을 위해 재산출자를 하고 상대방이 영업으로 인하여 얻은 이익을 분배할 것을 약정하는 계약을 통해서 성립하는 조합이다. 다수공동기업을 법률에 따라 나눠보면 협동조합은 재화 또는 용역의 구매 생산 판매 제공 등을 협동으로 영위함으로써 조합원들이 권익을 향상하고 지역사회에 공헌하는 상업조직이다. 협동조합으로는 농협중앙회를 비롯하여 수협·신협 중앙회와 새마을금고연합회 등이 있다. 주식회사는 주식의 발행으로 설립된 회사로서, 주주로 조직된 유한책임회사이다. 주식회사의 출자자는 사원이라고 불리지 않고 '주주'가 된다. 소유와 경영이 완전히 분리되어 소유는

'주주', 경영은 '이사'가 하게 된다. 주식을 통해 투자를 받기 용이하지만 다른 형태 회사들과 비교해서 의사 결정 및 업무 추진 시 주주총회와 이사회를 거쳐야 하는 등 절차가 상대적으로 복잡한 것이 단점 중 하나이다. 대표적인 주식회사로는 삼성전자, 카카오 등 우리가 아는 대기업이 이에 해당한다. 공기업은 법률에 따라 국영기업, 지방 공익 기업, 공사, 공단, 금고로 나눌 수 있다. 국영기업은 자본의 기본적 부분을 국가 재정에 의존하는 동시에, 기업의 기본적 경영방침의 결정권을 국가가 장악하는 기업이다. 우정사업본부가 국영기업에 해당한다. 지방공익기업은 지방자치단체가 주민의 복리증진을 목적으로 직접·간접으로 경영하는 사업 중 지방공기업법의 적용을 받는 사업을 한다. 전남의 지방공기업으로는 전남개발공사가 있다. 공사는 특별법에 의해 정부 출자로 설립되는 법인체형 공기업을 말한다. 공사는 전액 정부 투자를 원칙으로 하며, 임원은 정부가 임명한다. 공사형 공기업의 예로는 한국조폐공사, 대한 석탄공사 등이 있다. 공단은 경제정책상 또는 사회정책상의 요청을 충족시키기 위하여 정부의 전액 출자에 의해 설립된 법인기

그림 2-2 우리나라의 여러 법률에 따른 비영리조직의 범위 비교

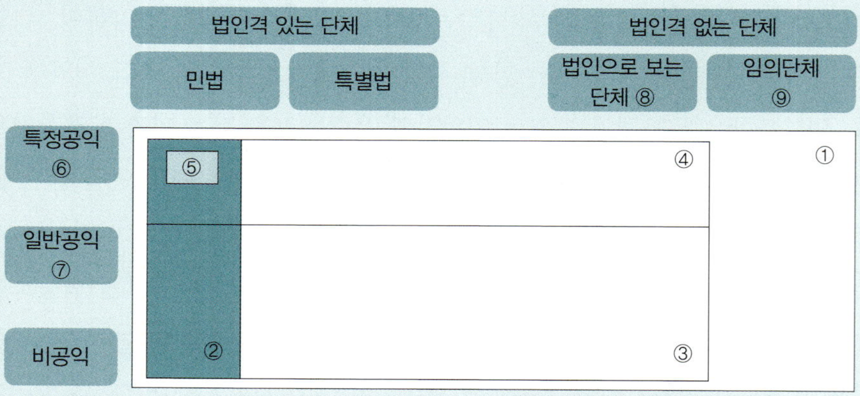

① 넓은 의미의 비영리단체
② 민법상 비영리법인
③ 법인세법상 비영리법인
④ 상속세 및 증여세법상 공익법인
⑤ 법인격 있는 단체로서 민법에서 정한 공익법인
⑥ 특정공익법인
⑦ 일반공익법인
⑧ 종교단체, 공동주택관리단체
⑨ 동창회 등

업이다. 국민건강보험공단이 이에 해당한다. 금고는 경제정책 또는 사회정책과 같은 공공목적을 가진 특수 금융기관으로 새마을금고가 대표적이다. 공사 공동기업으로는 특수회사가 있는데 이는 국가이익적 관점에서 사기업에만 의존할 수 없는 사업에 대해 사적인 회사기업 형태를 유지시키면서, 그 조직이나 운영에 관해 국가가 적극적으로 보호·감독하는 회사이다. 한국전력공사, 한국도로공사, KBS(한국방송공사)가 이에 해당한다. 비영리법인은 법인격 있는 단체와 법인격 없는 단체를 중심으로 살펴보면 [그림 2-2]와 같다. 그림에서 보는 바와 같이 첫째, 넓은 의미의 비영리단체(일반적 정의)는 법인격 있는 단체와 법인격 없는 단체를 모두 포괄하는 조직을 의미한다. 둘째, 민법상의 비영리법인이다. 셋째, 법인세법상 비영리법인이다. 넷째, 상속세 및 증여세법상 공익법인이다. 다섯째, 법인격 있는 단체로서 민법에서 정한 법인: 공익법인의 설립·운영에 관한 법률상 공익법인이다. 여섯째, 특정공익으로서 특정다수를 위한 공익(사회복지법인, 학교법인, 의료법인, 종교단체, 공익법인 등)을 의미한다. 일곱 번째 일반공익으로서 특정다수를 위한 공익(각종 협회 등, 협동조합 등)을 의미한다. 여덟째, 종교단체와 공동주택 관리주체와 같이 법인격 없는 단체이나 법인으로 보는 단체이다. 아홉째, 동창회와 동아리 등 법인격 없는 임의단체로 구분할 수 있다.

(1) 합명회사

합명회사(general or ordinary partnership)는 2명 이상의 무한책임사원만으로 구성되는 인적기업의 대표적인 형태이며, 상법 제178조에서 "합명회사의 설립에는 2인 이상의 사원이 공동으로 정관을 작성하여야 한다."라고 규정하고 있다. 무한책임사원은 회사에 대하여 출자의무를 가지고 회사채권자에 대하여 직접·연대하여 무한의 책임을 진다. 무한책임사원은 합명회사의 업무를 집행한다. 무한책임사원은 업무집행을 전담할 사원을 정할 수 있으며, 업무집행사원을 정하지 않은 경우에는 각 사원이 회사를 대표하고, 여러 명의 업무집행사원을 정한 경우에는 각 업무집행사원이 회사를 대표한다.

비영리조직에 대한 정의

미국 비영리실체 (Not-for-Profit Entity)

미국의 경우 비영리실체는 첫째, 자원제공자가 유의적인 금액의 자원을 기부하며, 자원제공자는 이에 준하는 금전적인 보상을 기대하지 않고, 둘째, 이윤목적의 재화판매나 용역제공이 아닌 다른 사업목적을 가지고 있지 않는다. 셋째, 영리기업과 같은 소유지분은 존재하지 않는 특징을 가지고 있다.

영국 공익실체(public benefit entity)

공익실체의 주목적은 일반대중이나 지역사회 또는 사회적 혜택을 위하여 재화나 용역을 제공하는데 있으며, 자본을 제공받는 경우 그 목적은 주주나 회원들에게 재무적인 보상을 제공하는 것이 아니라 그 실체의 주목적을 지원하는 데 있다. 공익실체가 되려면, 실체의 목적이 대중 전체의 혜택일 필요는 없다. 예를 들면, 비록 사회 전체적으로 간접적인 혜택을 동시에 받을 수 있지만, 다수의 공익실체는 특정집단의 직접적인 혜택을 위해 존재한다. 여기서 중요한 사항은 실체의 주목적이 무엇인지와 그 실체가 경제적인 혜택을 투자자들에게 제공하기 위해서 존재하는 것은 아니라는 것이다.

캐나다 비영리조직(not-for-profit organizations)

조직은 일반적으로 이전가능한 소유지분을 가지고 있지 않으며, 사회, 교육, 전문업, 종교, 건강, 자선이나 기타 비영리목적으로만 설립되어 운영된다. 비영리조직의 회원, 기부자, 기타 자원제공자는 조직으로부터 금전적인 보상을 직접적으로 받지 않는다.

호주 비영리실체(not-for-profit entity)

주목적이 이윤창출이 아닌 실체로 비영리실체는 단일의 실체이거나 지배실체와 각 종속실체로 구성된 집단일 수 있다.

(2) 합자회사

합자회사(limited partnership)는 현행 상법 제268~287조에 규정된 무한책임사원과 유한책임사원으로 구성·조직되는 법인기업이다. 합자회사는 1인 이상의 무한책임사원과 1인 이상의 유한책임사원으로 구성된다. 무한책임사원은 회사채권자에 대하여 직접·연대하여 무한의 책임을 지는 반면, 유한책임사원은 회사에 대해 일정 출자의무를 부담할 뿐 그 출자가액에서 이미 이행한 부분을 공제한 가액을 한도로 하여 책임을 진다. 무한책임사원은 정관에 다른 규정이 없는 때에는 각자가 회사의 업무를 집행할 권리와 의무가 있으며, 유한책임사원은 대표권한이나 업무집행권한은 없지만 회사의 업무와 재산상태를 감시할 권한을 갖는다.

(3) 유한책임회사

유한책임회사(limited liability company)는 공동기업이나 회사의 형태를 취하면서도 내부적으로는 사적자치가 폭넓게 인정되는 조합의 성격을 갖고, 외부적으로는 사원의 유한책임이 확보되는 기업 형태에 대한 수요를 충족하기 위해 2011년「상법」에 도입된 회사형태로서 사모(私募)투자펀드와 같은 펀드나 벤처기업 등 새로운 기업에 적합한 회사형태로서 1인 이상의 유한책임사원으로 구성된다. 유한책임사원은 회사채권자에 대하여 출자금액을 한도로 간접·유한의 책임을 진다. 유한책임회사는 업무집행자가 유한책임회사를 대표한다. 따라서 정관에 사원 또는 사원이 아닌 자를 업무집행자로 정해 놓아야 하며, 정관 또는 총사원의 동의로 둘 이상의 업무집행자가 공동으로 회사를 대표할 것을 정할 수도 있다. 기존의 유한회사와 가장 큰 차이점은 이사나 감사를 두지 않아도 되고 사원이 아닌 사람도 회사의 업무집행자가 될 수 있다.

(4) 유한회사

유한회사(private company)는 2인 이상 50인 이하의 유한책임사원만으로 구성되는 소규모의 주식회사형태를 띤다. 출자와 책임은 합자회사의 유한책임사원과 같으며, 업무의 집행은 사원 또는 외부에서 임원을 선임하여 담당시키는 것은 마치 주식회사와 같으나, 감사의 규정은 절대적인 것이 아니고 회계 공시를 요구하지 않는 점이 주식회사와 다르다. 유한회사의 사원은 주식회사와 마찬가지로 회사채권자에게 직접적인 책임을 부담하지 않고 자신이 출자한 금액의 한도에서 간접·유한의 책임을 진다. 유한회사의 조직형태는 주식회사와 유사하지만, 주식회사와 달리 이사회가 없고 사원총회에서 업무집행 및 회사대표를 위한 이사를 선임한다.

표 2-1 인적회사와 물적회사의 비교

	인적회사		물적회사		
	합명회사	합자회사	유한책임회사	유한회사	주식회사
(1) 사원의 수와 구성	2인 이상의 무한책임사원	1인 이상의 무한책임사원과 1인 이상의 유한책임사원	1인 이상의 유한책임사원	2인 이상 50인 이하의 유한책임사원	발기인 1인 이상 청약인 1인 이상
(2) 사원의 책임	연대무한책임	무한책임사원 → 무한책임 유한책임사원 → 유한책임	유한책임사원은 회사채권자에 대하여 출자금액을 한도로 간접·유한의 책임	납입액 한도의 유한책임	좌동
(3) 출자의 종류	금전·동산·부동산·권리·신용·노무 등 무제한	무한사원은 좌동	금전·동산·부동산	유한사원은 금전·동산·부동산에 한함	금전·동산·부동산, 최소 자본금 기준 없음
(4) 회사의 성격	인적회사(전형적)	준인적 회사	준인적·준물적 회사	준인적·준물적 회사	물적회사
(5) 업무수행	전사원(위임가 → 책임)	무한사원(유한사원은 업무감독)	업무집행자	이사	이사회(감사 회계감독)

선임된 이사는 정관 또는 사원총회의 결의로 특별한 정함이 없으면 각각 회사의 업무를 집행하고 회사를 대표하는 권한을 가진다. 이상의 회사기업의 여러 형태와 주식회사의 특징을 요약하면 〈표 2-1〉과 같다.

(5) 주식회사

주식회사(corporation)란 주식의 발행을 통해 여러 사람으로부터 자본금을 조달받고 설립된 회사이며, 1인 이상의 사원(주주)으로 구성된다. 1600년 영국 동인도회사와 1602년 네덜란드에서 세워진 네덜란드 동인도 회사가 공식적인 세계 최초의 주식회사이다. 주식회사의 주주는 회사채권자에게 아무런 직접적인 책임을 부담하지 않고 자신이 가진 주식의 인수가액 한도 내에서 간접·유한의 책임을 진다.

주식이란 주식회사에서의 사원의 지위를 의미하며, 주식회사의 입장에서는 자본금을 구성하는 요소이면서 동시에 주주의 입장에서는 주주의 자격을 얻기 위해 회사에 납부해야 하는 출자금액을 의미한다. 주식회사는 주주라는 다수의 이해당사자가 존재하므로 의사결정기관으로 주주총회를 두어 정기적으로 이를 소집해야 하고, 업무집행기관으로 이사회 및 대표이사를 두어 회사의 업무를 집행한다. 또한 이사의 직무집행을 감사하고, 회사의 업무와 재산상태를 조사하기 위해 감사와 같은 감사기관을 둔다. 주식회사는 주식을 단위로 자본이 구성되므로 자본집중이 쉽고, 주주가 유한책임을 부담하므로 사업실패에 대한 위험이 적어 공동기업의 형태로 자주 이용된다. 현재 우리나라의 회사 형태 중 주식회사가 차지하는 비율은 약 95% 정도이다.

1) 주식회사의 특징

주식회사는 현대 기업의 대표적인 형태로서 주식의 발행 및 판매를 통하여 자기자본을 구성한다. 자본금은 균등한 주식으로 분할되며, 출자자인 주주는 주식의 인수가액을 한도로 출자의무를 가지고 있다. 또한 주식은 유가증권으로서 그 양도가 자유롭다. 따라서 자본 조달이 용이하고 투자 유치가 쉽다. 주식회사의 특징은 크게 세 가지로 구분할 수 있는데 첫째, 자본의 증권화제도이다. 주식회사에서 출자는 모두 균일한 주권으로 분할되고, 그것을 표시한 주식이 발행이 된다. 이를 자본의 증권화라고 한다. 즉, 자본의 증권화는 이러한 주식을 통하여 자본조달의 용이성을 제공한다. 주주는 출자자로서 주주총회에 참석하여 의결권 행사와 동시에 이익배당을 청구할 수 있다. 둘째, 유한책임제도이다. 주식회사의 출자자인 주주는 모두 유한책임사원으로서 출자액 범위 내에서 책임을 진다. 셋째, 소유와 경영의 분리이다. 주식회사의 출자자는 다수이며 또한 모두 유한책임사원으로서 주식의 매매나 양도를 통하여 자유롭게 주주가 되기도 하고 주주를 탈퇴할 수 있어 소유과 경영의 분리가 촉진된다.

2) 주식회사의 기관

주식회사를 운영하기 위해서는 크게 세 가지 기관으로 구성되어 있다. 첫째, 주주총회(general meeting)로서 회사의 주인인 주주가 모이는 회의로서 주식회사의 최고 의결기구이다. 주주총회에서는 결산기마다 정기적으로 개최하는 정기총회와 필요에 따라 수시로 개최하는 임시총회가 있다. 정기총회에서는 주로 재무제표의 승인, 이익배당에 관한 의결 등이 이루어지며, 임시총회에서는 영업의 양도, 이사의 해임 등 필요에 따라 수시로 소집한다. 둘째, 이사회(board of directors)로서 회사의 업무집행에 관한 의사결정을 위해 이사로 구성된다. 즉, 회사의 업무집행에 관한 의사를 결정하기 위하여 이사전원으로 구성되는 주식회사의 필요상설기관이다. 정관에 의하여 주주총회의 권한으로 되어 있는 것을 제외하고는 회사의 업무집행에 관한 모든 의사결정을 할 권한이 있다. 이사회의 대표적인 권한내용으로는 회사의 업무집행, 지배인의 선임 또는 해임, 지점의 설치 및 이전 또는 폐지, 이사의 직무집행에 대한 감독, 주주총회의 소집, 대표이사 선정과 공동대표의 결정 등 법정 권한이 있다. 셋째, 감사(auditor)이다. 감사는 회사의 회계감사 및 업무감사를 주요 임무로 하는 주식회사의 상설기관이며, 감사의 선임은 주주총회에서 이루어진다.

3) 주식회사의 설립 절차

회사를 설립하는 일반적인 절차는 발기인을 구성하여 회사 상호와 사업목적을 정한 다음 정관을 작성한다. 정관이 작성된 후에는 주식발행사항을 결정하고 설립절차인 발기설립 또는 모집설립의 과정을 거쳐야 한다. [그림 2-3]에서 보는 바와 같이 발기설립과 모집설립의 경우 공통적으로 첫째, 발기인이 정관을 작성하여 기명날인 또는 서명하여야 한다. 정관이란 주식회사의 내부규칙을 '정관'이라고 부르며, 주식회사의 내부규칙을 만드는 것을 '정관의 작성'이라고 한다. 상장법인의 표준정관 양식은 한국상장회사협의회 홈페이지(http://www.klca.or.kr) 법률정보, 상장회사 표준규정에 있다. 코스닥등록법인 표준정관은 한국증권선물거래소 홈페이지(http://www.krx.co.kr)의 KRX 정보센터의 자료마당, 종합자료실에 있으니 참고

그림 2-3 발기설립과정과 모집설립과정

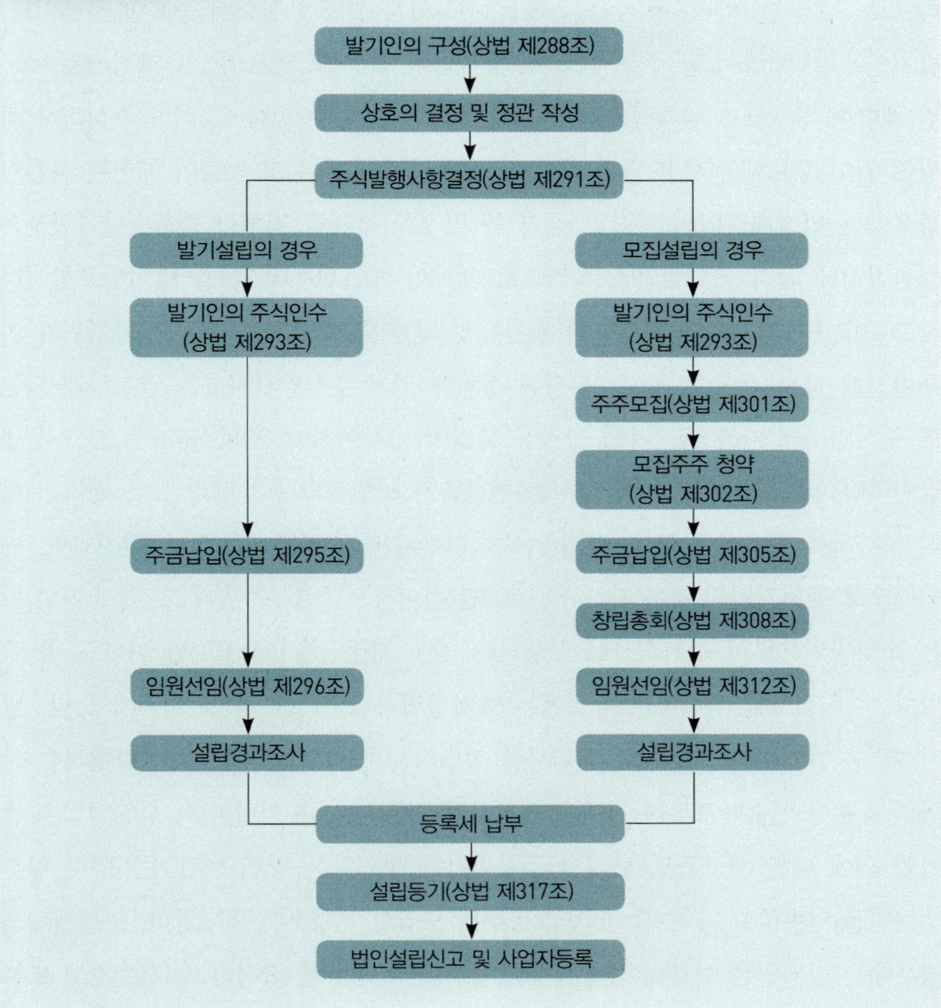

하면 된다. 정관의 절대적 기재 사항은 그 기재가 흠결되면 정관이 무효가 되는 사항을 말한다. 상법 제289조는 발기인이 아래의 내용을 정관에 반드시 포함시키도록 규정하고 있다. 내용으로는 회사의 목적, 상호, 회사가 발행할 주식의 총수, 1주의 금액, 회사의 설립 시 발행하는 주식의 총수, 본점의 소재지, 회사가 공고를 하는 방법, 발기인의 성명·주민등록번호 및 주소이다. 발기인은 주식회사를 설립하는 사람을 의미한다. 주식회사 설립 절차에서 이 발기인이 중요한 역할을 많이 하므로, 누가 발기인이 될 수 있는가는 주식회사 설립에 있어서 중요한 문제이다. 발기인은 한 사람이 될 수도 있고 여러 사람이 될 수도 있으며, 그 자격에는 아무런 제한이 없으므로 원칙적으로 누구나 발기인이 될 수 있다. 그러나 주식회사 설립에 있어 중요한 역할을 많이 하므로, 미성년자와 같이 그 능력이 제한된 사람인 경우에는 법정대리인의 허락과 등기 등 일정한 절차를 거쳐야 한다. 발기인들은 정관작성에 앞서 회사설립을 목적으로 계약이 체결되는데, 이를 발기인조합이라 하고, 이 조합계약의 이행으로써 정관작성 및 기타 회사설립에 필요한 행위가 이루어지게 되는 것이다. 둘째, 작성된 정관에 의거 주식발행사항을 결정하게 되는데 주식인수에 따른 출자자의 출자금 불입이 이루어져야 한다. 출자는 반드시 현금이라야 하는데 발기인에 한해서는 현물출자도 인정되나 부당히 높은 평가는 하지 못하도록 규제되어 있다. 상법상 주식회사의 최저 자본금은 5,000만원이며, 예외적으로 벤처기업의 경우 자본금을 500만원 이상으로 할 수 있다. 또한 소기업 또는 소상공인으로서 주식회사를 설립하는 경우 자본금을 5,000만원 이하로 할 수 있다. 주식회사를 설립하는 방법에는 발기설립과 모집설립의 두 가지가 있다. 발기설립은 발기인만 모여서 주식회사를 설립하는 방법으로, 발기인이 발행하는 주식의 총수를 인수함으로써 전액을 출자하게 되는 경우를 의미한다. 모집설립은 발기인 외에 다른 사람들도 모여서 주식회사를 설립하는 방법으로, 발기인이 일부 주식만을 인수하고 나머지는 일반으로부터 모집하는 경우를 의미한다. 모집설립의 경우에는 발기인은 회사의 설립취지서 및 사무계획 등을 작성하고, 신문광고 또는 기타의 방법으로써 일반대중에게 공시하여 주식의 신청을 받게 된다. 모집설립에서 출자금 불입이 완료되면 발기인 대표의 명의로 소집되는 창립주주총회가 개최되고 정관의 승인, 이사 및 감사의 선임, 이들에 대한 보수의 결정, 주식인수 및 출자불입에 관한 상황보고 등이 이루어진다. 마지막으로 발기설립의 경우와 모집설립의 경우 공통으로 등록면허세 등을 납부하고 설립등기를 하게 되면 법인이 설립되고 사업자등록을 하면 된다. 발기설립과 모집설립의 차이는 〈표 2 - 2〉와 같다.

표 2-2 발기설립과 모집설립의 차이

	발기설립	모집설립
기능	소규모 회사설립에 용이	대규모 자본 조달에 유리
주식의 인수	주식의 총수를 발기인이 인수	발기인과 모집주주가 함께 주식 인수
인수 방식	단순한 서면주의	법정기재사항이 있는 주식청약서에 의함
주식의 납입	발기인이 지정한 은행 기타 금융기관에 납입	주식청약서에 기재한 은행 기타 금융기관에 납입
납입의 해태	민법의 일반원칙에 따름	실권절차(상법 제307조)가 있음
창립총회	불필요	필요
기관구성	발기인의 의결권의 과반수로 선임	창립총회에 출석한 주식인수인의 의결권의 3분의 2 이상이고 인수된 주식의 총수의 과반수에 해당하는 다수로 선임
설립경과조사	이사와 감사가 조사하여 발기인에게 보고	이사와 감사가 조사하여 창립총회에 보고
변태설립사항	이사가 법원에 검사인 선임 청구, 검사인은 조사하여 법원에 보고	발기인은 법원에 검사인 선임 청구, 검사인은 조사하여 창립총회에 보고

(6) 사회적경제 및 사회적기업

오늘날 경제의 글로벌화가 급속하게 진척되면서 지역사회가 나아가야 할 방향에 대한 고민이 시작되었다. 지역사회가 시장원리에 입각한 기업의 개념을 넘어 공동체적 원리에 입각한 소위 따뜻한 사회를 지향하고자 공동체적 경제를 구축하기 시작하였다. 이러한 시민 공동체적 경제를 사회적경제라고 하며 이를 주도하는 것이 사회적기업이다. 사회적경제의 종류로는 사회적기업, 협동조합, 마을기업 등이 있다. 사회적기업이란 21세기에 들어와서 사회적 가치에의 지향성을 가지면서도 수익창출을 위한 경영활동에 중심을 두는 하나의 독립된 조직으로서 다양한 사회적 과제를 비즈니스의 방법으로 해결하고자 하는 새로운 기업형태이다. '사회적기업"이란 취약계층에게 사회서비스 또는 일자리를 제공하거나 지역사회에 공헌함으로써 지역주민의 삶의 질을 높이는 등의 사회적 목적을 추구하면서 재화 및 서비스의 생산·판매 등 영업활동을 하는 기업으로서 사회적기업으로 인증을 받은 자를 의미한다. 사회적기업의 종류, 인증기준, 그리고 지원, 세제 혜택은 〈표

2 - 3〉과 같다.

사회적기업은 지역사회, 국가, 그리고 세계사회의 차원에서 사회적문제를 해결하고자 하는 조직이다. 사회적기업은 사회성에 대한 강한 지향성을 통하여 사회적 기업으로서 인정받게 된다. 사회적기업은 새로운 사회적 상품이나 서비스를 개발할 수 있는 능력을 갖추어야 한다. 즉, 기존의 사회적 조직들이 대응하고 있는 것이 아니라 새로운 사회문제에 관심을 가지고 자신들만의 독창적인 방법을 추구하

표 2-3 사회적기업의 종류, 인증기준 그리고 지원

	사회서비스 제공형	일자리 제공형	지역사회 공헌형	혼합형	기타
목적	취약계층에게 사회서비스 제공	취약계층에게 일자리 제공	지역사회 공헌	사회서비스+일자리 제공	불특정다수에게 사회서비스 제공
취약계층의 비율	30%	30%	20%	20%	사회적기업육성 전문위원회에서 결정
인증기준	1. 「민법」에 따른 법인·조합, 「상법」에 따른 회사·합자조합, 특별법에 따라 설립된 법인 또는 비영리민간단체 등의 조직 형태를 갖출 것 2. 유급근로자를 고용해 재화와 서비스의 생산·판매 등의 영업활동을 할 것 3. 취약계층에게 사회서비스 또는 일자리를 제공하거나 지역사회에 공헌함으로써 지역주민의 삶의 질을 높이는 등 사회적 목적 실현을 조직의 주된 목적으로 할 것 4. 서비스 수혜자, 근로자 등 이해관계자가 참여하는 의사결정 구조를 갖출 것 5. 영업활동을 통해 얻는 수입이 사회적기업의 인증을 신청한 날이 속하는 달의 직전 6개월(해당 조직의 영업활동 기간이 6개월 미만인 경우에는 그 영업활동 기간을 말함) 동안 해당 조직의 영업활동을 통한 총수입이 같은 기간에 그 조직에서 지출되는 총 노무비(서비스나 생산에 투입되는 인력에 대한 비용)의 100분의 50 이상일 것				
인증절차	신청서 제출 → 신청서 검증 → 보정 → 현장실사 → 인증심의				
지원	1. 경영지원 2. 경영컨설팅 제공 3. 시설비 등 지원 4. 사업개발비 지원(최대 3억원)				
세제혜택	조세감면을 통한 지원 1. 소득세 및 법인세 감면 2. 최저한세율 적용 3. 기부금 손금산입 4. 사회적기업으로 인증받은 개인에 대한 지방소득세의 감면				

사례	사회적기업 신우종합상사 인천남동공단 무료 배송 서비스 시행

사회적기업 신우종합상사가 인천에 있는 남동공단 내에서 제품을 구매하는 기업을 대상으로 1일 2회까지 무료로 배송해주는 서비스를 시행한다고 밝혔다. 관계자는 "이 무료 배송 서비스는 1일 2회로 횟수제한이 있으며, 인천 남동공단 내부로 배송을 할 경우 받아볼 수 있는 서비스이다."라고 소개했다. 그러면서 "이번 무료 배송 서비스는 남동 공단 내 기업들을 대상으로 하는 서비스이며, 질 좋은 회사비품을 보다 저렴하게 구매할 수 있도록 하기 위해 시행하기로 했다."라고 말하며 "이번 무료 배송 서비스로 기업들의 업무 활성화가 이루어지는데 조금이나마 도움이 될 수 있었으면 좋겠다."라고 설명했다. 이어 "무료 배송 서비스에 해당되는 제품은 문구·사무용품을 기반으로 한 오피스용품뿐 아니라 각종 생활용품까지 다양하다. 한편 신우종합상사는 사회적기업이라는 이름에 걸맞게 취약 계층 일자리 확대와 역사회 활성화에 앞장서며 다양한 봉사활동을 이어 나가고 있다.

[자료원: 시선뉴스 2022.12.2. 발췌]

여야 한다. 이러한 사회적기업은 기존의 영리기업과 커다란 차이점은 정부 및 지방자치단체가 대응할 수 없는 영역과 관계되는 활동을 하는 것이다.

제6절 기업집중

기업 간의 끝없는 경쟁은 시장 내의 모든 기업의 수익성이 하락할 수 있고, 이러한 기간이 길어진다면 시장의 규모가 축소되거나, 도산하는 기업도 나타나게 된다. 이러한 무한경쟁상황을 회피하고 도산의 위험을 방지하기 위해 시장에 존재하는 기업들끼리 결합하기도 하는데 이러한 현상을 기업집중이라고 한다. 기업집중은 결합의 방향을 기준으로 수평적 결합과 수직적 결합, 그리고 다각적 결합으로 구분된다. 수평적 결합은 동종 또는 유사업종 간 결합으로서 주로 시장의 독점적 지배를 목적으로 한다. 수직적 결합은 동일 제품의 생산단계를 달리하는 기업 간의 결합으로 생산 및 유통과정의 합리화를 목적으로 한다. 이러한 수직적 결합의 결과 시장경쟁력이나 시장지배력을 강화하기 위하여 경쟁자를 위협하거나 신규진입기업의 참여를 방해할 수 있다. 다각적 결합은 자사의 생산과 관계가 없는 다른 업종 간의 결합으로서 자본관계에 의한 경우가 많고 위험분산이나 기업의 지배력을 강화하기 위하여 사용된다. 이러한 기업집중에 있어 참가기업의 독립성 정도에 따른 기업집중 형태는 크게 세 가지가 있다. 첫째, 카르텔(Kartel)이다. 카르텔은 기업연합이라고 하는데 같은 종류의 상품을 생산하는 기업이 서로 가격이나 생산량, 출하량 등을 협정해서 경쟁을 피하고 이윤을 확보하여 시장통제를 목적으로 한다. 이때 각 기업들은 각각 법률적이나 경제적으로 독립성을 유지하고 협약에 의하여 결합한다. 둘째, 트러스트(trust)이다 트러스트는 기업합동이라고 할 수 있는데 카르텔보다 강력한 기업집중의 형태이다. 독립적으로 기능하던 각 기업이 시장독점을 목적으로 완전히 하나의 기업으로 합병되어 소유권과 관리권을 하나로 합치는 것이다. 셋째, 콘체른(Konzern)이다. 콘체른은 기업제휴라고도 볼 수 있는데 이는 법률적으로 독립하고 있는 몇 개의 기업이 출자 등의 자본적 제휴를 바탕으로 지배·종속 관계를 바탕으로 하나의 기업처럼 결합하는 형태이다. 이를 살펴보면 〈표 2-4〉와 같다.

표 2-4 참가기업의 독립성 정도에 따른 기업집중 형태의 특징

구분	특징
카르텔의 특징	1. 동종 기업 간의 수평적 결합 2. 계약에 의한 결합 3. 내부간섭은 배제 4. 다수결에 의한 의사결정과 계약기간 만료시 자동으로 종료
트러스트의 특징	1. 독점적 기업지배 2. 동종·이종기업 간의 결합 3. 강력한 내부간섭 4. 조직해체 시까지 존속
콘체른의 특징	1. 산업의 합리화 2. 기업의 지배력 강화목적 3. 법률적 독립성은 유지하나 경제적 독립성은 상실 4. 자본적 결합체

컨글로메리트(conglomerate)

컨글로메리트는 라틴어의 com(합한다)와 glomus(덩어리)가 결합된 것으로 눈사람처럼 확대되는 것을 뜻한다. 컨글로메리트는 1950년대 후반부터 특히 미국에서 급격히 증가하게 된 새로운 기업형태로서 흔히 복합기업 또는 여러 업종의 기업이 합병하는 것으로 다각적 결합의 한 형태이다. 이종업계 기업 간의 합병을 통하여 시장, 제품, 기술, 판매방법 등 공통점이 없는 기업이 합병을 통하여 사업을 다각화한다.

조인트벤처(joint venture)

기업이 국제화과정에서 부족한 자본으로 유망한 사업을 설립하고자 할 때 또는 현지국가의 법규정에 따라 외국의 자본가와 공동으로 출자하여 공동으로 경영하는 해외기업의 형태를 의미한다.

콤비나트(Kombinat, Комбинат)

러시아어로 분야별·제품별·기술적으로 연관된 기업과 공장들을 특정 지역에 집중시켜 서로 결합하게 만든 대규모 복합 산업단지이다. 서로 관련이 있는 몇 개의 기업을 결합하여 하나의 공업 지대를 이루어 생산 능률을 높이는 합리적인 기업결합을 의미한다. 여수산업단지의 석유화학 산업단지는 여러 관련 기업과 공장들이 특정 지역에 모여 상호 연관된 생산활동을 하는 대표적인 예이다.

강의 요약

1. 기업(enterprise)은 희소한 자원을 이용하여 최대의 이익을 추구하는 의사결결정 단위로서 영리를 목적으로 하는 생산주체이다. 기업(企業)은 문자 그대로 해석하면 업(業)을 기획(企劃)하는 것을 의미한다.

2. 미국의 비즈니스라운드테이블에서 기업의 존재 이유를 첫째, 고객에 대한 가치의 제공, 둘째, 직원에 대한 투자, 셋째, 협력사에 대한 공정하고 윤리적인 대우, 넷째, 지역사회에 대한 기여, 다섯째, 지속적인 주주가치의 창출이라고 하였다.

3. 기업의 종류로는 출자자에 따라 사기업, 공기업, 공사공동기업으로 나눌 수 있다. 사기업은 민간인이 출자하여 경영하는 기업이며 소유방식에 따라 개인기업과 공동기업으로 나눌 수 있다. 개인기업으로는 개인적으로 사업을 경영하는 사람인 개인사업자가 해당된다. 공동기업은 소수 공동기업(합명회사, 합자회사, 유한책임회사, 유한회사, 민법상조합, 익명조합)과 다수 공동기업(협동조합, 주식회사)으로 나누어진다.

4. 합명회사(general or ordinary partnership)는 2명 이상의 무한책임사원만으로 구성되는 인적 기업의 대표적인 형태이다.

5. 합자회사(limited partnership)는 현행 상법 제268~287조에 규정된 무한책임사원과 유한책임사원으로 구성·조직되는 법인기업이다.

6. 유한책임회사는 공동기업이나 회사의 형태를 취하면서도 내부적으로는 사적자치가 폭넓게 인정되는 조합의 성격을 갖고, 외부적으로는 사원의 유한책임이 확보되는 기업 형태에 대한 수요를 충족하기 위해 2011년 「상법」에 도입된 회사형태로서 사모(私募)투자펀드와 같은 펀드나 벤처기업 등 새로운 기업에 적합한 회사형태로서 1인 이상의 유한책임사원으로 구성된다.

7. 유한회사는 2인 이상 50인 이하의 유한책임사원만으로 구성되는 소규모의 주식회사 형태이다.

8. 주식회사란 주식의 발행을 통해 여러 사람으로부터 자본금을 조달받고 설립된 회사이며, 1인 이상의 사원(주주)으로 구성된다. 주식회사의 주주는 회사채권자에게 아무런 직접적인 책임을 부담하지 않고 자신이 가진 주식의 인수가액 한도 내에서 간접·유한의 책임을 진다.

9. 주식회사를 운영하기 위해서는 크게 세 가지 기관으로 구성되어 있다. 첫째, 주주총회(general meeting), 둘째, 이사회(board of directors), 셋째, 감사(audit)이다.

10. 기업집중이란 무한경쟁상황을 회피하고 도산의 위험을 방지하기 위해 시장에 존재하는 기업들끼리 결합하기도 하는 현상이다.

11. 기업종류의 형태는 카르텔(kartell), 트러스트(trust), 콘체른(konzern)의 형태가 있다.

12. 사회적기업은 지역사회, 국가, 그리고 세계사회의 차원에서 사회적문제를 해결하고자 하는 조직이다.

연습문제

1. 기업의 결합은 여러 가지 형태로 나타난다. 각 기업들은 각각 법률적이나 경제적으로 독립성을 유지하고 협약에 의하여 결합을 이루는 기업의 결합형태는?

① 콤비나트 ② 트러스트 ③ 카르텔 ④ 콘체른

2. 기업에 대한 다음 설명 중 적절하지 않은 것은?

① 합명회사(general or ordinary partnership)는 2명 이상의 무한책임사원만으로 구성되는 인적기업의 대표적인 형태이다.
② 합자회사(limited partnership)는 1인 이상의 무한책임사원과 1인 이상의 유한책임사원으로 구성된다.
③ 유한회사는 2인 이상 50인 이하의 유한책임사원만으로 구성되는 소규모의 주식회사형태이다.
④ 유한책임회사는 공동기업이나 회사의 형태를 취하면서도 내부적으로는 사적자치가 폭넓게 인정되는 조합의 성격을 지니고 2인 이상의 유한책임사원으로 구성된다.
⑤ 주식회사란 주식의 발행을 통해 여러 사람으로부터 자본금을 조달받고 설립된 회사이며, 1인 이상의 사원(주주)으로 구성된다.

3. 주식회사의 세 가지 기본적 특징에 해당하지 않는 것은?

① 자본의 증권화 ② 중역제도
③ 주주의 유한책임 ④ 소유와 경영의 분리

4. 상호관련성이 없는 이종 기업들이 매수·합병을 통하여 경영다각화를 추구하는 기업 결합 형태는? (2025년 공인노무사)

① 카르텔(cartel) ② 디베스티처(divestiture)
③ 콤비나트(combinat) ④ 컨글로메리트(conglomerate)
⑤ 조인트벤처(joint venture)

5. 다음 설명에 해당하는 기업형태는? (2025년 공인노무사)

> • 무한책임사원과 유한책임사원으로 구성되는 이원적 회사이다.
> • 무한책임사원은 경영을 담당하고, 유한책임사원은 출자에 따른 이익분배에만 관여한다.

① 개인기업 ② 합명회사 ③ 합자회사
④ 유한회사 ⑤ 주식회사

정답 1. ③ 2. ④ 3. ② 4. ④ 5. ③

Chapter

03

경영자와 의사결정

제1절 기업가

제2절 경영자

제3절 경영자와 의사결정

제1절 기업가

기업가(entrepreneur)란 기능자본가 또는 소유경영자(owner)라고도 하며 기업에 대해서 출자자임과 동시에 스스로 경영을 담당하는 사람을 말한다. 이는 곧 기업가란 출자자로서 기업의 위험을 부담하는 자이며 동시에 기업 내의 경영관리를 직접 수행하는 관리자로서의 책임을 지는 자를 의미하는 것이다. 따라서 기업가의 특성은 출자자인 자본가로서의 특성과 기업의 경영활동에 책임을 지는 경영자로서의 특성이라는 두 가지의 성격을 동시에 갖고 있는 사람으로 이해된다. 그런데 자본주의가 발달함에 따라서 현대 기업은 소유와 경영이 분리되어 기업가가 담당해 오던 두 가지의 기능이 구분되었다. 즉 기업가는 출자기능만을 담당하는 출자자 내지는 주주로서의 역할을 담당하고 기업의 경영은 전문적 능력과 자질을 지닌 경영자가 담당하게 되었다. 기업가는 출자기능, 혁신기능, 관리기능, 그리고 위험부담기능을 가지고 있다. 여기서 출자기능(investment function)이란 기업이 형성, 운영되는 데 필요한 자금을 투자하는 기능이다. 즉 자본을 투자함으로써 기업에 대한 소유기능을 담당한다. 혁신기능(innovation function)은 기업이 혁신을 단행하여 종래의 생산방법에서 벗어나 새로운 생산방법을 채택하는 기능이다. 슘페터는 자본주의의 경제발전은 창조적 파괴의 과정인데, 이 과정의 추진자인 기업가는 경제적인 생산의 여러 가지 요소의 새로운 결합을 통하여 부단히 내부로부터 경제구조를 변혁시켜 나아가야만 한다고 주장하였다. 그리고 기업가가 수행하는 혁신기능은 첫째, 신제품의 생산, 둘째, 새로운 생산방법의 도입, 셋째, 새로운 시장의 개척 및 새로운 공급원의 발견이라는 기능을 수행할 경우에 진정한 기업가라고 주장하고 있다. 관리기능(management)이란 기업을 설립하고, 조직하며, 경영자를 임명하며, 기업활동을 계획·조직화하며, 종업원들을 지휘·감독하는 기능이다. 즉 관리활동 전반에 걸친 기능들을 수행한다. 위험부담기능(risk-taking)이란 기업가는 경영활동에 대한 의사결정 주체로서 기업 전반에 걸쳐 그 결과에 대한 책임을 부담한다. 따라서 경영활동의 성과는 기업가에 귀속되며, 위험 또한 스스로 부담하게 된다.

기업가는 정치가만큼 중요한 존재이다. 오늘날 우수기업을 배출하지 못한 국가는 세계무대에 설 수가 없다. 2020년 베트남 500대 기업 발표에 한국의 삼성전자가 1위를 차지하였다. 2021년 중국의 500대 민간기업에서는 화웨이가 1위를 차지하였다. 포춘지 선정 2021년 글로벌 500대 기업에서 삼성전자를 포함한 국내 기업 15개사가 이름을 올렸다. 한국기업 중 15위에 삼성전자, 83위에 현대자동차, 129위에 SK, 192위에 LG전자, 215위에 기아자동차, 222위에 한국전력공사, 226위에 포스코, 271위에 한화, 366위에 KB금융그룹, 398위에 현대모비스, 416위에 삼성생명, 450위에 CJ, 452위에 SK하이닉스, 461위에 LG화학, 473위에 삼성물산이다. 이렇게 기업가는 기업을 설립, 조직, 그리고 관리하면서 위험을 감수하는 개인인 제1세대 경영자를 의미한다.

이상적인 회사는 비틀즈 같은 팀이다. 각각이 너무나도 재능이 있지만 동시에 그들은 서로의 약점을 서로 보완해 준다. 서로가 균형을 잡아준다. 그들이 다 모이면 한 명 한 명의 합 이상의 시너지를 만들어 낸다. 그러한 것이 좋은 기업이다. 우애한 일은 결코 한 사람이 만드는 게 아니다. 팀으로 가능하다. 이러한 점이 스티브 잡스가 사업을 하는 이유이다. 〈스티브 잡스〉

회사는 사람들이 모인 집단이다. 인류사회가 필요로 하는 좋은 제품이나 서비스를 만들기 위해 모인 것이다. 여기에 회사는 자원을 효율적으로 배분하고 투입물(input)보다 더 큰 가치의 제품과 서비스를 만들어낼 때 가치가 있다. 〈일론 머스크〉

오늘날 우리 모두는 무엇을 하면 돈을 벌 수 있을까? 수없이 많은 고민을 한다. 그렇게 하면 돈을 벌 수가 없다. 이런 고민이 필요하다. 우리나라에 없는 제품과 서비스는 무엇인가? 또 다른 사람들이 하기 싫어서 안하는 것은 무엇인가? 다른 사람들이 귀찮아 하는 것은 무엇인가? 다른 사람들이 어렵다고 생각하는 것은 무엇인가? 자신이 취미처럼 재미있게 할 수 있는 아이템을 선정해서 제품과 서비스를 창출하여야 한다. 〈욕실 전문 브랜드 박현순 대표〉

조직내부 이해관계자들에게 첫째, 행복한 삶(의미있는 삶)을 추구하게 하고, 둘째, 함께 일하고 기여하게 하고, 셋째, 일과 삶의 균형을 제공하는 것이다. 〈경영자의 과제〉

도전과 응전
도전과 응전은 아놀드 토인비가 제시한 문명 발전 이론으로, 고대 이집트는 나일강 범람이라는 도전을 극복하기 위해 태양력과 측량술을 발전시켜 문명을 성장시켰다. 사회가 직면한 도전을 극복하는 과정에서 성장한다는 개념으로 기업가에게 필요한 개념 **1. 도전(Challenge)** 도전은 문명이 직면하는 외부적 또는 내부적 위기를 의미. 이 도전은 자연적 환경, 사회적 변화, 정치적 혼란, 경제적 문제, 외부 침략, 사회적 불평등, 문화적 갈등, 다양한 형태로 나타날 수 있다. **2. 응전(Response)** 응전은 문명이 도전에 대응하는 방식이나 과정을 말한다. 문명이 도전에 새로운 아이디어나 혁신적 해결책을 통해 성공적으로 응전하면 발전과 번영이 이루어지지만, 기존의 방식을 고수하거나 효과적인 대응책을 찾지 못해 정체되거나 실패한 응전은 쇠퇴나 붕괴로 이어진다.

제2절 경영자

여러분은 모두 각자의 역할이 있다. 지금은 학생으로서의 역할, 자녀로서의 역할, 동아리 회원으로서의 역할 등이다. 조직에 소속되어 있는 사람들도 모두 각자의 역할이 존재한다. 팀원으로서의 역할, 팀장으로서의 역할, 사장으로서의 역할 등이다. 우리 모두는 공기업이든 사기업에 근무하든 마찬가지이다. 그중 기업 속에 여러 사람들이 있고 관리자의 역할 또는 경영자의 역할이라고 할 수 있다. 그렇다면 관리자나 경영자는 어떠한 역할을 할까? 경영자가 최선을 다하지 않으면 직원들은 자신의 능력을 다 발휘하지 않는다. 경영자가 문제를 해결하려고 노력하지 않으면 조직 구성원들은 전혀 움직이지 않는다. 주인과 종업원의 마음, 주인의 입장과 종업원의 입장은 다르다. 과연 경영자는 어떻게 조직 구성원들을 움직이게 하고 주인처럼 자기자신의 능력을 발휘할 수 있도록 할 것인가? 캐나다 출신의 저명한 경영학자인 Henry Mintzberg는 경영자의 역할을 크게 세 가지로 보고 있는데 첫째, 대인관계 역할(Interpersonal Roles), 둘째, 정보자로서의 역할(Informational Roles), 셋째, 의사결정자로서의 역할(Decisional Roles)로 구분하고 있다. 경영자는 아마도 이러한 세 가지 역할을 수행하고 있는 사람으로서 계획하고 실행하고 평가하는 일을 수행할 것이다. 대인관계 역할은 조직 구성원들과 정보와 의견교환을 포함한 많은 것들을 공유하고 사람들을 지휘하고 목적한 대로 이끄는 리더일 것이다. 정보자로서의 역할을 하는 경영자는 정보홍수 속에 수없이 많은 정보들을 모니터하고 전달하는 역할을 할 것이다. 의사결정자로서의 경영자는 기업가적 차원에서, 즉 출자자로서 기업의 위험을 부담하는 자로서 여러 가지 자원의 배분이라든지 경영활동에 책임을 지는 의사결정을 하는 사람이다. 사람이 판단과 선택을 한다는 것은 매우 보편적인 일이다. 예를 들어 지금 이 책을 읽고 있는 여러분들도 아마도 이 책이 흥미가 있는지 유익한지를 아마도 판단하고 있을 것이다. 이렇게 우리가 살아가는 세상에서도 판단을 한다는 것과 선택을 한다는 것은 매우 어려운 일이기도 하다. 그래서 사람은 태어나서(Birth) 죽을 때(Death)까지 선택(Choice)을 한다는 것이다. 오늘 점심시간 중국집에 들어간 어느 학생이 짬뽕과 짜장 중에 어느 것을 선택할 것인지 고민하였다는 말도 우리가 매일매일 수많은 의사결정을 하고 있다는 것이다. 의사결정이란 여러 대안들 중 선택하는 것이다. 이렇게 경영자는 기업과 관련된 수많은 의사결정을 하는 의사결정자이기도 하다. 경영자는 조직 구성원들의 행동에 영향을 미칠 것이다. 경영자는 누구인가? 경영자는 영리조직이나 비영리조직의 목표를 달성하기 위해 필요한 계획화, 조직화, 지휘, 그리고 통제화라는 경영관리활동을 수행하는 과정에서 권한과 책임을 가진 사람을 의미한다. 경영자는 조직 내에서 대인관계 역할, 정보자로서의 역할, 그리고 의사결정자로서의 역할을 통하여 조직의 목표를 효과적으로 효율적으로 운영하는 사람이다. 이러한 경영자는 크게 조직체계와 권한에 따라 네 가지 단계의 경영자로 구분되어진다. 이는 [그림 3-1]과 같다. 가장 하위경영자로는 주임이나 대리 직급과 같은 현

그림 3-1 경영자의 분류

장경영자(first-line mangers)를 들 수 있다. 다른 표현으로는 실무자라는 의미로 사용된다. 미국의 네슬레 채용정보의 경우에도 주임직급의 현장 경영자를 선발한다는 채용정보가 있다. 이러한 현장경영자는 기업에서 제품과 서비스를 창출하기 위해 필요한 작업자들을 관리하는 경우이다. 자동차 제조업의 경우 반장의 역할과 병원의 경우 수간호사의 역할이다. 그 다음으로는 중간경영자(middle managers)로서 최고경영자와 현장경영자의 중간에 위치하는 조직에서 허리의 역할을 담당하는 팀장, 과장 등이다. 최고경영자(Top managers)는 조직의 경영에 책임을 지는 경영자인데 주로 중역인 임원들이다. 대기업의 임원들은 군대조직에서 장성급과 비슷하다. 이들은 주로 의사결정자로서의 역할을 많이 한다. 재무담당임원(CFO; chief financial officer), 마케팅담당임원(CMO; chief marketing officer), 행정관리임원(CAO; Chief Administration Officer), 최고운영책임자(COO; Chief operating officer), 정보기술책임자(CIO; Chief Information Officer), 최고지식경영책임자(CKO; Chief Knowledge Officer), 개인정보보호책임자(CPO; Chief Privacy Officer), 최고위기관리임원(CRO; Chief Risk Officer), 최고지속가능성책임자(CSO;Chief Sustainability Officer)등 여러 이름으로 불린다. 마지막으로 CEO(Chief Executive Officer)는 대기업에서 이사회의 주재, 기업그룹 방침의 결정, 장기계획 작성 등과 관련하여 총괄적인 책임을 가지는

최고재무담당임원(CFO; Chief Financial Officer): 기업, 정부, 공공기관 등 다양한 조직에서 회계, 세무, 자금, 예산, 성과 관리 및 위험관리를 포함한 재무 분야 전반의 업무를 총괄

마케팅담당임원(CMO; Chief Marketing Officer): 모든 마케팅 활동에 관한 계획을 세우고 조직하며, 통제하는 등 마케팅 전반을 총괄적으로 관리하는 최고 마케팅책임자

행정관리임원(CAO; Chief Administration Officer): 최고행정관리자를 의미하며 보통 내부감사를 담당함

최고운영책임자(COO; Chief Operating Officer): 기업 내의 사업을 총괄하며, 일상 업무를 원활하게 추진하기 위한 의사결정을 행하는 최고운영책임자

정보기술책임자(CIO; Chief Information Officer): 기업의 정보기술과 컴퓨터 시스템 부문을 책임지고 있는 사람

최고지식경영책임자(CKO; Chief Knowledge Officer): 경영혁신에 필요한 새로운 아이디어와 가치를 창출하고 전략화하는 책임자

개인정보보호책임자(CPO; Chief Privacy Officer): 고객의 개인정보를 사이버범죄로부터 보호하고 관리하는 운영정책을 맡고 책임을 지고 있는 사람

최고위기관리임원(CRO; Chief Risk Officer): 외부공급자와 거래관계를 효율적으로 통제하고 발생 가능한 문제를 사전에 예방하는 업무를 맡고 책임을 지고 있는 사람

최고지속가능성책임자(CSO; Chief Sustainability Officer): 기업의 지속 가능성 부문, 지속 가능성과 관련된 조직의 책임자

최고경영자로, 통상적으로는 기업의 회장이 CEO를 겸임하고 있다.

다윈(Darwin)은 앞으로 어떤 사람이 살아남을 것인가? 자기 감정을 잘 활용할 수 있는 사람 계속 배워나가는 사람이라고 주장한다. 오늘날 기업에서 현장경영자, 중간경영자, 그리고 최고경영자로서 여러분들은 어떻게 생각하나?

1. 기업지배구조에 따른 경영자 분류

앞에서 살펴본 바와 같이 소유와 경영이 분리되면서 전문적인 경영자들이 필요하다. 기업가의 경우 출자자임과 동시에 경영자이다. 기업지배구조에 따라 경영자를 분류하면 소유경영자와 전문경영자로 구분할 수 있다. 소유경영자란 주식회사의 경우 소유와 경영이 분리되어 운영된다. 주식회사의 주인은 주식을 소유하고

있는 주주가 경영을 하는 경우를 의미한다. 전문경영자(고용경영자)란 소유와 경영의 분리에 의하여 기업의 소유자를 대신하여 기업의 경영을 전문적으로 하는 사람을 의미한다. 오늘날 소유와 경영이 분리된 현대 주식회사의 문제점을 다룬 이론인 대리인 이론에 대해 살펴보자. 대리인 이론은 주로 소유와 경영이 분리된 현대의 주식회사에서의 문제점을 살펴본 이론이다. 삼성전자의 주인은 주주이다. 그러나 실제 경영은 주주를 대신하여 전문경영자들이 한다. 1976년 Jensen과 Meckling은 한 명 이상의 주인(pricipal)이 자신을 대신하여 의사결정을 포함한 다양한 업무를 수행하도록 대리인(agent)을 고용하도록 하는 계약을 한다고 하였다. 즉, 한 명 이상의 개인(주인)이 자신을 대신하여 의사결정을 포함하는 서비스를 실행하도록 다른 사람(대리인)을 고용하도록 하는 계약을 의미한다. 이들은 자신의 의사결정에 의해서 기업이 만들어낸 성과인 이익에 의해 작은 수익만 얻는 대리인들에 의해 전적으로 운영되는 조직이 생존하는 이유를 설명하면서 대리인 이론을 설명하였다. 대리인 이론에 의하면 주인과 대리인의 이익이 충돌(trade-off)할 때 대리인 문제가 발생한다고 하였다. 대리인 이론의 기본가정은 경제학에서 이야기하는 것과 비슷하다. 즉, 인간은 이기적이고 자신의 이익을 추구하고 인간은 제한된 합리성에 근거한다고 한다. 주인과 대리인의 목표가 같다면 문제가 없지만 다르다면 주인 입장에서는 대리인이 주인의 이익을 위하여 대리인이 제대로 경영을 하는지를 확인하기 위하여 감시비용과 같은 대리인 비용이 존재한다. 또 다른 하나는 리스크에 관한 관점이 다르다는 것이다. 이는 자본이 많이 필요한 인수합병이나 다각화 또는 장기적인 투자가 필요한 연구개발 관련 의사결정시 주인과 대리인이 바라보는 리스크에 대한 관점이 다름으로 문제의 소지가 있다고 보는 관점이다. 또한 대리인은 주주의 이익을 침해하면서도 기업의 규모확대를 통하여 자신의 이익을 추구한다는 것이다. 대리인 이론에서는 이렇게 주인과 대리인의 이익 충돌을 방지하기 위하여 주주와 대리인의 계약을 어떻게 관리하느냐가 관건이다. Jensen과 Meckling(1976)은 이러한 계약을 통해 대리인 비용은 확증비용(bonding cost)과 감시비용(monitoring costs), 잔여손실(residual losses)로 나뉜다고 주장한다. 확증비용은 대리인이 주인의 이해에 상반되는 행동을 하지 않는다는 증명을 하는 과정에서 발생되는 비용을 의미한다. 즉, 대리인이 기업의 재무상황을 보고하고, 제3자에게 기업의 재무상황을 외부 공인회계사에게 공인받는데 드는 비용 등을 의미한다. 감시비용은 주인이 대리인을 감시하는데 들어가는 비용을 의미한다. 즉, 기업경영에 직접 관여하지 않는 사회이사를 두어 이사회를 감시하도록 하고 그들에게 그 대가로 급여를 지급하는 감시비용을 의미한다. 잔여손실은 화증비용과 감시비용이 지출되었음에도 불구하고 대리인 때문에 발생한 주주의 재산손실을 의미한다. 결과적으로 대리인 이론은 이러한 여러 가지 비용과 대리인 문제를 어떻게 하면 최소화할 수 있는 주인과 대리인의 최적계약방법을 찾아보고자 하는 이론이다.

제3절 경영자와 의사결정

1. 의사결정

앞에서 살펴본 의사결정자로서의 경영자는 기업가적 차원에서, 즉 출자자로서 기업의 위험을 부담하는 자로서 여러 가지 자원의 배분이라든지 경영활동에 책임을 지는 의사결정을 하는 사람이다. 사람들은 매 순간 어떤 판단을 내리고 있으며 그러한 판단에 근거해서 무엇을 어떻게 선택하거나 결정한다. 인간의 선택에 대한 연구는 경제학에서 시작되었다. 1944년 Von Neumann과 Morgenstern의 *Theory of Games and Economic Behavior*라는 책에서 사회, 경제 현상을 설명하기 위해 수리적인 게임이론을 제안하면서이다. 이들이 제안한 게임이론은 경제학뿐만 아니라 인접 사회과학분야에 많은 영향을 미쳤다. 특히 심리학자들의 관심을 끈 것은 이들이 행동주의의 영향으로 직접 관찰할 수 없는 주관적 개념에 대한 논의가 회피되던 때에 개인의 효용(utility)이라는 주관적인 개념을 눈에 보이는 선택 행동으로 측정할 수 있는 이론적 근간을 마련하였다. 이러한 의미를 경제학에서는 기대

효용이론이라고 한다.

여러분들은 건축학개론이라는 영화를 본적이 있는가? 2012년 3월 22일 개봉된 건축학개론은 생기 넘치지만 숫기 없던 스무 살, 건축학과 승민은 '건축학개론' 수업에서 처음 만난 음대생 서연에게 반한다. 함께 숙제를 하게 되면서 차츰 마음을 열고 친해지지만, 자신의 마음을 표현하는 데 서툰 순진한 승민은 입 밖에 낼 수 없었던 고백을 마음속에 품은 채 작은 오해로 인해 서연과 멀어지게 된다. 어쩌면 다시…사랑할 수 있을까? 서른 다섯의 건축가가 된 승민 앞에 15년 만에 불쑥 나타난 서연. 당황스러움을 감추지 못하는 승민에게 서연은 자신을 위한 집을 설계해달라고 한다. 자신의 이름을 건 첫 작품으로 서연의 집을 짓게 된 승민, 함께 집을 완성해 가는 동안 어쩌면 사랑이었을지 모를 그때의 기억이 되살아나 두 사람 사이에 새로운 감정이 쌓이기 시작한다. 현재 부인인 은채와의 결혼생활을 그만두고 새로운 감정이 쌓이는 옛날의 서연과의 관계를 어떻게 할 것인가? 의사결정이 필요한 시점이었다. 여러분들이라면 어떠한 의사결정을 할 것인가? 불확실한 서연과의 새로운 관계에서 생기는 효용보다 안정적이고 확실한 은채를 선택했을 때의 효용이 더 크게 느껴졌을 가능성이 높다. 즉, 한계효용 체감의 법칙이 작동되는 것이 아닐까?

우리가 알고 있는 필름 카메라 시장의 지배자 코닥은 어떻게 몰락했는가? 어떠한 의사결정을 잘못해서 그러한 결과가 나타났을까? 코닥은 일찌감치 디지털 카메라를 개발해 놓고도 출시를 미루다 파산하였다. 노키아의 경우 2002년 스마트폰을 개발하고 투자자들에게 설명회까지 했지만 경영진이 철회라는 의사결정을 하고 2007년 아이폰의 등장으로 노키아는 몰락한다. 노키아가 세계 1위에서 사업을 매각할 때까지 걸린 시간은 2년이 채 안되었다.

이에 반해 삼성의 경우는 "2등 하면 1등만 살아남는 세상이라 위기"라고 했고, 1등 하면 "모든 기업들이 삼성을 노리고 있어 위기"라고 하여 위기를 기회로 만든 것은 이건희 회장의 위기경영 의사결정이다. 부회장 시절 선친으로부터 '경청'(傾聽)이란 글귀를 선물 받은 걸 계기로 이건희 회장은 좀처럼 입을 열지 않는 철저한 '듣기형 리더'였다고 한다. 이후 삼성이 위기에 직면할 때마다 이 회장은 경영철학이 담긴 메시지를 던지며 초일류기업으로의 성장을 일궜다. 현재의 문제점을 정확히 짚고 앞으로 나아갈 방향을 제시하는 의사결정자로서의 최고경영자로서의 역할을 한 것이다. 이건희 삼성전자 회장은 삼성의 '제2 창업주'로 불린다. 아버지인 삼성의 창업주 고 이병철 회장이 삼성을 한국 대표 기업으로 키웠다면 이건희 회장은 삼성을 한국을 넘어 '글로벌 최고 기업'으로 키운 최고경영자(CEO)였다. 이 회장의 기업 운영 전략과 각종 성공사례는 해외 유명 글로벌 기업들에게도 영향을 주고 있다. 미국 GE는 2014년 초 제프리 이멀트 회장이 진행한 ' GE 글로벌리더십미팅'에서 삼성의 경쟁력과 성공 노하우에 대해 집중 논의하기도 했다. 같은 해 10월에는 미국 페이스북 마크 저커버그 최고경영자(CEO)와 임원진이 서울 서초사옥과 수원 및 화성 사업장을 방문해 '삼성 웨이'를 벤치마킹하기도 했다. 재계 관계자는 "이건희 회장은 한국 주요 대기업 총수 중 글로벌 1위를 가장 먼저 달성한 사람"이라며 "북미, 유럽, 일본에 비해 기업 역사가 짧은 한국에서는 '이건희 경영학'이 따로 만들어져도 될 정도"라고 평가했다. 이 회장은 중요한 순간마다 전체와 핵심을 꿰뚫는 표현과 비유가 담긴 메시지를 전파하는 데 탁월했다. 그의 메시지는 삼성은 물론 재계 전반에 걸쳐 영향을 미쳤고 국가·사회적으로도 큰 반향을 일으켰다.

여러분들은 동물을 좋아할 것이다. 그중 새를 키우고 있다고 가정하자. 고운 소리로 우리들에게 아침마다 인사하는데 어느날 갑자기 새가 울지 않고 있다. 여러분들은 어떻게 할 것인가? 맛있는 먹이를 주기도 하고 살펴보다 수의사에게 진료를 받기도 할 것이다. 만약 새가 조직 구성원이고 기업이라면 조직 구성원이 열심히 일하지 않고 의욕이 없으며 기업은 가치와 이익을 창출하지 못한다면 여러분들은 어떠한 의사결정을 할 것인가? 일본의 역사학자는 일본의 위인 세 사람인 노부다가와 풍신수길(히데요시), 그리고 덕천가강(이에야스)을 예를 들어 의사결정의 유형을 설명하였다. 노부다가의 경우 새가 울지 않으므로 바로 칼로 목을 치는 의사결정을, 풍신수길은 새가 울게 만들어 주고, 덕천가강은 새가 울 때까지 기다려준다. 즉, 즉시의사결정하는 방안과 단기적인 시간을 두고 새가 울 수 있는 여러 가지 방법을 모색하는 풍신수길, 그리고 장기적인 기다림을 전제로 해결의 능력을

사례 | '마누라와 자식 빼고 다 바꿔라'…이건희 회장의 경영철학

이건희 삼성전자 회장은 삼성의 '제2 창업주'로 불린다. 아버지인 삼성의 창업주 고 이병철 회장이 삼성을 한국 대표 기업으로 키웠다면 이건희 회장은 삼성을 한국을 넘어 '글로벌 최고 기업'으로 키운 최고경영자(CEO)였다. 이 회장의 기업 운영 전략과 각종 성공사례는 해외 유명 글로벌 기업들에게도 영향을 주고 있다. 미국 GE는 2014년 초 제프리 이멀트 회장이 진행한 'GE 글로벌리더십미팅'에서 삼성의 경쟁력과 성공 노하우에 대해 집중 논의하기도 했다. 같은 해 10월에는 미국 페이스북 마크 저커버그 최고경영자(CEO)와 임원진이 서울 서초사옥과 수원 및 화성 사업장을 방문해 '삼성 웨이'를 벤치마킹하기도 했다. 재계 관계자는 "이건희 회장은 한국 주요 대기업 총수 중 글로벌 1위를 가장 먼저 달성한 사람"이라며 "북미, 유럽, 일본에 비해 기업 역사가 짧은 한국에서는 '이건희 경영학'이 따로 만들어져도 될 정도"라고 평가했다.

삼성 체질 개선 시작된 '프랑크푸르트 선언'

이 회장은 중요한 순간마다 전체와 핵심을 꿰뚫는 표현과 비유가 담긴 메시지를 전파하는 데 탁월했다. 그의 메시지는 삼성은 물론 재계 전반에 걸쳐 영향을 미쳤고 국가·사회적으로도 큰 반향을 일으켰다. 1987년 12월 삼성그룹 회장에 취임한 이 회장은 1993년부터 본격적인 '삼성의 미래 그리기' 작업에 나섰고 '이건희 메시지'를 전달한다. 삼성은 1998년 3월 발간한 '삼성 60년사'에서 1993년이 '매우 중요한 분기점'이라고 표현했다.

그해 6월 4일 이 회장은 일본 도쿄 오쿠라호텔에서 1988년 영입한 후쿠다 타미오 디자인 고문으로부터 '경영과 디자인'이라는 제목의 보고서를 받는다. 이른바 '후쿠다 보고서'로 불리는 여기엔 개선 방안을 받아들이지 않는 담당자의 이야기를 비롯해 여러 가지 수준 이하인 삼성의 모습이 들어있었다. 후쿠다 보고서는 6월 7일 발표된 '프랑크푸르트 선언'의 기폭제로 작용했다. 당시 이 회장은 '마누라와 자식 빼고는 다 바꾸어야 한다. 그래야 살아남을 수 있다'는 표현까지 쓰며 그룹 전체에 위기의식과 개혁을 주문했다.

미래 비전 제시에 탁월한 경영자

1995년 3월 삼성전자 무선전화기 사업부가 품질에 문제가 있는데도 무리하게 완제품 생산을 추진해 시장 불량률이 11.8%까지 올라가자 이 회장은 휴대전화를 중심으로 15만 대나 되는 제품(약 500억원 어치)을 불태워 버리는 '화형식'을 진행했다. 삼성을 비롯해 한국 기업들이 글로벌 기업 수준으로 성장하기 전이었다. 다들 단기성과에 매몰돼 있던 시절이었지만 이 회장은 훨씬 더 큰 미래 비전을 제시했다. 주요 선진국 제품에 비해 품질과 브랜드 인지도가 모

두 크게 뒤졌던 1996년 이 회장은 신년사를 통해 해외 글로벌 기업들만의 고민으로 여겨졌던 디자인을 21세기 기업 경영 최후의 승부처 중 하나로 지목했다. 이른바 '디자인 혁명의 해' 선언이다. 삼성전자가 휴대전화, TV, 반도체 사업에서 승승장구하며 글로벌 기업으로 인정받게 된 2005년 이 회장은 이탈리아 밀라노에서 '제2의 디자인 혁명'을 선언한다. 그는 "애니콜(당시 휴대전화 브랜드)을 뺀 나머지 삼성 제품의 디자인은 '1.5류'다. 이제부턴 품질이 아니라 디자인이다"라고 강조했다. 삼성전자 고위 관계자는 "삼성 브랜드가 프리미엄으로 자리매김하는 데 가장 결정적 기여를 한 것 중 하나가 이 회장의 '디자인 혁명' 선언이었다"고 말했다.

인재 중시와 위기의식 강조

평등주의가 만연한 한국 기업문화 속에서 천재 혹은 우수 인재의 중요성을 강조한 것도 이 회장의 남다른 식견이었다. '한 사람의 천재급 인재가 10만 명, 20만 명을 먹여 살린다'는 이 회장의 신념은 삼성의 핵심 인재 육성과 확보로 표현되는 'S급' 인력과 이들에 대한 파격적인 대우를 통해 나타나고 있다. 최고 인재주의와 함께 두드러지는 이 회장의 경영 스타일은 위기의식을 끊임없이 강조한다는 점이다. 삼성이 자타가 모두 인정하는 글로벌 기업으로 성장한 뒤에도 '위기 강조 메시지'는 계속됐다. 2008년 삼성 비자금 사건으로 물러났다 경영에 복귀한 2010년 3월 이 회장은 "앞으로 10년 내에 삼성을 대표하는 사업과 제품은 대부분 사라질 것이다"라며 새로운 성장동력 발굴을 독려했다. 이 회장의 마지막 신년사(2014년)도 마찬가지였다. 2013년 사상 최대 실적을 올렸음에도 이 회장은 '마하경영'을 강조했다. 마하 속도를 내려면 제트기의 엔진, 기체, 부품을 모두 새로 설계해야 하는 것처럼 삼성 역시 세계 초일류 기업으로 성장하려면 체질과 구조를 근본적으로 바꿔야 한다는 의미다.

[자료원: 동아일보 경제 2020.10.25. 발췌]

보여준 덕천가강의 의사결정은 오늘날 우리에게 시사하는 바가 크다. 또 다른 예로 만약 병원에서 어느 환자의 몸속에 암세포 조직이 생겼다고 가정할 때 어떤 의사는 칼로 도려내고 어떤 의사는 단기적 방안으로 방사선치료와 항암제를 투입하고 또 어떤 의사는 장기적으로 암을 이겨낼 수 있는 체력과 제질개선을 먼저 한 후 수술을 한다면 이러한 의사결정은 우리가 살아가는 세상에서 매우 중요하다. 여러분들이 경영자라면 여러분들은 어떠한 의사결정을 어떻게 할 것인가? 우리가 앞에서 살펴본 현장경영자, 중간경영자, 최고경영자들의 의사결정은 목표를 설정하고 기업의 방향을 정하는 계획화의 의사결정과, 조직화의 의사결정, 그리고 통제라는 의사결정의 비중이 같지 않을 것이라 예상할 것이다. 최고경영자는 계획화의 비중이 높을 것이고, 중간경영자는 조직화와 지휘의 의사결정이 높고, 하위경영자는 계획화와 통제화보다는 일하는 업무에 대한 의사결정의 비중이 더 높다. 여행 애플리케이션(앱)으로 확실한 브랜딩에 성공한 기업 여행어때(여행할 때 여기 어때)의 의사결정은 데이터에 따라 빠른 의사결정의 장점을 지니고 있다라고 최고경영자는 이야기한다. 예를 들어 서울 종로 지역 호캉스 검색이 상승하는 움직임이 나타나면 종로에 있는 호텔들과 연계한 특별한 이벤트를 당일 저녁에 내놓는 것이다. 즉, 즉각적인 의사결정이 매출에 주요한 영향을 미치는 것이다. 경쟁업체들인 해외 온라인 여행사(OTA: Online Travel Agency)가 본사의 승인을 받느라 대기하고 있는 사이 여행어때는 이미 서비스를 출시하여 경쟁우위를 달성하고 있다. 이와 같이 기업에서는 의사결정의 신속함도 매출에 영향을 미치고 있다. 여러분들이 경영자라면 어떠한 의사결정을 할 것인가? 아니 오늘 하루를 시작하면서 수많은 의사결정을 하고 있고 이러한 의사결정이 얼마나 중요하며 결과에 영향을 미치는지를 여러분들은 알 수 있을 것이다.

2. 의사결정의 유형

경영자가 집단으로 의사결정을 내리는 경우가 존재할 수 있다. 이러한 집단의 사결정은 주로 위원회형태와 태스크포스(T.F; Task Force) 형태, 그리고 검토위원회 등 다양한 집단의사결정체들이 존재하고 있다. 과연 경영자 개인이 하는 의사결정과 집단의사결정의 차이는 무엇이고 어떠한 장·단점이 있을까? 현재 자본주의 경제를 지배하는 세력은 개인기업도, 개인 자본가도, 경영자도 아닌 테크노스트럭처라고 한다. 테크노스트럭처의 개념은 기업경영관리에 있어서 의사결정과정에 참가하는 집단, 이들 참가자가 형성하는 기업 내의 조직, 혹은 기업에 있어서의 집단에 의한 의사결정 조직을 의미한다. 경영자는 많은 시간을 회의에 할당한다. 기업의 경영에 있어서 여러 가지 문제가 존재하고 이를 해결하기 위하여 많은 시간 고민한다. 개인의 의사결정과 집단의 의사결정은 어떠한 차이가 있을까? 우리는

NASA 의사결정의 예를 통하여 개인과 집단의 의사결정에서 집단 의사결정이 보다 완전한 정보를 제공하는 것을 알게 될 것이다. 집단 의사결정에서 구성원들이 서로 다른 전문분야를 대표할 때 정보의 양과 정보의 질이 증가하고 다양성을 통하여 문제를 해결하는데 보다 더 수월하다. 이러한 집단의사결정을 통하여 문제접근은 한 사람에 의해 이루어지는 의사결정보다 더 합리적이고 합의를 통한 합법적이라고 할 수 있다. 만약 기업에서 지속적으로 한 사람의 경영자에 의한 의사결정을 한다면 자의적이고 독재적이라고 할 수 있다. 소위 집단지성을 활용하여 의사결정을 한다는 의미이기도 하다. 그렇다고 집단 의사결정이 장점만 있는 것은 아니다. 집단 의사결정을 하려면 위원회등 위원들이 모여야 하기 때문에 약속을 잡기도 어렵고 의사결정에 참여하기까지 시간이 오래 걸릴 수 있다는 단점도 있다. 또한 집단 의사결정은 한 사람의 경영자에 의한 의사결정보다 책임 소재가 불명확하다는 단점도 있다. 집단 의사결정의 가장 커다란 단점으로는 집단 구성원들 간에 강한 응집력을 보이는 집단에서, 의사 결정 시에 만장일치에 도달하려는 분위기가 다른 대안들을 현실적으로 평가하려는 경향을 억압할 때 나타나는 구성원들의 왜곡되고 비합리적인 사고방식인 집단사고(Groupthink)가 발생할 수 있다.

3. 의사결정의 과정

기업경영에 있어서 매 순간마다 의사결정이 중요하며, 이러한 의사결정의 효율성을 확보하기 위해서는 의사결정의 과정을 이해해야 한다. 의사결정의 과정은 크게 여섯 가지의 단계를 거친다. 첫째, 문제의 인식이다. 의사결정을 하기 위해서는 기업이 어떠한 상황에 직면해 있고 문제는 무엇인지를 파악하는 것이다. 둘째, 이러한 문제를 해결하기 위하여 의사결정자는 문제가 생긴 원인이나 문제해결에 대한 다양한 정보를 수집하고 분석하여야 한다. 셋째, 앞서 분석한 정보를 바탕으로 여러 가지 대안을 개발하는 단계이다. 넷째, 여러 가지 대안에 대하여 평가하는 단계이다. 즉, 대안별 장단점을 분석하고 비교하여 대안을 평가한다. 다섯째, 이렇게 비교하고 분석한 대안 중 최적안을 선택하는 단계이다. 마지막으로 이제 선택된

그림 3-2 의사결정 과정

대안을 실행한 후 결과를 평가하는 단계이다. 이는 [그림 3-2]와 같다.

4. 의사결정의 기법

의사결정이란 어떠한 문제를 해결하기 위하여 여러 가지 대안 중 가장 적합한 대안을 선택하는 것을 의미한다. 이러한 의사결정 기법은 크게 두 가지로 구분된다. 첫째, 개인적 의사결정기법으로서 최고경영자가 주로 독단적으로 의사결정을 하는 경우인데 방법으로는 의사결정나무분석, 대안선택흐름도표로 구성되어 있다. 둘째, 집단적 의사결정기법으로 델파이법, 명목집단기법, 브레인스토밍, 프리모텀기법, 전자회의 방식 등이 있다.

(1) 개인적 의사결정기법

개인적 의사결정기법으로서 최고경영자가 주로 독단적으로 의사결정을 하는 경우인데 방법으로는 의사결정나무분석, 대안선택흐름도표로 구성되어 있다. 의사결정나무분석방법은 마치 나무의 여러 가지들이 있는 것처럼 의사결정을 나무를 구성하는 요소를 중심으로 결론에 도달할 때까지 각 대안별로 선택할 경우와 선택하지 않을 경우에 나타날 결과를 통하여 분석하는 방법이다. 대안선택흐름도표는 연속적으로 예 또는 아니오의 질문들을 반복함으로써 의사결정하는 방법이다.

(2) 집단적 의사결정기법

집단적 의사결정기법은 집단의사결정에서 발생할 수 있는 오류를 완화하거나 방지하기 위한 기법들을 의미한다. 이러한 집단적 의사결정기법을 통하여 기업은 합리적인 의사결정을 할 수 있다. 이러한 집단적 의사결정기법으로는 델파이법, 명목집단기법, 브레인스토밍, 프리모텀기법, 지명반론자법(devil's advocate; 악마의 대변자), 전자회의 방식 등이 있다. 첫째, 델파이(Delphi)법은 1948년 미국 랜드연구소에서 개발된 예측 활동에 이용되었다. 델파이법은 위원회나 전문가 토론, 그리고 여러 가지 집단토론에서 발생할 수 있는 왜곡된 의사전달을 방지하기 위한 방법이다. 즉, 소수의 사람들에 의하여 의사결정이 될 수 있는 경우, 동료집단의 의견에 암묵적으로 동의해야 하는 경우, 참여자들 간의 갈등, 그리고 권위 있는 지위에 사람의 의견을 반대하는데 따르는 여러 가지 문제를 회피하기 위한 방법이다. 즉, 익명성(anonymity)과 참여자들의 응답을 요약한 통계처리, 그리고 전문가들 사이의 합의된 의견을 통하여 문제를 회피할 수 있다. 둘째, 명목집단기법은 회의에 참여한 참여자들에게 생각을 하도록 시간을 준 후, 그 생각을 순서대로 발표하고 집단 토론을 하여 그 생각을 이해하고 수정한 다음에 결론을 거쳐 생각 목록에 합의하도록 하는 기법이다. 셋째, 브레인스토밍(brainstorming)은 참가자 전원이 자유분방한 상태에서 다방면으로 여러 가지 관점으로 문제를 파악하여 아이디어를 제안하도록 함으로써 새로운 대안을 개발하는 방법이다. 브레인스토밍은 3명 이상의 사람이 모여 하나의 주제를 가지고 자유롭게 토론하고 발표하고 이러한 결과를 정리한 집단적 의사결정기법이다. 넷째, 프리모텀기법(premortem technique)은 심리학자인 클라인이 제안한 것으로서 미리(pre)사업이 실패한 상황(mortem)을 가정하고 그 실패원인을 도출해 제거함으로써 성공가능성을 도출하는 집단적 의사결정방법이다. 다섯째, 지명반론자법(devil's advocate; 악마의 대변자)은 집단토론을 진행할 때 의무적으로 반대의견을 제시하는 사람이나 집단을 의미하는 것으로서 의무적으로 반대의견 제시를 통하여 집단사고의 단점을 제거하기 위한 방법이다.

디자인싱킹(design thinking)

디자인싱킹은 고객의 가치와 창의성을 우선적으로 고려하는 최근 경영 환경의 변화와 맞물려 주목받게 됐다. 경영 문제를 디자인적 사고와 관점에서 접근하는 문제 해결 방법이다. 이를 위해 'Human Centered Design' 'Communicate Tangibly' 'Design Verb' 등을 기본으로 창의적 아이디어 도출을 위한 구체적인 실천 방법을 교육하는 데 방점을 둔다.

이에 따라 인간 행동에 관한 관찰과 분석 방법, 팀의 구성, 의견 교환 방식 등을 배울 수 있다. 디자인싱킹을 쉽게 얘기하면 '디자이너의 사고방식'이다. 디자인싱킹 프로세스를 간추리면 이렇다. ① 공감(Empathize) → ② 문제 정의(Define) → ③ 아이디어 도출(Ideate) → ④ 프로토타입(Prototype) → ⑤ 테스트(Test) 과정을 거친다.

IDEO는 1991년에 세 디자인 회사(David Kelley Ddesign, ID Two, Matrix Product Design)를 합병하여 세워진 미국의 디자인 이노베이션 기업이다. 약 550명의 직원들이 여러 가지 프로젝트를 수행했는데 대표적인 사례로는 애플(Apple)이 출시한 최초의 마우스가 있다. 아이데오의 문화는 지혜로운 태도 습득을 장려하고 있다. 어떠한 아이디어더라도 직원이 이야기할 때 방해하지 않고 경청하는 태도, 그러면서도 필요에 따라 이의를 제기하는 태도를 장려한다. 다양한 사람들로 이루어진 열정팀은 권위나 위계질서를 내세우지 않는다. 창의성과 팀워크를 위해 최상의 공간을 제공하고 언제든지 팀원들끼리 의견을 나누고 토론이 가능하도록 환경을 조

요점정리

집단의사결정의 장점

1. 개인의사결정보다 완전한 정보
2. 개인보다 더 다양한 경험과 관점을 가지는 의사결정
3. 개인보다 더 많은 대안을 제공
4. 민주주의 이상과 부합되는 합법성 제공

집단의사결정의 단점

1. 의사결정 시간의 지연
2. 책임소재의 불명확성
3. 집단이 합의한 의견에 대한 동의에 대한 압력
4. 완전한 동의(만장일치)라는 비판적 사고의 방해

보이는 것이 전부가 아니다.

성한다. 아이데오의 프로젝트는 브레인스토밍으로 시작한다. 브레인스토밍은 아이데오 직원들에게 종교와도 같다. 그만큼 그 존재가치에 대해 확고한 신념을 가지고 있다. 아이데오의 회의는 순서에 따라 진행하지도 프리젠테이션도 없다. 엉뚱한 아이디어도 상관이 없으며, 회의실에 아예 경고벨을 두고 있다. 누군가 의견을 비판하려 하면 벨을 눌러 경고를 주는 것이다. 이 덕분에 직원들은 이상한 생각이라는 욕을 먹을 걱정 없이 듣도 보도 못한 새로운 아이디어를 내놓는다.

5. NASA 의사결정(집단 VS 개인)

달나라

여러분은 달여행 우주선의 멤버이며, 약 한 달 동안 여행을 계획하고 있다고 하자. 계획상 밝은달 표면에서 마중 오는 모선과 랑데뷰하기로 되어 있다. 그런데 여러분의 우주선은 기계 고장으로 착륙예정 지점(모선과의 랑데부 지점)에서 약 200마일(320km) 떨어진 곳에 착륙해 버렸다. 게다가 재돌입과 달 표면 착륙시에, 탑재한 많은 기계가 파손당했다. 생존을 위해 10분 안에 우주선에서 탈출해야 한다. 약 200마일(320km) 떨어진 모선으로 이동해야 한다. 여러분은 어떻게 해서든지 모선 착륙지점에 가야 한다. 모선까지 가기 위한 달표면 200마일(320km) 여행에 휴대하고 가야 할 물건을 선택해야 한다. 아래 물품 리스트는 착륙시 파손되지 않고 완전한 상태로 남은 15가지입니다. 이제 여러분들이 랑데부 지점에 도달하기 위해 필요한 정도에 따라 이들 물건의 순위를 결정해야 한다. 당신은 걸어서 다른 우주선이 있는 곳까지 가야 하며 즉시 출발하지 않으면 당신의 생명이 위험하다. 당신의 과학상식을 총 동원하여 우주선 안에 있는 15개의 물품 중 가장 필요한 물품을 우선적으로 선택하라! 우선순위가 낮은 물품도 모두 순서대로 선택하라! 시간이 없다. 물품을 잘못 선택하면 당신의 생명은 몇 시간 이내에 끝날 수도 있다. 가장 필요한 물건을 1로 하고 그 다음으로 중요한 것을 2, 3, 4, 5…로 적되 가장 필요 없는 물건을 15로 하여 모든 품목에 순위를 기입하면 된다.

성냥이 든 상자	우주식량	나일론 로프 15m	낙하산	이동형 난방기 (태양 충전식)
45구경 권총 두 자루	분유 한 통	산소통 2개 (45kg)	달에서 보는 성좌도 (지도)	사다리(자동)
자석 나침반	20리터의 물	신호기(자동 발광)	응급처치 상자 (주사 set 포함)	태양으로 작동하는 FM 송수신기

먼저 개인(A)으로서 순위를 기록한다. 그 다음 팀(B)별로 상의(의사소통)해서 순위를 기록해 본다. 개인으로 혼자 생각하고 의사결정한 결과와 팀별로 상의해서 의사결정한 결과가 다른가? 아니면 비슷한가? 이제 답(C)과 비교하여 개인(C－A)과

팀(C－B)의 점수를 적어보자(점수가 낮은 것이 좋음). 결과가 어떠한가? 혼자한 결정보다는 팀의 의사결정이 더 좋은 결과가 나왔나?

품 목	개인(A)	팀(B)	답(C)	C－A	C－B
성냥이 든 상자					
우주식량					
나일론 로프 15m					
낙하산					
이동형 난방기(태양 충전식)					
45구경 권총 두 자루					
분유 한 통					
산소통 2개(45kg)					
달에서 보는 성좌도(지도)					
사다리(자동)					
자석 나침반					
20리터의 물					
신호기(자동 발광)					
응급처치상자(주사 set 포함)					
태양으로 작동하는 FM 송수신기					
점수(합계)					

"떡잎부터 달랐다"… 김홍국 하림 회장, 양계장서 시작해 재계 13위 총수로

병아리 장사로 시작해 대기업을 일군 김홍국 하림 회장의 사업 여정은 11살 때 시작됐다.

그는 외할머니로부터 병아리 10마리를 받아 키웠다. 닭장수에게 이를 팔고 나니 돈이 생겼다. 재밌었다. 그 돈으로 다시 병아리를 사서 키워 파는 것을 되풀이했다. 10마리밖에 없었던 병아리는 금세 100마리를 넘었다. 표현하지는 못했지만 사업에 눈을 뜬 시간이었다. 김 회장은 고등학교를 졸업하자마자 전북 익산에 닭·돼지 농장을 운영하기에 이르렀다. 규모도 상당했다. 그의 농장에는 5,000마리가 넘는 씨닭과 수백 마리의 돼지가 있었다. 20대 초반 김 회장은 익산에서 제일 큰 양계업자로 이름을 알리기 시작했다. 김 회장은 대표적인 자수성가 최고경영자(CEO)로도 꼽힌다. 김 회장이 하림을 육가공 업체 최강자로 만들 수 있었던 배경에는 직접 축산업에 뛰어들며 느꼈던 수많은 경험들이 밑바탕에 깔려 있다. 농장을 운영하면서 그는 돼지, 닭 등 1차산업인 축산물의 가격 변동이 심해 늘 걱정이었다. 반면 축산물을 재료로 사용해 만든 2차산업인 가공식품의 가격은 안정적이라는 것을 깨달았다. 김 회장이 농장과 공장, 시장을 연결한 이른바 '삼장(三場) 통합' 계열화 사업을 하기로 마음먹게 된 배경이다. 즉 농장에서 닭을 기르고, 공장에서는 가공을 담당하며, 시장에서는 이렇게 만든 식품을 판매할 경우 축산물 가격 변동에 따른 손실을 최소화할 수 있겠다는 확신과 함께 본격적으로 사업 구상을 실현해 나갔다.

김 회장은 1986년 하림의 전신이라 할 수 있는 코리아데리카후드를 설립하며 그가 구상한 삼장 통합 경영의 첫발을 내디뎠다. 이 과정에서 김 회장은 업계 최초로 병아리 위탁사육 시스템을 도입해 주목을 받기도 했다. 회사가 직접 닭을 기를 경우 부지 매입과 인건비에 대한 부담이 클 수밖에 없다. 이를 줄이기 위해 고안한 것이 병아리 위탁사육 시스템이다. 계약 농가에 시설비와 사료 및 모든 관련 부재료를 하림이 공급하는 조건으로 위탁사육을 실시했다. 획기적인 전략을 앞세워 하림의 사업은 더욱 탄력이 붙기 시작했다. 2년 뒤인 1988년 하림식품을 설립하고 마침내 목표로 하던 축산 분야 수직 계열화를 이뤄냈다. 하림식품은 농가에서 생산된 육계 전량을 인수해 도계 가공처리 후 유통시키는 역할을 했다.

때마침 운도 따랐다. 1988년 서울올림픽과 함께 치킨 체인점이 인기를 끌면서 닭고기 수요가 급증했다. 하림식품은 그 수혜를 톡톡히 누리며 빠르게 성장했다. 전 직원이 새벽부터 밤늦게까지 생산에 매달려 일해야 겨우 주문을 맞출 수 있을 정도로 주문이 넘쳐났다. 하루 매출이 3000만원에 달할 정도였다. 하림식품이 기대 이상의 성과를 거둔 것에 힘입어 김 회장은 1990년 10월 전북 익산 망성 지역에 현대식 공장을 건설했다. 본사를 이곳으로 옮기고 하림그룹의 돛을 올렸다. 이후에도 하림은 탄탄대로를 걸었다. 특히 1990년대 한국에서 치킨

프랜차이즈가 큰 인기를 끌면서 이 업체들에 닭을 공급하는 하림도 급성장을 이어갔다. 매년 가파른 성장세를 보인 끝에 1997년에는 코스닥시장에도 입성했다. 한국 최고의 '닭고기 기업'이라는 명성과 함께. 김 회장이 애초 세웠던 목표를 달성한 순간이기도 했다. 김 회장은 여기서 만족하지 않고 이내 새로운 목표를 내놓는다. 종합식품기업으로의 도약이다. 이때부터 김 회장은 감춰온 승부사 기질을 발휘한다. 공격적인 인수합병(M&A)을 통해서다. 그의 원칙은 간단했다. '기존 회사와의 시너지 여부'와 '업종의 성장 가능성' 등 두 가지였다. 이런 원칙에 기반해 김 회장은 'M&A의 귀재'라고 불릴 만큼 숱한 M&A를 성공적으로 마무리하며 회사 몸집을 키워나갔다. 김 회장은 2001년 사료 생산 회사인 천하제일사료를 계열사로 편입시키며 직접 양계장 등에 공급할 사료 사업까지 손을 뻗쳤다. 그해 한국농수산방송(현 NS홈쇼핑)도 사들이며 B2C 강화에도 나섰다.

이후에도 기회가 생길 때마다 활발한 M&A를 진행했다. 2007년 돈육가공업체 선진과 2008년 대상그룹의 축산물 사육 가공사업부문인 팜스코를 차례로 인수했으며, 2011년에는 당시 세계 19위의 미국 닭고기 업체 앨런패밀리푸드까지 손에 쥐며 마침내 종합식품기업으로서의 경쟁력을 갖추게 됐다. 2015년에는 하림의 명운을 건 대대적인 승부수를 띄운다. 종합식품기업으로 도약을 위한 마지막 퍼즐을 완성하기 위해서다. 바로 물류다. 자산 4조원이 넘는 해상화물운송업체인 팬오션을 인수하기로 결정한 것이다. 그리고 김 회장은 다시 한번 하림의 새 비전을 제시한다. 해외기업 '카길'이 바로 하림이 가야 할 길이라고 선포했다. 세계 1위 곡물 회사이자 해운업계 큰손이기도 한 카길은 미국에서 소고기 및 다양한 식품들을 한국으로 수출한다. 카길이 직접 운용하는 벌크선 약 600척을 활용해 비용절감의 효과를 거두고 있다. 하림이 인수한 팬오션 또한 상업 곡물 수송분야 세계 선두였던 회사였다. 항만네트워크 구축 외에도 곡물시장 정보에 빠삭하다. 팬오션 인수를 통해 김 회장은 핵심사업인 닭고기 등 축산을 비롯해 식품가공업, 사료 부문 사업에 해상 물류 역량을 더해 '한국판 카길'로 거듭나겠다는 청사진을 그렸다. 팬오션 인수에 하림이 1조원 이상을 투입하면서 '승자의 저주' 우려도 나왔지만 김 회장의 결정은 옳았다. 2015년 이후 팬오션은 꾸준히 성장했다. 현재 하림의 캐시카우 역할을 톡톡히 해내고 있다. 2023년 3분기 기준 하림의 매출과 영업이익에서 가장 큰 비중을 차지하는 것은 해상운송과 곡물유통업을 담당하고 있는 팬오션의 사업 영역이다. HMM 인수까지 확정될 경우 하림의 해상 물류 역량은 더욱 강화될 전망이다. 국내 1위 벌크선사 팬오션과 함께 세계 8위 컨테이너선사 HMM까지 거느리며 '해운 공룡'으로도 거듭나는 발판을 마련했다. 김 회장은 팬오션과 HMM의 시너지를 강화해 국가대표 국적 선사로 도약하겠다는 계획이다. 여기에 하림의 숙원사업 중 하나인 서울 양재물류센터까지 완공되면 하림은 곡물 및 사료, 축산물의 생산부터 식품 제조 및 가공, 육상 및 해상 물류로 이어지는 '종합식품물류' 기업으로 거듭날 전망이다. '한국판 카길'이 되겠다는 김 회장의 비전과도 맞닿아 있다. 물론 이번에도 '승자의 저주' 우려는 어김없이 등장하고 있다. 전반적으로 해운 업황이 침체된 데다 하림 자산이 HMM보다 작아 '새우가 고래를 품는다'는 우려도 나온다. 6조원 넘는 인수 금액을 두고서도 무리한 투자라는 비판이 나오는 한편 하림이 어떻게 거액의 인수자금을 마련할지도 관심사다. 김 회장이 2024년 어떻게 산적한 과제들을 정리하고 물류사업의 방향을 정할지 관심이 모아진다. 하림이 HMM을 품에 안으며 국내 재계 순위도 요동치고 있다. 본계약이 마무리되면 하림의 자산(현재 17조910억원) 규모는 HMM(25조8,000억원)을 더해 약 43조원이 된다. 재계 순위 13위에 오르게 됐다.

[자료원: 한경비즈니스 2023.12.31.]

몬티 홀 문제: 선택을 바꿀 것인가, 말 것인가?(의사결정)

몬티는 친구들에게 선의의 장난을 즐기는 마음씨 좋은 부자이다. 어느 날 몬티가 친구를 만나 이렇게 말한다. "친구. 선물 하나 하고 싶은데 그냥 주면 재미가 없으니까 게임을 하지. 저기 문 세 개가 있지? 그중 하나의 문 뒤에는 고급승용차가 있고 나머지 문 뒤에는 자전거가 있어. 문 하나를 선택하면 그 뒤에 있는 것을 선물로 줄게." 승용차를 갖기 원하는 친구가 문 하나를 고르려고 하는데, 몬티가 새로운 제안을 했다.

"아 참 한 가지 더. 네가 하나의 문을 고르면, 내가 남은 문들 중에 하나의 문을 열어 보여줄게. 그 후에 원래의 선택을 지속하든지, 아니면 선택을 바꿔도 돼." 친구는 문 하나를 선택했다. 그러자 모든 상황을 알고 있는 몬티는 남은 문 중에서 자전거가 있는 문 하나를 열었다. 이제 두 개의 문이 남아 있는 상황에서 몬티가 말했다. "원하면 선택을 바꾸어도 돼." 친구는 심각한 고민에 빠지게 된다. 자동차를 받기 위해서는 원래의 선택을 계속하는 편이 나을까, 아니면 선택을 바꾸는 편이 나을까.

이 문제는 1963년부터 40년 가량 지속된 미국 TV 쇼인 "Let's make a deal"의 내용으로서 진행자 몬티 홀(Monty Hall)의 이름을 따서 붙어졌다. 다만 실제 몬티 홀 쇼에서는 자전거 대신에 염소가 있었다.

1. 남은 문은 두 개뿐이니, 선택을 바꾸거나 바꾸지 않거나 50:50의 동일한 확률이다.
2. 선택을 바꾸는 것이 자동차를 탈 확률이 더 높다.
3. 선택을 바꾸지 않는 편이 더 높다.

이 상황에서 어떤 선택이 최선의 것일까? 이 문제에 대해서 독자로부터 질문을 받은 미국의 한 칼럼니스트는 1990년 9월, 다음과 같은 글을 썼다.

"선택을 바꾸세요. 처음 선택한 문에서 이길 확률은 1/3이지만 선택을 바꾸면 승산이 2/3로 증가됩니다."

몬티 홀 문제에서는 선택을 바꾸는 것이 최선이다?

몬티 홀 문제를 정확히 설명하는 조건부확률

번호 (A)	정 답	설 명
1	산소통 2개(45kg)	생존의 제1순위는 역시 산소공급 (달 표면의 중력은 지구의 1/6로서 상대적으로 느끼는 무게도 작다)
2	20리터의 물	숨을 쉴 수 있다면 두 번째 생존 요소는 인체에 수분을 공급하는 것이다.
3	달에서 보는 성좌도(지도)	산소와 물로 생존을 유지해도 가야 할 방향이 중요
4	우주식량	인체에 영양공급이 끊기면 활동할 에너지가 없게 된다.
5	태양으로 작동하는 FM 송수신기	FM방식의 송수기는 직진 주파수로 장애물이 없고 안테나와 전압만 충분히 갖추어진다면 수백km까지 통신이 가능하다.
6	로프 = 15m	울퉁불퉁한 월면과 분화구 지대를 통과할 때 로프는 도움이 된다.
7	응급처치상자(주사 set 포함)	구급약품으로 응급처치가 가능하다.
8	낙하산	낙하산은 큰 활용도는 없으나 밝은 달 표면에서 휴식을 취할 때 강력한 태양의 자외선과 가시광선을 막아준다.
9	사다리(자동)	로프와 용도가 비슷하며 로프에 비해 덩치가 크고 무겁지만 안정적 자세를 취하며 달 표면 지대를 통과하는데 도움이 된다.
10	신호기(자동 발광)	목적지 근처에 도착했을 때 밝은 신호로 상대방의 시선을 끌 수 있다.
11	권총	큰 도움은 되지 않지만 추락할 시에 권총 두 자루의 발사 반동으로 추락속도를 늦출 수 있다.
12	분유 한 통	우주식량과 겹치므로 효용은 낮지만 식량이 바닥나면 도움이 된다.
13	이동형 난방기(태양 충전식)	밝은 월면의 태양 빛이 강하므로 거의 필요가 없지만 분화구 지대에서 빛이 없을 때 사용 가능하다.
14	자석 나침반	달 표면에서는 분극이 없으므로 나침반을 사용할 수 없으나 무중력상태의 우주에서는 도움이 된다.
15	성냥이 든 상자	달에는 산소가 없으므로 사용 불가능하다.

강의 요약

1. 기업가(entrepreneur)란 기능자본가 또는 소유경영자(owner)라고도 하며 기업에 대해서 출자자임과 동시에 스스로 경영을 담당하는 사람을 말한다.

2. 경영자는 영리조직이나 비영리조직의 목표를 달성하기 위해 필요한 계획화, 조직화, 지휘, 그리고 통제화라는 경영관리활동을 수행하는 과정에서 권한과 책임을 가진 사람을 의미한다.

3. 의사결정이란 어떠한 문제를 해결하기 위하여 여러 가지 대안 중 가장 적합한 대안을 선택하는 것을 의미한다.

4. 경영자는 크게 조직체계와 권한에 따라 네 가지 단계의 경영자로 구분되어지는데 첫째, 주임이나 대리 직급과 같은 현장경영자(first-line mangers), 둘째, 중간경영자(middle managers)로서 최고경영자와 현장경영자의 중간에 위치하는 조직에서 허리의 역할을 담당하는 팀장, 과장 등이다. 셋째, 최고경영자(Top managers)는 조직의 경영에 책임을 지는 경영자인데 주로 중역인 임원들이다. 넷째, CEO이다.

5. 의사결정이란 어떠한 문제를 해결하기 위하여 여러 가지 대안 중 가장 적합한 대안을 선택하는 것을 의미한다.

6. 의사결정과정은 문제 인식, 정보수집 및 분석, 대안의 개발, 대안의 평가, 대안의 선택, 실행 및 평가의 과정을 거친다.

7. 개인적 의사결정 기법으로서 최고경영자가 주로 독단적으로 의사결정을 하는 경우인데 방법으로는 의사결정나무분석, 대안선택흐름도표로 구성되어 있다. 집단적 의사결정기법으로 델파이법, 명목집단기법, 브레인스토밍, 프리모텀기법, 전자회의 방식 등이 있다.

8. 델파이법은 전문가 집단을 이메일이나 팩스 또는 우편을 이용하여 질문에 응하도록 하고 그 응답의 결과를 요약한 보고서를 다시 이메일이나 팩스 또는 우편으로 돌리는 과정을 반복함으로써 최적의 집단의견을 도출하는 방법이다.

9. 명목집단기법은 회의에 참여한 참여자들에게 생각을 하도록 시간을 준 후, 그 생각을 순서대로 발표하고 집단 토론을 하여 그 생각을 이해하고 수정한 다음에 결론을 거쳐 생각 목록에 합의하도록 하는 기법이다.

10. 브레인스토밍(brainstorming)은 참가자 전원이 자유분방한 상태에서 다방면으로 여러 가지 관점으로 문제를 파악하여 아이디어를 제안하도록 함으로써 새로운 대안을 개발하는 방법이다.

11. 프리모텀기법(premortem technique)은 심리학자인 클라인이 제안한 것으로서 미리(pre)사업이 실패한 상황(mortem)을 가정하고 그 실패원인을 도출해 제거함으로써 성공가능성을 도출하는 집단적 의사결정방법이다.

12. 지명반론자법(devil's advocate; 악마의 대변자)은 집단토론을 진행할 때 의무적으로 반대의견을 제시하는 사람이나 집단을 의미하는 것으로서 의무적으로 반대의견 제시를 통하여 집단사고의 단점을 제거하기 위한 방법이다.

연습문제

1. 다음 설명에 해당하는 의사결정기법은? (2021년 공인노무사)

> • 자유롭게 아이디어를 제시할 수 있다.
> • 타인이 제시한 아이디어에 대해 비판은 금지된다.
> • 아이디어의 질보다 양을 강조한다.

① 브레인스토밍(brainstorming) ② 명목집단법(nominal group technique)
③ 델파이법(delphi technique) ④ 지명반론자법(devil's advocacy)
⑤ 프리모텀법(premortem)

2. 의사결정 과정을 순서대로 바르게 배열한 것은?

> ㄱ. 대안의 개발 ㄴ. 결과의 평가 ㄷ. 문제의 인식
> ㄹ. 선택안의 실행 ㅁ. 대안의 선택

① ㄱ－ㄴ－ㄷ－ㄹ－ㅁ ② ㄱ－ㄷ－ㅁ－ㄴ－ㄹ ③ ㄹ－ㄴ－ㄱ－ㄷ－ㅁ
④ ㄷ－ㄱ－ㄹ－ㄴ－ㅁ ⑤ ㄷ－ㄱ－ㅁ－ㄹ－ㄴ

3. 다음 중 전문가 집단을 이메일이나 팩스 또는 우편을 이용하여 질문에 응하도록 하고 그 응답의 결과를 요약한 보고서를 다시 이메일이나 팩스 또는 우편으로 돌리는 과정을 반복함으로써 최적의 집단의견을 도출하는 방법은? (2006 가맹거래사)

① 브레인스토밍(brainstorming) ② 명목집단법(nominal group technique)
③ 델파이법(delphi technique) ④ 지명반론자법(devil's advocacy)
⑤ 프리모텀법(premortem)

4. 다음의 특성을 가지고 있는 집단의사결정 기법은? (2009 9급 공무원)

> ㄱ. 문제가 제시되고 참가자들간의 대화는 차단된다
> ㄴ. 각 참가자들은 자기의 생각과 해결안을 가능한 한 많이 기록한다.
> ㄷ. 참가자들은 돌아가면서 자신의 해결안을 집단을 대상으로 설명하며 사회자는 칠판에 그 내용을 정리한다.
> ㄹ. 참가자들이 발표한 내용에 대해 보충설명 등이 추가된다.
> ㅁ. 발표가 끝나면 제시된 의견들의 우선순위를 묻는 비밀투표를 실시하여 최종적으로 해결안을 선택한다.

① 브레인스토밍(brainstorming) ② 명목집단법(nominal group technique)
③ 델파이법(delphi technique) ④ 지명반론자법(devil's advocacy)
⑤ 프리모텀법(premortem)

5. 대리인이론과 대리비용(agency costs)과 관련된 다음 내용 중 틀린 것은?

① 감시비용(monitoring costs)이란 대리인이 자신의 의사결정이 위임자의 이해와 일치한다는 것을 입증하기 위해 지불하는 비용이다.
② 확증비용(bonding cost) 주인이 대리인의 이해에 상반되는 행동을 하지 않는다는 증명을 하는 과정에서 발생되는 비용을 의미한다.
③ 대리인 이론에 의하면 주인과 대리인의 이익이 충돌(trade-off)할 때 대리인 문제가 발생한다.
④ 대리인 이론의 기본가정은 인간은 자신의 이익을 추구하고 제한된 합리성을 가지고 있다.

정답 1. ① 2. ⑤ 3. ③ 4. ② 5. ②

Chapter

04

경영환경과 사회적 책임

제1절 경영환경

제2절 글로벌 경영

제3절 사회적 책임

제4절 기업윤리

제1절 경영환경

1. 경영환경의 의의

우리는 매일 매일 변화된 세상에서 살아가고 있다. 폭풍우가 일어나는 바다 한가운데 조각배를 타고 있는 상황처럼 한눈팔 사이도 없이 파도가 일렁인다. 어떻게 해야 하며, 어떠한 조치를 하고 어디로 가야 할까? 오늘날 기업을 둘러싼 환경도 이러한 상황과 마찬가지로 급변하고 있다. 1차 세계대전이 끝나가던 1918년 스페인 독감으로 인하여 세계 경제는 100년 만에 다시 전염병과 전쟁의 동시 타격을 받았다. 2019년 12월 COVID-19이 전 세계에 커다란 영향을 미친 사건이었다. 마찬가지로 2022년 2월 24일 러시아의 우크라이나 침공으로 시작된 전쟁은 COVID-19의 팬데믹의 충격에서 회복 중이던 세계 경제의 변화를 가속화시켰다. 전쟁이라는 극단적인 정치 수단으로 세계 경제는 휘청거리기 시작한다. 팬데믹(감염병의 세계적 유행)으로 세계 각국은 재정지출을 확대하고 그 결과 시중에 많은 현금이 풀렸다. 이러한 유동성으로 투자자들은 주식시장이나 부동산 시장, 그리고 창업시장에서 투자로 가격이 상승하였고 COVID-19가 주춤해지자 모든 상품의 수요가 증가함으로 공급이 이를 뒷받침하지 못하고 있는데 엎친데 덮친격으로 COVID-19로 줄여 놓은 설비와 인력 부족으로 공급난이 발생하게 된다. 이러한 공급난은 물가상승이라는 결과로 나타났고, 세계각국은 물가를 잡기 위하여 미국을 중심으로 금리를 인상하였다. 금리 인상으로 주가는 곤두박질 치고 부동산 시장도 얼어붙어 버렸다. 우리나라의 경우 환율 급등(화폐가치의 급락)으로 위기가 도래하기 시작한다. 이러한 환경의 변화로 기업은 어떠한 포지션을 취해야 할지 갈피를 못잡는 상황이다. 앞으로도 우리 기업들을 둘러싼 환경의 변화를 예측하고 경영을 한다면 좋겠지만 예측은 어려운 일임은 분명하다. 여러분들이 한 기업의 경영자라면 어떠한 생각을 하게 될까? 경영환경은 기업을 둘러싼 여러 가지 요인들로서 기업의 내부 및 외부에 있어서 기업활동에 영향을 미치는 모든 요인

사례 | SK그룹, 2022 CEO 세미나 "엄중한 경영환경, 만반의 준비 갖추자"

SK그룹 CEO들이 불확실성이 커진 경영환경을 극복하기 위해 다양한 시나리오별 대응 전략을 수립하는 등 만반의 준비 태세를 갖추기로 뜻을 모았다. 각 사가 추진해 온 경영 시스템 혁신 작업 등을 가속화해 생존을 넘어 지속 가능한 성장 및 기업가치 창출 기반을 마련하기로 했다. SK그룹은 지난 19일부터 21일까지 제주도 디아넥스 호텔에서 열린 '2022 CEO 세미나'에서 SK그룹 CEO들이 이런 내용의 경영전략 방향에 인식을 같이하고 실행 속도를 높이기로 했다고 23일 밝혔다. 이번 세미나에서 CEO들은 외부 전문가들과 함께 우크라이나 전쟁 등 지정학 위기와 인플레이션, 금리, 환율 등 거시경제 지표들을 점검하고, 각 요인이 국내외 경제에 미칠 영향과 대비책을 논의했다. 경영진들은 "팬데믹 충격과 지정학 현안, 기후변화, 인플레이션 등 복합위기로 그 어느 때보다 엄중한 경영환경에 놓여 있다"며 "생존과 성장을 위해 그동안 추진해 온 '경영시스템 2.0' 구축, 파이낸셜 스토리 재구성 등에 박차를 가하자"고 의견을 모았다. '경영시스템 2.0'은 최태원 SK그룹 회장이 지난 6월 확대경영회의에서 재무성과 등 경제적 가치와 사회적 가치, 유무형 자산, 고객가치 등 다양한 요소로 구성된 기업가치를 극대화하는 방향으로 기존 경영시스템을 혁신하자는 취지로 제안한 개념이다. 최태원 회장은 21일 폐막 연설에서 '이우위직(以迂爲直) 이환위리(以患爲利)'이란 고사를 인용하며 "경영환경이 어렵지만, 비즈니스 전환(Transition) 등을 통해 새로운 해법을 찾으면서 위기 이후 맞게 될 더 큰 도약의 시간을 준비하자"고 말했다. 이우위직(以迂爲直) 이환위리(以患爲利)는 손자병법에 나오는 말로 다른 길을 찾음으로써 유리한 위치를 선점하고, 고난을 극복하여 오히려 기회로 삼는다는 뜻이다. 최 회장은 "ESG(환경·사회·지배구조) 경영 요소를 비즈니스에 내재화해 지속적인 성장성을 확보하고 기업가치를 증대시킬 수 있는 방안을 모색해야 한다"며 구체적인 방법론을 CEO들에게 제안했다. 또 "경영환경 불확실성이 커질수록 데이터(data) 기반의 경영전략 실행이 중요해질 것"이라고 진단하고, 데이터를 다루는 각 사 최고재무책임자(CFO)의 역할을 강조했다. 그는 "앞으로 지정학적 긴장 등 거시 환경의 위기 요인이 추가로 증가할 가능성도 염두에 둬야 한다"며 각 사가 연말까지 다양한 시나리오에 대비한 전략을 수립하도록 주문했다. 앞서 조대식 SK수펙스추구협의회 의장도 19일 개막 스피치를 통해 "기업가치를 높이려면 글로벌 1위 수준의 경쟁력을 기반으로 성과를 내야 하며, 포트폴리오 업그레이드를 통해 미래 성장 분야를 확장해야 한다"고 강조한 바 있다. 조 의장은 "경쟁자들의 진입을 어렵게 하는 '경제적 해자(垓子)'를 갖춘 기업만이 장기간 독보적인 지위를 유지하면서 높은 수익을 확보할 수 있다"며 "각 사가 이른 시일 안에 '경제적 해자'를 만들 수 있도록 파이낸셜 스토리를 보완해 기업가치를 높이자"고 전했다. 이번 CEO 세미나에는 최태원 회장을 비롯해 최재원 SK 수석부회장, 최창원 SK디스커버리 부회장, 조대식 의장 등 주요 경영진 30여 명이 참석했다.

[자료원: 이코노미스트 2022.10.23. 발췌]

을 의미한다. 오늘날 경영자들이 이구동성으로 하는 말이 쉬웠던 적은 한 번도 없었다라는 말이 기업을 둘러싼 환경의 변화에 대한 의미있는 말로 다가온다. 우리에게 COVID-19, 고물가, 고금리, 고환율의 3고에 직면하고 있다는 것도 모두 다 기업을 둘러싼 경영환경이다. 이러한 외부환경의 변화는 기업 내부에도 많은 영향을 미치고 있다. 경영환경은 기업의 내부 및 외부에 있어서 기업의 생존과 발전에 영향을 줄 수 있는 모든 요인들을 의미한다. 이러한 내부 및 외부 환경은 경영자로 하여금 어떻게 경영을 하며, 기업을 경영하는데 있어 위협과 기회의 요인으로 작동할 수 있기 때문에 기업을 경영하는 경영자는 기업을 둘러싼 환경변화를 예측하고 대응할 수 있는 체계가 필요하다. 이러한 환경변화에 적응하는 시스템이 필요하다. 왜냐하면 기업의 경영환경에 대한 대응은 경영자가 주의 깊게 관찰하여 중요한 의사결정을 해야 하기 때문이다.

2. 경영환경의 분류

기업을 둘러싼 경영환경은 크게 외부환경과 내부환경으로 구분된다. 경영환경을 잘 이해하면 경영계획이나 경영전략을 수립할 때 외부환경 분석을 통하여 기업

그림 4-1 경영환경의 구성

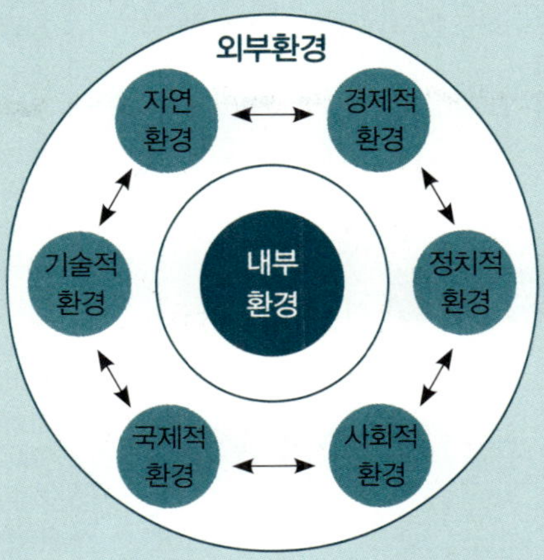

에게 기회(opportunity)와 위협(threat) 요인을 찾아서 분석할 수 있다. 또한 내부환경 분석을 통하여 기업의 강점(strength)과 약점(weakness)을 찾아서 경영전략을 수립하기 위한 분석 도구인 SWOT분석을 할 수 있다. 내부환경이란 기업의 내부에 존재하는 여러 가지 강점과 단점인 요인과 상황을 의미한다. 주로 기업 내부의 구성원들인 경영자, 종업원, 확대해서는 주주까지를 포함한다. 또한 기업의 조직문화, 최고경영자의 리더십 스타일, 회사의 방침, 그리고 노동조합까지 기업의 경영활동에 밀접하게 영향을 미치는 환경을 의미한다. 외부환경은 기업 외부에 존재하며 기업 경영 활동에 영향을 미치는 것을 의미한다. 이를 그림으로 나타내면 [그림 4-1]과 같다.

외부환경은 거시적 환경과 미시적 환경으로 구분하는데 거시적 환경이란 특정 기업에게만 영향을 미치는 것이 아니라 모든 기업들에게 공통적으로 미치는 환경으로 일반환경, 간접환경이라고도 한다. 거시적 환경에는 경제적 환경, 정치적 환경, 사회적 환경, 국제적 환경, 기술적 환경, 그리고 가장 큰 자연적 환경을 의미한

그림 4-2 경영환경의 분류

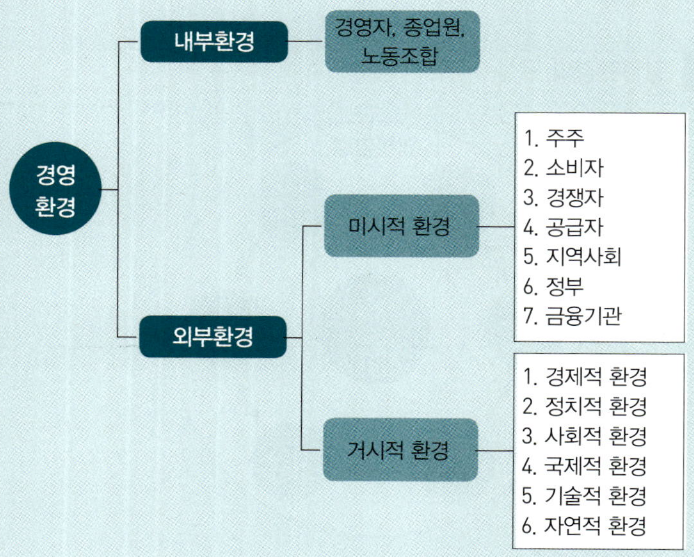

다. 미시적 환경은 기업에 직접적으로 영향을 미치는 과업환경이나 직접환경을 의미한다. 이는 기업의 경영활동에 직접적으로 영향을 미치는 환경요인이다. 주주, 소비자, 경쟁자, 공급자, 지역사회, 정부, 금융기관 등이 해당된다. 이를 그림으로 나타내면 [그림 4 - 2]와 같다.

(1) 거시적 환경

거시적 환경은 기업의 경영자가 직접 통제할 수 없는 환경으로서 기업은 환경변화에 적절하게 적응하고 대응해야 한다. 이러한 거시적 환경으로는 첫째, 경제적 환경이다. 경제적 환경은 한 사회가 경제적 자원의 소유 및 분배를 결정하는 경제체제를 들 수 있는데 경제 체제란 사회의 경제 제도나 경제생활 양식을 의미한다. 현대 경제에서 대표적인 경제 체제는 자본주의와 사회주의 경제 체제인데, 자본주의 경제 체제는 시장경제 체제라 하고, 사회주의 경제 체제는 계획경제 체제라고 한다. 이러한 경제 체제는 기업경영활동에 유의미적인 영향을 미치고 있고, 구체적으로 경제정책이나 재정정책, 시장구조, 산업구조 등이 기업경영활동에 영향을 미치는 거시적 환경이다. 특히 오늘날 가상화폐(virtual currency)라고 불리는 디지털 통화가 증가하고 있으며, 물리적 자산이나 지식, 기술, 시간 등을 타인과 공유하는 공유경제(sharing economy)와 같은 경제적 환경이다. 둘째, 정치적 환경으로서 이는 정치에 의해 한 나라의 모든 활동과 가치관이 형성되어지는 것으로 기업활동에 있어서 중요한 영향을 주는 거시적 환경의 하나이다. 정치적 환경은 정부가 기업을 지원하거나 규제하는 국가의 제도나 법률 등 여러 가지로 기업 경영활동에 영향을 미치고 있다. 셋째, 거시적 환경으로서 사회적 환경인데 사회의 규범이나 사회의 구성원들의 가치관, 신념, 태도 등 문화적 환경을 포함하는 사회 문화적 제도를 의미한다. 넷째, 국제적 환경은 기업의 경영활동에 영향을 미치는 해외진출 기업이 현지국에서 영향을 받게 되는 여러 가지 요인들을 의미한다. 해외시장 진출 시 라이선싱, 프랜차이즈 등 경제적 국경이 없는 기업활동에서의 미치는 환경을 의미한다. 다섯째, 기술적 환경은 거시적 환경 중에서 가장 변화와 기업활동에 영향을 미치는 것으로 기업고 관련된 기술뿐만 아니라 국가 또는 산업의 기술, 생산, 정보통신, 유통 등 모든 분야를 의미한다. 여섯째, 자연적 환경은 기업을 둘러싸고 있는 대기, 신재생에너지, 물, 동식물 원료등 기후, 대기, 물 등의 물리적, 화학적 환경과, 동식물을 중심으로 하는 생물학적 환경을 포함한다. 이러한 자연적 환경은 기업의 경영활동에 커다란 영향을 미치는 거시적 환경이다. 기업의 경영활동을 통하여 발생하는 공해 또는 환경오염을 포함한 환경파괴의 문제는 기후온난화를 비롯한 우리들의 삶에 지대한 영향을 미치고 있다. 기업은 환경을 경영의 하나의 요소로 인식하여 계획하고 조직화하고 또한 환경측면에서 통제해야 한다. 이러한 환경부분은 기업입장에서 친환경제품을 개발하고 소비자에게 제공해야 할 의무가 있다. 기업은 환경오염행위를 방지하고 적극적으로 자연환경을 보호하는 행동이 요구되어지고 지켜야 할 것이다. 이러한 환경오염과 관련하여 기업활동은 생산과정에서 유통과정까지 그리고 폐기까지의 관리시스템을 구축하여 대응하여야 한다. 특히 기업은 생산활동에서 발생하는 환경오염을 최소화하면서 지속적인 발전을 도모하는 환경경영에 관심을 가지고 있다. 이러한 환경경영에 대한 국제적인 필요성에 의하여 국제표준화기구(ISO; International Standard Organization)에서 ISO14000시리즈가 제정되었다. 국제표준인 'ISO 14000 시리즈'에는 환경경영체제(ISO 14001), 환경감사(ISO 14010 Series), 환경라벨링(ISO 14020 Series), 환경성과평가(ISO 14030 Series), 전과정평가(ISO 14040) 등의 환경경영 규격시리즈가 있는데, 이 중 'ISO 14001'가 가장 중요하게 여겨지고 있다. 기업은 자연환경 보존, 생태계 균형을 중시하는 시장접근 전략, 상품의 제조와 판매에 있어서 소비자 보호운동에 입각하여 인간의 삶의 질을 높이고자 하는 기업활동을 그린마케팅을 통하여 실시하고 있다.

(2) 미시적 환경

미시적 환경은 기업에 직접적으로 영향을 미치는 환경을 의미한다. 이러한 외부환경과 내부환경 중 주요한 환경을 중심으로 설명한다. 외부환경의 미시적 환경을 중심으로 살펴보면 〈표 4-1〉과 같다.

표 4-1 미시적 환경(과업환경, 직접환경)의 종류

종류	설 명
주주	주식을 소유하고 실질적으로는 기업의 소유자로서 회사의 최고의사결정 기관인 주주총회를 구성하는 구성원이다. 상법 331조에 주주의 의무는 출자의무뿐인데, 그것은 그가 가진 주식의 인수가액(引受價額)을 한도로 한다. 주주는 전문경영자가 기업의 소유주인 주주들을 대신하여 경영을 하도록 감시한다. 따라서 주주는 기업을 경영하는 경영자에게 영향을 미치는 환경요인이다.
소비자	기업 경영활동에 직접적으로 영향을 미치는 구매자인 소비자로서 경영자는 소비자의 마음을 얻도록 노력해야 하는 기업 경영활동에 영향을 미치는 환경요인이다.
경쟁자	미시적 환경을 구성하는 중요한 요인인 경쟁자는 동일하거나 유사한 제품과 서비스를 시장에 제공한다.
공급자	기업 경영활동에서 제품과 서비스를 산출하는데 자원을 공급하는자로서 원부자재나 완제품을 제공하는 납품자로서 거래관계가 중요하다. 따라서 공급자는 중요한 경영환경이 된다.
지역사회	기업이 위치하고 있는 지역의 지방자치단체를 포함한 지역사회 주민들이다. 지역사회는 기업과 다양한 차원의 재무적, 법률적, 기술적 서비스 제공자로서 긴밀한 관계를 가지고 있다. 따라서 지역사회는 기업 경영활동에 영향을 미치는 미시적 환경요인이다.
정부	행정을 맡아보는 국가기관으로서 법률에 의해 기업활동의 지원과 규제하는 주도적 역할을 한다. 기업에게 적정한 세금을 부과하며 기업 경영활동에 영향을 미치는 환경요인이다.
금융기관	기업에게 필요한 자금의 공급자로서 기업 경영활동에 영향을 미치는 미시적 환경요인이다.

온수자와(溫水煮蛙), 삶은 개구리 증후군(Boiled frog Syndrome)

개구리가 가장 싫어하는 온도인 45도의 뜨거운 물에 넣으면 즉각 뛰쳐나오지만 개구리가 가장 좋아하는 온도인 15도의 찬물 속에 넣고 천천히 데우면, 위험을 감지하지 못한 채 서서히 죽는데, 주변에서 일어나고 있는 환경변화와 위기상황을 알아 차리지 못하고 소극적으로 안주하다가 그냥 죽거나 망하게 된다. 기후위기와 같은 자연환경의 상황을 근심하고 걱정하며 더 늦기 전에 적극적으로 해결방안을 모색하면 살 수 있는데, 편리하고 풍요로운 안락함에 빠져 이 위기상황을 인식하지 못하면 위험에 빠질 수밖에 없다. 지붕이 샌다면 비가 오기 전에 수리해야 하고, 목 마르기 전에 샘을 파야 한다. 더 늦기 전에 변화하면 좋으련만. 우리는 쉽게 멈추거나 바꾸지 않는다. 냄비 속 개구리들처럼.

Triple Bottom Line [지구 위에서 사람들과 함께 이익을 추구] 1) Planet(지구) 2) People(사람) 3) Profit(이익)

한국과 미국의 문화차이
1. 한국에서 메뉴판은 대부분 Tax가 포함되어 있어서 자신이 먹은 금액만 지불하면 된다. 하지만 미국은 메뉴판에 대부분 Tax가 포함되어 있지 않으며, 팁문화가 존재하기 때문에 15%~23%를 팁으로 주어야 한다. 2. 행정기관의 업무 스피드이다. 한국은 민원인의 불편함을 찾아서 해결하는 프로세스와 시스템이 되어 있다. 미국의 행정 기간은 느림보라고 할 정도로 정체되어 있다.

3. 조직이 잘돼야 내가 잘되는 길(한국) 내가 잘돼야 조직이 잘되는 길(미국)
4. 회식은 업무의 일종(한국) 회식이 뭔가요? 일 끝나고 왜 또 만나? 내 시간이 최고(미국)

제2절 글로벌 경영

글로벌 경영이란 국내가 아닌 두 개 이상의 국가와 관련하여 이루어지는 기업의 활동들을 의미한다. 소위 국내에서만 경영활동이 이루어지지 않고 다른 나라들과 관련된 기업활동인 국제경영을 의미한다. 수출과 관련되어지거나 해외진출기업, 무역, 관광, 수송, 보험 등 다양한 기능별로 이루어진다. 대표적인 글로벌 경영의 활동은 다른 나라와 수출과 수입, 그리고 해외 현지 생산활동이다. 우리나라는 수출이 국민경제에 중요한 요인이다. 수출이 없다면 살기 어렵다는 말이다.

네이버의 글로벌 경영 사례 연구(KBR 제26권 제1호 2022년 2월, 정연승)
네이버는 최근 메신저, 웹툰, 콘텐츠, C2C 등 사업부문을 중심으로 자사의 핵심 기술역량을 바탕으로 다양한 해외국가로 진출하고 있다. 특히 해외 진출국가의 주요 플랫폼과의 제휴 및 투자를 통해 단기간에 시장에서 주도적인 사업자로 성장하고 있다.

기업이 글로벌 기업이 되기 위해서는 다른 나라들의 문화를 이해하는 것이 중요하다. 네덜란드의 사회 심리학자인 기어트 홉스테드(Geert Hofstede)는 국가별 문화의 차이를 이해하고 다른 나라의 문화에서 어떻게 경영할 수 있을까를 위해 만들어진 틀(framework)인 문화차원이론(cultural dimensions theory)은 어느 국가의 문화가 그 사회 구성원의 가치관과 행동에 영향을 미치는지에 대한 이론이다. 1984년 *Culture's Consequences: Internatioanl Differences in Work-Related Values*라는

그림 4-3 홉스테드의 문화에 대한 6가지 차원

−	6가지 차원	+
평등	권력의 거리	불평등
위험 허용	불확실성 회피	위험 허용 않음
공동체 문화	개인주의	개인주의 문화
동료애, 협력	남성적 문화	경쟁적 권력주의
전통을 중시	시간에 대한 관점	미래 지향적
규범적	통제(자율)	자유

책에서 국가문화를 형성하는 서로 다른 가치를 설명해주는 네 가지 요인에 2010년대 두 가지를 추가하여 여섯 가지 차원을 제시하였다. 이는 [그림 4-3]과 같다(출처: *Innovation Cultural Models: Review and Proposal for Next Steps*).

첫 번째 차원인 권력의 거리란 어느 조직에서 “부하들을 그들의 상사들로부터 격리 시키는 감정적 거리”를 말한다. 권력의 거리가 짧은 곳에서는 구성원들 간에 공유되고 평등하나 먼 곳에서는 위계나 불평들을 받아들인다. 글로벌 경영하에서 권력의 거리가 작은 나라에서는 부하직원이 상사에게 의존하는 정도가 적고 상사와 부하직원 간의 상호의존성이 높다는 것을 의미한다. 두 번째 차원인 불확실성에 대한 회피 정도가 낮은 곳에서는 위험을 허용하고 반대로 불확실성에 대한 회피 정도가 높은 곳에서는 위험을 허용하지 않는다는 것을 의미한다. 즉, 확실성에 대한 회피가 낮은 국가에서는 위험에 대해 허용적인 문화와 관대하고 현실적이다. 반면 불확실성에 대한 회피가 높은 국가에서는 법과 규제를 통해 위험을 허용하지 않는다. 세 번째 개인주의 차원에서 개인주의가 낮은 국가에서는 공동체 문화가 잘 발달되어 있고, 개인주의가 높은 국가에서는 개인주의 문화가 크다는 것을 의미한다. 네 번째 남성적 문화의 차원에서는 남성적 문화가 낮은 국가에서는 동료애나 협력이 강조되고 남성적 문화가 높은 국가에서는 경쟁적이고 권력을 추구한다는 것을 의미한다. 다섯 번째 시간에 대한 관점에서 시간 지향성이 낮은 국가에서는 전통을 중시하고 시간 지향성이 높은 국가에서는 실용적이고 미래 지향적이라는 것이다. 즉, 단기간의 시간 지향성의 경우는 자부심이나 전통을 중시하고 장기간의 경우에는 실용적으로 미래의 보상을 중시하는 경향이 있다. 마지막으로 통제차원에서는 농제가 낮은 국가는 규범적이고 통제가 높은 국가의 경우는 자유롭고 열정적이라는 것이다.

제3절 사회적 책임

1. 기업의 사회적 책임

지난 수 세기 동안의 역사 속에서 기업은 자신의 이익을 위하여 아메리카, 아프리카, 아시아를 약탈했고, 수백만 명을 노예로 만들었다. 그 외에도 수많은 식물과 동물, 광물 그리고 세균과 바이러스까지도 마음대로 사용하였다. 기업은 과거에 기업활동이 사회에 미치는 영향을 무시하고 기업을 경영하는 것이 가능하였다. 그러나 1950년대 이후 기업의 사회적 책임에 대한 인식이 확산되고 기업이 이익을 추구하면서 동시에 사회규칙을 지키면서 경영해야 한다는 인식이 반영되기 시작하였다. 기업활동은 주주, 임직원, 사회, 그리고 환경과 유기적인 이해관계를 형성하고 있다. 기업의 활동에 대한 지속가능성은 이들 이해관계자와의 관계 설정을 장기적인 관점에서 조망하여야 한다. 기업경영에 있어서 윤리는 매우 중요한 요소 중 하나이다. 윤리란 도덕적으로 옳고 그름을 구별하는 기준이 된다. 기업 현장에서 현저히 나타나고 있는 윤리적인 경영은 매우 중요하다. 기업의 윤리적 행동은 공평하고 공정하며 기업 차원에서 윤리적인 행동과 윤리에 기반한 경영을 해야 하는 것이다. 이러한 측면에서 기업은 사회적 책임을 지고 있고 기업이 만들어낸 이익에 대하여 이해관계자에게 기여하는 행동이 필요하다. 기업이 사회 속에 존재하며 기업은 사회로부터의 투입을 받아들일 수 있는 개방시스템으로 유지되어야 한다. 기업의 사회적 책임(CSR; Corporate Social Responsibility)이란 기업이 사회를 보다 좋게 향상시킬 수 있는 방법과 그 사회 속에 환경적인 측면, 이해자집단에게 미치는 영향과 행동들에 대한 책임, 그리고 기업의 유지 및 존속과 발전에 대한 책임까지 유지하고 노력해야 할 행동들을 의미한다. 이러한 개념에는 책임이라는 말이 근간을 이루고 있는데 책임이라는 의미는 기업이 맡아서 해야 할 임무나 의무를 말한다. 다시 말해서 기업이 인류사회에 필요한 재화나 서비스를 생산하는 일에 관련되어 그 결과에 대하여 지는 의무나 부담. 또는 그 결과로 받는 제재인 법적, 정치적, 그리고 도의적 책임을 의미한다. 즉 기업의 사회적 책임은 외부의 압력에 의해 또는 요구에 의해 기업이 할 수 없이 수행하는 활동이 아니라 자발적으로 수행하는 활동을 의미한다. 이러한 사회적 책임은 기업의 이해관계자들과 지역사회가 기대하고 요구하는 사회적 의무들을 충족시키기 위하여 수행하는 활동을 의미한다. 첫째, 이해관계자에 대한 책임은 이해관계자들과의 이해가 충돌되어지면 이해자관계자들과의 이해조정문제를 해결해야 하는 것을 의미한다. 기업은 지속적으로 존속하기 위하여 이윤을 추구하게 되는데 이때 이해관계자들과의 이해가 충돌되어지면 이해관계자의 요구에 적절히 대응함으로써 사회속의 기업이 책임있는 활동을 해야 한다는 것을 의미한다. 둘째, 기업이 속해있는 지역사회에 대한 책임이 부여된다. 이는 지역사회에서 종업원을 채용한다든지, 그들의 복지향상을 보장하고 지역사회의 발전에 기여하고 지역사회의 발전과 지역의 문화, 교육 등 적극적인 관심과 책임을 성실히 이행하여야 한다. 셋째, 그 기업에 소속되어 있는 종업원에 대한 인간적 만족에 대한 책임도 져야 한다. 기업은 여러 가지 자원 중 인적자원이 중요한데 그들에게 적절한 리더십을 통하여 동기부여하고 복지제도나 경영참가제도를 통하여 공동으로 문제를 해결하거나 의사결정에 참여시키거나 성과배분과 자본에 참여시키는 것을 의미한다. 셋째, 고객과 정부에 대한 책임이행을 준수하여야 한다. 예를 들면 거래관계와 관련된 일련의 법규를 지키고 고객에게 기술혁신을 통하여 좋은 가격과 좋은 품질의 제품을 공급하여 고객만족을 달성하는 것을 의미한다.

사례 | 위기에 더욱 빛나는 '착한 기업'의 힘

한국에도 이와 같은 기업이 있다. 기업으로서 이익을 창출하는 능력도 뛰어나지만 '따뜻함' 또한 중요한 성장 동력이라는 것을 잊지 않는 기업들이다. 한국의 대표적인 '착한 기업'으로 일컬어지는 오뚜기와 유한양행 등이 대표적이다. '갓뚜기'라는 애칭으로 불리고 있는 오뚜기는 농심에 이어 한국 라면업계 2위 브랜드다. 고 함태호 창업자는 어린이와 장애인 등을 돕는 활동을 오랫동안 꾸준히 펼쳐 왔다. "제 조카는 1987년 오뚜기의 도움으로 경북대에서 심장 수술을 받고 새 생명을 얻었습니다. 조카는 건강하게 잘 자라 의료인이 됐어요. 얼마나 감사한지 20년도 더 지났지만 잊지 않고 있습니다." 오랫동안 쌓인 미담은 소셜 네트워크 서비스(SNS)를 통해 빠르게 퍼져 나가며 힘을 발휘하기 시작했다. 하지만 이와 같은 '미담'만으로 착한 기업의 대명사가 된 것은 아니다. 오뚜기는 비정규직이 없는 회사로도 유명하다. 함영준 회장은 2016년 함태호 명예회장의 별세 이후 지분을 상속받으며 1,500억원대의 상속세를 완납한 것도 편법을 동원해 상속세와 증여세를 피하려고 애쓰는 대기업들의 뉴스만 줄곧 봐 오던 국민들에게는 신선한 충격을 줬다. 오뚜기의 영향력은 시장이 위기를 맞으며 더욱 두드러지고 있다. 최근 인플레이션이 심화되며 라면업계는 지난해부터 몇 차례 가격을 인상한 바 있다. 보통 이와 같은 가격 인상 소식에는 소비자들의 원성이 쏟아지기 마련이지만 오뚜기의 가격 인상 소식에 대한 소비자들의 반응은 사뭇 다르다. 웬만해선 가격 인상을 잘 하지 않는 오뚜기가 가격을 올렸을 정도면 이해할 수밖에 없다는 반응이다. 지난해에는 오뚜기의 가격 인상을 비판하는 성명서를 내놓은 한 시민단체 홈페이지에 소비자들이 직접 몰려가 오뚜기를 방어하고 나서는 진풍경이 벌어지기도 했다. 이와 같은 팬덤은 경영 성과로도 이어지고 있다. 올해 2분기 라면업계 1위인 농심은 한국 사업에서 24년 만에 영업 적자를 냈다. 이와 비교해 오뚜기의 영업이익은 전년 동기 대비 32% 증가했고 매출 또한 18% 늘었다. 한국 제약 기업 1조 클럽 중 하나인 '유한양행'도 착한 기업의 성공 방정식을 증명하고 있다. 경기 침체와 원자재 가격 상승 등 악조건 속에서도 매출 2조원을 눈앞에 두고 있다. 1926년 유한양행을 설립한 고 유일한 박사는 독립운동가·사회사업가로도 잘 알려져 있다. 일제치하 당시 목숨을 걸고 독립운동가들에 대한 지원을 아끼지 않았다. "기업에서 얻은 이익은 기업을 키워 준 사회에 환원해야 한다"는 유일한 정신은 현재도 이어지고 있다. 한국의 대기업으로서는 드물게 1969년 전문 경영인 체제를 도입했다. 현재 유한양행의 최대 주주는 공익 법인인 유한재단으로, 1971년 타계한 유 박사의 유지에 따라 구축한 지배 구조다. 유한양행과 함께 독립운동가들을 지원했던 대표적인 기업은 LG그룹이다. 특히 LG는 지금까지도 독립운동기념관과 유적지뿐만 아니라 독립운동 후손들에게도 남몰래 후원을 아끼지 않아 온 사실이 알려지며 '착한 기업'의 이미지를 얻었다. '기업이 국가와 사회 정의를 위해 자신을 희생한 의인에게 사회적 책임으로 보답한다'는 취지로 2015년 이후 'LG 의인상'을 지속적으로 지원해 오고 있다. '재계 오너 일가 중 군대 제대로 다녀온 이가 없다'는 세간의 선입견은 LG에는 통하지 않는다. 형제 간 재산 다툼과 같은 볼썽사나운 꼴도 없었다. 재벌에 대한 반감이 짙은 한국에서 드물게 '사랑받는 기업'으로서의 무형적 가치를 구축하는 데 성공한 재벌이다.

[자료원: 매거진한경 2022.10.22. 발췌]

사례 | 전 직원 정리해고와 눈물의 호소 나선 푸르밀 노조

범(汎)롯데가 유제품 전문 기업 푸르밀이 2022년 11월 17일 사업 종료와 전 직원 370여 명을 대상으로 2022년 11월 30일자로 정리해고를 통보했다. 이 회사는 1978년 설립된 롯데우유를 모태로 한다. 고(故) 신격호 롯데그룹 창업주의 넷째 동생 신준호 회장이 2007년 롯데우유를 롯데그룹에서 분리해서 독립했고, 2008년 푸르밀로 사명을 바꿨다. 신준호 회장은 올해 초 대표이사에서 물러났고, 지금은 신 회장의 차남인 신동환 대표가 이끌고 있다. 17일 푸르밀에 따르면, 이날 사내 이메일을 통해 사업 종료와 정리해고 통지문을 발송했다. 푸르밀은 "코로나 사태 등으로 4년 이상 매출 감소와 적자가 누적돼 자구 노력으로 회사 자산의 담보 제공 등 특단의 대책을 찾아봤지만, 성과가 없어 부득이하게 사업을 종료하게 되었다"고 밝혔다. 푸르밀 노조가 전 직원 정리해고를 결정한 본사를 비판하는 내용의 호소문을 발표했다. 푸르밀 노조는 노동시장 내 정리해고 선례가 생기지 않아야 한다며 공개 매각 등 회생 방안을 강구해야 한다고 촉구했다. 푸르밀 노조는 2022년 11월 24일 호소문을 통해 "푸르밀의 오너 경영의 무능함으로 인한 회사 몰락을 전 직원에게 책임 전가하고 있다"며 "비도덕적이고 상상할 수 없는 살인 행위"라고 비판했다. 노조 측은 "푸르밀 정직원 360여 명, 협력업체 50여 명, 직송 농가 25가구, 화물차 기사 100명 등 가족 포함 2,000명이 넘는 식구들은 한 겨울에 죽게 됐다"며 "푸르밀의 이번 결정은 각 가정 들을 파탄 낼 뿐만 아니라 임실, 대구, 서울 등 지역 경제에도 엄청난 파급을 일으키고 있다"고 강조했다. 이어 "회사 오너는 경영에 관심이 없고, 출근 후 개인 취미 생활에 매진하는데 회사가 올바르게 운영될 수 있겠느냐"며 "동종업계처럼 시대의 변화에 따라 대체 먹거리 개발, 상품화에 매진해야 하지만 주먹구구식으로 회사를 운영해온 결과"라고 지적했다. 또 "적자의 연속으로 전 직원을 정리해고 지시한 신준호 회장은 작년 말 퇴사하면서 30억원이 넘는 퇴직금을 수령했다"며 "퇴사 후에도 매일 출근하면서 업무지시와 정리해고를 지시했다"고 폭로했다. 마지막으로 노조는 "지금도 각 가정들이 눈물 속에 지내고 있다. 원통하고 가슴이 찢어진다"며 "지금이라도 공개 매각을 통해 살려달라고 빌고 있다. 국민 여러분께서 도와달라"고 호소했다.

[자료원: 조선일보 및 머니투데이방송 발췌]

2. ESG 경영과 기업의 사회적 책임

요즈음 ESG라는 말이 신문이나 TV와 인터넷 매체에서 많이 듣게 되는 말이다. ESG는 환경(Environment), 사회(Social), 그리고 지배구조(Governance)의 약자로서 기업 입장에서 환경보호에 앞장서고, 사회적 가치를 만들어내며, 지배구조를 투명하게 하여 투명한 경영을 통하여 기업의 지속가능성을 높이고자 하는 경영철학이자 실천지침이다. 2015년 12월 12일 파리에서 '제21차 UN기후변화협약 당사국총회(COP; Conference of the Parties)에서 지구온난화에 따른 새로운 대책의 일환으로 개최되었다. 선진국과 개발도상국 196개국이 참가하여 지구온난화 대책에 적극 동참하기로 하였다. 한국에서는 높은 기업의 투명성과 전문성을 바탕으로 ESG 기준원(www.cgs.or.kr)을 통하여 2003년부터 기업재배구조평가를 실시해왔으며 2011년부터는 사회책임과 환경경영이 포함된 ESG평가를 통하여 매년 국내 상장회사의 지속가능경영수준을 평가하고 있다. ESG 지속가능경영은 모든 기업이 추구해야 할 필수적인 경영방침으로 자리 잡고 있으며, 투자자들은 투자대상회사의 지속가능경영 성과에 어느 때보다 높은 관심을 보이고 있기 때문에 환경경영(Environmental Responsibility), 사회책임경영(Social Responsibility), 그리고 기업의 지배구조(Governance)를 중심으로 평가하고 있다. 한국 ESG 기준원에서는 미래지향적인 관점에서 지배구조 및 사회책임경영의 방향을 제시해 국내기업들이 대내외적으로 신뢰받을 수 있도록 국내에서 유일하게 E·S·G 모범규준을 제정하여 발표하고 있다.

[그림 4-4]에서 보는 바와 같이 첫째, 환경경영 모범규준으로는 환경경영의 계획을 수립하고 이를 실행하고 성과관리 및 보고를 통하여 이해관계자 대응을 통하여 지속 가능한 발전을 도모하고 기업가치의 극대화를 추구하고 있다. 둘째, 사회책임경영 모범규준은 근로자와 지역사회, 소비자, 협력사 및 경쟁사에게 사회적 책임과 신뢰성 제고를 통하여 기업가치 극대화를 추구한다. 셋째, 기업지배구조 모범규준은 주주, 시장, 이해관계자들에게 이사회와 감사기구가 기업의 투명성과 효율성 제고를 위한 규준이다. 2021년 기준 ESG우수기업으로 ㈜풀무원이 대상

그림 4-4 E·S·G 모범규준

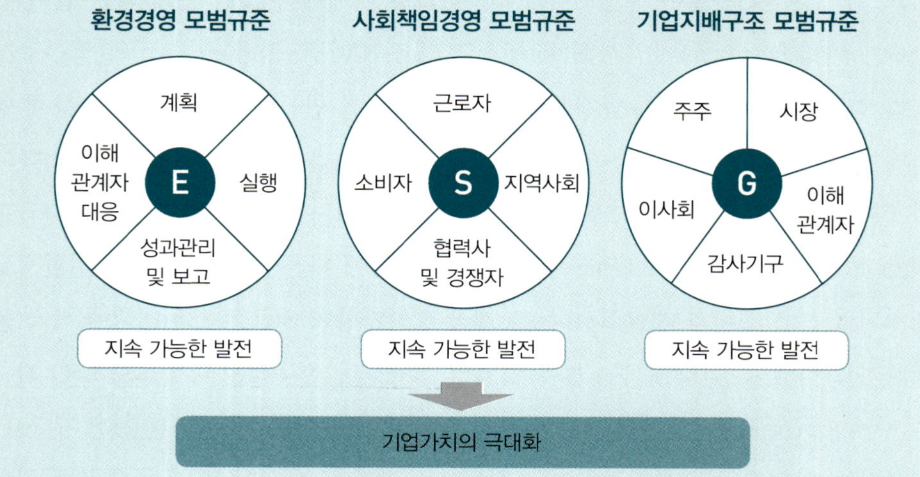

을 받았고, 에쓰오일(주)가 최우수 기업으로 선정되었으며, 기아(주)와 ㈜현대바이오랜드, SK머티리얼즈(주)와 ㈜DGB금융지주, 삼성카드(주)가 우수기업으로 선정되었다.

사례 | 유한양행 지속가능 경영보고서 첫 발간

유한양행은 최근 첫 번째 지속가능보고서를 발간하고 "창업자 유일한 박사의 뜻을 이어받아 ESG 경영을 강화할 것"이라고 밝혔다. 1926년 설립된 유한양행은 기업 이념인 '우수 의약품 생산, 성실한 납세, 기업 이윤의 사회환원' 실현을 위한 경영을 추진해 왔다. 이번 보고서에서는 유일한 박사의 창업 이념과 경영철학을 지속가능경영과 연계하는 스페셜 페이지를 수록하는 등 96년 동안 이어 온 유한양행의 정체성을 재조명했다. 유일한 박사는 일제강점기에 "건강한 국민만이 잃었던 주권을 되찾을 수 있다"는 신념을 가지고 국민 건강과 직결되는 제약사업을 시작했다. 의약품뿐 아니라 세탁 염료, 농기구 등 생활 편의성을 높이는 다양한 제품을 보급했다. 1930년대에는 국내 최초로 종업원지주제를 시행했으며, 직원을 위한 의료 제도를 도입하는 등 시대를 앞선 직원 복지를 펼쳤다. 성분·용량이 함량 미달인 제품이 많던

1960년대에는 정확한 제품 제조를 위해 생산 과정에서 발생할 수 있는 소실량을 고려해 법적 기준보다 원료를 더 많이 투입하기도 했다. 유한양행은 "이 같은 전통이 지금까지 이어져 유한양행의 철저한 품질경영 문화로 자리 잡았다"고 설명했다. 보고서는 유한양행의 ESG 경영 체계와 업종 특성을 살린 ESG 경영 사례, ESG 부문별 노력 등을 담았다. 유한양행은 올해 초 대표이사 직속 전담조직인 'ESG 경영실'을 신설하고 유관부서로 구성된 'ESG 실무협의회' 운영을 시작했다. ESG 경영실에서는 ESG의 전체적인 전략과 목표를 수립하고 임직원 ESG 참여 활동, 지역사회와 연계한 사회공헌 사업 등의 업무를 맡고 있다. 협의회에서는 ESG 분야별 전략 방향을 수립하고 실천 과제를 추진한다. 환경(E) 부문에서는 대기오염물질 배출 감소, 에너지 사용 절감을 위한 설비 도입, 친환경 종이 포장재 적용 사례를 소개했다. 유한양행은 오염물질 배출로 인한 환경 영향을 최소화하기 위해 법적 배출 허용 기준보다 강화한 사내 기준을 설정해 운영하고 있다. 2020년부터는 정수 처리 여과기의 역세 방법을 개선해 연간 2000t(톤)의 용수를 절감하고 있다. 의약품 제조용 정제수 제조 시설에서는 제조 시 발생하는 농축수를 재사용해 용수 사용량을 연간 약 8,000t 절감했다. 사회(S) 부문에서는 유한양행의 안전보건 경영 방침을 자세히 담았다. 지난해에는 안전관리 항목별로 연간 목표와 일정, 예산을 수립해 안전보건 활동을 시행했다. 그 결과 생산본부의 무재해 16배수 달성, 안전교육 연간 7,749명 이수, 유해·위험요인 2,383건 개선 등 성과를 거뒀다. 지배구조(G) 부문에서는 이사회 과반수를 사외이사로 구성해 이사회 독립성을 유지하고자 했다. 또 공정거래 자율준수 프로그램(CP)을 도입하고 준법경영시스템(ISO 37301) 인증을 받는 등 글로벌 수준의 준법경영 체계를 구축했으며, 부패방지경영시스템(ISO 37001) 인증을 획득해 반부패를 고유의 기업문화로 내재화하기 위해 노력했다. 이밖에도 보고서는 유한양행의 특성을 살린 ESG 경영으로 'R&D 강화' '품질 경영' '의료복지 지원' 등 사업을 소개했다. 조욱제 유한양행 대표이사는 "1926년 창업 이래 96년간 '기업의 소유주는 사회이며, 기업에서 얻은 이익은 그 기업을 키워 준 사회에 환원해야 한다'는 고(故) 유일한 박사님의 창업 이념을 바탕으로 사회적 책임을 다하기 위해 노력해왔다"며 "이와 같은 창업 이념은 현대 사회에서 요구하는 ESG 경영과 맞닿아 있으며, 유한양행의 모든 임직원은 이를 계승·발전시켜 현시대에 부합하는 사회적 가치를 창출하고자 끊임없이 노력하고 있다"고 밝혔다. 이어 "혁신 신약 개발을 통해 인류의 건강하고 행복한 삶을 위해 노력하고, 친환경 경영을 적극적으로 추진하겠다"고 말했다. 보고서는 글로벌 지속가능경영보고서 작성 가이드라인인 GRI 스탠다드의 원칙을 따랐으며, 전문 검증기관 BSI에서 보고 내용의 신뢰성과 공정성을 인증받았다.

[자료원: 조선미디어 더나은미래 2022.8.11. 발췌]

제4절 기업윤리

기업은 사회 구성원들에게 일자리를 제공하고 생산활동의 주체로서 인류사회가 필요로 하는 제품이나 서비스를 창출하여 국민경제에 제공하고 이윤을 추구한다. 그러나 이윤추구라는 기업의 목표 달성도 중요하지만 사회와 국가의 구성원으로서 기업은 사회 공동의 가치를 추구하는 공동체적인 마인드가 중요하다. 즉, 기업은 사회에 기여하고 윤리적 책임을 져야 한다. 윤리적 행동은 경제가 순환하기 위한 윤활유 역할을 한다고 볼 수 있다. 만약 윤활유가 없다면 경제가 비효율적으로 운영될 수도 있기 때문이다. 소비자가 기업에 대한 근본적인 신뢰가 없다면 경제는 효율성이 떨어진다. 소비자와 기업이 서로 간에 신뢰를 기반으로 윤리적인 틀 안에서 소비자도 알고 기업도 아는 경영활동이 이루어진다면 사회 구성원 모두에게 이익을 제공할 것이기 때문이다. 만약 기업의 조직 구성원이 공급업체로부터 뇌물을 받았다고 가정해 본다면 가장 적합한 공급업체가 선택되지 못하고 뇌물을 제공한 공급자와 계약할 확률이 높아진다. 또한 기업에서 연간보고서와 재무제표를 거짓으로 보고한다면, 투자자들이 기업의 재무제표를 신뢰하지 못한다면, 투자와 관련된 의사결정을 하지 못할 것이다. 이렇게 기업윤리는 매우 중요하다. 기업윤리는 기업이 행하는 외부적 활동과 내부적 활동으로 구분하여 생각해 볼 수 있다. 먼저 외부적 활동은 기업이 소비자를 속이거나 기만하는 경우나 환경오염을 유발하는 경우, 소비자의 권익을 해치는 경우 우리는 기업윤리를 위반했다고 말할 수 있다. 또한 내부적 활동은 기업 재무제표를 분식회계 처리했거나, 투자자에게 고의로 손실을 끼친 경우, 지배구조를 활용해 탈세하는 경우 기업윤리를 위반하게 된다. 분식회계(粉飾會計)에서 분(粉)이라는 한자는 회칠할 분자로 가루 화장품을 말하고 식(飾)은 장식할 식으로 장식한다는 뜻이다. 즉, 회계장부에 화장을 하는 것처럼 장부를 조작해서 실제보다 회사의 실적을 좋게 보이게 만드는 범죄행위이다. 사실 우리도 사진을 찍어 페이스북이나 밴드, 텔레그램, 그리고 카카오톡과 같은 SNS에 올릴 때 사진을 수정해서 다른 사람에게 잘 보이려고 하는 경우가 있다. 그런데 실물과 사진을 구분하지 못하는 경우가 종종 있는데 이것 또한 다른 사람에게 잘 보이려고 하는 분식이라고 할 수 있다. 기업윤리는 앞서 살펴본 기업의 사회적 책임으로부터 등장하였다. 과거에는 기업이 단지 이윤추구가 가장 주된 목표로 인식되고 이러한 목표를 달성하기 위하여 기업은 수단과 방법을 가리지 않았다. 이에 기업에 대한 사회적 비판이 증가하면서 기업경영의 궁극적인 목표가 이윤추구를 포함한 기업의 사회적 책임까지도 포괄하는 기업윤리가 대두되게 된다. 기업윤리란 기업이 막연하게 옳고 그른 것에서 옳은 것만 추구해야 하는 도덕적인 기업이 되어야 한다는 개념보다는 기업윤리에 적합한 경영을 통하여 기업의 가치와 경쟁력을 향상시키고 경제적 부가가치와 기업의 이윤추구를 극대화할 수 있는 것이라는 포괄적인 개념이다. 즉, 기업윤리란 기업이 지켜야 할 법과 규정의 준수는 물론이고 윤리적 의사결정을 통하여 근로자와 지역사회, 소비자, 협력사 및 경쟁사에게 사회적 책임과 신뢰성 제고를 통하여 기업가치 극대화를 추구하는 포괄적인 개념을 의미한다.

사례 | 기업윤리, 가볍게 보면 안 되는 이유

카카오페이 류영준 대표를 비롯해 임원진 8명이 스톡옵션 주식을 매각해 큰 파문을 일으켰다. 결국 류 대표는 사퇴 의사를 밝혔으나, 카카오 주식 투자자들을 비롯해 많은 사람들의 입맛을 씁쓸하게 했다. 오늘날 기업들은 치열한 전쟁터에서 살아남아야 하는 플레이어들이다. 이들의 플레이는 투자자들만 지켜보는 게 아니고 일반인들도 그들이 훌륭한 성과를 내면 환호하고 박수를 보낸다. 더욱이 카카오는 한국의 SNS 시장을 거대 글로벌 플레이들로부터 지켜낸 플랫폼으로 일반인들은 자랑스럽게 바라보고 있었다. 그런 국민적 기대와 사랑, 환호의 값어치가 주가에 반영된 것 아니겠는가. 그걸 외면하고 주가가 고점에 이르렀을 때 팔자는 건지 임원진들이 손 털고 나온 모양새였으니 실망이 이만저만이 아니다. 카카오 그룹 경영진의 윤리의식의 대전환이 필요해 보인다.

[자료원: M이코노미뉴스 2022.1.25. 발췌]

강의 요약

1. 경영환경은 기업을 둘러싼 여러 가지 요인들로서 기업의 내부 및 외부에 있어서 기업활동에 영향을 미치는 모든 요인을 의미한다.

2. 내부환경이란 기업의 내부에 존재하는 여러 가지 강점과 단점인 요인과 상황을 의미한다. 주로 기업 내부의 구성원들인 경영자, 종업원, 확대해서는 주주까지를 포함한다. 또한 기업의 조직문화, 최고경영자의 리더십 스타일, 회사의 방침, 그리고 노동조합까지 기업의 경영활동에 밀접하게 영향을 미치는 환경을 의미한다. 외부환경은 기업 외부에 존재하며 기업경영 활동에 영향을 미치는 것을 의미한다.

3. 글로벌 경영이란 국내가 아닌 두 개 이상의 국가와 관련하여 이루어지는 기업의 활동들을 의미한다. 소위 국내에서만 경영활동이 이루어지지 않고 다른 나라들과 관련된 기업활동인 국제경영을 의미한다.

4. 기업윤리란 기업이 지켜야 할 법과 규정의 준수는 물론이고 윤리적 의사결정을 통하여 근로자와 지역사회, 소비자, 협력사 및 경쟁사에게 사회적 책임과 신뢰성 제고를 통하여 기업가치 극대화를 추구하는 포괄적인 개념을 의미한다.

5. ESG는 환경(Environment), 사회(Social), 그리고 지배구조(Governance)의 약자로서 기업 입장에서 환경보호에 앞장서고, 사회적 가치를 만들어내며, 지배구조를 투명하게 하여 투명한 경영을 통하여 기업의 지속가능성을 높이고자 하는 경영철학이자 실천지침이다.

연습문제

1. 기업의 사회적 책임 중에서 제1의 책임에 해당하는 것은? (2020 공인노무사)

① 법적 책임 ② 경제적 책임 ③ 윤리적 책임
④ 자선적 책임 ⑤ 환경적 책임

2. 다음 중 기업 내지 경영자의 사회적 책임의 내용과 가장 관련이 적다고 볼 수 있는 것은?

① 재화와 용역의 제공을 통하여 소비자들의 생활수준을 향상시켜야 하는 경제적 책임
② 결과는 수요를 정당화시킨다라는 신념을 가지고 수익성을 높여 기업을 유지 발전시키는 책임
③ 기업에 관련된 여러 이해자 집단 간의 이해관계조정에 대한 책임
④ 기업이익의 사회적 환원이라는 차원에서의 지역사회사업에 참여하는 책임
⑤ 공해방지와 생활환경의 보호를 위한 책임

정답 1. ② 2. ②

Chapter 05

기업가정신과 창업의 이해

제1절 기업가정신

제2절 창업의 의미

제3절 사업계획서 작성

제1절 기업가정신

1. 기업가정신의 의의

기업가는 새로운 사업을 구상하고 이를 실천하는 사람으로서 그 사업을 계획하고 조직화하며 통제하는 역할을 수행한다. 영국옥스포드 국어사전에서는 기업가정신(entrepreneur)을 이윤 추구를 목표로 하여 금융 위험을 감내하며, 사업을 하는 사람, 기업을 경영하고 구성하는 사람으로서 특히 위험이 도사리고 있는 사업을 진행하는 사람으로 정의하고 있다. 미국 경제 교육 표준 권고안을 살펴보면 entrepreneur는 여러 위험을 사전에 검토하고 새로운 사업을 진행하며, 새로운 혁신을 통해 기존 기업 내에서 새로운 벤처를 시작하는 사람으로 보고 있다. 기업가정신(entrepreneur)은 시도하다 또는 모험하다라는 프랑스어 'entreprendre'에서 유래한다. 프랑스의 경제학자인 Cantillon이 처음으로 기업가(entrepreneur)라는 용어를 사용하면서 시작되었다. 이는 위험을 감내하고 경제활동을 하는 사람을 의미한다. entrepreneur는 국내에서는 주로 기업가로 번역된다. 효과적인 리더십 발휘에 영향을 미치는 기업가 개인의 특성이 중요한 역할을 하고 있다. 따라서 기업가의 특성 연구는 바람직한 특성을 가지고 있는 인물을 찾거나 확보함으로써 조직 효과성의 증진, 즉 기업의 성장과 발전을 도모하는데 기여할 수 있다. 이제 이러한 기업가에게 필요한 정신(mind)을 기업가정신(entrepreneurship)이라 하는데 문자 그대로 기업가의 기업가적인 정신을 의미한다. 기업가정신(entrepreneurship)은 위험을 무릅쓰고 새로운 사업을 전개하는 창의적이고 모험적 성향을 의미한다. 즉 자원의 제약과 위험의 존재에도 불구하고 모험정신을 발휘하여 창업하고 신사업과 새로운 시장을 개척하여 시업의 고도화를 도모하는 기업가의 의지를 말한다. 초기의 기업가정신은 모험가, 탐색가의 의미로 사용되었고, 새로운 사업기회를 포착하고 이것을 사업화하여 가치를 창출하는 기업가가 지녀야 할 역량 내지는 정신을 의미한다. 현대적 의미에서는 기업가정신은 위험과 불확실성 아래에서 창조성과 혁신을 통하여 기회로부터 경제적 가치를 기꺼이 창출하려는 정신으로 인식된다. 그러므로 기업가는 새로운 결합이나 혁신기능을 수행하는 사람으로 새로운 상품의 개발, 새로운 생산방식의 도입, 새로운 시장의 개척, 원료의 반제품의 새로운 공급원의 창출, 독점적 지위의 형성이나 새로운 산업조직의 도입과 같은 혁신기회를 발견하고 그것을 실천하는 사람이다. 기업가정신의 개념을 설명하는 데 있어서 대표적인 학자는 슘페터(Schumpeter)이며, 그가 사용한 기업가정신의 개념은 사회를 변화시키는 사람의 창의적인 행동으로, 기업가가 환경변화에 창의적으로 적응하기 위한 행동이다. 슘페터는 기업가가 갖추어야 할 기업가정신은 지성, 의욕, 그리고 용기라고 했다. 그리고 이 중에 용기가 가장 중요하다고 했다. 이를 모두 갖춘 경영자는 기껏해야 10명 중 1명에 불과하다. 따라서 여러 사람에게 기업가정신을 공개적으로 가르칠 필요는 없다. 다만 기업가적인 잠재력을 지닌 인재를 찾아내 그 능력을 더욱 키워주는 것이 훨씬 효과적이다. 역사의 교훈이기 때문이다. 이런 점에서 볼 때 요즘 경영대학원에서 기업가정신을 가르치는 프로그램은 별로 바람직하지 않다. 이것 또한 경영의 역사에서 배우는 하나의 교훈이다. 슘페터는 기업가는 혁신기능을 수행하는 사람으로 정의하고 기업가정신은 경제개발을 이끄는 원동력이라고 하였다. 또한 혁신이란 제품과 서비스를 통하여 소비자들의 삶을 바꿀 수 있다고 하였다. 드러커(P. Drucker)는 '이노베이션과 기업가정신'에서 기업가는 변화를 탐구하고 대응하며 변화를 기회로 활용하는 자라고 주장하고 있다. 즉 기업가는 변혁을 일으키고 새로운 이질적 가치를 창조하며 이 과정에서 위험을 감수해야 한다고 강조한다. 기업을 성공적으로 이끌 수 있는 기업가의 조건은 사업에 대한 헌신과 몰입이 있어야 하며 이에 대한 확고한 신념을 가져야 한다. 그리고 기회에 대한 포착, 위험, 모호성, 불확실성에 대한 수용과 감내, 창의성, 자립심, 적응력이 있어야 하고 남보다 앞서려는 동기와 리더십 및 현실감각과 여유 있는 유머감각 등도 필요하다. 1750년대 프랑스에서 사용되기 시작한 기업가(entrepreneur)라는 말은 프랑스 경제학자인 쟝 밥티스트 세이가 사용하면서 더욱 널리 퍼졌다. 그러면 어떤 사람이 기업가일까. 이에 대해서는 슘페터가 정확히 지적을 하고 있다.

기업가란 혁신의 촉매 역할을 함으로써 실질적인 경제 성장을 책임지는 사람이다. 따라서 기업가의 핵심 기능은 혁신 창출이라는 것이다. 기업가는 혁신에 수반되는 위험을 감수하며, 그에 대한 반대급부로 결과물에 해당되는 보상과 이윤을 얻게 된다. 기업가정신을 보여주는 대표적인 예는 다음과 같다. 현대의 정주영 회장과 롯데의 신격호 회장이 골프 약속을 잡았었는데 골프 약속 전날 저녁에 새하얗게 눈이 내렸다. 눈이 내린 경우 골프 약속이 취소되는 것이 관례여서 신격호 회장은 이를 보며 눈이 내린 골프장의 잔디에서는 하얀 골프공을 찾기 힘들테니 골프 약속은 취소될 것이라 예상을 했다. 그러나 현대의 정주영 회장은 골프 약속 전날 저녁 하얀눈을 보며 한참을 생각하더니 골프공들을 모아 전부 빨간색으로 색칠하기 시작했고 그렇게 급하게 만들어진 빨간 골프공 덕분에 눈에 잘 띄지 않았던 골프공은 하얀 눈밭에서도 그 존재감을 드러내게 되었고 정주영 회장의 이러한 창의력 덕분에 당일의 골프약속은 그대로 진행될 수 있었다고 하며 오늘날 색깔이 들어간 골프공이 정주영 회장의 기발한 아이디어로부터 비롯되었다고 한다. 특히 정주영 회장의 "임자 해보기나 했어"라는 말은 기업가정신을 극명하게 보여준 사례이다.

한국의 1세대 창업자들의 공통점은 선진국과 비교했던 격차에 관심을 가졌다. 즉 이는 그 당시 한국경제의 결핍이었고 무언가 부족한 상태를 채우려는 동기가 강하게 작동하여 기업을 창업하게 된다. 예를 들어 정주영 현대 창업가는 가난이 싫어서 소 한 마리를 훔쳐 무작정 가출한 것을 계기로 사업을 시작했다. 이병철 삼성의 창업자 또한 제조업이 없으면 영원히 후진국에 머물 것이라는 것을 인지하고 제일제당을 설립하여 제조업에 진출했다. 이를 물려 받은 2세대에 주어진 관심은 선진국을 추격하는 것이었다. 삼성의 이건희 회장, LG의 구본무 회장, 현대자동차 정몽구 회장이었다. 현대자동차의 경우, 선진국의 자동차산업 추격이었다. 1990년대와 2000년대 경쟁의 무대는 그래서 세계가 되었다. 이러한 추격은 성공적이었다. 이제 한국의 3, 4세대 젊은 경영자들은 한국경제를 이끌게 되었다. 삼성의 이재용 회장, 현대자동차의 정의선 회장, LG 구광모 회장은 선대 회장과 달리 눈에 보이는 경쟁자나 성공이 보이지 않는다는 것이다. 1, 2세대 회장은 경쟁자도 보이고 성공도 눈에 보였다. 따라서 보이는 제품으로 승부하는 제조업의 시대였다. 즉, 높은 생산성, 한발 앞선 공정설계, 대규모 투자, 인재개발 등이 성공 요소였다. 그러나 3, 4세대에서는 인공지능으로 대변되는 거대한 기술변화의 시기에 앞을 내다보기 힘들다. 대규모 설비투자도 기업의 지속가능성을 보장하기 어렵기 때문이다. 새로운 리더십이 필요하다.

사례 | 대한민국 1호 벤처, 청계천에서 시작한 삼보컴퓨터

애플을 창업한 스티브 잡스의 '애플 I'이라는 컴퓨터가 어떻게 주차장에서 만들어졌는지에 대한 이야기들이 우리나라에 들려온다. 컴퓨터라는 말조차 낯설었던 1980년대 대한민국 최초로 개인용컴퓨터를 개발해 한국 벤처기업의 역사인 이용태 삼보컴퓨터 창업주는 "맨처음 1세대컴퓨터가 세상에 나올 때 그전에 있던 큰 전자공업업체들이 컴퓨터에 관심을 안 가졌어요. 예를 들어 IBM의 창시자도 전 세계에 큰 컴퓨터 10대만 있으면 된다고 생각했거든요"라며 당시 국내의 척박한 환경에 대해 회고했다. 삼보컴퓨터의 역사는 한마디로 굴곡의 역사이며, 우리나라 정보통신산업과 IT의 흥망성쇠를 보여주는 말 그대로 역사 교과서이자 이용태 회장은 산증인이었다.

사례 | 한국을 대표하는 핵심기업 '유한양행'의 창업스토리

유한양행의 창업주 유일한 회장은 1895년 평양에서 9남매 중 장남으로 태어났다. 부친 유기연 공(公)은 성공한 상인이자 독실한 기독교인으로 서양 문명을 빨리 받아들였다. 특히 일본을 앞서야 한다는 생각이 강했던 그는 1904년 고작 아홉 살인 유 회장을 대한제국 순회공사였던 박장현 손에 맡겨 미국에 조기 유학을 보냈다. 말이 조기 유학이지 집으로부터 생활비를 받지 못했던 유 회장은 낯선 타지에서 험난한 길을 걸어야만 했다. 따라서 유 회장은 미국에서 신문 배달 등 고학을 하며 학업에 열중했다. 1912년 헤스팅스고등학교 재학 당시에는 미식축구 선수로 활동하며 장학금까지 받았다. 1915년 미시건대학에 입학해 1919년에는 대학 졸업 후 제너럴일렉트릭(General Electric CO: GE)에 입사했다. 동양인으로는 최초로 회계사로 일했다. 유 회장이 민족을 위한 사업가가 되기로 결심한 때는 고국의 3·1운동 소식을 접하고 나서부터다. 조국의 독립운동에 자금으로 조금이나마 보탬이 되고 싶었다. 이에 유 회장은 당시 근무하던 GE를 그만두고 1922년 미국에서 숙주나물 통조림 회사인 '라초이(La CHoy Co.)'식품 주식회사를 설립했다. 숙주나물을 아이템으로 하는 해당 회사는 날로 번창해 대성공을 거뒀고, 1925년까지 50여만 달러의 거금을 벌어들였다. 유 회장은 그 이익 중 일부를 독립운동에 지원했다. 그러나 30세가 되던 1925년, 회사일로 중국 및 동남아 등지를 방문했던 유 회장은 잠시 들른 조선의 모습을 보고 큰 충격을 받았다. 일제 치하에서 보건문제로 괴로워하고 있는 동포들을 직접 보게 된 것이다. 다시 미국으로 건너간 유 회장은 1927년 미국에서 운영하던 라초이 식품회사를 청산하고 귀국했다. 헐벗은 동포들에게 일자리를 마련해 주고, 질병으로 신음하는 이들에게 좋은 약을 제공해 한민족의 생활 문화를 향상시키는 일이 더 중요하다고 여겼기 때문이다. 이에 그는 조국의 동포들을 돕고자 개인의 사비로 서울 종로 2가 덕원빌딩에 유한양행을 창립했다.

유 회장이 유한양행의 로고를 버들표로 한 것에는 재밌는 일화가 담겨 있다. 유 회장이 유한양행을 만든다고 하자 미주 독립운동 동반자였던 서재필 박사는 유 회장에게 작은 선물을 건넸다. 그것은 서 박사의 영애가 직접 만든 버들표 목각품으로 '버드나무처럼 민족이 편히 쉴 수 있는 큰 그늘이 되어라'라는 의미를 지니고 있었다. 이후 훗날 버들표는 '유한양행'의 상징이 됐다. 미국에서 귀국할 당시 유 회장은 많은 의약품을 가지고 왔다. 이는 2년 전 한국을 방문했을 때 한국에 가장 필요한 사업은 의료분야이며, 의약품 사업이 조국에 도움이 될 것이라는 결론을 내렸기 때문이었다. 또한 유 회장은 의약품 이외에도 화장지, 생리대, 비누, 치약 등 각종 위생용품을 수입해서 팔았다. 결핵약, 진통소염제, 혈청, 피부병약 등 꼭 필요한 것들을 위주로 판매했으며 특히 유한양행에서 직접 제조해서 판매한 안티푸라민은 가정상비약으로 많은 인기를 받아 중국, 대만에도 지점을 개설해 판매망을 넓혀나갔다. 유 회장은 국가에 내는 세금이야말로 나라를 위하는 일이라고 생각했다. 때문에 세금을 차질 없이 납부하도록 엄격하게 관리했다. 국가는 세금에 의해서 운영되는 것이므로 부강한 국가를 만들기 위해서는 납세의 의무를 성실히 해야 된다는 것이 그의 신념이었다. 유 회장은 정직한 세금납부로 산업훈장을 받기도 했다.

현재 유한양행은 국내기업 중 '기업의 사회적 책임'을 가장 잘 실천하고 있는 곳으로 꼽힌다. 특히 '기업과 종업원은 공동운명체'라는 신념 아래 1936년 회사 주식을 직원들에게 나눠주며 실질적인 '종업원 지주제'를 실시하고 있다. 또한 매년 정기적인 노사협의회를 개최해 직원들의 애로점과 아이디어를 복지와 경영에 반영해오고 있다. 이러한 노력으로 유한양행은 창업 이후 단 한 차례의 노사분규도 겪지 않는 기염을 토했다. 또한 유 회장의 유언에 따라 도입한 전문경영인 체제와 주식의 사회환원도 이를 뒷받침한다. 1971년 유 회장은 유언을 통해 경영권을 자녀가 아닌 전문경영인에게 물려주고, 보유한 회사 지분도 '한국 사회 및 교육원조 신탁기금(현 유한재단)'에 넘김으로써 자신의 신념을 완성했다. 전 재산을 사회에 환원하고 소유와 경영을 분리한 경영 시스템을 구축한 것이다. 유 회장은 유언장에 "손녀의 학자금 1만 달러와 학생들이 뛰어놀 수 있도록 만들 유한동산 조성용 토지 5,000평을 제외한 전 재산을 공익 법인 '한국사회 및 교육원조 신탁기금(현 유한재단)'에 기증한다"고 명시했다. 이는 사후까지 변함없는 사회공익사업을 실천하려는 유 회장의 의지가 내포돼 있는 것이다. 재단 설립 목적 자체가 항구적 사회공익사업을 펼쳐가기 위한 것인 만큼, 유언장은 유 회장의 신념이 응축된 것이다. 이 사건은 우리 사회에 신선한 충격을 줬다.

제2절 창업의 의미

1. 창업이란

넷플릭스에서 2020년 16회차에 걸쳐서 방영된 드라마 〈start-up〉을 살펴보자. 이 드라마는 스타트업에 뛰어든 청춘들의 성장(UP)을 그린 드라마로 많은 관심을 받은 작품이다. 극의 배경이 되는 샌드박스라는 회사는 청년 창업가들의 든든한 후원자 역할을 하고 있다. 이름에서 드러나듯 샌드박스는 놀이터 모래처럼 다칠 걱정 없이 창업에 마음껏 도전할 수 있도록 돕겠다는 의미이다. 드라마는 꿈을 현실로, 불가능을 가능으로! 아이디어 있겠다, 기술 있겠다. 못할 것도 없지. 치열한 스타트업의 세계에 뛰어드는 젊은 창업자들의 이야기이다. 여러분들도 이러한 드라마처럼 여러분들의 꿈을 현실로 만들고 싶다는 생각이 들지 않는가? "와이프 없이는 살아도 와이파이 없이는 살 수 없다"라는 어느 기업가의 이야기를 듣게 되었다면 여러분들은 어떤 생각을 하게 됩니까? 여러분들도 대부분 공감할지. 와이파이가 없다면 우리의 생활은 어떻게 변할까 상상해 보자. 이런 상황에서 비즈니스의 기회를 찾고 인류사회에 필요한 제품이나 서비스를 제공하기 위하여 기업을 설립하거나 사업을 시작하는 것이 바로 창업이다. 창업(startup, Venture Creation)이란

2021~2024년 주요 업종별 창업 동향

( ) : 전년동기대비 증감률 (단위 : 개, %)

구 분	2021년	2022년	2023년	2024년
전 체	1,417,973	1,317,479	1,238,617	1,182,905
	(△4.5)	(△7.1)	(△6.0)	(△4.5)
부동산업 제외	1,100,589	1,111,718	1,111,932	1,067,127
	(5.1)	(0.1)	(0.02)	(△4.0)
농업, 임업, 어업 및 광업	13,958	15,752	14,250	14,267
	(6.6)	(12.9)	(△9.5)	(0.1)
제조업	47,989	41,595	37,280	35,087
	(△3.9)	(△13.3)	(△10.4)	(△5.9)
전기, 가스, 공기조절공급업	24,146	23,773	31,546	32,245
	(△7.6)	(△1.5)	(32.7)	(2.2)
하수·폐기물처리, 원료재생	752	704	690	792
	(△14.7)	(△6.4)	(△2.0)	(14.8)
건설업	71,489	67,271	61,514	60,497
	(7.7)	(△5.9)	(△8.6)	(△1.7)
도매 및 소매업	425,446	456,426	450,194	418,280
	(9.1)	(7.3)	(△1.4)	(△7.1)
운수 및 창고업	66,723	65,798	61,241	61,572
	(8.6)	(△1.4)	(△6.9)	(0.5)
숙박 및 음식점업	161,283	156,489	169,188	156,134
	(△3.2)	(△3.0)	(8.1)	(△7.7)
정보통신업	45,578	46,041	44,870	40,481
	(24)	(1)	(△2.5)	(△9.8)
금융 및 보험업	10,833	8,541	6,557	6,876
	(31.4)	(△21.2)	(△23.2)	(4.9)
부동산업	317,384	205,761	126,685	115,778
	(△27.5)	(△35.2)	(△38.4)	(△8.6)
전문, 과학 및 기술서비스업	65,134	58,035	52,805	54,099
	(19.7)	(△10.9)	(△9.0)	(2.5)
사업시설관리 및 사업지원서비스업	38,675	39,291	43,023	44,293
	(△17.8)	(1.6)	(9.5)	(3)
교육 서비스업	40,793	42,536	44,622	44,889
	(4.4)	(4.3)	(4.9)	(0.6)
보건업 및 사회복지 서비스업	5,094	4,815	4,540	4,717
	(3.1)	(△5.5)	(△5.7)	(3.9)
예술, 스포츠 및 여가관련서비스업	26,576	28,318	27,661	25,965
	(△4.8)	(6.6)	(△2.3)	(△6.1)
수리 및 기타 개인 서비스업	56,120	56,333	61,951	66,933
	(4)	(0.4)	(10)	(8)

[자료원: 중소벤처기업부 2025년 2월]

기존에 없었던 새로운 기업을 설립하는 것으로서 여러 가지 자원(인적, 물적, 재무, 정보)을 결합시켜 인류사회가 필요로 하는 제품과 서비스를 창출할 수 있는 조직을 구성하여 가치와 수익을 창출하는 활동이다. 창업에 대해 새로운 것이나 이미 존재하는 재화나 용역을 공급하기 위해 새로운 방식을 개발하거나 적용하는 행위라 하였다. 국내 중소기업 창업지원법 제2조에 따르면 "창업"이란 중소기업을 새로 설립하는 것을 의미하며, 창업자란 '중소기업을 창업하는 자와 중소기업을 창업하여 사업을 개시한 날부터 7년이 지나지 아니한 자'를 의미한다. 다시 한번 창업에 대해 정의한다면 창업이란 '기업가정신을 갖춘 개인이나 집단이 사업 기회를 포착하여 사업목표를 설정하고, 이에 따른 인적자본, 물적자본, 재무자원을 확보하여 사업을 시작하는 것이다. 개인적 입장에서의 창업이란 기존에 있는 사업체를 인수하는 것이든 처음부터 사업체를 새롭게 시작하는 것이든 모두 창업이다. 법률적 의미에서의 창업이란 타인으로부터 사업을 승계하여 동종의 사업을 계속한다거나, 조직변경 후 동종사업을 계속하는 경우, 폐업 후 사업을 게시하여 동종 사업을 하는 경우에는 창업에 해당되지 않는다.

2. 창업의 동기 및 창업의 결과

일반적으로 창업을 하게 되는 동기는 크게 개인적 목적과 사업적 목적으로 구분할 수 있다. 첫째, 개인적 목적으로서는 많은 돈을 벌어 윤택한 삶을 누리고 싶다는 부의 축적의 목적이 있다. 이러한 부의 축적을 통하여 자신만이 생산할 수 있는 제품의 제공을 통하여 가족 부양을 하게 되고 자아 성취에 대한 욕구를 충족하게 된다. 둘째, 사업적 목적으로는 인류사회가 필요로 하는 제품과 서비스를 제공하는 서비스 목적이 있다. 이러한 서비스 목적을 달성하게 되면 이윤을 창출하게 되며 고용창출이라는 사회적 목적을 달성하게 된다. 또한 소비자들은 더욱 향상되고 다양한 제품이나 서비스를 제공받으므로 인류사회에 공헌하게 된다. [그림 5-1]에서 보는 바와 같이 이러한 창업의 결과 창업이 사회에 미치는 영향은 고용을 창출한다는 것이다. 즉, 새로운 일자리를 창출하여 실업률 해소를 통한 노동시장의

그림 5-1 창업의 동기 및 창업의 결과

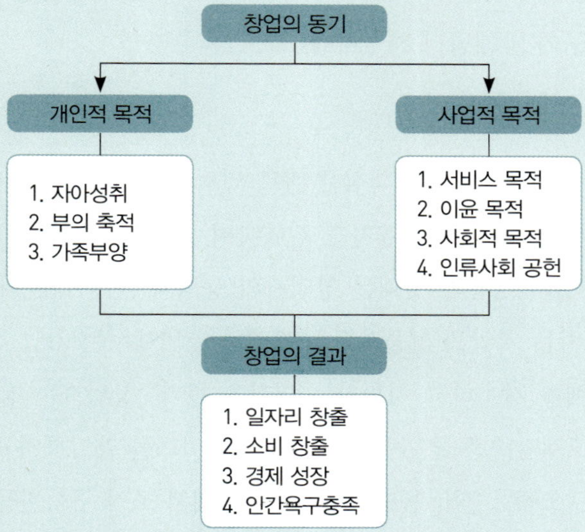

안정을 가져오며 지역상권의 활성화를 통하여 지역경제가 성장한다. 이러한 지역경제의 성장은 지방자치단체와 국가의 세수를 증가시킴으로 국가재정 확보를 통한 사회간접자본 등 다양한 곳에 재정을 투입함으로써 다시 소비자들에게 환원된다. 또한 소비를 창출하게 되고 이러한 결과 경제가 성장하게 된다.

3. 창업의 3요소

창업을 하기 위해서는 새로운 아이디어가 중요하며 이러한 아이디어를 통하여 어떠한 제품과 서비스를 어떠한 방법을 개발하고 제조하여 제공할 것인지가 결정된다. 새로운 아이디어만 있다고 창업이 되지 않고 이러한 아이디이가 제품가 서비스가 되기 위해서는 반드시 자본이 필요하다. 또한 아이디어와 자본이 있다고 하더라도 여러 가지 위험 요소를 극복하고 성공시키려는 기업가정신을 가진 창업자가 중요하다. 아이디어와 자본, 그리고 기업가정신을 가진 창업자는 창업을 하기 위한 세 가지 요소라 한다. 창업자는 특정 아이디어와 자본을 가지고 기업을 설립하려는 사람으로서 가장 핵심이 되는 요소이다. 창업자가 갖추어야 할 자질로는 기술적 자질과 인간적 자질, 그리고 조직의 목적과 개인의 목적을 잘 연결할 수 있는 능력과 판단을 가진 개념적 자질이다.

(1) 창업자

창업의 3요소 중 가장 중요한 핵심은 바로 인적요인인 창업자이다. 창업자는 창업 계획을 수립하고 모든 창업 절차를 진행하며, 책임과 위험을 전적으로 부담하는 사람이다. 창업의 성공과 실패는 창업자의 능력과 자질에 달려있다 해도 과언이 아니다. 창업자는 기업을 성공적으로 경영하기 위해서는 기업 전체를 바라보는 능력과 기업 전체를 감독하고 지휘하는 역할을 한다. 창업자는 창조적 사고와 통찰력을 통하여 고객만족을 줄 수 있는 제품과 서비스를 개발해야 한다. 또한 창업자는 전략, 계획, 조직, 지휘, 통제 등 모든 분야에서 조직 구성원들과 함께 창업의 목표를 달성해야 하는 리더로서의 역할이 있다.

(2) 창업 아이디어

어떠한 제품과 서비스를 창출하여 고객에게 전달할 것인지를 결정하는 창업 아이디어는 중요하다. 창업 아이디어는 새로운 발명품일 수도 있고 시장에 이미 출시된 기존 제품의 수정이나 변화일 수 있다. 이러한 창업 아이디어는 시장 상황에 얼마나 적합하게, 소비자의 마음을 얻을 수 있어야 한다. 창업 아이디어를 선정하기 위해서는 여러 가지 단계를 거치게 되는데 제일 먼저 창업 아이디어에 대한 정보수집과 탐색을 통하여 구체적인 경험을 통하여 창업 아이디어에 대한 분석을 하여 사업성을 검토하여야 한다. 이러한 분석을 통하여 최종 사업 아이디어가 선정되면 관련 정보를 수집하고 분석한다. 좋은 창업 아이디어는 소비자가 원하는 제품이어야 하며 시장의 수요를 창출할 수 있어야 한다.

(3) 자본

창업을 하기 위해서는 창업에 필요한 자금이 중요하다. 이러한 창업자금은 사업을 시작하는 데 필요한 비용과 제품 생산에 필요한 비용을 포함한 모든 비용이 새로운 사업을 하기 위하여 필요한 자금이다. 창업 자본은 창업 초기에 기업이 성장하기 위해서 절대적인 요인이며 자금조달의 방법은 자기자본과 타인자본을 통하여 조달하여 토지나 건물, 기계 등을 구입한다.

4. 창업의 일반적 절차

창업을 하고자 하는 사람은 어떻게 창업을 시작하면 좋을지 고민하게 된다. 창업 아이디어는 무엇으로 할 것인지, 창업자금은 어떻게 조달할 것인지, 사업계획서는 어떻게 작성해야 하는지, 회사설립과 등록은 어떻게 하는지 입지선정은 어떻게 할 것인지 머리가 매우 무겁기만 하다. 이러한 창업의 절차는 업종에 따라 달라질 수 있지만 일반적인 창업의 절차를 살펴보면 [그림 5-2]와 같다. 그림에서 보는 바와 같이 일반적인 창업의 절차는 크게 창업준비 단계, 창업 설립 단계, 그리고 창업 후 경영단계로 구분할 수 있다. 창업을 위해서는 가장 먼저 본인의 적성과 자질을 통하여 창업 결심이 제일 먼저이다. 만약 자신의 독단적인 판단과 선택으로 인해 창업이 실패하게 되면 가족은 물론 주변 사람들이 피해를 입을 수도 있기 때문에 창업 결심은 중요하다. 창업에 대한 결심이 확고하다면 이제 창업과 관련된 정보를 수집하여야 한다. 많은 자금과 노력을 들여 창업한 사업이 자신의 성격과 맞지 않거나 자신의 능력을 과대평가하여 근거 없는 낙관론을 바탕으로 창업을 진행한다면 좋지 않은 결과를 가져오기 때문이다. 그렇기 때문에 창업정보수집과 창업환경분석은 매우 중요하다.

창업을 결심하였다면 창업의 이유와 목표를 설정하고 창업정보수집과 창업환경분석을 통하여 아이템을 탐색하여야 한다. 창업자의 과거 경력, 기술 능력, 적성, 자금 조달 능력, 성격, 인맥, 주변 여건 등을 감안하여 본인이 가장 잘 알고 좋아하는 분야를 선정해서 사업 아이템을 분석하여야 한다. 사업 아이템은 보통 3~4개 후보군에서 선정하는 것이 좋다. 단순히 돈을 많이 벌 수 있는 아이템이라는 식의 유혹에 넘어가 아이템을 선정하면 실패하기 쉽다. 가능하면 현재 시장에서 도입기

그림 5-2 창업의 일반적 절차

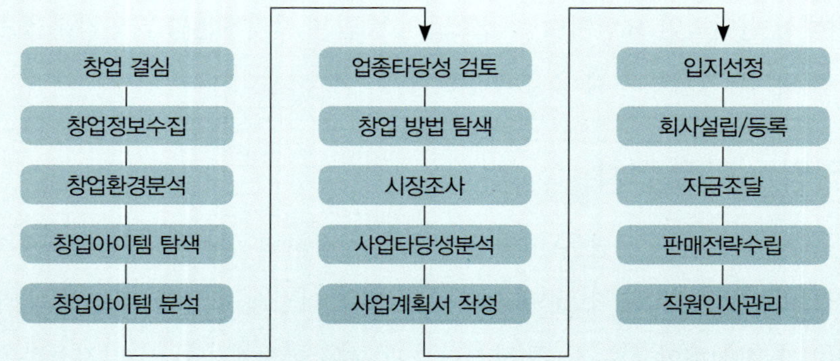

나 성장기에 있는 아이템을 선정하는 것이 좋다. 창업아이템 분석이 끝나면 업종타당성에 대한 검토에 들어가야 한다. 창업시장은 어떠한 업종이냐에 따라 차이가 있을 수 있다. 업종타당성 검토 후에는 창업방법에 대해 탐색해야 한다. 창업방법으로는 신규창업, 프랜차이즈 창업, 그리고 기존 사업체 인수 창업방법이 있다. 신규창업의 경우는 창업하는 방법 중 가장 어려운 방법이기도 하지만 가장 큰 보람을 느낄 수 있는 방법이기도 하다. 창업자가 기존에 없던 사업을 새롭게 설립하는 것으로 많은 준비와 노력이 요구되는 방법이다. 두 번째 프랜차이즈 창업은 가맹점 본부와 독점적 판매권을 획득한 가맹점 사업자 사이의 계약을 통한 사업방식이다. 세 번째 방법은 기존 사업체를 인수하여 창업하는 방법으로서 사업체를 인수하여 계속 같은 종류의 사업을 이어나가는 방식이다. 물론 창업을 하는데 편리하고 빠를 수 있지만 기존 기업의 문제점을 그대로 인수해야 하며, 추가설비나 설치자금이 발생할 수 있다는 단점이 있다. 이제 창업 방법에 대한 검토가 끝났다면 시장조사와 사업 타당성 분석을 실시하여야 한다. 사업 타당성 분석은 투자자본에 따른 예상 수익분석과 시장성, 기술성을 정확히 분석하여야 한다. 사업타당성 분석이 끝났다면 이제 사업계획서를 작성하여야 한다. 사업의 내용을 보다 구체화하고 체계화하는 단계인 사업계획서를 작성하여야 한다. 사업계획서에 대해서는 다음 절에서 자세히 살펴보도록 한다. 사업계획서가 작성된 후 입지를 선정하게 되고 회사설립과 등록을 하게 된다. 우리가 2장 기업과 경영에서 배운 기업의 형태에 맞게 회사를 설립하고 등록을 하면 된다. 회사가 설립되고 등록이 되었으므로 창업자금을 조달한다. 창업자금을 내돈으로 할 것인지, 남의 돈으로 할 것인지에 대한 창업자금조달에 대해 살펴보자. 창업자금은 총 소요자금의 약 70% 정도를 자기자금으로 조달하는 것이 바람직하다. 즉, 남의 돈인 부채는 30% 정도의 비율로 제한하는 것이 바람직하다. 왜냐하면 창업초기에 대출 등 남의 돈에 대한 비율이 너무 높게 되면 창업초기를 지나 추가적으로 자금이 필요할 때 남의 돈인 부채의 조달이 어려워진다면 어려움을 겪게 될 확률이 높다. 따라서 창업 후 6개월까지의 현금흐름 계획을 주도면밀하게 작성하여 자금계획을 수립하는 것이 좋다. 이후 사업을 개시할 준비를 거처 사업을 개시하면 된다. 개업 행사는 사업에 도움이 되는 선에서 가급적 비용을 적게 들여 간소하게 치르는 것이 좋다. 지금까지 창업의 일반적인 절차에 대해 살펴보았다. 물론 업종별로 창업절차가 다르다. 예를 들면 제조업을 창업하는 절차는 보다 더 면밀하게 검토하여야 한다. 왜냐하면 공장을 설립해야 하기 때문이다. 환경 등 인허가 필요한 업종인 경우는 절차가 더욱더 복잡하다. 물론 이러한 모든 것에 대해 사업계획서에 포함하여 하나씩 준비한다면 어려움이 없을 것이다. 따라서 사업계획서는 모든 업종의 창업에 있어서 중요하다.

사례 | 창업공화국 한국… 70%는 5년 못버틴다

국내에서 창업하면 10곳 중 4곳은 1년 안에, 7곳은 5년을 버티지 못하고 폐업하는 것으로 나타났다. 이처럼 기업하기 힘든 환경 속에서도 신규창업에 나서는 숫자는 매년 늘고 있어 폐업 절벽에 부딪히는 신생기업을 정책적으로 구제해야 한다는 지적이 나오고 있다. 6일 파이낸셜뉴스가 전국경제인연합회에 의뢰해 한국의 창업기업 생존율을 조사한 결과, 5년차 기업의 폐업률이 68.8%에 달하는 것으로 집계됐다. 창업기업의 생존율은 창업 1년차가 63.7% → 2년차 52.8% → 3년차 44.7% → 4년차 36.7% → 5년차 31.2% 등으로 조사됐다. 창업한 해에 약 40%가 폐업하고, 겨우 해를 넘겨도 50%가 폐업하며, 5년 안에 70%가 사업을 접는 셈이다.

이는 경제협력개발기구(OECD) 주요국의 평균치보다도 10%p 이상 높은 수준으로 국내의 기업환경이 훨씬 녹록지 않다는 것으로 해석된다. '깔딱고개'를 버텨 생존을 해도 자금난을 겪는 '데스밸리(죽음의 계곡)'에서 허우적거리긴 마찬가지다. 근로자 10인 이상 기업 가운데 매출액 및 근로자가 최근 3년간 연평균 10% 이상 성장한 기업은 2019년 1만4,221개, 비율은 6% 정도로 전년과 비교하면 4.5% 감소했다. 영업이익으로 이자도 못내는 이른바 좀비기업(한계기업)의 비중도 2017년 15.2%에서 2020년 18.9%로 증가, OECD에서 4번째로 높다. 그럼에도 국내 창업 수는 매년 증가하는 추세다. 해마다 국내에서는 10만~12만 개가량의 신설법인이 탄생하는데 연평균 5.2% 늘고 있다. 전문가들은 기업을 둘러싼 대내외 불확실성이 '시계제로'인 상황 속에 국가경쟁력을 위한 정책적 지원에 나설 타이밍이라고 강조했다. 유정주 전경련 기업제도팀장은 "최근 원자재 가격 상승 및 미중 무역갈등으로 인한 글로벌 공급망 교란상황 등을 감안할 때 우리나라 기업은 그야말로 내우외환의 상황"이라며 "이럴 때일수록 우리 기업의 경쟁력을 확보할 수 있도록 정부의 정책적 지원이 매우 중요한 시점"이라고 말했다.

[자료원: 파이낸셜뉴스 2021.12.6. 발췌]

사례 | 無수저로 45세 창업, 1,000원짜리 팔아 3조 매출… "아직도 고객이 두렵다"

1988년, 마흔다섯 살의 박정부는 실직자가 됐다. 아내와 초등생 두 딸을 둔 가장. 한양대 산업공학과 졸업 후 최연소 생산 관리자로 16년간 몸바쳐 일했지만, 말로만 듣던 '파업'이 그가 관리하던 현장에서도 터졌다. 노조가 결성되고 투쟁의 소리가 높아지면서 모든 책임의 화살이 그에게로 날아들었다. 일곱 살에 북한군에게 아버지를 잃은 그가 지녔던 단 하나의 결심이 위태로워졌다. '가족보다 먼저 죽지 말자. 최소한 아이들이 공부를 마치고 결혼할 때까진 곁에 있자.' 전국 1,500여 개 매장에 매일 100만 명이 찾아 '국민 가게'라고 불리는 '다이소'는 34년 전 박정부(78) 회장의 이런 절박함에서 시작됐다. 남들이 퇴직을 고민하는 나이, 새로 시작할 열정이 남아 있을까 자신을 의심했지만, 20대와는 다른 열정이 40대 가장에겐 있었다. 자식과 가정을 반드시 지켜야 한다는 절박함, 더는 물러설 곳이 없다는 간절함이었다. 사무실도 없이, 혼자 사는 어머니 집에서 밥상을 펴놓고 그는 창업했다. 국내 대기업을 대상으로 일본 연수를 기획하는 사업이 첫 시작이었다. 이를 통해 일본 사회를 알아갔다. 당시 일본은 경제적으로 최전성기를 구가하던 때. 그러나 비싼 인건비 때문에 제조 공장이 없어, 대부분의 생활 소품은 중국이나 동남아에서 수입하고 있었다. 가격이 합리적이면서도 질 좋은 국내 상품을 일본에 팔면 어떨까 싶었다. 3단 이민 가방 2개에 작은 손가방 하나를 들고, 6시간씩 기차를 타며 일본 열도를 돌아다녔다. 어느 비 오는 날, 일본 벽지에 있는 거래처와 미팅이 있었다. 10분 늦었더니 상대는 이미 다른 도매상과 상담 중. 비 피할 곳이 없어, 맞은편 처마 밑에 짐 가방을 들고 두 시간을 서 있었다. 그제야 거래처 사장은 그를 만나줬다. 집으로 돌아가는 길, 많은 생각이 머릿속을 스쳤다. '내 물건은 내가 팔아야겠다.' 그 결심의 열매가 1997년 서울 강동구 천호동에 문을 연 다이소 1호점이다. 그로부터 30년이 채 안 된 지난해, 다이소는 3조원의 매출을 달성했다. 박 회장은 1988년 일본 100엔숍 등에 저가 생활용품을 수출하는 무역회사 한일맨파워(현 ㈜아성HMP)를 설립한다. 2002년 무역의 날에 1억불 수출탑을 수상했고, 일본에 수출을 가장 많이 할 때(2003년)는 그 금액이 2,142억원에 달하기도 했다. 박 회장은 "당시 대일 무역역조가 극심했는데, 이를 개선하는 데 조금이나마 이바지한다는 자부심으로 일했다"고 했다. 1992년엔 국내에 균일가숍을 개점하기 위해 아성산업(현 ㈜아성다이소)을 설립했다. 첫 매장을 열기까지는 5년이 더 걸렸다. "저렴한 가격 때문에 다이소가 취급하는 상품 대부분이 중국산일 것이라 생각하지만, 실은 국내 협력업체 제품이 전체 매출에 70%를 차지한다. 거래하는 국내 제조업체만 900개가 넘는다. 중소 업체와 상생을 모색하는 게 우리의 책임 중 하나라고 생각한다. 낮은 구매 단가를 보장받는 대신 100% 현금결제, 대량주문, 장기간 거래 등 신용에 기반을 둔 거래를 한다." "서울 강남에 매장을 낼 땐 '누가 벤츠 몰고 와서 천원짜리 물건 사겠느냐'고 했다. 그러나 반응은 폭발적이었다. 부자든 아니든 고객은 1,000원의 가치보다 더 큰 만족감을 주는 상품이 있으면 사고 싶어한다. 다이소는 지갑이 얇아서 가는 곳이 아니다. 필요한 상품이 있기에 가는 곳이다. 특히 요즘 젊은 층 사이에서 다이소는 재미와 의미를 공유하는 놀이 공간으로 여겨진다.

[자료원: 조선일보 2022.12.10. 발췌]

창업투자회사 제도

창업투자회사란?

- 「벤처투자촉진에 관한 법률」에 따라 중소벤처기업부에 등록하여 창업기업, 벤처기업에 대한 투자 등을 주된 업으로 하는 상법상 주식회사

관련 법령 및 규정

- 「벤처투자촉진에 관한 법률」 및 시행령·규칙
  * 국가법령정보센터(www.law.go.kr) 검색창에 "벤처투자촉진에 관한 법률"
- 「창업투자회사 등록 및 관리 규정」
  * 국가법령정보센터(www.law.go.kr) '행정규칙' 검색창에 "창업투자회사"

창업투자회사의 주요 업무

- 창업기업(창업 7년 이내 중소기업), 기술혁신형·경영혁신형 중소기업, 벤처기업에 대한 투자
- 벤처투자조합의 결성과 업무의 집행
- 해외 기업의 주식 또는 지분 인수 등 중소벤처기업부장관이 정하는 방법에 따른 해외투자
- 중소기업이 개발하거나 제작하며 다른 사업과 회계의 독립성을 유지하는 방식으로 운영되는 사업에 대한 투자
- 창업보육센터의 설립 및 운영
- 중소기업과의 계약에 따른 경영 기술지원을 위한 사업

[자료원: 창업투자회사 등록 절차 및 준비서류 중소벤처기업부 2022.9. 발췌]

제3절 사업계획서 작성

1. 사업계획서의 의의

사업계획서는 새로운 사업을 추진하는데 사업의 내용을 정리하고 계획을 수립하는 문서이다. 경영학적 관점에서 우리가 앞에서 배웠던 경영의 관리과정(순환과정)의 출발점이다. 즉, 계획화, 조직화, 지휘화, 그리고 통제화의 순환과정에서 계획화가 기업경영 과정의 출발점이기 때문이다. 사업계획서는 사업타당성 분석을 바탕으로 구체적인 창업 또는 사업을 실행하기 위하여 제반 사항들의 설계를 담은 청사진이다. 사업계획서에 제시된 목표와 전략, 그리고 계획의 내용들은 사업 추진의 가이드라인으로서 유용한 로드맵(road map)이며 행동지침이 된다. 이러한 사업계획서는 창업이나, 자금의 조달, 신규사업, 투자유치 등 사업을 추진함에 있어 사업의 내용을 정리하고 계획을 수립하여 서면으로 정리한 것이다. 사업계획서에는 주로 기업의 현황과 구조, 시장분석, 산업분석, 경쟁자분석, 내부환경분석 등을 통하여 목표시장을 분석하고 사업의 추진전략과 실행방안을 수립하는 보고서이다. 사업계획서에는 디자인이나 사업의 아이디어보다도 누가 봐도 이해되는 내용으로 전달하여야 한다. 사업계획서에는 자금 문제가 절대적으로 중요하며, 어떻게 하면 사업아이템을 정확하게 전달할 수 있는가? 시장에 대한 분석은 정확한가? 사

사업계획에 필요한 핵심 체크포인트
1. 당신의 상품은 무엇인가? (What) 2. 당신의 고객은 누구인가? (Who) 3. 누가 이것을 팔 것인가? (Who) 4. 얼마나 많은 사람이 구매할 것 같은가? (How) 5. 창업을 위해 얼마의 예산이 발생할 것 같은가? (How) 6. 제품의 가격은 어떠해야 하나?(What) 7. 언제쯤 손익분기점에 도달할 것 같은가? (When)

업 운영에 대한 세부적인 계획이 잘 수립되었는가?를 확인할 수 있다. 사업계획서는 사업 타당성 분석을 통하여 선정한 아이템을 실행하기 위한 계획서로, 궁극적으로는 이윤 창출에 그 목적이 있다. 이윤 창출은 기업을 유지·성장시키는 원동력이다. 또한 사업계획서는 회사의 존재 이유와 비전을 제시하면서 사업 목표를 달성할 수 있도록 행동 절차를 제시하는 계획서이다.

2. 사업계획서 수립원칙

사업목표를 설정하고 사업 계획수립의 출발점으로 사업계획서를 작성하게 된다. 사업계획서에는 사업목표의 진실성과 실행 가능성이 간결하고 설득력 있게 제시되어야 한다. 사업계획서의 구조나 형식을 결정하는 것은 마치 우리들의 집을 건축하기 위한 설계도와 같다. 건축물은 건물의 사용용도가 최우선적으로 고려되어 설계가 이루어진다. 마찬가지로 사업계획서를 작성하는데도 사업의 업종, 사업목표, 사업의 규모 등을 고려하여 내용들이 균형있게 작성되어야 한다. 사업계획서에는 실행가능성과 진실성과 신뢰성이 담보되어야 한다. 이러한 실행가능성과 신뢰성이 없다면 사업계획서는 하나의 아이디어에 불과하다. 사업계획서 수립의 원칙은 첫째, 목표 중심적인 접근이 되어야 한다. 둘째, 사업계획서에 대한 진실성이 담겨 있어야 한다. 셋째, 사업계획서의 형식이나 구조 및 내용에 있어서 업종에 따른 차별적인 접근이 있어야 되며 주요 일정별 실행계획이 포함되어야 한다. 넷째, 기간별 목표를 설정하고 실행과정이 측정가능해야 한다. 다섯째, 사업실행시 위험요인의 분석가 평가, 그리고 대응방안이 반드시 작성되어야 한다.

3. 사업계획서 구성요소

사업계획서를 작성하는데 있어서 내용을 어떻게 구성할 것인지는 매우 중요하다. 사업계획서를 작성하는데 있어 구성요소는 [그림 5-3]과 같다. 성공한 사업계획서가 되기 위해서는 사업 아이템을 정확하게 전달하여야 한다. 정확하게 전달하기 위하여 사업계획서는 간결하고 명료하게 작성되어야 하며, 사업 개념을 명확하게 작성하여야 한다. 이를 위하여 기업 현황과 사업설명을 정확하게 제시하여야 한다. 기업 현황은 창업기업을 소개하는 것으로서 회사명, 대표자, 소재지, 소유형태, 본사주소 및 전화번호, 법인등록번호, 업태, 업종, 창업일, 직원 수 등 기본적인 항목으로 구성된다. 사업 설명에는 기업의 목표, 경영진, 사업 동기 및 사업 목적에 대해 기술하고 사업으로 인한 기대효과, 제품에 대한 설명, 생산 절차, 품질 등을 설명한다. 외부환경분석과 내부환경분석을 통한 SWOT(Strength, Weakness, Opportunity, Threat) 분석을 통하여 사업화 전략을 구체적으로 제시하여야 한다. 특히 목표시장분석은 국내 민간시장, 국내 기업시장과 해외시장을 중심으로 분석한다. 이러한 사업화 전략은 제품계획, 생산계획, 투자계획, 그리고 고용 창출 계획이 포함된다. 마지막으로 예상 재무제표를 작성한다.

그림 5-3 사업계획서 구성요소

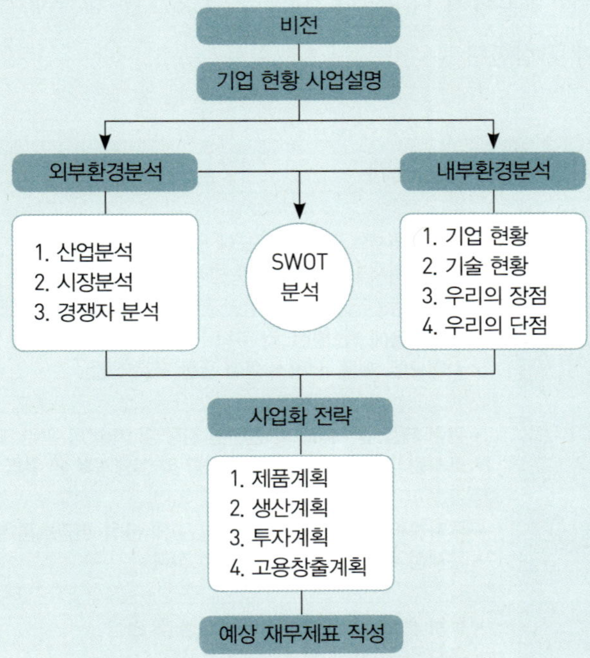

4. 사업계획서 작성 순서

효율적인 사업계획서를 작성하기 위해서는 [그림 5-4]와 같이 사전 준비로부터 사업계획서 작성에 이르기까지 순차적으로 작성한다. 첫째, 사전 준비 단계로서 사업계획서의 목적 및 용도에 적합한 내용을 구상하고 사업계획서의 문서 및 자료 형식을 확정한다. 둘째, 사업내용에 적합한 전체적인 목차를 구성하고 사업모델, 제품, 서비스 등에 관한 자료를 점검한다. 작성 내용에 대한 필요한 내용을 다시 한번 확인한다. 셋째, 관련 제품 및 서비스와 관련된 시장 및 기술 등에 관련된 조사를 실시하고 조사된 내용을 바탕으로 분석한다. 분석된 내용을 토대로 사업의 방향 및 실행계획을 수립한다. 넷째, 투자계획, 매출계획, 비용 및 손익계획, 현금흐름 등을 분석하고 내용상의 문제점을 확인하고 수정한다. 다음으로 목표 수치를 점검하여 수정한다. 다섯째, 목차순서에 따라 사업계획서를 작성한다. 필요한 경우 쉬운 항목부터 세부내용을 작성한다. 유사업종이나 유사 아이템을 중심으로 작성된 사업계획서를 참고하여 작성한다. 내용을 작성한 후 글자체, 글자크기, 색상, 선 등을 통일하여 편집한다.

그림 5-4 사업계획서 작성 순서

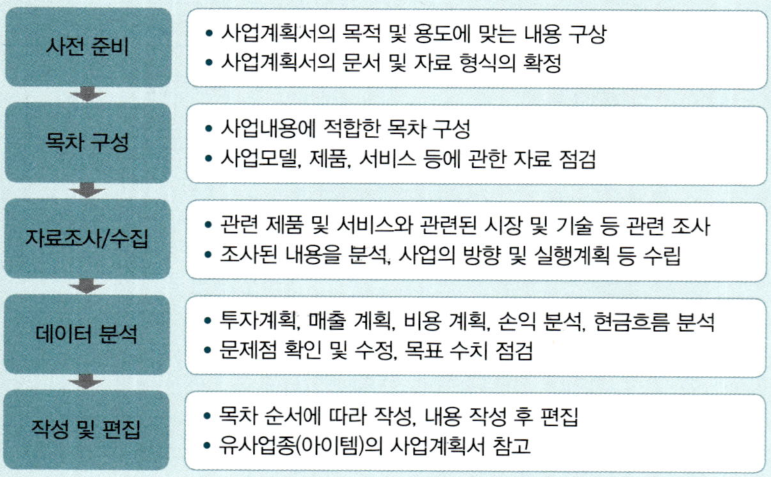

실패한 사업계획서의 내용
1. 맞춤법이 많이 틀리고 띄어쓰기와 논리적이지 않은 사업계획서 2. 사업계획서와 맞지 않는 내용을 기재한 사업계획서 3. 숫자가 틀린 사업계획서 4. 절박함이 결여된 사업계획서

기업가정신, 벤처경영과관련된 유용한 Websites
외국 Websites 예시 Inc: www.inc.com Red Herring: www.redherring.com EntreWorld: www.entreworld.org Upside: www.upside.com National Business Incubation Association: www.nbia.com SBA (미국 중소기업청): www.sba.gov National Venture Capital Association: www.nvca.com The Silicon Valley Gateway: www.netview.com/svg Stanford Business School: www.gsb.stanford.edu/ces MIT: entrepreneurship.mit.edu Harvard Business School: www.hbs.edu Babson College: www2.babson.edu MoneyTree: www.pwcmoneytree.com **국내 Websites 예시** 중소기업청: www.smba.go.kr 벤처기업협회: www.venture.or.kr KAIST 신기술창업지원단: htvc.kaist.ac.kr 매일경제: www.mk.co.kr Sky Venture: www.skyventure.co.kr 예스벤처: www.yesventure.co.kr 벤처경영컨설팅센터: www.venturesos.co.kr KTB World: www.ktbworld.co.kr 대학벤처포럼: www.uventure.org Venture 및 e-Business Consulting 회사 홈페이지 각 신문사 및 대학의 홈페이지

강의 요약

1. 기업가정신(entrepreneurship)은 위험을 무릅쓰고 새로운 사업을 전개하는 창의적이고 모험적 성향을 의미한다. 즉 자원의 제약과 위험의 존재에도 불구하고 모험정신을 발휘하여 창업하고 신사업과 새로운 시장을 개척하여 시업의 고도화를 도모하는 기업가의 의지를 말한다.

2. 창업(startup, Venture Creation)이란 기존에 없었던 새로운 기업을 설립하는 것으로서 여러 가지 자원(인적, 물적, 재무, 정보)을 결합시켜 인류사회가 필요로 하는 제품과 서비스를 창출할 수 있는 조직을 구성하여 가치와 수익을 창출하는 활동이다.

3. 창업을 하기 위한 세 가지 요소는 아이디어와 자본, 그리고 기업가정신을 가진 창업자이다.

4. 일반적인 창업의 절차는 크게 창업준비 단계, 창업 설립 단계, 그리고 창업 후 경영단계로 구분할 수 있다.

5. 사업계획서는 새로운 사업을 추진하는데 사업의 내용을 정리하고 계획을 수립하는 문서이다.

6. 사업계획서에는 사업목표의 진실성과 실행 가능성이 간결하고 설득력 있게 제시되어야 한다.

연습문제

1. 기업가정신은 가르친다고 얻을 수 있는 것일까?

2. 사업계획서를 작성해 보자

BUSINESS ADMINISTRATION

02

PART 02

계획과 조직

Chapter 06

계획의 수립

제1절 계획화(Planning)

1. 계획의 수립

우리는 앞서 경영관리의 순환과정에 대하여 공부하였다. 경영관리의 순환과정은 계획화(Planning), 조직화(Organizing), 지휘화(Leading), 그리고 통제화(Controlling)로 경영관리의 각 과정은 독립적으로 실행되는 것이 아닌 서로 밀접하게 연결되어 하나의 사이클을 가지고 순환체계를 이루며 반복되고 지속되는 것이다. [그림 6-1]에서 보는 바와 같이 첫 번째 과정이 바로 계획화(Planning)이다.

여러분들도 학기가 시작되기 전 시간표를 작성하는 것처럼 계획은 모두에게 중요하다. 하다못해 우리는 마트에서 과일을 고를 때도 과일의 당도 표시를 보고 구매한다. 개인마다 다른 주관적인 맛의 정도를 객관적으로 표시하는 농산물 표준규격으로 브릭스라는 과일 100g당 성분함량을 표현한 것이다. 오늘날 우리가 살아가는 세상에서 무엇인가 표준을 정하고 계획을 수립하는 활동이 우리에게 필요하다.

그림 6-1 경영관리의 순환과정

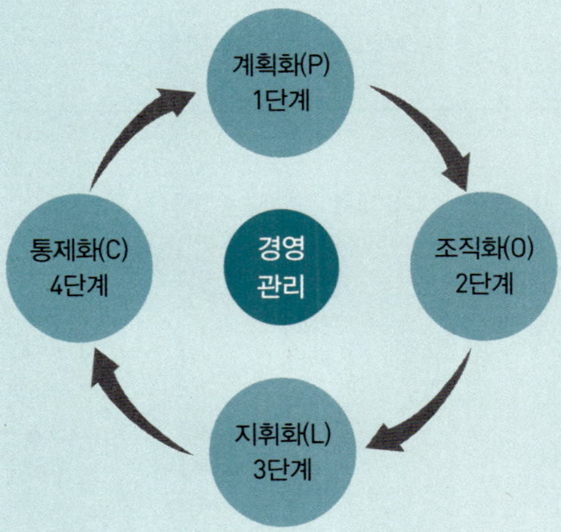

계획화(Planning)란 경영활동의 시작을 의미한다. 계획이란 기업의 장래 목표를 설정하고 이러한 목표를 어떻게 달성할 수 있을 것인가를 결정하는 과정이다. 경영원리에서 처음으로 행하는 계획화는 무엇을 할 것인가? 어떻게, 언제, 누가 그것을 할 것인가를 사전에 결정하는 과정을 의미한다. 즉, 계획은 기업이 달성하려고 하는 목표를 제시해주고 이를 달성하기 위하여 자원을 어떻게 배분하고, 기업이 하고자 하는 여러 가지 행동을 구체화시키는 활동이다. 경영활동에 있어서 계획화란 가장 먼저 해야 할 활동이면서 가장 중요한 영향을 미치는 활동이기도 하다. 영리조직이나 비영리조직에서 조직의 미래지향적인 모습을 위하여 설정하는 목표(goals), 방침(policies), 예산(budget) 등을 설정하는 조직의 설계도와 같다. 여러분

> 한 척의 배는 동쪽으로, 다른 한 척은 서쪽으로 항해하네
> 바람은 같은 방향에서 불어오지만
> 항해를 결정하는 것은
> 바람이 아니라 돛이라네
> 운명의 길은 바닷바람과 같아서 우리가 인생을 항해할 때 그 목표를 결정하는 것은
> 평온한 바다도 투쟁도 아닌 의지이다.

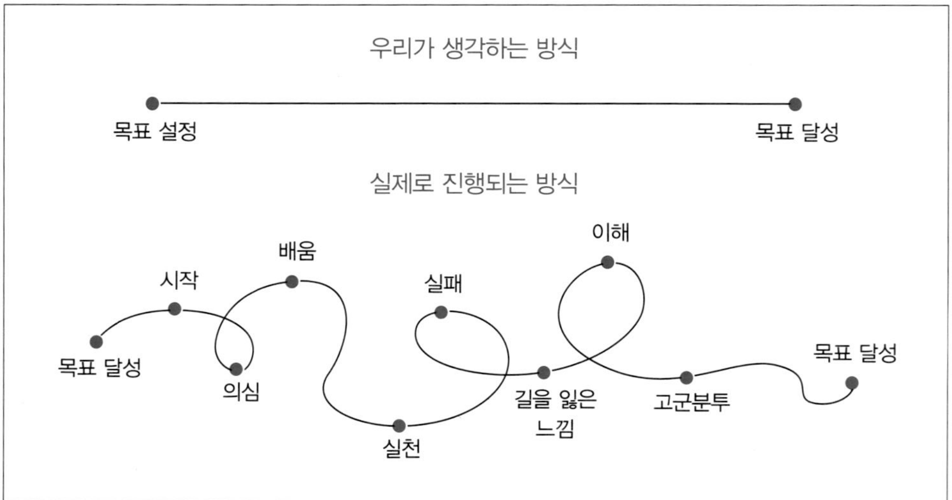

들이 방문하는 회사나, 지방자치단체, 그리고 병원에 이르기까지 모든 조직은 목표를 가지고 있다. 이러한 목표는 경영 계획화의 구성요소이다. 계획화는 경영관리과정의 통합 부분으로서 조직의 목표 달성을 위해서 사전에 결정된 행동 경로를 포함한다. 우리는 학과 MT를 갈 때도, 여행을 갈 때도 계획을 수립한다. 계획을 통하여 MT와 여행의 방향을 제시하고, 수행해야 할 구체적인 준비사항과 필요한 자원은 무엇인지, 또한 어떠한 일을 언제 해야 하는지를 구체적으로 밝혀주는 네비게이션의 역할을 한다.

2. 계획화의 목적 및 유용성

경영계획을 수립하는 목적은 무엇일까? 우리가 살아가는 세상은 매우 불확실하다. 기업은 여러 가지 변화와 불확실성에 대응하기 위하여 적절한 계획을 수립하고 있다. 이러한 계획은 정보의 유입과 피드백의 과정으로 계속적인 진행과정을 가지고 있는 동태적인 개념이다. 경영계획을 수립하는 이유는 [그림 6-2]와 같다. 첫째, 미래의 불확실성과 변화에 대한 대응을 하기 위해서이다. 계획화는 기업을 둘러싼 여러 가지 변화에 대응하기 위하여 예측이라는 도구를 사용하여 불확실성을 통제하고자 하는 것이다. 둘째, 계획화의 목적은 목표지향성이라는 것이다. 이는 전체적 최적화를 달성하는 것이다. 조직은 각각 부문(부서)을 가지고 부문들마다 목표를 가지고 목표를 달성하려고 노력한다. 이러한 부문의 목표는 부분최적화를 달성한다. 그러나 부분최적화가 조직 전체의 최적화를 달성했다고 보기 어렵다. 따라서 조직의 모든 활동의 결과가 조직이 지향하는 최종결과와 일치할 수 있도록 목표 지향성이 요구되어지고 달성되어야 한다. 셋째, 경제적인 조직을 운영하는 것이 계획화의 목적이다. 모든 조직

그림 6-2 경영계획을 수립하는 목적

1. 미래 불확실성 대응
2. 목표지향성
3. 경제적인 조직운영
4. 통제의 용이성

들은 존재이유가 있다. 이러한 조직의 존재이유가 이윤을 추구하거나 공익성을 추구하기도 한다. 모든 조직은 경제적인 조직운영을 하여야 한다는 의미이다. 이는 효율적으로 조직을 운영하여야 한다는 의미이기도 하다. 영리조직은 이윤을 달성하고 이윤개념에 충실하여야 하며, 비영리조직은 효율적으로 운영되어야 함을 의미하다. 넷째, 계획화의 목적은 통제의 용이성이다. 즉, 계획화는 조직을 운영하는 경영자에게 통제활동을 수행할 수 있는 단서를 제공하고 있다. 모든 조직이 계획을 수립한 것은 그 계획대로 실행을 했는지에 대한 통제를 할 수 있다는 것을 의미하기 때문이다.

계획화의 유용성은 [그림 6-3]과 같다. 첫째, 계획화에 의하여 조직의 안정성과 적응성에 대한 기대를 용이하게 할 수 있기 때문이다. 둘째, 제한적이지만 미래를 예측함으로써 불확실성에 대응할 수 있도록 하기 때문에 계획화는 유용하다. 셋째, 조직에 대한 시장에서의 기회나 위협을 미리 확인할 수 있게 하기 때문에 유용하다. 넷째, 계획화의 목적에 있는 통제화(Controlling)의 용이성처럼 통제화의 기초를 제공하고 성과평가의 근거를 제공하여 주기 때문에 계획화는 유용하다. 다섯째, 제한된 자원을 보다 더 효율적으로 이용할 수 있게 하여 주기 때문에 계획화는 유용하다.

그림 6-3 경영계획의 유용성

1. 조직의 안정성과 적응성에 대한 기대 용이
2. 미래 예측을 통한 불확실성과 변화에 대한 대응
3. 조직의 기회나 위협을 미리 확인
4. 통제를 위한 기초 제공
5. 효율적인 자원 이용 제공

3. 계획화의 중요성

계획화는 경영관리활동의 출발점이자 가장 중요한 활동으로서 미래의 예측을 통하여 목표나 방침, 프로그램, 수순(schedule), 절차(procedure), 그리고 예산(budget)이라는 구성요소를 가지고 있다. 계획화의 중요성은 [그림 6-4]와 같다. 첫째, 계획적으로 업무를 수행하는데 있어서 집중성과 신축성을 기할 수 있다는 것이다. 조직이 설정한 계획화를 토대로 업무를 수행하기 때문에 집중성을 가지고 일할 수 있다는 것이고, 환경변화에 신축적으로 대응할 수 있다는 것이다.

둘째, 업무수행과정에서 중복되거나 또는 상충되어진 업무를 통하여 업무효율이 떨어질 가능성이 높을 때 계획화는 일관성있는 체계를 제공하기 때문에 조정(coordination)의 역할을 하기 때문에 중요하다. 셋째, 계획화는 조직이 업무를 실행하는데 있어 통제를 개선할 수 있기 때문에 중요하다. 넷째, 업무를 실행하는데 불필요한 절차나 행동 때문에 시간낭비와 같은 비효율을 제거하여 시간 관리를 유용하게 할 수 있기 때문에 계획화는 중요하다.

그림 6-4 계획화의 중요성

1. 집중성과 신축성 제공
2. 조정을 통한 업무 효율성 제고
3. 통제 개선 기회 제공
4. 비효율 제거를 통한 시간 관리유용

4. 계획화의 과정

계획은 여러 가지 단계를 거쳐 수립하게 되는데 계획화의 과정을 살펴보면 [그림 6-5]와 같다. 경영계획의 첫 번째 단계는 문제의 인식과 목표를 설정하는 것이다. 기업경영에 있어 어떠한 문제나 기회의 올바른 인식이 필요하다. 즉, 자기회사에 대한 장점과 단점을 분석하여 현재 산업에서의 위치, 해결해야 하는 문제점과 그 이유 등이 파악되어야 한다. 이를 바탕으로 기업 전체가 달성하고자 하는 목표를 우선적으로 수립하고 이를 달성하기 위하여 각 부서별로 어떠한 일을 해야 하고 부서별 운영목표를 수립하게 된다. 운영목표의 예로는 보통 매출액, 수익성, 판매율,

그림 6-5 경영계획수립의 5단계

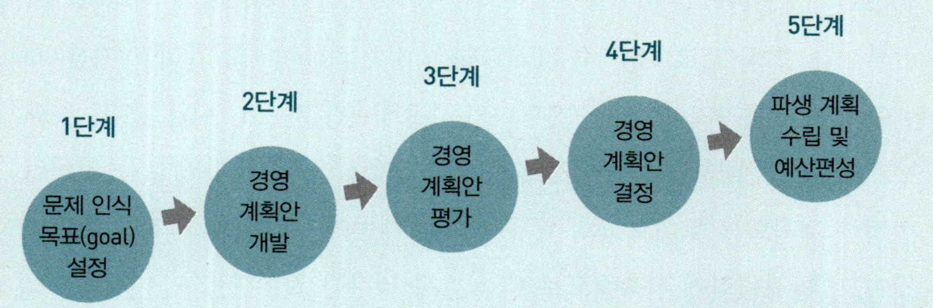

시장점유율 등 여러 가지 목표를 달성하기 위하여 목표를 설정한다. 경영계획의 두 번째 단계는 설정된 경영목표를 달성하기 위한 여러 가지 계획을 개발하는 것이다. 이러한 경영 계획안을 개발하기 위한 자료는 최고경영자의 경영철학이나 경영의지에 따라 계획안을 개발하는 것이다. 이러한 방법은 하향식 방법(Top-down)이라고 한다. 반대로 모든 계층의 조직 구성원이 참여하여 자발적으로 제안하는 상향식 방법(Bottom-up)이 있다. 또 다른 방법으로는 목표를 설정하기 위하여 경쟁우위에 있는 산업 내의 경쟁기업의 경영활동을 비교 분석하여 목표를 설정하는 벤치마킹 방법이 있다. 경영계획의 세 번째 단계는 경영목표를 달성하기 위한 경영 계획안이 개발되면 이러한 계획안이 적절하고 적합한지를 평가하는 단계이다. 평가하는 단계는 가능한 객관적인 평가 기준을 적용하여 평가하여야 한다. 예를 들면 실현가능한가?와 같은 실현가능성, 현실성, 적합성 등 상황별로 적절한 기준을 가지고 평가하여 적합성과 현실성, 실현가능성이 높은 계획안을 결정하는 것이다. 네 번째 단계는 경영 계획안의 결정을 통하여 의사결정이 이루어지는 시점에서 계획화가 시작되어 종료되는 최종단계 이후의 파생 계획을 수립하는 것이다. 이러한 일련의 과정이 끝나면 마지막 단계에서 계획을 숫자화하는 예산을 편성하는 단계이다. 예산편성은 조직 전체의 예산으로 매출액 등 총수입과 제조원가, 재료비, 판매비와 관리비 등 총비용으로 구성되며 추정 재무제표를 통해 확인되어진다.

5. 경영계획의 유형

경영계획을 분류하는 방법에 따라 여러 가지 유형으로 나눌 수 있다. 경영계획의 유형으로는 경영계획의 범위, 경영계획의 시간적 기간, 그리고 경영계획의 사용 빈도에 따라 나눌 수 있다. 정리하면 〈표 6-1〉과 같다. 경영계획의 범위에 따른 경영계획의 유형은 전략적 계획, 전술적 계획, 그리고 운영계획이 있다. 전략적 계획은 기업의 장기적인 관점에서의 계획으로서 조직의 총체적 목표가 제시되어 조직이 나아갈 방향을 수립하는 계획을 의미한다. 주로 최고경영자에 의해 수립되며 조직의 전략적 계획 수립단계에서 조직의 목표를 설정하고 이러한 목표를 달성하기 위해 어떠한 자원이 조달되어야 하고 어떠한 방법으로 수행되어야 할지에 대한 방향을 제시한다. 전술적 계획은 전략적 계획에 바탕을 둔 실천전략으로서 시간적 기간측면에서 중기적인 계획이다. 이러한 전술적 계획은 중간경영자가 수립하는 계획으로서 보다 구체적인 계획이다. 운영계획은 다른 말로 실행계획이라고 하며 전략적 계획과 전술적 계획을 수행하기 위해 필요한 인적·물적 자원을 어떻게 조달되고 수행해야 할지에 대한 액션플랜(action plan)인 세부적인 계획이다. 주로 단기간에 이루어지며 주별, 월별, 분기별, 반기별까지의 계획으로 생산계획, 인적자원계획, 예산계획 등을 말한다. 경영계획의 시간적 기간에 따라서는 단기, 중기, 장기계획으로 구분된다. 일반적으로 단기계획은 1년 이내의 기간을 대상으로 하는 계획을 의미한다. 중기계획은 보통 1~2년, 장기계획은 3년 이상의 기간의 계획을 의미한다. 보통 기업에서는 5년 단위의 장기계획을 수립하고 이를 바탕으로 중기계획, 단기계획을 세분화하여 수립한다. 단기계획의 의미는 기업의 생산시설

표 6-1 경영계획의 유형

경영계획의 구분	유 형		
1. 경영계획의 범위에 따라	전략적 계획	전술적 계획	운영계획
2. 경영계획의 시간적 기간에 따라	단기계획	중기계획	장기계획
3. 경영계획의 사용 빈도에 따라	일회성 계획	지속적 계획	

의 확장이나 축소, 그리고 새로운 기계의 도입과 같은 계획은 할 수 없고 단지 기존 생산능력의 효율성을 증가할 수 있는 단기적인 기간을 의미한다. 장기계획은 신규사업에 진입하거나 기존 사업을 철수하는 등 그 효과가 기업의 영업성과에 반영되는 충분한 기간을 의미한다. 경영계획의 사용 빈도에 따라 일회성 계획과 지속적 계획으로 구분하며, 일회성 계획은 기업이 부딪히는 특정한 상황과 기간의 관점에서 작성된 계획으로 목표가 달성되거나 기간이 만료되면 이용하지 않은 계획을 의미한다. 지속적 계획이란 반복적이고 지속적으로 사용하는 유용한 계획으로 기업의 방침 및 규칙 등에 반영된다.

6. 경영계획수립 기법

기업에서 경영계획을 수립 시 경영계획을 쉽게 이해할 수 있어야 하며 타당한 근거가 있어야 한다. 경영계획수립에 이용되는 기법으로는 크게 3가지 방법이 있다. 예측법, 상황대응 계획법, 그리고 시나리오 계획법이 있다. 첫째, 예측법은 기업을 둘러싼 환경불확실성 등 다양한 변수들에 의해 영향을 받게 되는 요인들을 예측하는 방법이다. 이러한 예측은 많은기관(통계청, 한국은행, 각종연구소, 금융기관 등)들이 공표하고 제공하는 과거 자료와 예측자료들을 발표한다. 또한 관련 전문가들의 예측들과 각종기관들의 예측자료들을 경영자가 예측법을 활용하여 경영계획

그림 6-6 경영계획수립의 예측법

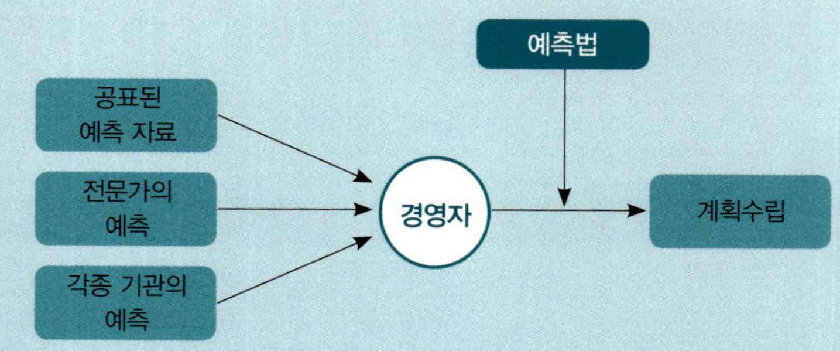

그림 6-7 **시나리오 계획법**

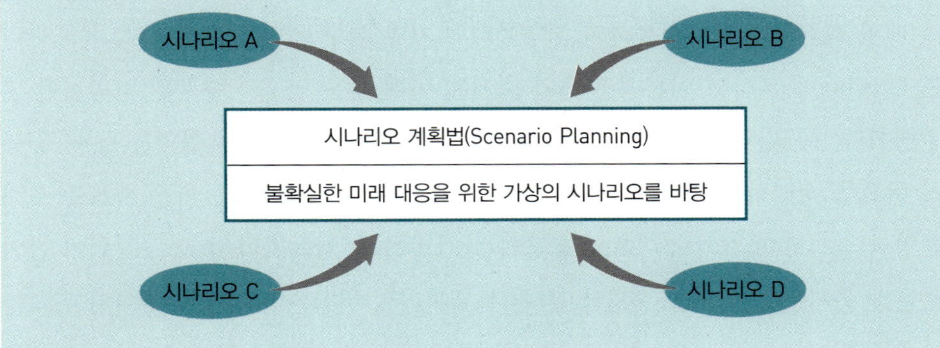

을 수립한다. 이를 살펴보면 [그림 6-6]과 같다. 둘째, 상황대응 계획법은 기업을 둘러싼 환경의 변화로 당초 수립한 경영계획이 적절하지 않다고 판단될 때 새로운 환경하에 기업이 적절히 대응할 수 있는 계획법으로 단기간 예측기법이다. 셋째, 시나리오 계획법(Scenario Planning)이 있는데, 이는 [그림 6-7]과 같다. 시나리오 계획법은 장기간 예측기법으로 1960년대 미국의 미래학자인 허만 칸(Herman Kahn)이 미국 공군에서 시나리오 개발을 했던 경험을 바탕으로 시나리오 기법을 경영학 영역에 적용하였다. 상황대응 계획법이 단기간의 예측방법이라면 시나리오 계획법은 장기간의 예측기법으로 다양한 가상의 시나리오를 준비하여 상황의 변화에 유연하게 대응할 수 있는 경영계획의 방법이다. 시나리오 기법의 과정은 시나리오의 방향을 설정하고 이러한 방향에 맞추어 의사결정요소를 파악하고 여러 가지 발생가능성과 심각성을 바탕으로 환경요인을 파악한다. 이러한 과정이 끝나면 시나리오를 도출하고 시나리오를 작성하고 이러한 시나리오에 맞게 대응 전략을 수립하는 방법이다.

7. 목표관리

목표관리(Management By Objectives; MBO)는 조직의 목표를 효율적으로 달성하기 위한 방법으로 조직 구성원들이 목표를 설정하는데 있어 참여의 과정을 통하여 조직의 목표를 명확하고 체계적으로 설정함으로 관리의 효율화를 기하려는 관리방식을 의미한다. 조직 구성원들이 목표에 참여함으로써 동기부여가 되고 설정된 목표에 대한 실적평가과정을 통하여 경영통제의 기반을 두고 있는 개념이다. 목표관리는 Drucker에 의하여 이론적 기초가 소개된 이래 많은 연구가 수행된 경영철학 및 관행이다. 목표관리는 조직의 상위관리자와 하위관리자가 상호협의를 통해 공통의 목표를 식별하고 각자의 주된 책임 영역을 지표로 정의하고, 이들 지표를 조직 운영과 공헌도 평가의 가이드로 활용하는 과정이다. 감독자와 조직 구성원이 합의하는 내용의 예는 [그림 6-8]과 같다. 목표관리의 핵심은 자신에게 부여된 목표를 그대로 받아들이는 것이 아닌, 하위관리자가 목표의 설정에 있어 참여를 통한 목표설정을 하는데 있어 주요한 역할을 한다는 것이다.

목표관리의 특징은 첫째, 체계적인 활동목표에 따라 능동적으로 환경조건을 통제해 나가는 관리시스템이라는 것이고, 둘째, 조직 구성원 간의 협력관계를 기대할 수 있다는 것이며, 셋째, 일의 목적을 알고 스스로 의사결정에 참여하여 자기의 의견이 반영되고 기대하는 일의 성과가 명확하여 일에 대한 흥미와 성취의욕이 높아진다는 것이다. 목표관리의 과정은 크게 세 가지로 구분되는데 첫째, 목표의 설정이고, 둘째, 목표설정 과정에 참여, 셋째 목표가 계획대로 진행되었는가를 확인하는 피드백과정이 있다.

그림 6-8 목표관리 내용의 예

감독자와 조직 구성원이 합의하는 내용의 예

1. 특정 기간 동안 조직 구성원이 달성해야 할 목표
2. 목표가 성취되어가는 과정에 대한 계획
3. 목표가 달성되었지를 평가할 때 판단할 성과 표준
4. 성과평가 절차

제2절 계획화와 예산제도

미래의 계획이 없는 조직은 목표를 상실하고 표류하는 나침반 없이 항해를 하는 배와 같다. 계획을 수립하지 않는 조직은 오늘날 급변하고 있는 환경하에서 현안 문제를 해결하는 데 급급하여 기업의 전반적인 문제나 미래의 목적을 달성할 수 없게 된다. 기업을 경영하는 경영자나 정부의 관리자, 비영리조직의 경영자, 병원 경영자, 그리고 가정경영에 있어서도 미래의 불확실성에 효과적으로 대응하기 위하여 사전에 계획을 수립할 필요가 있다. 이러한 계획화와 예산제도는 밀접한 관련을 가지고 있다. 예산(budget)이란 미래에 대한 경영활동의 계획을 화폐단위로 계량화하여 공식적으로 표현한 것이다. 예산제도는 미래에 대한 불확실한 상황을 예측하고 대비하게 하는 계획기능과 업적을 평가하는 기준으로 업적과의 비교평가를 통하여 피드백을 제공하는 통제기능, 부문 간 또는 부문과 기업 전체 간의 목표를 조화시키는 조정기능을 가지고 있다.

1. 예산제도의 기능

앞 절에서 살펴본 바와 같이 경영계획을 수립하는 5가지 단계에서도 경영계획은 목표의 인식에서 출발한다. 경영계획을 수립하지 않고서는 조직의 목적을 달성할 수 없다. 이러한 미래의 경영계획은 예산의 형태로 구체화된다. 예산은 기업의 공식적인 경영계획이다. 전략적 계획이나 장기적인 경영계획에 근거한 목표가 설정되면, 이를 기반으로 부문별로 계획이 수립되며 각 부문별 예산이 통합되어 필요한 조정을 거친다. 예산편성과정에서 부서 간의 수평적 의사소통과 조정이 이루어지며 이에 의해서 예산의 기능이 나타난다. 예산의 기능은 [그림 6-9]와 같다.

그림 6-9 예산의 기능

1. 계획수립(계획기능)
2. 조정 및 의사소통(조정기능)
3. 성과평가 및 통제(통제기능)
4. 조직 구성원의 동기부여

2. 종합예산제도

종합예산(master budget)은 경영자의 미래 계획과 실행방법을 기술하고 있는 것으로, 기업의 모든 세부단위의 목표를 요약하여 판매, 생산, 구매, 재무 등 기능별로 작성된다. 종합예산은 크게 두 부분으로 구분하여 살펴볼 수 있다. 기업의 판매, 생산, 그리고 관리를 위한 운영예산과 재무활동을 위한 재무예산으로 구분한다. 운영예산(operating budget)에는 수익예산, 제조원가예산, 그리고 운영비용예산 등이 포함되며, 여기에서 예산상의 순이익이 산출된다. 즉, 판매, 생산, 원재료와 인력의 조달 및 사용에 대한 계획을 기초로 하여 판매예산, 생산예산, 매출원가예산을 작성한다. 재무예산(financial budget)은 추정재무상태표, 자본프로젝트에 대한 계획, 그리고 차입 및 투자계획을 내포한 현금 유입 및 유출에 대한 상세계획이 포함된다. 즉, 자금의 조달과 투자를 위한 자본지출예산, 현금예산을 작성한다. 종합예산은 예산편성과정의 전체 계획수립기능의 최종산물이다. 이는 다음 회계기간 동안 기업의 운영활동을 기술하는, 단일계획으로 결집된 모든 예산의 최종 결과이다. 종합예산을 편성할 때 대부분의 기업은 기획부서나 예산편성부서에서 예산편성 준비를 하는데, 사업계획수립과 관련된 기업차원의 지침이나 방침관리, 전사적으로 경쟁력 있는 상태에서 달성해야 할 이익목표를 설정하고 이를 책임단위별로 배분한다. 이러한 예산편성 지침을 모든 부서에 통보한다. 이를 토대로 각 사업부문별, 사업장별로 예산을 수립하여 기획부서나 예산편성부서로 보내져서 각 부서 및 기능별로 작성된 예산을 취합 조정하여 종합예산을 편성한다. 종합예산의 편성 절차를 살펴보면 첫째, 판매예측을 통한 판매예산을 수립한다. 둘째, 판매예산이 편성된 후의 다음 단계는 제조예산(production budget)을 수립하는 것이다. 제조예산은 다음 연도나 다음 분기에 요구되는 생산량을 표시한 것으로, 판매예산과 기말재고 정책에 의해 결정되고 직접재료원가예산, 직접노무원가예산, 그리고 제조간접원가예산을 편성하는 출발점이다. 제조예산은 생산해야 할 제품의 수량을 결정하는 것으로 '생산예산'이라고도 한다. 생산해야 할 수량은 예상판매량과 재고수준의 예상변화량에 의해 결정된다. 기업은 기말재고에 대한 예산도 적절하게 수립해야 한다. 만약에 재고에 대한 신중한 계획이 수립되어 있지 못하면 기말에 과도한 재고를 갖게 될 가능성이 있게 되고, 이로 인해 보관비용, 유지비용과 같은 불필요한 비용을 발생시킬 수 있다. 반면에 재고가 없는 경우에는 판매의 기회를 상실할 수도 있다. 셋째, 제조원가계산과 매출원가 예산을 수립한다. 넷째, 판매관리비 예산을 수립한 후 추정손익계산서와 추정재무상표를 편성한다.

제3절 경영전략

1. 경영전략의 의의

"전략이란 생존에 중요한 역할을 하는 것으로 삶과 죽음의 문제이기도 하고 안전과 존망에 영향을 미치는 것이다. 어떤 경우라도 전략을 소홀히 여겨서는 안 된다."(손무, '손자병법') 전략이란 군사학에서 나왔다. 전략이라는 용어는 고대 그리스어의 Strategos라는 말에서 유래되었다. 이는 군대를 의미하는 'Stratos'와 이끈다는 의미를 가진 '-ag'가 합쳐진 용어이다. 군사학적 측면에서 전략은 대규모의 정기적 계획 및 개발을 통해 평시에 국가의 안전과 전쟁발생시 승리를 위해 국가의 모든 힘을 모아 사용하는 것을 의미한다. 이제는 경영 현장에서 더 많이 사용되는 언어이기도 하다. 경영현장도 마찬가지로 전쟁터와 비슷하다. 경영현장에서는 기업생존을 위하여 다양한 방법을 동원하고, 혁신하고, 변화하기도 한다. 경영현장에서는 경영전략(business strategy)이라고 하며 조직의 주요 목표와 정책, 그리고 행동프로그램을 기업 전체로 통합한 장기적인 계획을 의미한다. 경영이라는 세계에서는 전략이라는 언어가 가장 많이 사용될 것이다. 나폴레옹의 전쟁에서도, 이순신 장군의 전쟁에서도 마찬가지다. 경쟁우위를 확보하기 위하여 기업들은 다양한 전략을 수립하고 실행한다. 불확실성의 시대에는 더욱이 전략이라는 도구가 필요하다. 기업들에게는 일상적인 변화가 아닌 기업의 존폐여부를 결정하는 변화를 어떻게 주도할 것인가이다. COVID-19을 계기로 중국 중심의 글로벌 공급망 붕괴가 현실이 되었고 이를 타개하기 위한 전략과 전술을 실행하고 있다. 다시 말해 전략이란 한정된 자원을 통하여 경쟁우위를 창출하고 유지하는 의사결정 과정이라고 할 수 있다. 즉, 기업의 장기목표를 수립하고 이러한 목표를 달성하기 위하여 보유하고 있는 자원관리의 방법과 비즈니스 활동들의 방향을 탐색하는 것이다. 장기와 체스, 그리고 바둑은 전략적인 의사결정을 하는 게임이다. 장기와 체스는 외통수라는 진퇴양난의 경우의 수가 있고, 바둑은 세력을 키우기 위하여 포위하고 때로는 많은 돌을 내어주며 더 많은 돌을 잡는 전략을 수행하기도 한다. 역사상 위대한 전략가로는 누가 있을까. 그리스 장군이었던 크세노폰, 카르타고의 장군 한니발, 로마의 집정관이었던 파비우스 막시무스, 중국의 손자, 이탈리아의 마키아벨리, 프로이센의 프리드리히 대왕, 그리고 프로이센의 몰트케가 있다.

경영전략이 조직이론을 비롯한 주변 경영학 분야들과 구분되는 독립적 정체성을 가지게 된 것은 산업구조론(industry structure perspective)과 자원기반관점(resoouce based view)이라는 두 가지 커다란 축으로 경영전략이 독립적인 학문영역으로 태동되었다. 산업구조론이란 기업의 전략과 성과의 주요결정요인은 진입장벽, 차별화정도, 산업집중도 등 산업의 특징을 가지고 모든 기업은 유사한 자원과 능력을 보유하며, 자원의 기업 간 이동이 용이하며, 기업의 전략은 산업의 구조적 특성에 의해 결정된다는 것이다. 자원기반관점에서 기업의 전략과 성과의 주요결정요인은 기업내부의 자원화와 능력이라는 것이다. 1980년대 초 마이클 포터(Porter, 1980)교수는 기업의 전략과 성과의 주요결정 요인은 시장진입장벽, 제품차별화의 정도, 그리고 산업의 집중도를 포함하는 산업의 특징이라는 산업구조론을 설명하였다. 산업구조론의 특징은 첫째, 모든 기업들은 유사한 자원과 능력을 보유하고 있다. 둘째, 자원의 기업 간 이동은 용이하며 이로 인한 차별적인 자원을 기업이 장기간 보유하고 활용하는 것은 불가능하다. 셋째, 기업의 전략은 산업의 구조적인 특성에 의해 결정된다. 넷째, 경영자의 의사결정능력은 제한적이지 않으며 이로 인하여 항상 합리적인 의사결정을 내릴 수 있다는 것이다. 즉 산업구조론은 산업을 구성하는 공급자, 소비자, 그리고 경쟁자 등과의 관계구조에서 기업이 어떠한 포지셔닝(positioning)을 가지고 있고 이러한 포지셔닝이 기업의 경쟁우위에 미치는 영향에 초점을 맞추었다. 반면 자원기반관점(resoouce based view)은 기업들은 모두 이질적인 자원을 가지고 있기 때문에 기업들은 모두 이질적이라는 관점이며, 따라서 각기 다른 자원의 조합을 기업들이 가지고 있기 때문에 그에 따라 기업마다 다른 사업전략을 갖는다는 관점이다. 이는 기업이 내부에 보유한 쉽게 모방하기 어려운 여러 가지 자원들이 차별적 경쟁우위에 미친다고 보았다. 전략은 사업정책으로 불리기도 하는데 이는 지속적인 새로운 목표제시와 같은 포괄적 의미를 포함하고 있다. 역사학적 조직이론가였던 챈들러(chandler, 1962)는 1960년대 초에 기업의 조직구조가 각 기업이 선택한 전략의 유형에 의해 결정된다는 구조는 전략을 따른다는 전략의 개념을 소개하였다.

2. 게임이론과 경영전략

여러분들은 어떠한 게임을 좋아하는가? 온라인 게임인 리그오브레전드, 아니면 넥슨의 메이플스토리를 좋아하는가? 게임이란 무엇인가? 오늘날 우리를 둘러싼 많은 곳에서 여러 가지 게임이 진행되고 있다. 운동경기, 오락, 국제관계, 등 모든 것이 게임이다. 게임이론(game theory)이란 한 사람의 행위가 다른 사람의 행위에 미치는 상호의존적, 전략적 상황에서 의사결정이 어떻게 이루어지는가를 연구하는 이론이다. 우리가 제1장 경영학의 기초개념에서 너도 살고 나도 살아가는 것이 경영이라는 이야기를 하였다. 러시아와 우크라이나의 전쟁은 너도 죽고 나도 죽는 모두가 지는 게임이다. 만약 한·미 정상회담에서 양국의 공동이익이 발생했을 때는 너도 살고 나도 사는 게임이다. 즉, 긍정적인(positive-sum) 게임인 서로 win-win 하는 게임이다. 두 번째 게임은 제로섬(Zero-sum)게임이다. 한 사람은 이기고 한 사람은 지는 게임이다. 예를 들면 선거, 월드컵 축구예선을 들 수 있다. 마지막으로는 처음 얘기한 러시아와 우크라이나 전쟁 같이 모두 지는 부정적인(negative-sum) 게임인 서로 죽는 lose-lose게임이다. 게임을 우리가 배우는 경영학에 적용해본다면 우리는 사업을 통해 이익을 추구하는 어쩌면 판돈이 크게 걸린 도박과 같은 게임이기도 하다. 위험을 감수하고 도전하는 정신인 기업가정신을 통해 기업이 성장하였다.

사업은 전쟁과도 비슷한 면이 있기도 하지만 많은 차이점이 있다. 첫째, 전쟁은 게임의 규칙이 없다. 그러나 기업경영은 법이나 제도와 같은 정해진 규칙하에 경영을 해야 한다. 둘째, 러시아와 우크라이나 전쟁과 같이 전쟁이 끝나면 양쪽 모두 피해가 발생한다. 그러나 사업에 참가한 많은 대부분의 기업이 함께 이기는 경우가 많다.

가장 나쁜 게임은 서로 죽이는 게임이다. 넷플릭스에서 방영된 오징어게임은 결국은 혼자 살아남고 나머지는 죽는 게임이다. 이러한 게임을 과학적으로 설명한 것이 게임이론(game theory)이다. 게임은 나름대로 규칙을 가지고 있는데 참가자, 전략, 그리고 결과와 보수가 있다. 이러한 부분을 수학적으로 모형화한 것이 게임이론이다. 여기서 우리가 경영전략과 연결시켜보고자 하는 것이 바로 전략적 상호작용이다. 즉, 내가 어떠한 전략을 사용했을 때 상대방은 어떻게 반응할 것인가? 또한 상대방의 그 반응을 내가 어떻게 활용할까? 하는 전략적 상호작용을 잘 이해하는 것이 게임이론의 핵심이다. 게임이론은 1944년 Neumann과 Morgenstern이 쓴 논문과 John Nash가 1951년 쓴 논문에서 시작되었다. Neumann과 Morgenstern은 포커게임을 통하여 수학적으로 게임을 어떻게 설명할 수 있을까를 연구하였다. 여러분들도 영화에서 보는 바와 같이 포커게임을 하다보면 자기가 가지고 있는 패는 약한데도 불구하고 허세를 부리는 경우가 있다. 이러한 허세를 부리는 이유는 본인의 패가 나쁨에도 불구하고 좋은 패인 것처럼 허세를 부리고 반대로 본인의 패가 좋은데도 불구하고 나쁜 것처럼 허세를 부린다. 이러한 행동을 분석해서 포커매뉴얼을 만들어냈고 이것이 게임이론의 시초이다. John Nash는 Neumann의 학생이었고 10페이지도 안 되는 짧은 논문에 내시균형이라는 것을 만들어내고 1994년에 노벨경제학상을 수상하게 된다. 이 내시균형은 유명한 죄수의 딜레마(Prisoner's dilemma)를 가지고 설명한다. 어린이를 유괴한 두 명의 용의자가

그림 6-10 죄수의 딜레마 게임

		여자의 선택	
		자백	부인
남자의 선택	자백	남자: 징역 10년 여자: 징역 10년	남자: 석방 여자: 징역 20년
	부인	남자: 징역 20년 여자: 석방	남자: 징역 5년 여자: 징역 5년

경찰서에 잡혀왔는데 [그림 6－10]에서 보는 바와 같이 남자가 자백했을 때와 부인했을 때, 여자가 자백했을 때와 부인했을 때 각각의 상황에 따라 징역이 달라진다고 한다면 두 사람은 어떤 선택을 할 것인가?

남자의 경우 여자가 자백을 했을 때 자백하는 것이 징역 10년으로 나타나고, 만약 여자가 죄를 부인하고 남자는 자백을 했을 때 석방이 된다. 따라서 남자의 경우 여자가 자백을 하던 부인하던 자백하는 것이 좋은 선택이라고 생각한다. 반대의 경우 여자의 경우도 마찬가지로 남자가 자백을 하던 부인을 하던 자백하는 것이 유리하다. 만약 두 사람이 서로를 신뢰한다면 두 사람 모두 부인하여 징역 5년을 살고 나오는 것이 가장 좋은 결과이다. 그러나 두 사람이 서로를 신뢰하지 못하기 때문에 모두 죄를 자백하고 징역 10년을 살게 된다는 것이 죄수의 딜레마이다. 이러한 상황은 기업현장에서도 많이 발생한다. 게임을 이용한 기업경영전략을 설명하는 좋은 방법은 첫째, 게임이라는 것은 능동적으로 바꾸어야지 주어진 게임을 그대로 받아들여서는 안된다. 둘째, 상대방을 이긴다고 생각하면 안된다는 것이다. 기업을 운영하면서 경쟁자와 같이 시장에서 너도 살고 나도 살아가는 윈윈전략을 추구해야 한다는 것이다. 셋째, 독창적인 것에 너무 집중하지 말고 상대기업을 모방하는 것도 괜찮은 전략이라는 것이다. 넷째, 기업경영에 있어서 부분적 최적화보다는 전체 최적화를 추구해야 한다는 것이다. 즉, 부분을 벗어나 게임 전체를 볼 수 있는 안목이 있어야 한다는 것이다. 다섯째, 경쟁자인 상대방의 관점에서 생각해야 한다는 것이다. 사업은 게임과 같고 이러한 게임에 대한 이해를 통하여 기업경영을 전략적으로 운영할 수 있다는 시사점을 게임이론은 제공한다.

3. 경영전략의 틀

여러분들이 가고 싶고 만들고 싶은 영리조직이나 비영리조직들을 생각해 보고 그 기업의 홈페이지나 그 기업을 방문해 보면 모든 조직들은 기업을 소개하는 내용이 있다. 기업소개를 좀더 자세히 살펴보면 그곳에는 그 기업의 연혁에서부터 대표이사의 소개 등 기업에 대한 미션, 비전, 그리고 핵심가치가 무엇인지를 살펴볼 수 있다. 경영전략의 틀은 [그림 6-11]과 같이 나타낼 수 있고, 이것은 그 기업의 정체성을 파악할 수 있는 단서가 된다. 소위 그 기업은 누구인가? 무엇을 하기 위해 존재하는가?와 같은 미션이 제일 먼저 눈에 띈다. 미션(mission)은 왜 존재하는지에 대한 이유를 설명하고 있다. 즉, 기업이 설립된 이유이다. 이러한 미션을 통해 그 기업이 왜 존재하는지에 대한 이유와 그 기업에게 중요한 것은 무엇인지에 대한 기업의 가치를 살펴보게 된다. 마찬가지로 그 조직의 비전(vision)은 일정한 시간이 지난 후 그 기업이 미래에 만들어 내고 싶은 기업의 모습을 의미한다.

헬렌 켈러는 세상에서 가장 딱한 사람은 볼 수 있는데도 비전을 갖지 못한 사람이라고 하면서 미래를 볼 수 있는 미래에 만들어 내고 싶은 자아의 모습을 가지지 못한 사람은 세상에서 가장 불쌍한 사람이라고 했다. 비전을 설명하면서 시간적 개념을 포함하여야 한다. 이는 높은 산에 올라가 가까운 곳에서부터 먼 곳까지 바라보는 관점이다. 즉, 1년 후, 3년, 5년, 7년, 10년, 20년 후의 만들고 싶은 그 기업의 모습을 시간적 개념을 포함하여 달성하려는 목표이기도 하다. 이렇게 미션과 가치, 그리고 비전을 정하고 달성하기 위한 핵심가치를 설정한다. 이제 기업들은 미션, 가치, 비전, 그리고 핵심가치를 5년 정도의 지속성이 요구되어진다. 즉, 5년 정도는 유지되어야 한다는 의미이다. 이제 이러한 미션, 가치, 비전, 그리고 핵심가치를 바탕으로 그 기업의 목표나 전략, 그리고 방침이 정해지게 된다. 이러한 목

그림 6-11 기업의 경영전략 틀

표나 전략, 그리고 방침을 통하여 구체적으로 기업들에게 필요한 타깃이나 문제해결 목적달성을 위한 계획이 필요하다. 마찬가지로 조직 구성원들에게 개인적인 목표도 설정하게 된다. 이제 우리가 학습한 경영관리의 사이클인 계획화(planning)가 모두 완성된 것이다. 이제 구체적으로 이러한 계획을 달성하기 위한 조직설계, 조

사례 | 현대자동차 경영전략

Management Philosophy

창의적 사고와 끝없는 도전을 통해 새로운 미래를 창조함으로써 인류사회의 꿈을 실현

Vision

자동차에서 삶의 동반자로

5대 핵심가치

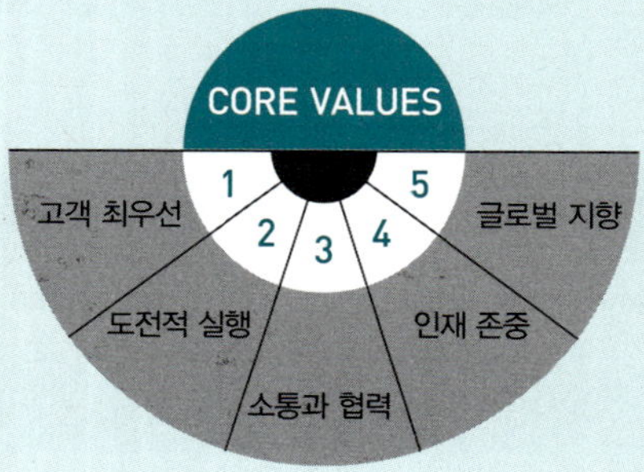

1. CUSTOMER(고객 최우선): 최고의 품질과 최상의 서비스를 제공함으로써 모든 가치의 중심에 고객을 최우선으로 두는 고객 감동의 기업문화를 조성한다.
2. CHALLENGE(도전적 실행): 현실에 안주하지 않고 새로운 가능성에 도전하며 '할 수 있다'는 열정과 창의적 사고로 반드시 목표를 달성한다.
3. COLLABORATION(소통과 협력): 타 부문 및 협력사에 대한 상호 소통과 협력을 통해 '우리'라는 공동체 의식을 나눔으로써 시너지효과를 창출한다.
4. PEOPLE(인재 존중): 우리 조직의 미래가 각 구성원들의 마음가짐과 역량에 달려 있음을 믿고 자기계발에 힘쓰며, 인재 존중의 기업문화를 만들어 간다.
5. GLOBALITY(글로벌 지향): 문화와 관행의 다양성을 존중하며, 모든 분야에서 글로벌 최고를 지향하고 글로벌기업 시민으로서 존경받는 개인과 조직이 된다.

[자료원: 현대자동차 홈페이지 발췌]

직구조를 만들고 어떻게 조직 구성원들에게 동기부여하고, 의사소통을 통하여 일하게 할 것인가를 고민하게 된다. 이렇게 조직화(organizing) 또는 실행(do)이 되면 이제 마지막으로 통제화(contorlling)가 필요하다. 이러한 경영관리과정을 통하여 고객만족, 효율성, 효과성, 주주 부의 극대화 등 다양한 성과가 나타난다.

4. BCG의 성장 – 점유 모형(BCG Matrix)

BCG 매트릭스는 보스턴 컨설팅 그룹에서 1970년대 초반 개발한 사업 포트폴리오 분석 기법으로 자금의 투입과 산출 측면에서 사업이 현재 처해 있는 상황들을 파악하고 이에 맞는 처방을 내리기 위한 분석 도구이다. 주로 현재 기업이 보유하고 있는 전략사업부(SBU; Strategy Business Unit)에 대한 평가 및 분석을 통하여 기업 전체적인 관점에서 전략사업부들을 어떻게 운영하면 좋을지를 평가하는 대표적인 도구이다. BCG 매트릭스는 [그림 6 – 12]와 같다. 그림에서 보는 바와 같이 시장의 매력도를 시장성장률로 시장경쟁력은 상대적 시장점유율로 구분하여 분석하였다. BCG의 성장 – 점유 모형의 가정은 첫째, 상대적인 시장점유율이 클수록 사업단위는 자금을 더 많이 유입할 것이다. 둘째, 낮은 상장시장보다 높은 성장시장에서 시

그림 6-12 BCG 매트릭스

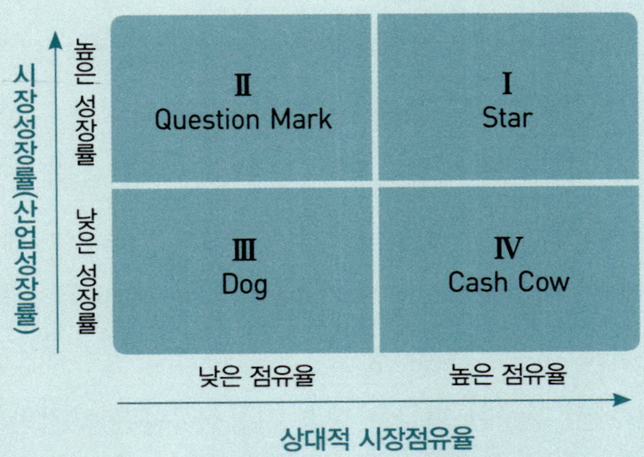

장점유율을 늘리고자 한다면 자금은 더 많이 필요할 것이다.

BCG의 성장－점유 모형의 구조에서 상대적 시장점유율은 자사의 시장점유율을 시장점유율이 가장 큰 경쟁자의 점유율로 나눈 값이고, 상대적 시장점유율이 낮고 높음을 구분하는 것은 보통 1을 기준으로 한다. 이제 각 사분별 특징 및 전략적 방향에 대해 살펴보자. 1사분면에 있는 높은 상대적 시장점유율과 높은 시장성장률의 전략사업 단위들이다(star). 이 사업단위에 소속되어 있는 전략사업부는 자체 사업을 통하여 많은 현금유입이 있으며, 급속히 성장하는 시장에서 시장점유율을 유지하고 증가시키기 위해서는 많은 투자가 필요하다는 것이다. 시장점유율이 매우 큰 star 사업단위에는 유지전략(hold)이 사용되고, 매우 크지 않은 경우에는 확대전략(build)이 사용된다. 만약 시장성장률이 아주 높고 경쟁력이 그리 강하지 못한 star 사업단위의 경우 자금유입보다 자금소모가 더 많을 수도 있다. 2사분면에 있는 Question Mark(?)는 높은 시장성장률과 낮은 상대적 시장점유율의 전략사업 단위들이다. 2사분면에 속한 전략사업 단위는 시장점유율의 증가를 위하여 많은 현금을 필요로 하므로 경쟁력을 갖춘 사업 단위의 경우 시장점유율의 증가를 위하여 많은 현금지원을 하고 경쟁력이 없을 것으로 판단되는 사업단위는 회수나 철수 등의 정책을 수립할 수 있다. 이 영역은 다른 기업이 창출한 제품시장이 성장하게 되면 다수의 기업들이 진입한다. 기업의 많은 사업단위들이 2사분면의 Question Mark(?)에서 출발한다. 3사분면의 경우는 낮은 시장성장률과 낮은 상대적 시장점유율의 전략사업 단위들이다. 시장점유율이 낮기 때문에 많은 수익을 창출하지 못하지만 투자를 위한 자금수요도 높지 않아 자체적인 운영이 가능하다. 3사분면의 경우 수익성이 낮고 시장전망도 좋지 않아 회수나 철수정책을 사용하는 것이 일반적이다. 마지막으로 4사분면의 경우 낮은 시장성장률과 높은 상대적 시장점유율의 전략사업 단위들이다. 저성장시장에 있기 때문에 신규설비투자 등을 지출하지 않고 높은 시장점유율로 많은 수익을 창출하는 부문으로 일반적으로 유지정책을 사용한다. Cash Cow에서 창출한 현금을 현재 시장점유율은 낮지만 전망이 좋은 2사분면에 있는 Question Mark(?) 사업분에 투자할 수 있다.

사례 | '경영학의 교과서' BCG 매트릭스의 함정

경영학 책에는 두 개의 기준으로 X축과 Y축을 만들어 현상을 분석하는 '2×2 차트'가 많이 나온다. 사업의 성장성과 경쟁력을 기준으로 여러 사업을 비교해 보는 'BCG 매트릭스'가 대표적이다. 미래 성장 가능성이 있는 사업이 준비돼 있는지, 돈을 벌고 있는 기존 사업들로 이런 미래 사업을 어떻게 뒷받침하면 좋을지 생각해 보는 방법이다. 하지만 경영학 기법이 다 그렇듯이 간단한 차트의 뒤에는 매우 민감한 가정들이 숨어 있다. 잘못 사용하면 독(毒)이 돼 버린다. 성장률이나 사업 규모만 보고 회사의 핵심적 가치를 담고 있는 사업을 소홀히 해 다른 사업까지 망가뜨리기도 하고 사업의 성장 전망이나 경쟁력을 잘못 이해해 엉뚱한 결론을 내릴 때도 있다. BCG 매트릭스에 숨은 가정들은 전략 경영 관련 컨설팅 보고서에서 흔히 쓰이는 BCG 매트릭스다. 회사가 가진 여러 사업을 성장률과 상대 시장점유율의 두 기준으로 분류한 것이다. 성장률은 낮아졌지만 현재 시장에서의 경쟁 입지가 여전히 좋아 돈을 벌어주고 있는 사업부(캐시카우)의 힘을 바탕으로 성장률은 높지만 아직 시장 입지가 약한 사업부(퀘스천 마크)를 키워 보자는 생각이 담겨 있다. 회사의 모든 사업이 성장률이 높고 시장 입지도 좋은 스타들만 있으면 좋겠지만 시간이 흐르면서 경쟁자가 나오거나 새로운 사업 모델이 생겨 시장 입지가 위축될 수 있다. 사업이 속한 산업이나 부문이 진부해져 성장률이 낮아질 수도 있다. 따라서 성장률과 시장 입지가 좋지 않은 사업부가 되면 해당 사업을 정리하거나 다른 회사에 매각하는 방법을 생각하게 된다.

다양한 사업 사이의 균형을 살펴보고 미래를 위한 자원 배분을 구상해 보는데 매우 유용한 방법이다. 50년 가까이 꾸준히 쓰이고 있는 이유다. 그런데 생각해 볼 점이 있다. 특정 사업부의 성장률은 연 5%인데 관련 업계의 성장률은 10%라면 어느 쪽을 기준으로 잡아야 할까. 업계의 성장률을 기준으로 삼고 해당 사업부가 저조한 이유를 찾아봐야 한다. 반대로 해당 사업부가 나름의 독창적 사업 모델로 업계 전반보다 훨씬 높은 성장률을 꾸준히 기록하고 있다면 일단 사업부의 성장률을 기준으로 잡아 다른 사업부와 비교하고 그 지속 가능성을 살펴봐야 한다. 해당 사업부의 성장률과 업계 전반의 성장률을 같이 살펴봐야 한다는 얘기다. 상대 시장점유율은 해당 사업부의 '상대적 경쟁력'을 측정해 본 지표의 하나일 뿐이고 사실은 경쟁력이 아니라 사업 모델과 전략의 차이가 반영된 결과일 수도 있다.

A 회사의 제품이 10%의 시장점유율을 기록하고 있다고 해보자. 90% 점유율의 사업자에게 눌려 사는 10% 사업자일 수도 있지만 최고급 명품의 지위를 위해 시장 노출을 제한하는 희소성 마케팅을 펴고 있을 가능성도 있다. 또한 같은 10%라고 해도 90%의 사업자에게 밀리고 있을 때와 무수히 많은 1%대 점유율의 사업자들에 비해 월등한 입지를 가졌다면 상황이 다

르다. 따라서 주로 2위 사업자와 비교한 상대 시장점유율을 계산하는데, 이런 상대평가 지표를 숫자만 놓고 해석하면 엉뚱한 결론을 내기 쉽다. BCG 매트릭스에는 시간이 흐르면서 성장률이 높아졌다가 낮아져 정체기에 이른다는 '제품 수명 주기'의 가정이 포함돼 있다. 하지만 사업 초기에 성장률이 낮았다고 해서 시간이 흐를수록 무작정 성장률이 높아진다는 보장은 없다. 성장률이 높다고 해서 곧 정체기가 온다고 할 수도 없다.

현실에서는 안정적으로 꾸준한 성장세를 유지하는 사업도 있고 사업 모델을 적절히 진화시켜 오히려 다시 회춘하는 사례도 있다. 사업의 다양한 측면을 성장성과 경쟁력 2개의 기준으로만 분류하는 것이 간결하고 효과적일 수도 있지만 다르게 보면 무수히 많은 중요한 요인을 생각에서 배제하는 면이 있다.

[자료원: 한경비즈니스 1204호 2018.12.31. 발췌]

강의 요약

1. 계획이란 기업의 장래 목표를 설정하고 이러한 목표를 어떻게 달성할 수 있을 것인가를 결정하는 과정이다.
2. 경영계획을 수립하는 목적은 첫째, 조직의 안정성과 적응성에 대한 기대가 용이하고, 둘째, 미래예측을 통한 불확실성의 변화에 대한 대응이 가능하며, 셋째, 조직의 기호나 위협을 미리 확인할 수 있다. 넷째, 통제를 위한 기초를 제공, 다섯째, 효율적인 자원이용을 제공한다.
3. 계획화의 과정은 크게 다섯 가지 단계의 과정을 거친다. 첫 번째 단계는 문제의 인식과 목표를 설정하는 것이다. 두 번째 단계는 설정된 경영목표를 달성하기 위한 여러 가지 계획을 개발하는 것이다. 세 번째 단계는 경영목표를 달성하기 위한 경영 계획안이 개발되면 이러한 계획안이 적절하고 적합한지를 평가하는 단계이다. 네 번째 단계는 경영 계획안의 결정을 통하여 의사결정이 이루어지는 시점에서 계획화가 시작되어 종료되는 최종단계 이후의 파생 계획을 수립하는 것이다. 마지막 단계에서 계획을 숫자화하는 예산을 편성하는 단계이다.
4. 경영계획의 유형은 전략적 계획, 전술적 계획, 그리고 운영계획이 있다.

5. 경영계획수립 기법으로는 크게 3가지 방법이 있다. 예측법, 상황대응 계획법, 그리고 시나리오 계획법이 있다.

6. 목표관리(Management By Objectives; MBO)는 조직의 목표를 효율적으로 달성하기 위한 방법으로 조직 구성원들이 목표를 설정하는데 있어 참여의 과정을 통하여 조직의 목표를 명확하고 체계적으로 설정함으로 관리의 효율화를 기하려는 관리방식이다.

7. 예산(budget)이란 미래에 대한 경영활동의 계획을 화폐단위로 계량화하여 공식적으로 표현한 것이다.

8. 예산(budget)의 기능은 계획기능, 조정 및 의사소통 기능, 성과평가 및 통제기능, 조직 구성원의 동기부여 기능이 있다.

9. 전략이란 한정된 자원을 통하여 경쟁우위를 창출하고 유지하는 의사결정 과정이라고 할 수 있다.

10. 산업구조론이란 기업의 전략과 성과의 주요결정요인은 진입장벽, 차별화정도, 산업집중도 등 산업의 특징을 가지고 모든 기업은 유사한 자원과 능력을 보유하며, 자원의 기업 간 이동이 용이하며, 기업의 전략은 산업의 구조적 특성에 의해 결정된다는 것이다.

11. 자원기반관점에서 기업의 전략과 성과의 주요결정요인은 기업내부의 자원화와 능력이라는 것이다.

12. 게임이론은 한 사람의 행위가 다른 사람의 행위에 미치는 상호의존적, 전략적 상황에서 의사결정이 어떻게 이루어지는가를 연구하는 이론이다.

13. BCG 매트릭스는 보스턴 컨설팅 그룹에서 1970년대 초반 개발한 사업 포트폴리오 분석 기법으로 자금의 투입과 산출 측면에서 사업이 현재 처해 있는 상황들을 파악하고 이에 맞는 처방을 내리기 위한 분석 도구이다.

연습문제

1. 목표에 의한 관리(MBO;Management By Object)의 주요 특성이 아닌 것은?

(2010 공인노무사)

① 목표달성 기간의 명시
② 상사와 부하 간의 협의를 통한 목표설정
③ 다면평가
④ 목표의 구체성

2. BCG 매트릭스에서 상대적 시장점유율이 높고, 시장성장률이 낮은 곳은?

(1996 공인회계사)

① STAR ② Question Mark(?) ③ dog(x)
④ problem children(문제사업) ⑤ cash cow(₩)

3. 다음 중 전략사업부(SBU: strategy business unit)의 특징이라고 할 수 없는 것은?

① 단일제품을 생산하여 단일시장에서 판매하는 하나의 사업부가 존재하여야 한다.
② 각 사업부에는 책임 있는 경영자가 있어야 한다.
③ 각 사업부는 독자적으로 사업계획을 수립할 수 있어야 한다.
④ 특정한 사명 또는 목표를 가지고 있다.
⑤ 경쟁자가 있어야 한다.

정답 1. ③ 2. ⑤ 3. ①

Chapter 07

조직화

제1절 조직화

1. 조직화의 의의

여러분들이 만약 스포츠 동아리 회원이라면 동호회에는 회장, 총무, 부장 등의 명칭으로 동호회의 목표를 달성하기 위하여 노력한다. 대학교의 총학생회도 회장, 부회장이 출마하여, 단과대학 학생회장 등 여러 학생들과 같이 학생회를 이끌고 갈 목표와 공약들을 가지고 선거활동을 통하여 선출된다. 이와 같이 총학생회 조직을 들여다보면 각 구성원들 각자가 해야 할 일도 있고 단과대학학생회장과의 관계, 학교와의 관계, 지역사회와의 관계를 위하여 누군가 책임을 지기도 한다. 이와 같이 조직은 매우 중요하다. 우스운 소리로 만약 조직을 잘못하면 조직의 쓴맛을 본다는 말이 있다. 틀린 말은 아닐 것이다. 조직(organization)과 조직화(organizing)는 차이가 있다. 조직화의 결과 조직이 만들어지는 것이다. 조직화는 조직을 어떠한 형태로 구성할 것인가를 결정하고 각종 자원을 배분하고 조정하는 활동을 의미한다. 조직은 이러한 조직화과정을 거쳐서 조직구조가 형성되고 체계를 갖춘 완성되어진 결과물을 의미한다. 앞서 총학생회의 선거과정을 통하여 총학생회 후보자가 총학생회를 어떠한 형태로 구성하고 어떠한 일을 할 것인지 어떻게 총학생회 조직의 자원을 배분하고 조정하는 과정이 총학생회 조직화이다. 이러한 총학생회 선거과정을 통하여 각 후보자들이 조직화 과정을 통해 만들어진 형태가 새롭게 출범하게 되는 총학생회 조직이다.

조직화(organizing): 어떠한 형태로 조직을 구성할 것인가를 결정하고 자원을 배분 및 조정하는 활동

조직(organization): 조직화 과정을 통하여 체계를 갖추어 만들어진 형태, 조직 구성원의 관계의 조합, 함께 살아가는 곳(회사 등)

영리조직이나 비영리조직들도 이와 같이 그들의 목표를 달성하기 위하여 다양한 조직구조와 사람과 일을 배치하기도 한다. 조직화란 경영의 인적요소와 물적요소를 형성하는 기능으로 여러 직무를 명확하게 하고 이를 유기적으로 편성, 결합하여 직무가 능률적으로 달성되도록 사람을 적재적소에 배치하는 관리 활동이다. 이는 조직의 목표, 자원, 그리고 환경에 적합하도록 조직구조를 형성하는 과정이고, 조직구조는 조직의 구성요소와 직위의 배열과의 상호관계로 나타난다. 다시 말해서 조직화란 영리조직이나 비영리조직의 목표를 달성하기 위해서 어떠한 형태의 조직을 구성할 것인가를 결정하는 것을 의미한다. 이러한 조직화는 인적자원·물적자원·재무자원·정보자원 등 모든 경영자원을 단위별로 배분과 조정을 통하여 누가 무엇을 하며, 누가 누구에게 보고하고, 어떠한 일을 할 것인가를 구체적으로 결정하는 과정을 의미한다. 무슨 사업이든 사람이 시작하고 또 경영한다. 조직은 제품이나 서비스를 제공하기 위한 목표를 달성하기 위한 하나의 도구이다. 조직은 경영자와 조직 구성원의 관계의 조합이며 조직 구성원의 개인의 요구와 조직의 목표와의 균형을 어떻게 유지관리하는가이다. 조직은 제품이나 서비스를 제공하기 위한 목표를 달성하기 위한 하나의 도구이다. 조직의 존재 이유(Raison d'etre; Reason to be)는 가치를 창출하기 위하여 기회를 탐색하고 가용자원을 활용하여 인류사회가 필요로 하는 제품과 서비스를 창출할 수 있도록 조직 구성원들을 결속시키는 것이다.

2. 조직화 과정 및 단계

조직의 목표에 따라 계획수립이 끝나면 이제 어떠한 형태로 어떠한 조직을 구성할 것인가를 결정하고 자원을 배분하고 조정하는 조직화 과정을 거치게 된다. 이러한 조직화 과정은 크게 네 가지 단계로 구성되어진다. 이를 살펴보면 [그림 7-1]과 같다. 제일 먼저 어떠한 업무가 있는지를 파악하는 단계이다. 이 단계에서는 직무를 먼저 결정하는 단계로서 어떠한 일을 하는가를 파악하는 것이다. 이러한 업무와 직무가 파악이 된 후 두 번째 단계는 파악되어진 업무에 따라 조직구조와 직책, 그리고 직위 등을 결정하는 과정이다. 세 번째 단계는 이렇게 조직구조와

그림 7-1 조직화 과정

직책이 결정된 곳에 사람을 배치하고 자원을 배분하는 단계이다. 네 번째 단계는 이렇게 사람이 배치되고 자원이 배분되어졌는데 서로 중복되는 것은 없는지 부족한 것은 없는지를 파악하여 사람과 부서의 업무를 조정하는 과정이다.

이제 조직화의 단계에 대해 살펴보면 [그림 7－2]와 같다. 조직화의 첫 번째 단계는 기업의 목표를 달성하기 위하여 해야 할 업무를 구체적으로 파악하여 확정되면 이러한 업무를 합리적으로 분할하는 직무의 분할이다. 두 번째 단계는 분할된 직무를 수행할 부서를 정하는 업무를 단위화하는 직무의 부서화이다. 세 번째 단계는 부서 또는 부서의 구성원들에게 업무수행에 따른 책임과 권한을 부여하는 것이다. 권한은 기업이 조직 구성원에게 부여한 의사결정권을 의미한다. 대리의 권한, 과장의 권한, 부장의 권한, 전무의 권한 등이다. 마지막 조직화의 단계는 이렇게 부서와 직무를 중심으로 배분된 책임과 권한에 따라 부분적인 최적화가 아닌 회사 전체의 최적화를 위하여 조정과 통합이 필요하다. 이는 적절한 의사소통을 통하여 서로의 활동과 직무를 이해하고 기업 전체의 최적화를 위하여 협조하고 함께하여야 함을 의미한다.

그림 7-2 조직화 단계

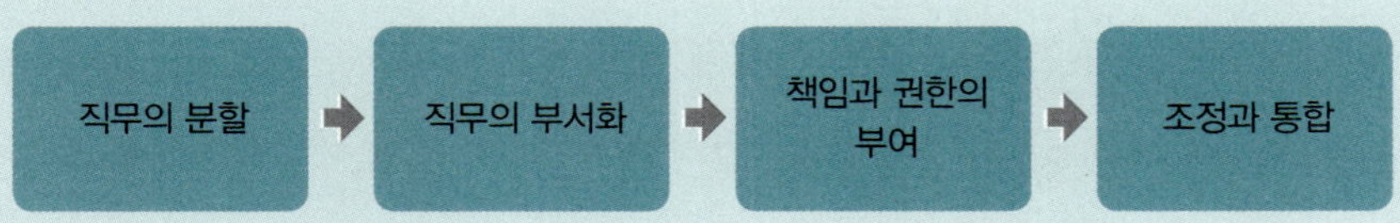

제2절 조직설계

1. 조직설계의 의의

왜 사람들이 모여서 일을 하게 되었는지를 생각해보자. 자영업자의 경우 나 혼자 잘하면 된다. 다른 사람의 도움이나 협조보다 혼자서 열심히 일을 하고 결과에 자기가 책임을 지는 것이다. 그러나 현실은 혼자 잘해서는 좋은 결과를 얻을 수 없다. 함께 일하는 방법을 찾아야 한다. 이러한 부분이 조직설계의 기본적인 개념이다. 개인과 조직은 다른 세계이다. 오늘날 젊은 사람들은 형제도 많이 없고 어려서부터 개인공간을 사용했기 때문에 조직에서의 적응력이 떨어진다고 한다. 조직이라는 것은 함께 산다는 것, 회사라는 것을 의미한다. 조직설계는 조직화하는 과정에서 조직이 수행해야 할 업무에 대해 전체적인 관점에서 파악하고 기업의 목표를 성공적으로 달성하기 위하여 필요한 일이나 부서, 직위나 권한관계 등을 구성하는 것을 의미한다. 우리가 전원주택을 짓고자 한다면 어떠한 장소에 어떠한 구조물로 어떠한 건축자재들을 사용할 것인가에 대한 거시적 측면에서 설계를 하게 된다. 이러한 설계 후에 구체적으로 창문은 어디에다 낼 것인지? 각 방들은 어디에 배치할 것인지를 구체화하게 된다. 이와 같이 건축구조와 배치를 위한 설계도가 필요한 것처럼 조직도 조직설계가 필요하다. 이러한 조직설계는 조직을 구성하는 조직구성원과 과업들을 체계적인 배열을 통하여 조직의 성과를 높이도록 구조를 결정하는 과정을 의미 한다.

2. 조직설계의 방법

조직 내 직무를 공식적으로 배치하는 것이 조직구조(organization structure)이다. 이러한 조직구조는 조직의 업무를 어떻게 공식적으로 나누고(differentiation, 분화), 묶이는지(departmentalization, 부문화)를 결정해야 한다. 첫째, 조직의 업무를 공식적으로 나누는 분화는 전체 과업을 더 작은 과업 단위로 세분화하는 활동이다. 이러한 분화는 조직에서 수행해야 할 업무를 업무 특성이나 단위를 바탕으로 수평적으로 묶어서 분화하는 수평적 분화가 있고, 조직의 상하 계층의 구분을 통한 수직적 분화가 있다. 둘째, 조직의 업무를 공식적으로 묶어내는 부문화는 분화된 하위 단위들을 전체의 효율성을 높이기 위해 결합하는 활동이다. 즉, 부문화는 조직 내에서 조화롭고 통합적인 방법으로 직무를 서로 연결하고 묶는 작업을 의미한다. 다시 말해 조직구조를 구축하거나 변경하는 일련의 활동을 조직설계라 한다. 조직설계를 위한 기본 원칙은 '분화'와 '부문화'로 나눌 수 있다.

(1) 수평적 분화

수평적 분화는 조직에서 수행해야 할 업무를 업무 특성이나 업무 단위를 중심으로 부서를 수평적으로 나누는 것을 의미한다. 이는 기업의 목표를 달성하기 위하여 수행되어야 할 기본적인 활동을 분화하는 것을 의미한다. 이러한 수평적 분화를 통하여 기업은 새로운 부서를 신설하기도 하고 전문인을 고용할 수 있다. 이

그림 7-3 지방자치단체의 기능별 분화

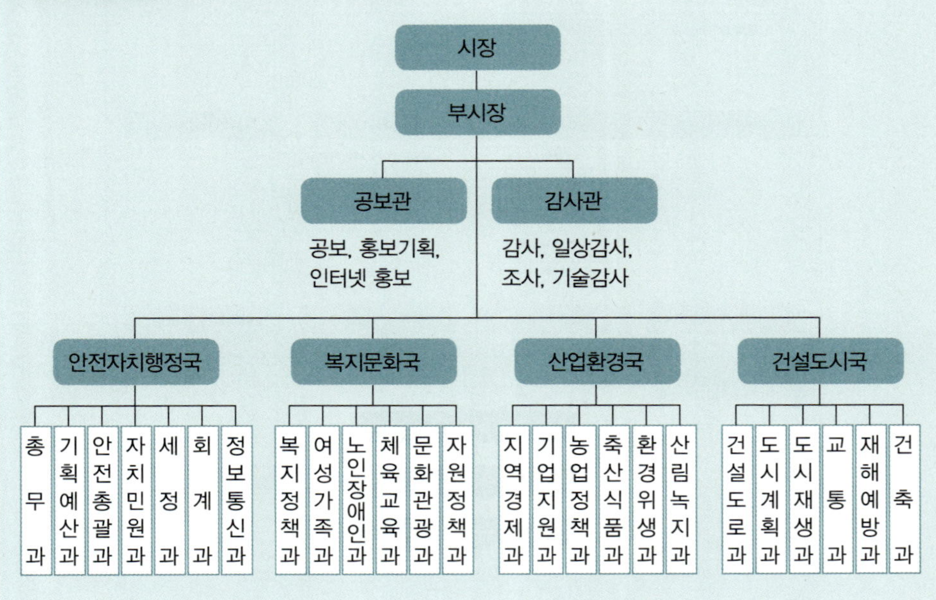

러한 수평적 분화는 기업에서 수행해야 하는 직능에 따라 구분하는 기능별 분화와 제품이나 지역별, 고객별, 그리고 업무과정 등을 포함하는 단위적 분화가 있다. 단위적 분화란 업무의 통일성을 그대로 보전하고 분화하는 형태이다. 대표적인 수평

그림 7-4 고객별 분화(K 은행)

적 분화 중 기능별 분화는 [그림 7－3]과 같이 지방자치단체의 조직도와 같다. 고객별 분화의 예는 은행그룹의 [그림 7－4]와 같다.

(2) 수직적 분화

수직적 분화는 조직 내의 책임과 권한이 나뉘어 있는 계층을 중심으로 업무 특성별로 나누는 것이다. 이러한 수직적 분화는 단계적 수준의 정도를 의미하는데 다른 조건이 일정한 조건에서 조직의 통제범위(span of control)가 넓거나 클수록 더 효율적이라 할 수 있다.

(3) 공간적 분화

공간적 분화는 기업이 수행해야 할 업무를 업무 특성이나 업무 단위를 공간을 중심으로 분화하는 것을 의미한다. 이는 한 조직 내의 지역적인 분화 정도를 의미하기도 한다. 예를 들어 나이키 미국 본사는 디자인을 담당하고, 중국을 포함한 아시아 등지의 생산 협력 업체는 제조와 지역 판매를 담당하는 것을 의미한다.

(4) 조직구조의 구성요소

조직구조의 구성요소는 복잡성, 공식화, 집권화로 분류할 수 있다. 각 구성요소별로 살펴보면 다음과 같다. 첫째, '복잡성(complexity)'이다. 앞서 살펴본 조직설계의 분화(differentiation) 정도를 뜻한다. 둘째, '공식화(formalization)'다. 공식화란 조직 내 규정과 규칙, 절차와 제도 등 직무내용이 문서화되어 있는 정도를 의미한다. 공식화는 조직의 직무를 어떻게 표준화하고 조직 구성원들의 행위와 태도를 어떻게 규정할 것인가이다. 만약 조직 내 규정이 많고 행정 절차가 구체적이면 공식화가 높은 조직이라고 할 수 있고 이러한 조직의 의사결정권은 최소화가 된다. 공식화는 다른 의미로는 직무 표준화(standardization)라고도 한다.

셋째, '집권화(centralization)'다. 집권화는 집중화라고도 하며 의사결정이 조직의 최고위 수준에서 이루어지는 것을 의미한다. 반대로 분권화(decentralization)는 하위 수준의 관리자가 경영에 관한 조언을 제공하거나 실제로 의사결정을 내리기도 한다. 집권화와 분권화는 어떤 계층에서 의사결정이 이루어지느냐 하는 문제와 직결돼 있다. 즉, 최고경영자의 결정이 많이 반영돼 있는 조직은 집권화된 조직이라 할 수 있다. 반면 실질적 의사결정이 하부계층의 참여가 주도적으로 이루어진다면 분권화(decentralization)되어 있는 조직이다.

3. 조직설계의 원칙

경영자는 조직구조를 만들거나 변경하는 조직설계에는 여러 가지 원칙이 있다. 이러한 원칙에 대해 살펴보면 다음과 같다.

(1) 전문화의 원칙(principal of specialization)

전문화의 원칙은 조직 구성원들이 자신의 독자적인 소질과 전문적인 지식이나 기술에 따라서 될 수 있는 한 하나의 전문화된 활동 분야인 업무만을 담당하게 하는 것이 보다 바람직하다는 원칙이다. 이러한 전문화의 원칙을 지킬 때 조직 구성원들이 수행하는 직무의 효율성과 능률이 보장된다. 그러나 여러 업무 분야에 대해 관심을 가지지 못하고 개인이 가진 잠재력을 개발할 기회를 주지 못한다는 단점이 있다.

(2) 업무조정의 원칙(principal of coordination)

업무조정의 원칙은 앞서 살펴본 바와 같이 전문화의 원칙에 따라 모든 업무가 부문화되어지는데 이때, 각 부서별로 분할된 업무 중 어느 부서에서 담당하여야 할 것인지 불분명할 때 상호 연계하여 의견을 조정하는 것을 의미한다. 직무상호간의 마찰에 의하여 부서이기주의나 다른 부서에 대한 이해가 떨어질 때 이를 해결하기 위한 방법이 조정이다. 따라서 효율적인 조정을 통하여 조직의 마찰과 갈등을 최소화하여야 한다.

(3) 명령통일의 원칙(principal of unity of command)

명령통일의 원칙은 공통목표를 효과적으로 달성하려면 지휘, 복종의 관계가 단일계통으로 이루어져야 한다는 원칙이다. 이는 부하는 라인에 따라 1인의 직속상사로부터만 명령을 받아야지 만약 명령과 지시가 이중으로 이루어지면 책임경영을 할 수 없고 조직은 혼란스럽고 책임을 지지 않으려 할 것이다. 따라서 질서있는 조직을 운영하기 위해서는 명령통일의 체계가 유지될 수 있어야 한다.

(4) 권한위임의 원칙(principal of delegation of authority)

권한이 최고경영자에게만 집중되는 집권화의 경우 하위경영자의 사기는 저하되고 주도적으로 업무를 하지 못한다. 권한 위양의 원칙은 실질적 의사결정에 하부계층의 참여가 주도적으로 이루어지는 분권화 조직에서 하위경영자가 일상적인 업무에 따른 권한이 위임되어야 한다.

(5) 감독범위 적정화의 원칙(principal of span of control)

감독범위 적정화는 감독한계의 원칙이라고 하며 이는 한 사람의 부서장이나 책임자가 직접 지휘·감독할 수 있는 부하의 수는 일정한 한계가 있다는 원칙이다. 즉, 너무 많은 하위경영자가 있는 경우는 상하 간에 의사소통이 원활치 못하게 되어 비능률을 발생시키게 된다. 반대로 하위경영자가 너무 적은 경우는 비용의 낭비를 가져올 수 있기 때문이다. 일반적으로 중간경영자의 경우 4~8명, 하위경영자의 경우 8~12명이 적정하다고 한다.

(6) 책임과 권한의 원칙(principal of responsibility and authority)

책임과 권한의 원칙은 개인에게 부여된 직무가 확정되고 개인에게 부여되면 개인으로서는 책임으로 인식하게 된다. 이러한 경우 책임이란 어떤 직위에 부과 되어진 일이기 때문에 과장이나 부장 등 직책이라고 말 할 수 있다. 이러한 직책을 수행하는 데 있어서 권한의 부여가 절대적으로 필요하며, 이러한 권한의 내용은 자주적인 의사결정권을 의미한다. 즉, 하위경영자에게 일정한 직무를 부여하였을 경우 상사는 이를 수행하는데 필요한 의사결정권을 위임해야 한다.

(7) 기능화의 원칙(principal of functionalization)

기능화의 원칙은 업무능률을 달성하기 위하여 분업의 원리를 적용하여 전문화를 실현하는 경우 채택되는 원리이다. 이는 업무의 종류와 성질에 따라 업무를 분류하는 것으로 직능화의 원칙이라고도 한다.

제3절 조직구조의 유형

조직구조란 조직 구성원들의 상호관계, 즉 조직 내에서의 권력관계, 지위·계층관계, 조직 구성원들의 역할 배분·조정의 형태, 조직 구성원들의 활동에 관한 관리체계 등을 통틀어 일컫는 말이다. 조직구조는 기업의 효율성을 높이기 위한 고민의 결과이다.

1. 일반적 분류기준에 따른 유형

조직설계의 특징이 성과 중심의 조직지향적인 설계와 인간지향적인 배려 중심의 설계를 중심으로 분류하는 방법으로 기계적 조직과 유기적 조직으로 구분된

그림 7-5 기계적 조직과 유기적 조직의 비교

관료적 조직 기계적 조직		유연성 조직 유기적 조직
집권화	권한	분권화
많다	규칙과 절차	적다
좁다	감독의 한계	넓다
전문화되어 있음	업무	공통적임
공식적	의사소통	비공식적

다. 기계적(mechanistic) 조직은 업무활동이 전문화된 과업으로 세분화되고 의사결정권이 중앙에 집중되도록 설계하는 방법이다. 이러한 조직은 과업이나 권한 그리고 책임 등이 회사 전체에 걸쳐서 명확하게 정하는 특징을 가진다. 이와 반해 유기적(organic) 조직은 분권화를 중심으로 유연한 조직의 특징을 가지는 조직으로 팀워크, 그리고 조직 구성원 간 의사소통을 강조하는 조직이다. 이를 그림으로 살펴보면 [그림 7-5]와 같다

2. 기업환경에 따른 유형(정태적, 동태적 조직)

기업조직의 유형 조직화의 유형은 1차 산업혁명 전에는 기업의 규모도 작고 경영활동도 단순하기 때문에 조직을 설계하고 운영하는 것은 어려운 일이 아니라 경영자 마음대로 적당히 인력을 배치하고 운영하여도 어려움이 없었다. 1차 산업혁명을 거치면서 이제 기업들은 과학적 관리법, 기계화, 자동화에 의한 대량생산을 통한 제품과 서비스를 산출하기 시작하였다. 이때부터 조직의 규모도 커지고 경영과정도 복잡하게 되었다. 기업의 규모가 커지고 복잡한 경영과정을 해결하기 위하여 조직을 만들고 조직설계에 관심을 가지게 되었다. 이러한 경영조직을 체계화하고 과학적으로 설계할 필요성이 대두되었고 각 기업이 추구하는 목표와 상황에 따라 적합한 조직을 설계하기 시작하였다. 크게 전통적 기능조직, 사업부제 조직, 매트릭스 조직 등 상황에 따라 조직을 만들기 시작하였다. 기업환경에 따른 유형으로는 정태적 조직과 동태적 조직으로 구분할 수 있다. 정태적 조직구조는 전통적인 조직구조를 가지고 있는데 이는 조직이 계층화, 부문화되어 있어서 정형적인 업무를 수행하는데 적합한 조직구조이다. 외부환경의 변화에 유연하에 대응할 수 있는 조직구조를 동태적 조직이라고 하며, 프로젝트 조직이나 매트릭스 조직, 그리고 팀 조직이나 네트워크 조직이 있다.

(1) 라인조직

라인조직은 앞서 살펴본 명령 일원화의 원칙을 중심으로 최고경영자로부터 하

그림 7-6 라인조직

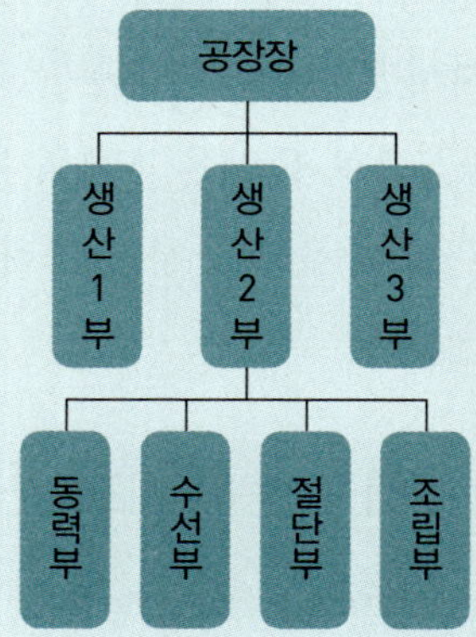

위경영자에 이르기까지 명령과 권한이 직선적으로 즉, 직계조직으로 이루어진 조직으로 군대식 조직의 한 형태이다. 공장장을 중심으로 생산부서를 핵심적인 경영기능에 따라 생산1부, 생산2부, 생산3부로 구분하고 생산2부를 동력부, 수선부, 절단부, 조립부 등의 단위조직으로 세분화한 형태를 의미한다. [그림 7-6]에서 보는 바와 같이 라인조직은 기업조직의 형태 중에서는 가장 고전적이고 기본적인 조직의 형태이다. 여러분들이 원하는 회사의 홈페이지를 방문하여 보게 되는 조직도를 보면 많은 회사들이 가지고 있는 조직의 형태이다. 이러한 라인조직은 여러분들이 생각하는 기업들 대부분이 정도의 차이는 있겠지만 라인조직을 기본으로 하고 있다고 볼 수 있다. 모든 조직은 장점과 단점을 가지고 있지만 이러한 라인조직의 장점은 단위 조직별로 유사한 기능을 수행하는 인적자원이 모여 있기 때문에 전문화에 유리하고 규모의 경제가 실현될 수 있다. 또한 사장의 방침이나 비전이 전체조직에 전달되어 관리하기에 용이하다. 단점으로는 각각의 부서별 의사소통과 조정이 쉽지 않을 수 있다. 의사소통과 조정이 어렵기 때문에 부서 간 갈등이 존재할 수 있고, 환경변화에 신속성과 유연성이 떨어질 수 있다. 라인조직은 경영기능이 단순한 경우에는 효율적이지만 외부환경의 변화가 크고 규모가 큰 기업의 경우는 적합하지 않다.

(2) 전통적 기능별 조직

전통적 기능별 조직은 말 그대로 기능을 중심으로 한 기능조직이다. 즉, 업무 내용이나 기능을 중심으로 유사한 것끼리 분류하여 묶는 조직형태를 의미한다. 이는 라인조직이 가지고 있는 단점을 보완하기 위한 조직이다. [그림 7-7]에서 보는 바와 같이 공장장을 중심으로, 각 기능별 전문가를 두어 전문적인 지식이나 경험들을 작업자나 하위 부서에 전달하는 조직을 의미한다. 비교적 규모가 작고 업무의 내용이 단순한 조직에 적용하기에 알맞다. 기능별 조직의 장점으로는 전문 인력을 양성하기 쉽고, 부서 내의 갈등이나 마찰에 대한 조정이 비교적 수월하다. 또한 부서별로 전문화가 되어 능률적인 경영활동 수행이 가능하다. 단점으로는 문제가 발생할 시 부문 간 조정이 어렵고, 기업 전체를 효율적으로 통제하기가 수월하지 않다. 또한 전문화에 따른 여러 가지 관리비가 증가한다. 이러한 전통적 기능조직은 기업의 규모가 적은 개인기업이나 창업단계에 있는 중소기업의 경우에 적합하다.

그림 7-7 전통적 기능별 조직

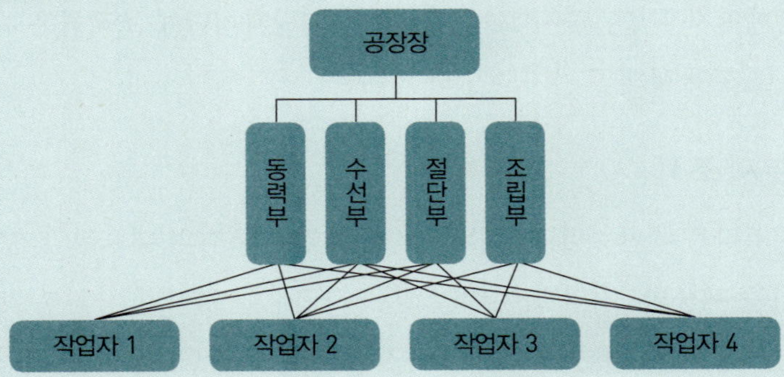

(3) 라인(line) - 스태프(staff) 조직

라인-스태프 조직은 조직의 일사불란한 지휘시스템인 명령 일원화의 원칙과 전문화의 원칙에 따른 의사결정과 집행을 가능하게 하는 요건을 둘 다 충족시킬

그림 7-8 라인(line) - 스태프(staff) 조직

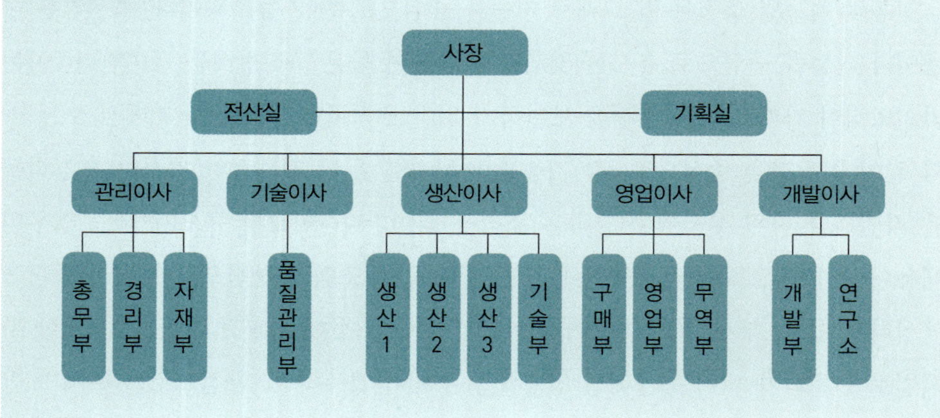

수 있도록 고안된 조직구조의 형태이다. 라인(line)은 권한을 집행하며, 계획한 업무를 추진하고, 그 결과에 책임을 진다. 스태프(staff)는 라인의 의사결정과 업무를 보좌하는 역할을 한다. 이를 그림으로 살펴보면 [그림 7-8]과 같다. 따라서 오늘날 모든 조직에서 널리 활용되고 있는 대표적인 조직구조이다. 여러분들이 지방자치단체의 홈페이지를 방문해서 보면 대부분의 지방자치단체 조직들은 유사하게 라인-스태프 조직의 형태를 가지고 있다.

(4) 사업부제 조직

사업부제 조직은 권한위임이 잘 되어있는 분권화 조직의 대표적인 형태이다. 사업부제 조직은 제품별, 지역별, 서비스별로 사업부를 정하고 사업부 책임자를 중심으로 일상적 업무에 대한 전략적 의사결정을 직접 내릴 수 있는 책임경영을 할 수 있도록 일체의 권한과 책임을 사업부 책임자에게 위임한 관리방식이다. 이때 각 사업부는 하나의 수익센터로서 운영되므로 사업부 책임자는 하나의 독립된 사업체로 인식하여 경영하게 된다. 이러한 사업부제 조직은 환경의 불확실성이 크거나 기술에 있어서 부서 간 상호의존성이 높고 비일상적일 때 효과적인 조직구조이다. 사업부제 조직의 장점으로는 부서 간 기능의 조정이 용이하여 제품이나 서

그림 7-9 사업부제 조직

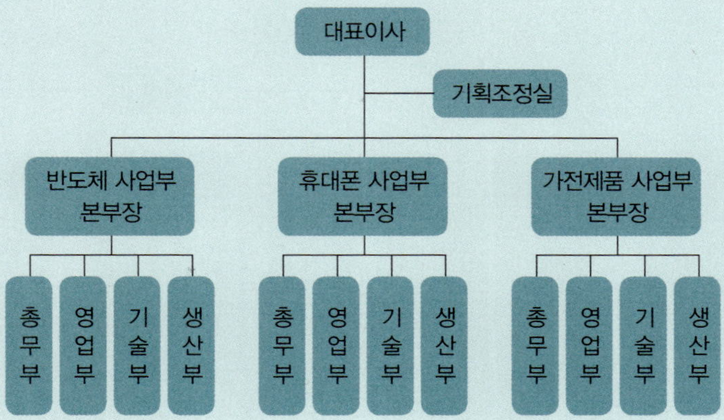

비스에 관한 책임을 사업부 책임자에게 부과하여 환경변화에 신속한 대응이 이루어지도록 하는 조직구조이다. 단점으로는 연구시설과 인력 등을 사업부별로 운영되기 때문에 중복 투자가 발생할 가능성이 있으며, 기업 전체적으로 규모의 경제를 달성하기가 어렵다. 또한 제품 라인 간 기능조정이 독립적으로 운영되기 때문에 사업부 간 협력과 부서원 간 조정절차가 어렵다. 이러한 사업부제 조직은 [그림 7-9]와 같다.

(5) 프로젝트 조직

프로젝트 조직은 특정한 목표를 실행하기 위하여 일시적으로 조직 내의 인적자원과 물적자원을 결합하여 만든 조직형태이다. 이러한 프로젝트 조직은 특정한 사업을 위해 임시로 운영하다가 목표를 달성하면 해체하여 본래의 조직으로 환원하는 조직구조이다. 많은 조직에서 프로젝트별로 조직을 구성하여 일을 하기도 한다. 프로젝트를 맡아 조정자의 역할과 프로젝트 팀을 이끌고 가는 사람을 PM(Project Manager)이라고 한다. 특히 기업이 신제품을 개발할 때 매우 유용하고 효과적으로 활용되고 있다. [그림 7-10]에서 보는 바와 같이 만약 기업이 신제품을 개발한다고 하면 기획실, 총무부, 자재부, 품질관리부, 생산1, 기술부, 구매부, 개발부

그림 7-10 프로젝트 조직

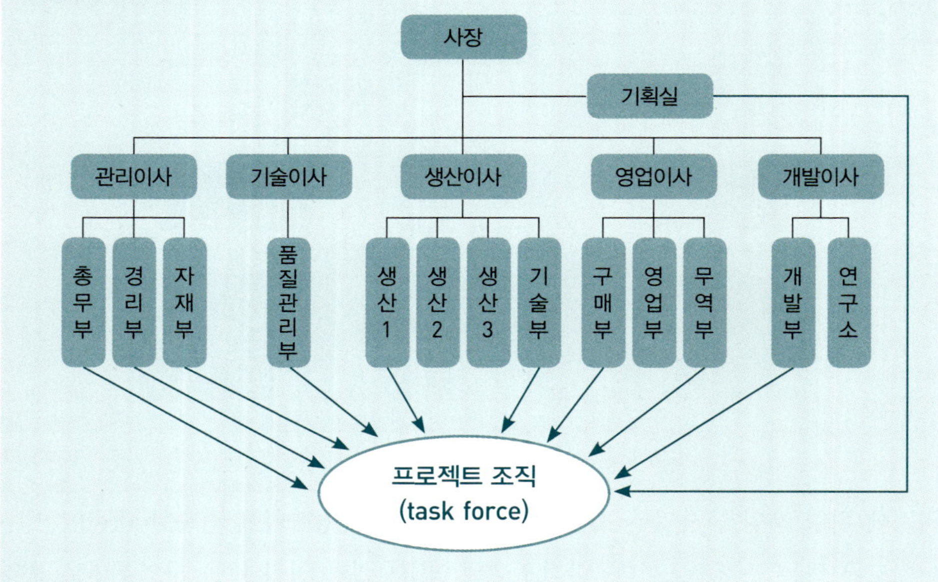

에서 팀원을 한 명씩 선발하여 프로젝트 조직에 배치하여 신제품을 개발하기 위해 운영하다가 목표를 달성하면 해체하여 본래의 조직으로 돌아가는 조직형태를 의미한다.

(6) 매트릭스 조직

매트릭스(matrix) 조직은 행렬식 조직이라고 하며 이는 전통적인 기능별 조직과 오늘날 많이 사용되는 프로젝트 조직을 결합한 복잡한 조직구조이다. 즉, 조직 구성원들이 원래 소속되어 있는 기능별 조직에 배치되고 동시에 그들이 현재 맡고 있는 제품과 서비스의 부문별로 나누어진 팀에도 배치되어 두 개의 단위 조직에 소속되며, 두 명의 상급자를 두고 있는 조직구조이다. 대부분의 회사들은 중앙집권적 기능부서와 분권적 사업부의 혼합체로서 각 사업의 본사는 경영활동을 조정하고 시너지를 창출하기 위한 방법으로 조정이라는 도구로 문제 해결을 위해 매트릭스 조직을 도입하였다. 프로젝트 조직이 목표로 한 특정 프로젝트가 종결되었을

그림 7-11 매트릭스 조직

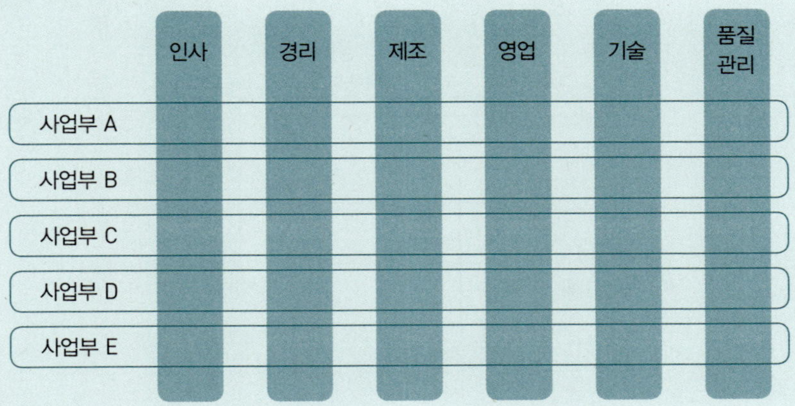

때 해체됨으로써 소멸하는데 비해, 매트릭스 조직은 여러 사람의 프로젝트 매니저들을 존속시키고 프로젝트 사업을 지속한다는 의미이다. 매트릭스 조직은 [그림 7 - 11]과 같다.

(7) 네트워크 조직

네트워크 조직은 정보기술을 바탕으로 서로 독립성을 유지하는 조직들이 상대방이 보유하고 있는 자원을 마치 자신의 자원인 것처럼 활용하기 위하여 수직적, 수평적, 그리고 공간적 신뢰 관계로 서로의 조직이 연결된 것을 의미한다. 이러한 네트워크 조직이 형성된 배경은 경제단위 주체 간에 거래를 하는 데 드는 비용인 거래비용을 줄이고, 신뢰를 바탕으로 환경변화에 유연하게 적응할 수 있는 조직형태이다. 즉, 대부분의 조직이 수직적 통합이나 합병과 같은 다각화를 통한 조직 통합 등으로 조직이 지나치게 비대해지고 대규모화함으로써 환경변화에 적절히 대응하지 못하고 관리비용은 증가하는 현상이 나타나기 때문이다. 또한 기술변화의 급속한 발달로 어느 한 기업이 모든 필요한 기술을 다 보유한다는 것은 사실상 불가능하기 때문에 연구개발 비용과 위험을 공유하는 것이 유리하기 때문에 네트워크

그림 7-12 네트워크 조직

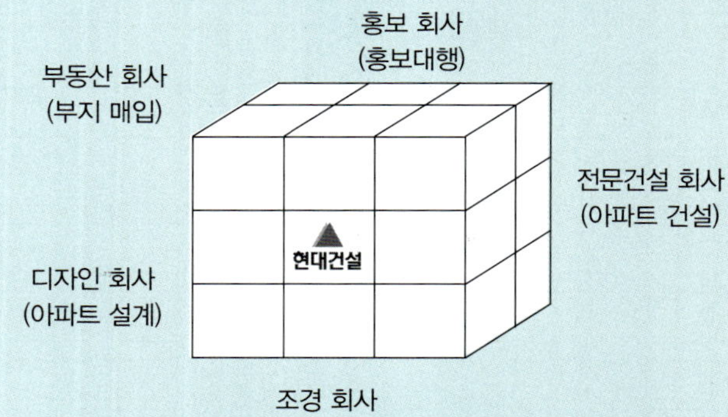

조직의 유형이 출현하게 된다. [그림 7-12]에서 보는 바와 같이 예를 들어 현대건설이 아파트를 분양하려면 네트워크 방식으로 서로의 조직을 연결하는 것이다. 즉, 아파트 건설을 위해 부지매입을 위한 부동산회사와, 공사일부를 전문건설회사에 의뢰하고, 아파트 설계와 홍보대행사에 의뢰하는 것처럼 서로의 조직을 연결하는 무경계조직구조라고 할 수 있다. 또 다른 네트워크 조직으로는 각기 다른 소속의 감독, 작가, 배우가 하나의 TV 프로그램을 만드는 것이다. 게임회사의 경우는 게임프로그래머, CG담당 일러스트레이터가 하나의 게임을 만들기 위해 결합하는 조직구조이다.

사례 | 조직화의 필요성

나는 H지역에 4대째 집안 대대로 내려오는 비법을 활용하여 된장과 고추장이라는 향토음식을 만들어 판매하는 35세 김장흥이라고 합니다. H지역은 청정지역으로 공기가 깨끗하고 물맛이 좋으며 땅이 비옥하여 장을 담그기에 최적의 장소로 옛날부터 유명합니다. 처음에는 입소문과 지인을 통하여 판매를 시작하였지만 판매량이 많지 않아 가족들만으로 충분히 수요를 공급할 수 있었습니다. 장을 담그는데 핵심재료인 고추와 콩은 100%로 유기농 농법으로 직접 재배한 것으로 안정적으로 공급할 수 있었습니다. 좋은 재료로 전통적인 방식을 고수하여 엄격하게 생산하고 품질관리를 한 덕택에 점차 고객층이 늘어나기 시작하였습니다. 이제 창업한 지 5년이 된 지금은 된장, 고추장, 그리고 간장 항아리가 각각 100여 개가 넘는 규모로 성장하였습니다. 이러한 과정에서 더 이상 집안 식구들만으로는 장을 담그고 이를 관리하는 것이 불가능하다고 판단하였습니다. 이에 업무를 분장하고 사람을 채용하여 체계적으로 관리하고 규모를 더 크게 하고자 합니다. 구매와 생산, 그리고 소비자의 주문과 배송을 체계적으로 관리할 수 있는 시스템을 구축하고자 합니다. 이번 학기 수업시간에 배운 조직화를 통하여 전문부서가 필요함을 느끼기 시작하였습니다. 여러분이 김장흥 씨라면 어떻게 조직을 설계하시겠습니까?

강의 요약

1. 조직(organization)이란 조직화 과정을 통하여 체계를 갖추어 만들어진 형태, 조직 구성원의 관계의 조합이며, 함께 살아가는 곳(회사 등)이고 조직화(organizing)란 어떠한 형태로 조직을 구성할 것인가를 결정하고 자원을 배분 및 조정하는 활동이다.

2. 조직화의 과정은 크게 네 단계로 이루어진다. 첫째, 어떠한 업무가 있는지를 파악하는 단계이다. 두 번째 단계는 파악되어진 업무에 따라 조직구조와 직책, 그리고 직위 등을 결정하는 과정이다. 세 번째 단계는 이렇게 조직구조와 직책이 결정된 곳에 사람을 배치하고 자원을 배분하는 단계이다. 네 번째 단계는 사람과 부서의 업무를 조정하는 과정이다.

3. 조직화의 단계는 크게 네 단계로 이루어진다. 첫째, 직무의 분할이다. 두 번째 단계는 분할된 직무를 수행할 부서를 정하는 업무를 단위화하는 직무의 부서화이다. 세 번째 단계는 부서 또는 부서의 구성원들에게 업무수행에 따른 책임과 권한을 부여하는 것이다. 마지막 조직화의 단계는 조정과 통합의 단계이다.

4. 조직설계는 조직을 구성하는 조직 구성원과 과업들을 체계적인 배열을 통하여 조직의 성과를 높이도록 구조를 결정하는 과정이다.

5. 조직구조(organization structure)란 조직 내 직무를 공식적으로 배치하는 것이다.

6. 조직설계의 방법으로 수평적 분화는 조직에서 수행해야 할 업무를 업무 특성이나 업무 단위를 중심으로 부서를 수평적으로 나누는 것을 의미한다.

7. 조직설계의 방법으로 수직적 분화는 조직 내의 책임과 권한이 나뉘어 있는 계층을 중심으로 업무 특성별로 나누는 것이다.

8. 조직설계의 방법으로 공간적 분화는 기업이 수행해야 할 업무를 업무 특성이나 업무 단위를 공간을 중심으로 분화하는 것을 의미한다.

9. 조직설계의 원칙으로는 첫째, 전문화의 원칙(principal of specialization), 둘째, 업무조정의 원칙(principal of coordination), 셋째, 명령통일의 원칙(principal of unity of command), 넷째, 권한위임의 원칙(principal of delegation of authority), 다섯째, 감독범위 적정화의 원칙(principal of span of control), 여섯째, 책임과 권한의 원칙(principal of responsibility and authority), 일곱째, 기능화의 원칙(principal of functionalization)이 있다.

10. 조직구조의 유형으로는 기계적 조직과 유기적 조직으로 구분된다. 기계적(mechanistic) 조직은 업무활동이 전문화된 과업으로 세분화되고 의사결정권이 중앙에 집중되도록 설계하는 방법이다. 유기적(organic) 조직은 분권화를 중심으로 유연한 조직의 특징을 가지는 조직으로 팀워크, 그리고 조직 구성원 간 의사소통을 강조하는 조직이다.

11. 기업환경에 따른 유형 조직구조의 유형으로는 정태적 조직과 동태적 조직으로 구분된다.

12. 라인조직은 최고경영자로부터 하위경영자에 이르기까지 명령과 권한이 직선적으로, 즉 직계조직으로 이루어진 조직으로 군대식 조직의 한 형태이다.

13. 전통적 기능별 조직은 말 그대로 기능을 중심으로 한 기능조직이다. 즉, 업무 내용이나 기능을 중심으로 유사한 것끼리 분류하여 묶는 조직형태를 의미한다.

14. 라인-스태프 조직은 조직의 일사불란한 지휘시스템인 명령 일원화의 원칙과 전문화의 원칙에 따른 의사결정과 집행을 가능하게 하는 요건을 둘 다 충족시킬 수 있도록 고안된 조직구조의 형태이다.

15. 사업부제 조직은 권한위임이 잘 되어있는 분권화 조직의 대표적인 형태이다.

16. 프로젝트 조직은 특정한 목표를 실행하기 위하여 일시적으로 조직 내의 인적자원과 물적자원을 결합하여 만든 조직형태이다.

17. 매트릭스(matrix) 조직은 행렬식 조직이라고 하며 이는 전통적인 기능별 조직과 오늘날 많이 사용되는 프로젝트 조직을 결합한 복잡한 조직구조이다.

18. 네트워크 조직은 정보기술을 바탕으로 서로 독립성을 유지하는 조직들이 상대방이 보유하고 있는 자원을 마치 자신의 자원인 것처럼 활용하기 위하여 수직적, 수평적, 그리고 공간적 신뢰 관계로 서로의 조직이 연결된 것을 의미한다.

연습문제

1. 여러분들이 관심 있는 공기업, 사기업, 지방자치단체, 공공기관, 금융기관들의 홈페이지를 통하여 경영조직의 형태와 기업의 조직특성에 대해 설명하시오.

2. 전통적 직무설계와 관련 없는 것은? (2021년 공인노무사)

① 분업 ② 과학적 관리 ③ 전문화
④ 표준화 ⑤ 직무순환

3. 매트릭스 조직의 장점에 해당하지 않는 것은?

① 구성원들 간 갈등 해결 용이
② 환경 불확실성에 신속한 대응
③ 인적자원의 유연한 활용
④ 제품 다양성 확보
⑤ 구성원들의 역량향상 기회 제공

4. 다음 내용에 해당되는 조직구조는?

ㄱ. 테일러가 창안한 조직구조이다. ㄴ. 수평적 분화에 중점을 두고 있다. ㄷ. 각자의 전문분야에서 작업능률을 증대시킬 수 있다.

① 기능별 조직 ② 네트워크 조직
③ 매트릭스 조직 ④ 사업부 조직

5. 네트워크형 조직의 특성으로 옳지 않은 것은?

① 네트워크에 참여한 기업들은 자사가 보유한 핵심역량강화에 주력한다.
② 네트워크 내 서로 다른 핵심역량을 보유한 기업들과 적극적이고 효율적인 협력이 중요하다.
③ 네트워크형 조직은 가상조직(virtual organization) 또는 모듈조직(modular oragnization) 등으로 불리기도 한다.
④ 수직적으로 연결된 구조와 사람 및 정보를 중요시하고 자기관리에 의한 통제방식을 주요한 관리수단으로 활용한다.
⑤ 환경변화에 매우 유연하고 신속한 대응이 가능한 조직이다.

6. 조직구조에 관한 다음 설명 중 가장 적절하지 않은 것은?

① 매트릭스(matrix)조직은 제품과 기능 또는 제품과 지역이 동시에 강조될 때 적합한 조직구조이다.
② 사업부 조직은 모든 의사결정이 최고경영진에게 집중되어 있는 집권화된 구조이다.
③ 기능별 조직은 각 기능부서 내에서 규모의 경제효과를 달성할 수 있다
④ 수평적 조직은 기능부서 간 경계가 없기 때문에 조직 구성원들은 특정 부서의 목표에 집중하기보다는 폭넓은 관점에서 조직의 전체목표를 추구한다.
⑤ 네트워크 조직은 전통적 조직의 경계를 초월하여 수평적 조정과 협력의 개념을 조직외부로 확장하는 구조이다.

정답 2. ⑤ 3. ① 4. ① 5. ④ 6. ②

Chapter

08

인적자원관리

제1절 인적자원관리

제2절 노동법과 인적자원관리

제1절 인적자원관리

기업 운영에 있어서 마지막으로 중요한 부분은 인력관리다. 고용주가 종업원을 보는 시각은 크게 두 가지다. 하나는 고용주가 종업원을 하나의 자원으로만 보고, 최대 산출량을 달성하기 위해 이들을 압박해야 한다는 시각이다. 또 다른 극단적 시각은 고용주가 종업원의 인간성을 중시하여 이들의 열망과 욕구를 살펴야 한다는 시각이다. 물론 실제로 보통 고용주는 양 극단의 중간적인 위치에 있을 것이며 상황에 따라 다르다. 하지만 인력관리의 성공에 있어서 가장 중요한 것은 효과적인 리더십이다. 리더십이 없다면 아무리 우수한 시스템이라 하더라도 실패할 수밖에 없기 때문이다. 인적자원관리(human resource management)란 조직 구성원들이 자발적으로 조직의 목표를 달성하고 또한 개인의 안정과 발전도 동시에 달성할 수 있도록 하는 것을 의미하는 사람을 관리하는 철학이다. 다시 말해 이렇게 사람을 관리하기 위해서는 인적자원의 채용, 교육훈련을 통한 인적자원 개발, 인적자원의 배치, 그리고 평가와 보상과 관련된 관리 활동을 의미한다. 이를 그림으로 나타내면 [그림 8-1]과 같다. 인적자원관리는 기업활동에 필요한 인적자원을 채용하여 퇴직할 때까지의 과정을 관리하는 것을 의미한다. 이를 위하여 인적자원의 선발과 교육훈련, 성과에 대한 평가 및 보상, 인적자원과 관련된 계획을 수립하고 이를 집행하고 통제하는 과정을 의미한다.

인적자원관리의 원칙은 기업의 경제적인 효율성과 개인의 사회적 효율성을 동시에 추구하는 것이다. 이는 개인의 사회적 효율성을 충족시켜주어 조직 구성원들

그림 8-1 인적자원관리활동

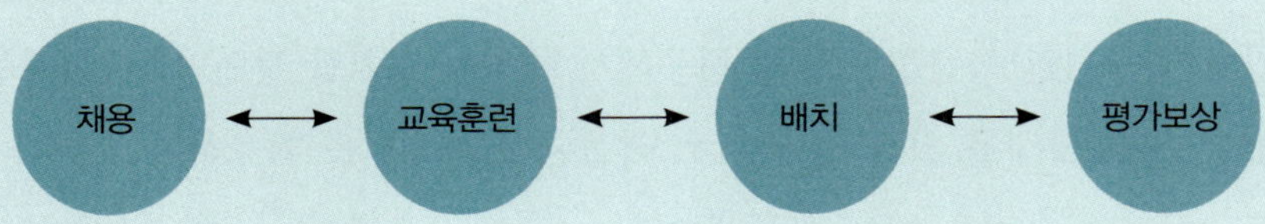

> 어느날 이건희 회장에게 언론사 기자가 삼성의 성공비결에 대해 물었다. 이 회장은 뜻밖에도 영화이야기를 꺼냈다.
>
> '벤허'를 보면 아주 인상적인 전차경주장면이 나옵니다. '메살라'는 말들을 채찍으로 강하게 후려치는데 반해 '벤허'는 채찍없이 경주에서 승리를 합니다. 게다가 '벤허'는 경기 전날 네 마리의 말을 어루만지면서 용기를 북돋아 줍니다. 채찍없이 동물의 마음을 움직이는 '벤허'와 같은 인재들 덕분에 성공할 수 있었습니다.
>
> '벤허'의 네 마리 말은 모두 하얀 색의 멋진 말등이었고 각자 모두 이름을 가지고 있었습니다. '벤허'는 말들의 이름을 하나 하나 부르면서 쓰다듬어 주며, 결전을 앞둔 말들에게 전차 경주의 전반적인 전략을 알려 주면서 자신감을 불어넣어 주었고 격려를 아끼지 않았습니다. "경주는 경기자 아홉바퀴를 도는 게임이란다. 우리는 여덟바퀴까지는 2등으로 가자. 그러다가 마지막 아홉 바퀴째에는 전력 질주해서 1등을 확 따라 잡는거야. 자신 있지? 그래, 우린 이길수 있어!" 무엇보다도 인상적인 것은 '벤허'가 말들의 특성을 일일이 살펴서 적재적소에 배치한 점입니다. 빠른 말은 외곽으로, 빠르지 않지만 조화를 이룰 수 있는 말은 제일 안쪽으로, 보통이지만 끈기 있는 말은 중간에 배치했습니다.
>
> 드디어 결전의 날 전차 경주에는 총 8개 팀이 출전하였고 다들 기다란 채찍을 들고 나왔지만 '벤허'의 손에는 말고삐가 전부였습니다. 모든 선수가 초반부터 사정 없이 채찍질을 하면서 말들을 몰아 세웠으나 '벤허'는 채찍 대신 말고삐로 말들과 교감을 하며 승부를 걸었습니다. 결국 최후의 승자는 '벤허'였습니다.
>
> 삼성이 전 세계 초일류 기업으로 성장하게 됨은 영화 '벤허'에서 터득한, 故 이건희 회장의 효율적인 인적자원관리의 결과물입니다.

이 자발적이고 적극적인 노력을 유인하여 노동의 생산성을 극대화하여 기업의 목표를 달성하는 것이다. 다음으로는 인적자원관리활동을 구체적으로 살펴본다.

1. 인적자원 확보의 의의와 기능

우리는 조직화를 통하여 기업에 적합한 조직구조를 구축하였다. 이제 이를 담당해 나갈 인적자원인 직원을 어떻게 채용해서 배치하여야 할 것인가? 인적자원관리는 기업의 목표 달성을 위해 첫 번째로 적절한 인적자원을 확보하는 것이다. 기업(company)이란 한솥밥을 먹는 공동체이다. com+pany에서 com은 함께라는 접두어이고 pany는 빵이라는 것이다. 이렇게 경영자, 조직 구성원들이 공동의 목표를 위해 한솥밥을 먹는 식구이다. 기업은 우수한 인력을 어떻게 확보할 것인가? 왜냐하면 공동의 목표 달성을 위해 가장 중요한 자산은 인적자원이기 때문이다. 결국 기업의 성공과 실패는 유능한 인적자원을 확보하고 있는가?에 달려 있다. 이러한 인적자원을 확보하고 유지해 나가는 충원은 경영에 있어서 중요한 요소이다. 많은 기업의 홈페이지를 방문해 보면 대부분의 기업들이 인적자원의 중요성을 표현하고 있는 것을 볼 수 있다. 그렇다면 기업 성공의 핵심요인인 인적자원을 어떻게 확보해야 할까? 즉, 어떻게 채용해서 조직 구성원들의 잠재능력을 개발하여 그들의 능력을 최대한 발휘할 수 있도록 할 것인가? 결국 채용은 기업에게 필요한 인재를 어떻게 확보할 것인가이다. 이를 위하여 직무의 내용과 특성을 밝혀내는 직무분석이 중요하다. 이러한 직무분석은 인적자원확보를 위하여 기업에서 수행해야 하는 업무에는 어떠한 것이 있는지를 분석해야 한다. 인적자원확보를 직무분석과 직무평가를 실시하여야 한다.

(1) 직무분석의 의의 및 내용

직무분석이란 앞서 살펴본 바와 같이 기업에서 수행해야 하는 업무에 대한 파악이다. 직무분석은 인사관리의 기본데이터로서 채용에서 평가, 보상에 이르기까지 인사 전반적인 관리에 활용되므로 조직 구성원의 역할과 책임의 명확화, 그리고 적정인력 산정에 이르기까지 필요한 정보이다. 즉, 직무분석은 조직 구성원들의 능력과 직무를 적절하게 연결해야 하고 각각의 직무에 대하여 보다 구체적으로 파악할 필요가 있다. 직무분석을 하는 목적은 조직 구성원의 채용과정, 즉 모집, 선발, 배치를 위한 조직이나 작업방법을 개선하는데 필요한 자료를 획득하는데 있다. 직무분석(job analsysis)이란 영리조직이나 비영리조직에서 특정직무의 특징과 업무의 내용을 포함하여 그 직무를 수행하는데 필요한 지식이나 능력을 체계적으로 결정하는 과정을 의미한다. 조직에서 일하는 사람들은 각자 맡은 직무가 있고, 이러한 직무는 일반적으로 개인이 수행하는 과제(task)들의 집합으로 정의된다. 그리고 과제는 개별 활동의 집합으로서 직무에서 수행해야 할 목표를 달성하기 위한 가장 기본적인 작업 단위이다. 조직에서는 구성원을 모집, 선발, 배치, 교육하고 인사 평가를 하기 위한 가장 기초적인 정보를 직무 분석(job analysis)에서 얻는다. 직무 분석은 직무에서 어떤 활동이 이루어지고, 직무를 수행할 때 사용되는 도구나 장비가 무엇이며, 어떠한 환경에서 작업을 하고, 직무 수행에 요구되는 인간적 능력이 어떤 것인지를 알 수 있도록 도와준다. 이러한 직무분석이 이루어지면 그 다음에는 직무에 관한 설명서인 직무기술서와 직무명세서가 필요하다. 직무분석의 내용을 살펴보면 직무의 내용과 직무환경, 그리고 직무특성을 포함한다. 구체적으로 첫째, 직무의 범위는 어디까지인가?를 정하고, 둘째, 직무를 수행할 때의 책임의 범위, 셋째, 정신적·신체적 관점에서의 직무를 수행할 시 작업의 강도를 파악하는 것, 넷째, 그 직무를 수행하기 위한 작업환경과 조건을 파악하고, 다섯째, 직무를 수행하는데 있어 필요한 인격적, 자격요건 등을 파악하는 것이다.

(2) 직무분석의 방법

직무분석의 방법으로는 그 직무가 가지고 있는 특징을 찾아보는 것으로 첫째, 관찰법(observation method)이 있다. 이는 직무분석자가 직무수행의 방법을 관찰하고 이를 바탕으로 직무를 분석하는 방법이다. 두 번째 방법으로는 면접법(interview method)이 있다. 면접법은 직무분석자가 직무수행담당자와의 면접을 통하여 직무가 갖는 특징을 파악하는 방법이다. 주로 직무분석자와 직무수행담당자와 직접 만나서 직무에 관한 정보를 파악하는 방법이다. 셋째, 설문지법(questionnaires method)으로 직무의 특성을 설문지를 통하여 파악하는 방법이다. 이는 표준화된 일정한 양식에 직무수행담당자가 직접 직무와 관련된 내용을 작성하는 방법으로 직무수행담당자와 충분한 협의를 통하여 설문지를 개발하여야 한다.

(3) 직무평가

직무평가(job evaluation)란 기업 내 각종 직무의 가치를 결정하는 것이다. 이는 직무의 숙련 정도, 직무수행의 난이도, 직무 간 상대적 가치를 결정하는 체계적 방

직무기술서와 직무명세서
직무기술서(job description): 직무수행과 관련된 자료와 정보를 구체적으로 정리·기록한 문서로서 직무분석의 기초가 된다. 직무기술서에는 직무의 명칭, 내용, 요건 등 직무 전반에 대한 사항을 작성한다. **직무명세서(job specification):** 직무분석의 결과 직무의 특성을 중심으로 기술된 직무의 내용과 직무에 요구되어지는 자격요건 등을 상세히 기록한 문서이다. 직무수행요건과 직무특성을 포함하여 직무를 수행하기 위해 필요한 최소한의 인적자원에 관한 설명서이다.

법을 의미한다. 직무평가는 조직 직무의 중요성과 책임성을 바탕으로 공정한 서열 책정에 기초하여 직무 분류에 따라 상대적인 급여 수준을 설정하려고 할 때 사용된다. 이러한 직무평가는 임금제도의 기초로 활용되어진다. 동일한 가치를 가진 직무에 대해서는 동일한 임금을 적용하고 높게 평가되는 직무의 경우는 높은 임금을 제공한다. 직무평가의 방법으로는 첫째, 직무의 상대적 가치를 그 중요도에 따라서 주관적으로 서열화를 통하여 평가하는 방법으로 가장 오래되고 전통적인 방법인 서열법(ranking method)이 있다. 둘째, 분류법으로 이는 직무의 등급, 숙련직, 반숙련직, 그리고 미숙련직 등 직무의 중요성을 평가하는 방법으로 각기 다른 직무의 수행 곤란함, 책임 등을 관찰한 후 사전에 분류해 둔 등급에 따라 분류하는 방법이다. 셋째, 점수법(point system)으로 각 직무의 평가요소를 결정한 후 상대적 가치를 점수화하여 표시하는 방법이다. 예를 들어 어떤 직무가 요구하는 숙련도가 60, 책임량을 25, 노력의 정도를 15로 평가함으로써 종합점수를 구하고 이에 따라 직무의 상대적 가치를 평가하는 방법이다. 이는 평가의 총점이 가장 많은 직무가 조직 내의 상대적 가치가 높다고 평가한다. 넷째, 요소비교법(factor comparison method)은 각 직무를 요소별로 분해하여 비교하는 방법으로 1926년 Benge에 의한 직무평가 방법으로 직무평가를 위하여 가장 중요하다고 생각하는 평가 요소(예를 들면 정신적 요소, 신체적 요소, 기술적 요소, 작업조건)를 정하고 그 상대적 가치에 따라 임금을 정하는 방법이다.

2. 조직 구성원의 채용과 선발

우리는 앞에서 인적자원 확보의 의의와 기능에 대해 살펴보았다. 이제 인적자원관리의 첫 단계인 조직 구성원을 어떻게 채용하고 선발할 것인지에 대해 살펴보자. 조직 구성원의 채용과 선발은 조직이 필요로 하는 인적자원을 사전에 예측하고 인력을 공급하는 인력계획에 따른다.

(1) 채용(recruitment)

채용(recruitment)이란 직무명세서상의 요건에 적합한 능력과 기술을 가진 인적자원을 확보하기 위하여 적합한 시기에 인적자원을 조직으로 유입시키기 위한 활동이다. 이러한 인적자원의 채용과 선발 방법은 내부에서 모집하는 방법과 외부에서 모집하는 방법으로 구분된다. 내부에서 모집하는 방법으로는 인사담당부서에서 인력배치표 등을 참고하여 비공개적으로 필요한 사람을 모집하거나 회사 내에서 공개적으로 사람을 인력을 선발하는 방법이다. 외부에서 모집하는 방법으로는 광고를 통한 공개채용이거나, 취업설명회, 추천의 방법, 전문적인 인력공급기관으로부터 공급받는 방법이 있다. 내부 모집의 장점으로는 지원자에 대한 정확한 평가가 가능하고 모집비용이 적게 들고 신속한 모집이 가능하다. 또한 승진기회를 제공함으로써 내부인들의 사기를 진작할 수 있다. 그러나 단점으로는 과당경쟁으로 조직분위기가 저하되고, 불합격된 사람에 의한 불만 요인이 발생할 수 있다. 외부 모집의 장점으로는 새로운 아이디어나 방법을 접하는 기회를 제공하고, 교육훈련 비용을 절감할 수 있다. 단점으로는 조직에 적응하기 위해서 많은 시간이 소요되고, 기존 내부인과의 마찰 가능성이 있다.

(2) 선발(selection)

선발이란 채용의 한 단계로 내부에서 모집하는 방법과 외부에서 모집하는 방법을 통하여 응모한 지원자 중에서 직무명세서에 의해 조직이 필요로 하는 적합한 사람을 채용하는 과정이다. 이러한 선발 과정은 입사지원서를 받고 면접을 진행하

삼성전자의 채용 프로세스

1. 지원서 접수: 기본 인적사항, 학업 이수내용, 경험/자격, 에세이 작성 후 제출
2. 직무적합성 평가: 지원서 제출 정보를 바탕으로 직군별 직무수행역량을 평가
3. 직무적성검사
   1) GSAT(Global Samsung Aptitude Test)
      - 대상: 연구개발, 기술/설비, 영업마케팅, 경영지원 지원자
      - 영역: 언어력, 수리력, 추리력, 시각적 사고
   2) S/W 역량테스트
      - 대상: 소프트웨어 지원자
      - 프로그래밍 개발 능력(코딩+알고리즘) 평가
   3) 디자인 포트폴리오 심사
      - 대상: 디자인 지원자
      - 제공되는 양식에 맞춰 개인/단체 포트폴리오 작품 제출 후, 디자인 평가위원 심사
4. 종합면접
   1) 임원면접: 개인 품성, 조직적합성 등
   2) 직무역량 면접: 전공역량, 직무동기, 전공별 문제풀이 후 프리젠테이션 및 질의/응답
   3) 창의성 면접: 독창적인 아이디어와 논리 전개과정을 평가
5. 채용 건강검진: 건강검진 합격자에 한해 최종 합격 및 입사 가능

거나 업무와 관련이 있는 기본적 능력측정 또는 적성검사를 실시하고, 이에 합격한 지원자를 대상으로 신체검사를 실시하여 선발한다. 선발의 원칙으로는 첫째, 제공할 비용보다 훨씬 큰 수익을 가져다 줄 사람을 선발해야 하는 효율성 원칙이 있다. 둘째, 모든 지원자들에게 동등한 기회를 부여해야 한다는 형평성의 원칙이 있다. 셋째, 회사의 목표나 회사 분위기에 어울리는 사람을 선발해야 하는 적합성

의 원칙이 있다. 이러한 선발을 위한 도구는 시험과 면접으로 구분할 수 있다. 시험은 어학실력을 테스트하는 어학시험, 전공지식을 테스트하는 전공시험, 상식을 포함한 교양시험이 있다. 이러한 선발시험의 도구로 필기시험, 적성검사, 인성검사, 지능검사, 흥미검사 등 다양한 검사를 활용한다. 면접은 크게 네 가지로 구분할 수 있는데 첫째, 비구조적 면접(unstructured interview)으로 피면접자에게 최대한 의사표시의 자유를 주면서 피면접자에 대한 폭넓은 정보를 수집하는 면접방법이다. 둘째, 구조적 면접(structured interview)방법으로 직무에 관한 전문능력을 파악하기 위해 구조화된 질문사항을 미리 준비하는 것이다. 예를 들어 직무에서 발생할 수 있는 상황에 대해 면접자가 설명하고, 지원자는 이러한 상황에서 어떻게 할 것인가를 대답한다. 셋째, 여러 명의 면접자가 한 명의 지원자를 면접하는 패널면접(panel interview)이 있다. 넷째, 여러 명의 면접위원이 여러 명의 피면접자를 대상으로 실시하는 집단면접(group interview)이 있다.

3. 조직 구성원의 교육훈련

신규로 조직 구성원을 선발하였으면 기업은 조직 구성원들이 수행해야 할 직무에 적응하고 조직에서 필요한 기술과 지식습득을 통하여 그들의 능력을 최대한 기업을 위하여 사용될 수 있도록 체계적이고 종합적인 교육훈련이 필요하다. 이러한 교육훈련은 신입사원이나 기존의 조직 구성원들의 역량을 향상시키고 동기부여를 강화시키는 인적자원관리의 기본적인 활동이다. 즉, 교육훈련은 직무상 필요로 하는 지식의 숙련된 능력을 발휘할 수 있도록 어떠한 지식 및 업무 기술이 필요한지를 알 수 있어야 성공적인 교육훈련이 이루어질 수 있다. 교육훈련의 절차는 [그림 8-2]와 같다.

교육훈련의 방법으로는 크게 두 가지로 구분할 수 있는데 첫째, 조직 구성원이 직무에 관한 지식과 기술을 현직에 종사하면서 감독자의 지도하에 훈련받는 현장실무 중심의 교육인 직장 내 훈련(OJT; On-the-Job training)이 있다. 직장 내 훈련의 장점으로는 일을 하면서 훈련을 할 수 있고, 조직 구성원의 습득 정도나 능력에 맞

그림 8-2 교육훈련의 절차

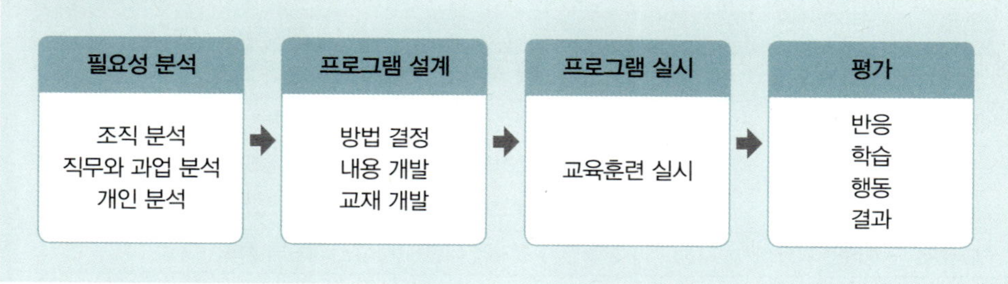

추어 훈련을 할 수 있다. 단점으로는 일과 훈련을 병행함으로 인한 심적인 부담과 다수의 조직 구성원들을 훈련하는데 적절하지 못하다. 둘째, 직장외 훈련(off-the-job training)이 있는데 이는 조직 구성원을 일정기간 직무로부터 분리시켜 연수원과 같은 일정장소에서 집합하여 교육훈련에만 집중할 수 있도록 하는 훈련을 의미한다.

4. 인력 배치

(1) 배치(placement)

배치란 신규로 모집 선발되어진 조직 구성원을 각 직무에 인력을 할당하는 것을 의미한다. 조직 내에서 적성, 직무, 능력을 토대로 적합한 인원을 확보하고 유지하면서 직무에 필요한 요건에 따라 합리적으로 인력을 할당하는 것이다.

5. 성과평가

조직에서 공정한 임금구조를 마련하려면 각 직무의 상대적 가치평가가 필요하다. 조직 구성원들은 임금구조가 공정하지 않다고 판단되면 업무에 별로 만족하지 않을 것이고, 그러한 결과 이직률이 높아질 것이다. 따라서 직무의 상대적 가치를 평가하는 업무는 직무 평가 차원에서 고려하여야 한다. 성과평가의 목적은 효과적인 성과평가를 통하여 기업의 사업목표를 달성할 수 있도록 돕고, 조직 구성원의 지식과 기술을 발전시킬 목적이 있다. 성과평가 기준은 〈표 8-1〉과 같다.

성과평가 방법으로는 조직 구성원의 성격, 의사결정 능력, 조직에 대한 충성도,

표 8-1 성과평가 기준

성과평가 기준	내용
첫째, 전략과의 적합성	기업의 전략, 목표에 부합하는 성과평가 기준
둘째, 타당성	성과평가 측정도구가 정확하게 측정하는 정도
셋째, 신뢰성	성과평가 측정도구가 신뢰할 수 있는 정도
넷째, 수용성	측정 결과를 조직 구성원이 수용할 수 있는 정도
다섯째, 구체적인 피드백	성과평가 결과에 대한 구체적인 피드백 정도

의사소통 기술, 솔선수범 정도 등 개인적인 특성을 평가하는 방법과 행동을 평가하는 두 가지 방법이 있다. 행동을 평가하는 방법은 대표적으로 체크리스트에 의한 평가이다. 체크리스트 평가방법은 평가에 적당한 몇 가지의 표준행동을 구체적으로 기술한 문장을 리스트에 작성하고 종업원의 능력이나 근무상태 등에 관하여 표준행동과 대조하고 해당사항이 있으면 체크한 후 일정한 채점기준표를 가지고 평가하는 방법이다.

6. 보상

앞에서 살펴본 성과평가는 기업이 사전에 설정된 표준, 예산 또는 목표에 따라 특정조직의 성과를 성과측정지표에 따라 평가하는 것을 의미한다. 이러한 성과평

그림 8-3 성과평가 및 보상제도

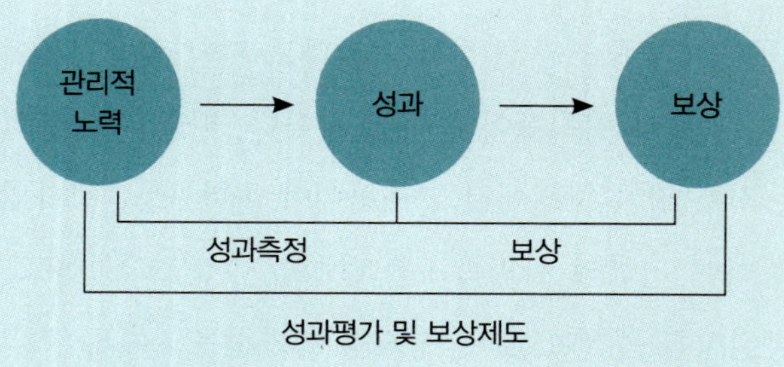

가와 기업가치 증진에의 공헌도 측면에서 평가한 결과를 토대로 성과배분을 결정하고 조직구성원들을 동기부여할 수 있는 인센티브를 제공하는 것을 보상이라 한다. 이는 [그림 8-3]과 같다.

오늘날 모든 조직에서는 임금, 복리후생 등 보상제도가 존재하고 있다. 이러한 보상제도가 없다면 조직의 목표달성이 불가능할 것이다. 조직에서 일하는 모든 사람들은 그들이 열심히 일하는 대가로 조직에서 어떠한 형태로든 보상이 주어지기를 기대하고 있다. 따라서 보상제도는 모든 조직에서 없어서는 안 될 중요한 조직관리의 수단이다. 보상제도는 경영혁신과 그에 필요한 행동변화를 만들어 내는 가장 중요한 역할을 수행한다. 종업원들은 최고경영자의 명령보다도 실제로 자신에게 어떤 기준과 방식으로 보상이 이루어지는가에 따라 행동을 결정한다. 보상(compensation)이란 기본적인 임금(pay) 이외에 종업원들이 기업으로부터 받게 되는 일체의 금전적·물질적 보수, 복리후생, 그리고 비경제적인 직무 자체, 직무환경, 승진을 포함한 가장 광범위한 개념으로 정의하고 있다. 고용주가 종업원에게 제공하는 모든 형태의 부가급부를 비롯하여 유급휴가, 유급휴일, 의료보험료지원, 국민연금지원, 그리고 기타 실업수당 등도 보상에 속한다.

임금체계

- 직무급: 직무별 그 가치에 따라 임금액이 미리 결정되고 있고 통상 직무가치가 높은 직무를 담당함에 따라 임금이 상승하는 것을 의미
- 직능급: 직무수행능력 단계별 임금액이 미리 결정되어 있고 통상 직무수행능력이 상승함에 따라 임금이 상승하는 것을 의미
- 연공급: 근속연수를 기준으로 임금 수준을 결정하는 방식으로 호봉급이라고 함
- 성과급: 개인이나 집단의 성과에 따라 임금수준을 결정하는 방식
- 연봉제 및 성과배분제: 연봉제는 개인의 능력과 성과를 바탕으로 1년간의 임금총액을 정하는 제도이고, 성과배분제는 임금을 성과에 따라 차등적으로 지급하는 방식으로 연봉제와 함께 운영되거나 연봉제 자체에 성과를 반영하는 방식으로 활용

제2절 노동법과 인적자원관리

기업의 조직 구성원들은 각자의 위치에서 성과를 달성하기 위해 노력하고 있다. 이러한 노력들은 앞서 살펴본 바와 같이 성과평가를 통하여 임금 등 다양한 보상을 제공하고 있다. 기업의 입장에서 성과를 달성하지 못하는 최하위 평가자들에 대한 부서장들의 고민이 있다. 자본주의 경제하에서 기업은 이익을 창출하기 위하여 여러 가지 투입요소인 인적자원, 물적자원을 결합하여 경영활동을 수행하고 있다. 특히 인적자원인 노동력을 외부의 노동시장에서 채용하고 또한 해고를 하기도 한다. 인적자원관리에 있어 반드시 근로자의 권리를 보호하기 위한 노동법을 준수하여야 한다. 노동법이란 근로자들의 근로관계를 규율해 그들의 생존 확보를 가능하게 하는 법규의 총체이다. 이러한 노동법은 임금채권보장법, 근로복지기본법, 고용정책기본법, 최저임금법, 그리고 근로기준법이 있다. 근로기준법은 근로자의 기본적 생활을 보장, 향상시키며 균형 있는 국민경제의 발전을 꾀하는 목적으로 제정되었다. 근로자란 작업의 종류와 관계없이 임금을 목적으로 사업이나 사업장에 근로를 제공하는 사람을 말한다. 여기서 근로는 정신노동과 육체노동을 의미한다. 이러한 근로를 제공하는 근로자와 사용자 간에 임금을 지급하는 것을 목적으로 근로계약을 체결한다.

1. 노사관계 및 노동조합

노사관계는 노동법 중 노동조합과 노동 3권, 즉 단결권, 단체교섭권, 그리고 단체행동권의 보장과 노사분쟁을 처리한다. 노사관계는 사용자와 근로자의 관계를 의미한다. 그러나 오늘날 현대 기업에서는 노동자 측은 개별근로자가 아니라 단체 또는 연합체인 노동조합(union)이라는 집단 조직을 가지고 있다. 이러한 노동조합의 기능은 노동조합의 조직을 유지하거나 확장하는 기능과 노동조합이 결성된 후 조합의 목적인 근로조건의 개선이나 유지를 위해 활동하는 기능으로 구분된다. 노동조합의 형태는 크게 네 가지로 구분할 수 있다.

그림 8-4 노동조합의 형태

[그림 8-4]에서 보는 바와 같이 첫째, 직업별 노동조합(craft union)으로 동일 직업이나 동일직종에 종사하는 노동자가 결성한 노동조합을 의미한다. 둘째, 산업별 노동조합(industrial union)으로 동종 산업에 종사하는 근로자들이 직종과 기업을 초월하여 결합한 노동조합이다. 셋째, 기업별 노동조합(company union)으로 하나의 기업 또는 사업장에 속하는 근로자들이 직종에 관계 없이 결합한 노동조합이다. 넷째, 일반 노동조합(general union)은 직종별, 산업별, 그리고 기업별로 노동조합을 만들기 어려운 근로자들이 전국 또는 일부지역을 중심으로 직종이나 산업 또는 기업을 초월하여 조직한 노동조합을 의미한다.

2. 노동조합의 가입 방법

노동조합의 가입 방법으로는 크게 네 가지로 구분할 수 있다. 첫째, 오픈 숍(open shop)으로 단체협약에 종업원의 노동조합에 가입이나 탈퇴는 자유이다라는 규정을 두었거나, 단체협약에 조합원의 자격과 종업원의 자격과의 관계에 관한 아무런 규정이 없는 제도이다. 둘째, 클로즈드 숍(closed shop)이 있는데 이는 오픈 숍의 반대되는 개념이다. 셋째, 유니온 숍(union shop)으로서 오픈 숍과 클로즈드 숍의 중간형태로서 노동조합이 사용자와의 단체협약으로 근로자가 고용이 되면 일정기간 내에 노동조합에 가입하여 조합원 자격을 가져야 하고 노동조합에 가입하지 않거나 탈퇴 또는 제명된 경우에는 해고하도록 정한 가입방법이다. 넷째, 에이전시 숍(agency shop)은 조합원이나 비조합원이나 모든 종업원은 단체교섭의 당사자인 노동조합에 조합비를 징수하는 제도이다.

사례 | 노무관리, 절대 간과해서는 안 된다

현 정부는 노무관리에 대한 개념과 접근법을 완전 바꿨습니다. 그동안 편법적으로 운영되던 근무시간을 주당 52시간제로 변경하였으며 652명의 근로감독관을 충원하고 근로감독관의 역량을 강화시키는 전문감독관제를 도입하면서 실질적이고도 엄격한 근로감독을 하고 있다. 특히 10년 동안 큰 변화가 없던 최저 임금을 인상하였으며 일자리의 양과 질을 높이고 일자리 및 소득 주도의 성장을 도모하고 있습니다. 아울러 노동 존중 사회를 구현하고 인적 자원을 미래 대비 핵심 요소로 활용하기 위한 정책을 추진하고 있다. 노동부는 근로자의 입장에서 제도를 만들고 있으며, 직원은 관련 정보와 사례를 쉽게 접하고 관련 상담을 무료로 제공받고 있기 때문에 노무 관련 문제는 꾸준히 증가하는 추세이다. 기업의 노무관리에는 채용, 근로계약서, 취업규칙, 근로시간 및 연장근로, 휴일 및 휴가, 차별, 임금, 퇴직금, 성희롱, 근로자 명부, 최저임금, 서류 보존, 노사협의회, 해고 등 대분류에 속한 노무 관리가 필요하다. 아울러 근로조건, 취업규칙, 소정 근로시간, 가산수당, 연차·출산·휴일·휴가, 성차별, 비정규직 차별, 임금 차별, 임금지급방법, 법정퇴직금, 퇴직연금, 해고 금지 등 수많은 노동법 관련 조항과 내용에 따라 징역, 과태료, 벌금 등의 불이익을 받을 수 있습니다. 이에 기업 환경에 맞는 노무제도의 정비가 반드시 필요합니다. 우선 근로계약서 2부 작성을 정확히 지켜 1부는 근로자에게 교부해야 합니다. 근로계약서에는 근로시간, 근로일, 근무 장소, 주휴수당, 휴게시간, 연차휴가 등이 규정에 맞아야 한다. 아울러 체계적인 임금대장을 갖추고 있어야 합니다. 대표 중에는 기본급과 수당항목을 명확히 구분하지 않고 지급하는 경우가 상당수 있습니다. 그러나 이를 명확히 구분하여 근로계약서 및 임금대장에 정기, 부정기 상여금, 성과급 등과 각종 수당, 특정 시점 재직 시 지급되는 금품 등의 항목을 정확히 명시해야 한다. 또한, 취업 규칙을 작성하고 신고해야 합니다. 취업 규칙은 사업장 내 근로자의 복무 규율과 근로조건에 관한 구체적인 사항을 사용자가 작성해야 합니다. 특히 노무관리에 관한 사항은 기업과 직원마다 다르기 때문에 전문가의 도움을 받아 정비하는 것이 바람직하다.

[자료원: 한국경제TV 2019.7.19. 발췌]

강의 요약

1. 인적자원관리(human resource management)란 조직 구성원들이 자발적으로 조직의 목표를 달성하고 또한 개인의 안정과 발전도 동시에 달성할 수 있도록 하는 것을 의미하는 사람을 관리하는 철학이다.

2. 직무평가(job evaluation)란 기업 내 각종 직무의 가치를 결정하는 것이다. 이는 직무의 숙련 정도, 직무수행의 난이도, 직무 간 상대적 가치를 결정하는 체계적 방법을 의미한다.

3. 직무기술서(job description): 직무수행과 관련된 자료와 정보를 구체적으로 정리·기록한 문서로서 직무분석의 기초가 된다. 직무기술서에는 직무의 명칭, 내용, 요건 등 직무 전반에 대한 사항을 작성한다.

4. 직무명세서(job specification)란 직무분석의 결과 직무의 특성을 중심으로 기술된 직무의 내용과 직무에 요구되어지는 자격요건 등을 상세히 기록한 문서이다. 직무수행요건과 직무특성을 포함하여 직무를 수행하기 위해 필요한 최소한의 인적자원에 관한 설명서이다.

5. 교육훈련의 방법으로는 크게 두 가지로 구분할 수 있는데 첫째, 조직 구성원이 직무에 관한 지식과 기술을 현직에 종사하면서 감독자의 지도하에 훈련받는 현장실무 중심의 교육인 직장 내 훈련(OJT; On-the-Job Traning)과 직장 외 훈련(off-the-job traning)이 있다.

6. 직업별 노동조합(craft union)이란 동일 직업이나 동일직종에 종사하는 노동자가 결성한 노동조합을 의미한다.

7. 산업별 노동조합(industrial union)이란 동종 산업에 종사하는 근로자들이 직종과 기업을 초월하여 결합한 노동조합이다.

8. 기업별 노동조합(company union)으로 하나의 기업 또는 사업장에 속하는 근로자들이 직종에 관계 없이 결합한 노동조합이다.

9. 일반 노동조합(general union)은 직종별, 산업별, 그리고 기업별로 노동조합을 만들기 어려운 근로자들이 전국 또는 일부 지역을 중심으로 직종이나 산업 또는 기업을 초월하여 조직한 노동조합을 의미한다.

10. 노동조합의 가입방법 중 오픈 숍(open shop)은 단체협약에 종업원의 노동조합에 가입이나 탈퇴는 자유이다라는 규정을 두었거나, 단체협약에 조합원의 자격과 종업원의 자격과의 관계에 관한 아무런 규정이 없는 가입방법이다.

11. 유니온 숍(union shop)은 오픈 숍과 클로즈드 숍의 중간형태로서 노동조합이 사용자와의 단체협약으로 근로자가 고용이 되면 일정 기간 내에 노동조합에 가입하여 조합원 자격을 가져야 하고 노동조합에 가입하지 않거나 탈퇴 또는 제명된 경우에는 해고하도록 정한 가입방법이다.

12. 에이전시 숍(agency shop)은 조합원이나 비조합원이나 모든 종업원은 단체교섭의 당사자인 노동조합에 조합비를 징수하는 제도이다.

연습문제

1. 다음 중 직장 내 훈련(OJT; On-the-Job Traning)에 대한 설명으로 옳지 않은 것은?

① 실제 현장에서 실제로 직무를 수행하면서 이루어지는 현장실무 교육이다.
② 훈련내용을 통하여 실제 업무와 직결되어 경제적인 장점이 있다.
③ 실습장 훈련, 인턴사원, 그리고 경영 시뮬레이션 등이 이에 속한다.
④ 훈련방식의 역사가 오래되었고, 생산직에서 보편화된 교육방식이라고 할 수 있다.
⑤ 조직 구성원의 개인적 능력에 따라 훈련이 가능하다.

2. 노동조합의 가입방법에 관한 설명으로 옳지 않은 것은?

① 클로즈드 숍(closed shop)제도는 기업에 속해 있는 근로자 전체가 노동조합에 가입하여야 할 의무가 있는 제도이다.
② 클로즈드 숍(closed shop)제도에서는 기업과 노동조합의 단체협약을 통하여 근로자의 채용이나 해고 등을 노동조합의 통제 하에 두는 제도이다.
③ 클로즈드 숍(closed shop)제도에서는 기업은 노동조합원만을 신규인력으로 채용해야 한다.

④ 유니언 숍(union shop)제도에서는 신규채용된 근로자는 일정 기간이 지나도 반드시 노동조합에 가입해야 할 의무는 없다.
⑤ 오픈 숍(open shop)제도에서는 노동조합 가입여부가 고용 또는 해고의 조건이 되지 않는 것을 의미한다.

정답 1. ③ 2. ④

BUSINESS ADMINISTRATION

03

PART 03

지휘와 통제

Chapter

09

조직행동의 이해

지금까지 경영학의 이해에서 경영학의 기초개념을 살펴보고 기업과 경영, 경영자와 의사결정, 그리고 경영환경과 사회적 책임에 대해 살펴보았다. 이러한 기초적인 개념을 바탕으로 경영관리 기능인 계획화와 조직화에 대해 앞장에서 공부하였다. 이제 이어서 제3부에서는 경영관리 기능인 지휘와 통제에 대해 공부하도록 한다. 제9장 조직행동의 이해에서는 지휘과정에서는 경영자는 조직을 지휘하기 위해서는 조직 구성원의 태도, 감정, 조직 구성원의 지각과 의사결정, 동기부여에 대한 개인행동을 이해한다. 그 다음으로 업무집단과 팀, 리더와 리더십, 조직 내 권력·갈등·협상에 관한 집단행동에 대해 학습한다. 마지막으로 조직문화와 조직구조에 대한 조직행동에 대해 학습하도록 한다. 지금까지 공부한 제1부 경영학의 기

그림 9-1 계획화와 조직화, 지휘와 통제의 흐름

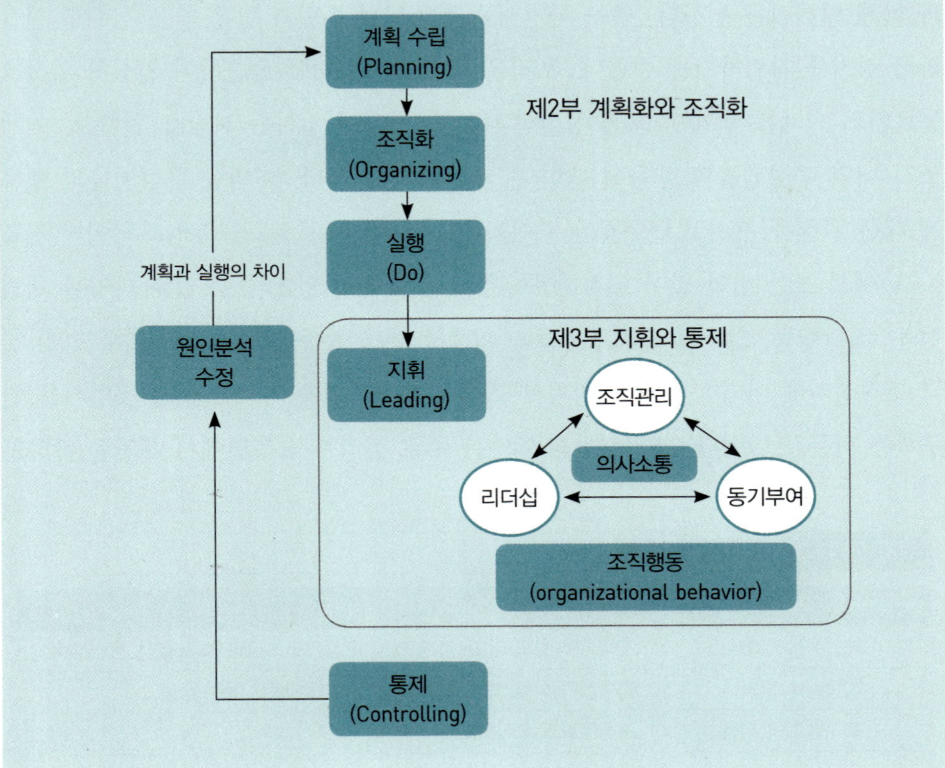

초개념과 제2부 계획화와 조직화, 그리고 지금부터 배울 제3부 지휘와 통제에 대한 흐름을 그림으로 나타내면 [그림 9 - 1]과 같다. 제9장에서는 조직행동을 중심으로 개인행동의 이해, 집단행동의 이해, 그리고 조직행동의 이해에 대해 살펴보고 제10장에서 지휘에 있어 중요한 의사소통에 대해 살펴본다.

제1절 개인행동의 이해

지금까지 계획화와 조직화를 중심으로 살펴보았다. 이번 장에서는 기업의 목표를 달성하기 위하여 계획을 수립하고 조직화가 이루어졌다면 경영자는 지휘(Leading)활동을 수행하게 된다. 대부분의 조직에서는 좋은 태도와 개성을 지닌 직원들과 함께 일하기를 원한다. 축구 국가대표 감독도 손흥민과 같은 좋은 선수를 선발하여 경기를 지휘하기를 원한다. 조직은 사람들이 일터에 출근하여 열심히 일하고 동료와의 관계를 좋게 하고 긍정적인 태도를 가지며 일하는 사람을 원한다. 이제 조직 내의 구성원들의 행동에 대한 관심을 가지게 된다. 이러한 구성원들의 행동에 대한 관심을 가지고 연구하는 분야가 조직행동(organizational behavior)이다. 〈표 9 - 1〉에서 보는 바와 같이 조직행동학은 조직 내에서 일어날 수 있는 다양한 개인행동, 집단행동, 그리고 조직행동들을 이해하고 그 행동들이 개인과 업무집단, 결국 조직성과에 어떠한 영향을 미쳐서 조직의 계속기업을 가능하게 할 것인지를 연구하는 학문 분야이다. 개인행동의 이해는 주로 심리학적 측면에서 개인을 바라보

표 9-1 조직행동의 분야

종류	내용
개인행동의 이해	조직 구성원의 태도, 성격, 조직 구성원의 지각과 의사결정, 동기부여
집단행동의 이해	업무집단과 팀, 리더와 리더십, 조직 내 권력·갈등·협상
조직행동의 이해	조직문화와 조직구조

고 태도, 성격, 지각, 학습, 드리고 동기부여와 같은 주제들에 대한 이야기이다.

집단행동의 이해는 집단에 대한 관점으로 바라본 규범, 역할, 팀 구성, 갈등, 그리고 리더십과 같은 주제이다. 마지막으로 조직행동의 관점은 기업전체적인 관점에서의 인적자원 정책이나 조직구조, 조직문화와 같은 주제들이다. 우리는 이번 장에서 개인행동, 집단행동, 그리고 조직행동을 살펴보고자 한다. 조직행동의 목표는 조직 구성원들의 행동을 설명하고 예측하는 것이다. 이러한 설명과 예측을 통하여 조직 구성원들에게 영향을 미치는 것이 조직행동의 목표이다. 경영자는 조직 구성원들이 다른 직원들보다 어떠한 행동에 참여하는 이유를 설명하고, 조직 구성원들의 다양한 행동과 결정에 어떻게 반응할 것인지 예측하는 것이다. 결국 조직 구성원들의 행동에 영향을 미칠 수 있어야 한다. 그러기 위해서는 개인행동을 이해하는 것은 반드시 필요하다. 이러한 개인행동의 이해를 통하여 업무의 효율화와 직원들의 결근과 이직 등을 감소시키고 결과적으로 직무만족을 통하여 직무성과를 높이는 것이다. 보이지 않는 세상에서의 경영이라는 미래의 경영환경하에서 산업구조의 변화와 사회, 기술, 그리고 인구구조 등 여러 가지가 변화할 것이다. 이러한 변화 속에 개인행동을 이해한다는 것은 매우 중요하다. 집단행동에 대한 이해가 중요한 이유는 리더십을 갖추고 조직 구성원들에게 동기부여하고, 그리고 조직 전체의 의사소통이 원활하게 이루어질 수 있는 시스템을 구축하여야 한다. 이를 위해 조직 구성원은 어떠한 행동을 하며 어떻게 조직의 목표를 달성하기 위해 조직 구성원들의 지속적 노력을 효과적으로 동기부여를 작동시키는지에 대해 살펴보고 조직의 목표를 달성하기 위해 조직 구성원들에게 영향력을 행사하는 과정인 리더십에 대해 공부하도록 한다.

1. 태도(attitude)

태도(Attitude)는 사전적으로 몸의 동작이나 모양새, 어떤 사물이나 상황을 대하는 자세를 의미한다. 실생활에서 태도는 훨씬 포괄적으로 사용된다. 예컨대 사람의 겉모양이나 제스처, 행색이나 스타일뿐만 아니라 말투, 눈빛, 행동 습관, 더 나아가 개인의 신념과 가치관도 태도라는 말에 포함된다. 태도란 어떤 상황이나 사건, 그리고 사람에 대한 조직 구성원들의 주관적 평가 또는 판단을 의미한다. 즉, 사물, 사건, 그리고 사람에 대해 호의적이거나 비판적인 평가를 의미하며, 개인이 어떤 것에 대해 어떻게 느끼는지를 의미한다. 어떤 조직 구성원이 나는 내가 맡고 있는 일과 내가 소속되어 있는 부서가 좋다라고 말한다면 그 사람은 일과 부서에 대한 태도를 표현하고 있다고 말할 수 있다. 태도가 개인행동을 이해하는데 중요한 이유는 조직 구성원 개인의 내적인 특성인 성격이 어떤 대상에 대해 나타나는 방식이기 때문이다. 태도를 조직에 적용하면 조직 구성원들이 일과 조직을 대하는 사고나 행동 방식에 대한 총괄적인 개념이라 할 수 있다. 태도가 조직에서도 중요하게 다루어져야 하는 이유는 조직성과에 미치는 영향이 크기 때문이다. 예를 들어 한국의 삼성전자, 현대자동차, 농심과 같은 기업들도 토요타, 교세라와 같은 일본 기업뿐 아니라, 구글, IBM과 같은 미국 기업들도 성공한 기업들이라면 하나같이 조직 구성원의 태도에 큰 관심을 가진다. 기업의 성과에 가장 기본 바탕이 조직 구성원들의 태도에 있다는 믿음 때문이다. 태도는 기업 간 실력의 차이가 나는 만큼 큰 차이를 만들지는 못한다. 실력의 부족을 메울 수도 없다. 그러나 태도는 좋은 기업성과를 내는 데 매우 중요한 요인 중 하나이다. 왜냐하면 좋은 태도 자체가 탁월한 성과를 만든다고 할 수는 없지만 좋지 않은 태도를 가진 조직 구성원들로 탁월한 기업의 성과를 만들 수 없다는 점은 분명하기 때문이다. 피터 드러커는 "조직의 우열은 평범한 직원을 데리고 비범한 것을 할 수 있느냐, 없느냐에 달려 있다"고 말한다. 국민 MC 유재석이 국민들에게 인정받는 이유가 겸손한 태도라고 한다.

이와 같이 개인의 태도도 중요한데 조직 차원에서도 태도는 매우 중요하다. 기업마다 리더십을 강조하고 좋은 조직문화를 만들기 위해 노력하는 것도 따지고 보면 구성원의 태도를 변화시켜 조직성과를 나타내고 싶기 때문이다. 기업들마다 집단행동의 이해분야인 리더십과 조직행동의 이해측면의 조직문화를 강조하는 것도 조직 구성원들의 태도의 변화를 유인하기 위함이다. 우리가 앞장에서 살펴본 인적

사례	유재석이 국민들에게 인정받는 이유, '겸손한 태도'

좋은 사람이 되기 위해서는 어떤 것들이 필요할까. 어떤 마음가짐과 태도를 지녀야 좋은 사람으로 거듭날 수 있을까. 좋은 사람의 기준은 셀 수 없이 많지만, 내가 생각하는 좋은 사람은 '겸손한 사람'이다. 자기 자신이 잘났다고 자랑하지 않고, 자신을 낮출 줄 아는 사람이야말로 좋은 사람이다. '겸손한 사람'이라고 하면 생각나는 사람이 한 사람 있다. 바로 유재석이다. 그는 우리나라 최고의 국민 MC이다. 그는 뛰어난 예능감과 진행 능력으로 모두에게 인정받는 사람이다. 그가 모두에게 인정받는 것에는 그의 능력 또한 이유가 되지만 그의 겸손함이 가장 큰 이유가 된다. 유재석은 항상 사람들을 대할 때 자신을 낮출 줄 안다. 위의 기사를 보면 그는 친절한 연예인 1위로 선정된 바 있다. 그는 상대방과 악수를 할 때에도 허리를 깍듯이 숙여서 공손하게 예의를 갖춘다. 사회에서 높은 위치에 올라가 있는 잘난 사람이라면 자신을 자랑하고 의기양양해할 만도 하다. 특히 연예인의 경우에는 급격히 인기를 얻고 인기 대열에 오르면서 주위 사람들이 귀한지 모르는 사람들도 있다. 하지만 그는 정상에 서 있으면서도 항상 주변 사람들을 챙기는, 자신보다 남을 위해 자신을 낮추고 봉사하는 모습을 프로그램에서 보여주고 있다. 그는 겸손한 마음으로 시청자를 위한 방송을 하기 위해 노력하는 사람이다. 억대 수입의 뛰어난 MC라면 하기 싫은 일을 마다할 만도 한데, 그는 분장도 마다치 않고 항상 이리 뛰고 저리 뛰며, 데뷔 초반처럼 한결같은 모습을 보여주고 있다.

[자료원: MC(엠씨플러스)(http://www.mc-plus.net 2014.9.17.) 발췌]

자원관리에 있어 채용이 중요한 이유도 바로 조직 구성원들의 태도가 조직의 가치관과 잘 조화될 때 기업성과에 영향을 미치기 때문이다. 이렇게 중요한 태도가 바뀔 수 있을까? 결론부터 이야기하면 그렇다이다. 우리가 개인행동의 이해를 통하여 태도가 중요한 요인임을 인식하고 태도는 환경에 의해 큰 영향을 받기 때문에 학습에 의한 변화가 가능하다. 채용 시 태도를 가장 중요시하는 기업들도 많이 있다. 심리학에서는 태도가 어떤 대상에 대한 인지(정보), 정서(감정), 행동(의도)으로 구성되어 있다고 말한다. 태도는 인지되는 정보나 긍정적 혹은 부정적 정서의 자극을 통하여 지속적으로 설득되고 학습된다면 바뀔 수 있다.

(1) 태도의 세 가지 요소

태도는 인지적 요소, 정서적 요소, 그리고 행동적 요소의 세 가지 요소로 이루어져 있다. 첫째, 인지적 요소(cognitive component)는 사람에 의해 소유되고 있는 어떠한 믿음, 의견, 지식이나 정보로 구성된다. 예를 들어, '나는 착하다.'라고 하는 것은 태도의 인지적 요소이다. 또 다른 예는 나는 흡연이 건강에 해롭다고 생각한다라는 것이다. 태도의 인지적 요소는 이러한 자신의 믿음이나 의견으로서 사람들이 가지고 있는 지식이나 정보이다. 둘째, 정서적 요소(affective component)는 태도의 정서적인 부분으로서 예를 들어 '나는 착하지만 일탈하고 싶어한다.'라고 하는 것은 정서적 요소인 감정이다. 나는 그 사람이 담배를 피우기 때문에 그 사람을 좋아하지 않는다는 감정이다. 마지막으로 행동적 요소(behavioral component)는 어떤 사람이나 어떠한 사물에 대해 특정한 방식으로 행동하려는 의도이다. 예를 들어 '나는 부모님을 도와 집안일을 하고 다른 사람들을 배려하기 위해 타인들의 부탁을 들어주는 행동을 한다.'라고 하는 것과 나는 그의 흡연 습관에 대한 감정 때문에 그 사람을 피하려고 한다는 것이다.

(2) 인지부조화 이론

앞에서 살펴본 우리가 가지고 있는 태도는 행동과 밀접한 관련이 있다. 우리들은 자신의 말과 행동이 일치하는가? 그렇지 않은가? 여러분들은 자신이 생각한 것과 행동이 일치하지 않을 때 자기자신을 합리화하기 위하여 말을 바꾼 경험은 없는가? 1957년 미국의 심리학자인 레온 페스팅거(Leon Festinger)는 인지부조화(cognitive dissonance)라는 개념을 소개하면서 태도와 행동의 관계를 설명하였다. 인지부조화는 태도와 행동사이의 어떠한 불일치 또는 모순이다. 우리들은 이러한 모순이 상당히 불편하며 개인들이 태도와 행동 사이의 모순을 줄이기 위하여 노력할 것이다. 다시 말해 인지부조화란 둘 이상의 태도 사이 또는 행동과 태도 사이에 개인적으로 불일치하는 점을 지각하는 것을 말한다. 예를 들어, 새해가 되면 우리는 금주나 금연, 그리고 체중감소라는 목표를 설정한다. 만약 어떤 사람이 금주와 금연을 하겠다고 다짐을 하였다고 하자. 하지만, 그 사람이 1주일도 안되어서 담배를 피우고 술을 마시고 술이 있어야 사람들과 어울릴 수도 있고 한두 잔의 술은 괜찮다고 자신을 정당화한다면 이것은 태도와 행동 사이의 인지부조화이다.

사례 | 인지부조화의 예(담배)

어떤 사람이 담배를 피우고 싶다고 생각한다. 이 사람은 담배는 폐암유발성을 높일 수 있고, 건강에 해롭고, 주변사람들에게도 간접흡연으로 피해를 준다라고 인지한다. 결국 이 사람은 담배를 피우고 싶다고 생각하면서도 담배에 대한 여러 가지 좋지 않은 정보를 가지고 있어 쉽게 담배를 피울 수 없다라는 엇갈린 마음을 가지게 된다. 이러한 것이 인지부조화이다.

사례 | 레온 페스팅거(Leon Festinger)의 인지부조화 실험

1. 학생들을 두 그룹(A, B)으로 나누고 실험실 연구를 진행하였는데 먼저 학생들을 모아놓고 단순하고 지겨운 작업을 일정 동안 시킨 후 밖으로 나가서 다른 학생들에게 자신이 참여한 이 실험은 재미 있다라고 소문을 내달라고 부탁한다.
2. 두 그룹(A, B)의 학생들에게 자기 자신은 매우 단순하고 지겨운 작업임에도 불구하고 다른 학생에게는 재미 있었다는 거짓말을 하도록 하는 실험이다.
3. A그룹 학생들에게는 거짓말의 보상으로 20달러를 지급하였고, B그룹 학생들에게는 거짓말의 대가로 1달러를 지급하였다.
4. A그룹과 B그룹 학생들에게 실험실 연구가 끝난 후 자신이 참여한 이 실험이 얼마나 재미가 있었는지를 질문하였다.
5. 우리가 생각했던 결과는 많은 돈을 받은 A그룹 학생들이 재미있었다는 응답이 더 많을 거라 기대했지만 반대로 1달러만 받은 B그룹 학생들이 이 실험이 재미있었다고 더 많이 응답하였다.
6. 이러한 결과를 인지부조화(cognitive dissonance)라는 개념을 통하여 설명하였다. 즉, 속마음과 행동 간의 불일치가 발생한 것이다. 내키지는 않았지만 재미있다라고 거짓말을 해야 하는 상황 하에서 20달러를 받은 A그룹 학생들은 높은 금전적 이익으로 자신을 설득하고 인지적 부조화를 극복했지만, 1달러를 받은 B그룹 학생들은 겨우 1달러를 받고 거짓말을 해야 하는 자신의 생각을 바꾸어 그래 재미있어, 재미있었다니까라고 자기를 속였기 때문에 재미있었다고 말한 것이다.

2. 성격(personality)

개인행동을 이해하는데 있어 성격에 대해 살펴본다. 성격이란 어떠한 상황에 대한 반응과 다른 사람과의 감정, 사고, 행동 패턴의 독특한 집합이다. 흔히 "저 직원은 성격이 문제야"라는 말을 하게 될 때 직원이 문제가 되는 행동을 할 때 그러한 행동이 일시적이거나, 특정한 사람이나 상황에서만이 아닌 반복적으로 관찰되는 행동을 할 때 우리는 개인을 특징짓는 지속적이고 일관된 행동양식을 성격이라고 한다. 여러분들도 대학에 입학해서 성격진단검사를 받거나 고등학교 때 성격진단검사를 받은 경험이 있을 것이다. 성격을 구분하는데 가장 널리 사용되는 방법 중 하나는 마이어스-브릭스 유형지표(MBTI; Myers-Briggs Type Indicator)를 사용한다. COVID-19 이후 비대면 활동들이 증가하고 기업의 조직 구성원들이 원격업무를 할 수 있게 되어도 동료나 고객들과 계속 접촉할 것이다. 이러한 교류는 감성지능, 사회지능 등 다양하게 표현되더라도 자신과 다른 사람을 이해하는 능력이 필요하다. 이러한 성격적인 특성이 조직 내 실제 업무와 관련된 행동을 어느 정도 예측할

사례	MBTI; Myers-Briggs Type Indicator

1900~1975년에 걸쳐 사람들의 차이점과 갈등을 이해하기 위한 노력으로 마이어스-브릭스가 1921년 칼 융의 심리유형이론을 바탕으로 보다 쉽고 일상생활에 유용하게 활용할 수 있도록 고안한 자기보고식 성격유형지표이다. MBTI는 4가지의 극단적 선호경향을 구성되어 있는데 칼 융의 심리 유형론에 의하면, 교육이나 환경의 영향을 받기 이전에 인간에게 잠재되어있는 선천적 심리성향을 의미하며 4가지로 구분한다. 첫째 외향형(Extraversion)과 내향형(Introversion), 둘째, 감각형(Sensing)과 직관형(iNtuition), 셋째, 사고형(Thinking)과 감정형(Feeling), 넷째, 판단형(Judging)과 인식형(Perceiving)으로 구분한다. 4가지 선호지표를 조합하여 만들어진 16가지 성격유형으로 구분되어진다. MBTI는 개인의 일상생활 및 개인상담에 활용되고, 특히 학교나 교육기관에서 성격유형에 따른 학습동기를 이해하고 이를 이용한 학습방법 개발에 활용된다. 특히 기업에서는 개인차를 효과적으로 활용하는데, 개인 상호 간, 하부조직 간의 갈등요인의 해소에, 원활한 의사소통 기술, 그리고 자신에 대한 이해를 통한 효과적인 업무능력 강화에 활용되어왔다.

ISTJ 조용하고 신중하며, 철저함과 확실성으로 좋은 결과를 얻고자 한다. 구체적이고, 사실적이며, 현실적이고, 책임감이 강하다.

ISFJ 조용하고, 다정하며, 세심하고, 성실하고 책임감이 강하다. 자신들의 의무에 헌신적이고, 이를 꾸준하게 실현해 나간다.

INFJ 아이디어, 관계, 물질 안에서 의미와 연관성을 찾는다. 사람들의 동기를 이해하기 원하고, 다른 사람들에 대해 통찰력을 지니고 있다.

INTJ 독창적이고 창의적인 마인드를 지니고 있다. 자신의 아이디어를 실현하고, 목적을 성취하고자 하는 욕구를 지니고 있다.

ISTP 상황에 대해 관조적이고 유연하다. 문제가 발생할 때까지 조용히 관찰하지만, 일단 발생하면 실행 가능한 해결책을 찾기 위해 빠르게 움직인다.

ISFP 조용하고 다정하며, 정서에 민감하고 친절하다. 현재의 순간을 즐기며, 주변에서 일어나는 일들을 즐긴다. 자신만의 공간과 시간 안에서 일하는 것을 좋아한다.

INFP 이상주의자이며, 자신에게 의미 있는 가치나 사람들에게 충성한다. 자신의 가치와 조화를 이룰 수 있는 외부 세계를 원한다. 호기심이 많고, 아이디어를 수행하기 위한 촉매자 역할을 한다.

INTP 이론적이고, 추상적이며, 자신의 관심 영역에 논리적이고 이론적인 설명을 하고자 한다. 조용하고 유연성있고, 적응력이 있다. 관심분야에 있어서 문제해결에 깊이 집중한다.

ESTP 상황에 유연하며, 즉각적인 결과에 초점이 맞춰진 현실적인 접근을 선호한다. 이론과 개념적인 설명은 지루해하며, 지금 이 순간에서 벌어지는 일에 관심이 많다.

ESFP 사교적이고 다정하며, 수용적이며 긍정적이다. 타인들과의 상호작용과 물질적인 편안함을 추구한다. 융통성이 있고 자발적이며, 새로운 사람들과 환경에 빨리 적응한다.

ENFP 열정적이고 따뜻하며, 상상력이 풍부하다. 타인들로부터 칭찬받기 원하며, 감사와 지지를 잘 표현한다. 자발적이고 융통성이 있으며, 열정적이며 긍정적이다.

ENTP 상황을 빠르게 이해하고, 활기차고 기민하며, 새롭고 도전적인 문제를 해결하는데 흥미를 느낀다. 일상적인 일은 지루해하며, 똑같은 일을 똑같은 방식으로 처리하지 않는다.

ESTJ 구체적이고 현실적이며, 결정을 하고자 하고, 결정된 것들을 이행하기 위해 빠르게 움직인다. 프로젝트를 구조화하고, 사람들을 조직하며, 가장 효율적인 방법으로 결과를 추구한다.

ESFJ 마음이 따뜻하고 양심적이다, 협조적이며, 혼자보다 타인들과 함께 일하는 것을 좋아한다. 사소한 일들도 성실하게 끝까지 해내며, 타인들의 필요를 잘 인식하고 화합하기를 원한다.

ENFJ 따뜻하고 감정이입을 하며, 표현이 활발하고 책임감이 있다. 비전과 목표에 대해서 사람들을 동기부여하는 리더십을 발휘한다.

ENTJ 솔직하며, 결단력이 있고, 타인들을 이끌고자 한다. 조직의 문제를 해결하기 위한 포괄적인 시스템을 개발하고 수행한다. 장기 계획과 목표를 설정하고 타인들에게 전달하고자 한다.

수 있다. 여러분들도 앞으로 여려분들의 성격을 정확하게 파악하고 우리에게 적합한 직업을 선택할 수도 있다. 경영자들은 조직 구성원들의 성격에 대한 이해를 통하여 보다 업무효율을 높일 수 있다.

3. 지각

지각(perception)이란 사람들이 우리의 감각적인 자극에 대한 반응과 같이 우리를 둘러싼 다양한 상황에 의미를 부여하기 위하여 여러 가지 정보들을 해석하는 과정이다. 지각이란 상황자체에 대한 해석이 아니라 상황에 의미를 부여하는 것을 말한다. 여러분들 앞에 놓여있는 컵안에 물이 반쯤 차 있다면 똑같은 양의 물을 보고 어떤 학생은 아직 반이나 남았다고 해석하고 어떤 학생은 반밖에 남지 않았다고 해석하는 것이다. 즉, 우리는 우리를 둘러싼 다양한 상황에 대한 반응을 하게 되는데 이러한 지각과정에 대한 이해는 경영자나 조직 구성원 모두에게 중요하다. 즉, 상대방의 관점에서 바라볼 수 있는 것이 중요하다.

(1) 지각하는 과정

우리가 여러 가지 상황에 대한 의미를 부여하고 정보를 해석하는 과정인 지각은 세 가지 단계를 거친다. 첫째, 자신에게 관심 있는 것은 지각하고, 관심 없는 것은 지각하지 않는 것을 의미하는 선택이다. 이러한 선택은 우리의 삶 속에서 매 순간 순간 해야 하는 과정인데, 우리는 살아가면서 많은 자극에 노출되지만 모든 자극에 반응하는 것은 아니다. 나에게 관심 있는 것, 내가 신경쓰는 것에만 반응한다는 것이다. 즉 선택한다는 의미이다. 둘째, 일단 선택이 된 자극이 하나의 이미지를 형성하는 과정을 조직화라고 한다. 즉, 핵심적이고 중요한 것을 골라서 노출된 자극에 대해 핵심적이고 중요한 것만 선택하여 정보를 줄이는 단순화하는 조직화이다. 셋째, 일련의 과정을 통하여 조직화되어진 자극들에 대해 판단한 결과를 의미하는 해석의 단계이다. 이제 [그림 9-2], [그림 9-3]과 [그림 9-4]를 보자. 여러분들은 이 그림을 보았을 때 제일 먼저 보이는 것은 무엇인가? [그림 9-2]에서 여러분들은

그림 9-2 할머니와 젊은 여자

그림 9-3 두 사람의 얼굴과 꽃병

그림 9-4 앞면과 옆면의 모습

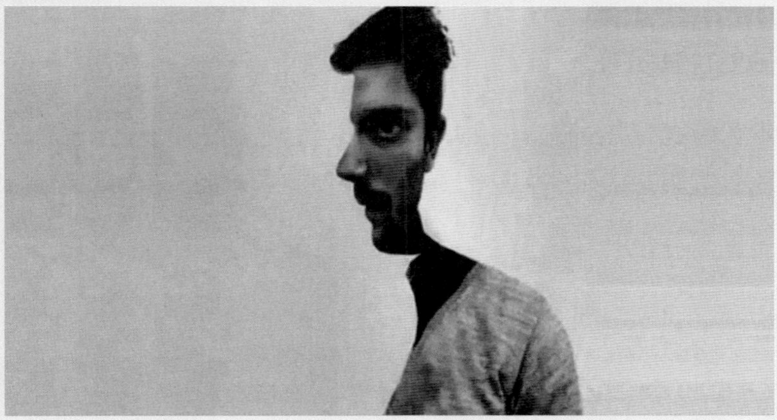

나이가 많은 할머니와 젊은 여자 중 어느 것이 보이는가? 지각하는 과정인 선택하고 조직화하고 해석하는 단계를 거쳐서 할머니나 젊은 여자로 보이는 것이다. [그림 9-3]의 경우는 두 사람의 얼굴과 꽃병 중 어느 것이 보이나요? 이는 어떤 학생은 마주 보는 두 사람의 얼굴로 어떤 학생에게는 꽃병으로 보일 것이다. 이것은 덴마크 심리학자 애드가 루빈의 루빈의 잔이라는 그림이다. 이 그림을 통하여 동시에 두 그림을 볼 수 없는 인지적 사고를 설명하였다. 우리가 지각하는 과정을 통하여 꽃병이나 두 사람의 얼굴로 해석하는 것이다. 우리가 인지하는 세상에는 한계가 있으며 그 한계를 인정하는 것이 중요하다. 즉, 우리는 종종 내가 다 아는데, 내 말이 맞는데, 이러한 주장을 하는 것은 우리의 인지에 대한 한계를 인정하지 않는 것이다. 만약 갑이라는 상사가 을이라는 직원에게 업무 지시를 내렸다. 갑이라는 상사는 을에게 [그림 9-2]의 그림을 보여주며 이 사람에 적합한 보석이나 장신구를 구매해 오라고 시켰다. 어에 직원인 을이 할머니에게 어울릴 만한 진주 목걸이와 장신구를 사가지고 왔고 상사는 젊은 여자로 보고 직원에게 보석이나 장신구를 구매해 오라고 시켰다면 서로 원하는 결과는 다르다. 이것은 상사와 직원이 보는 관점이 달라서 결과가 달라진 것이다. [그림 9-4]의 경우는 보는 사람의 관점에 따라 앞면의 남성이 보이기도 하고 옆면의 남성이 보이기도 한다. 서로의 생각과 관점이 다르기 때문에 자신에게 관심있는 부분을 지각하는 것이다.

4. 지각의 오류

지각의 오류(perceptual bias)란 외부환경으로부터의 자극이나 정보를 지각하는 사람 자신의 이해관계, 경험, 그리고 선입견을 바탕으로 잘못 판단하거나 사실을 왜곡하는 것을 의미한다.

(1) 후광효과와 뿔효과

후광효과(halo effect)란 어떤 대상의 한 측면만을 보고 그 대상에 대한 전체적인 이미지를 형성하여 다른 평가에까지 영향을 미치는 현상을 의미한다. 즉, 부분적인 단서를 토대로 사람을 평가하는데 그 대상의 다른 세부 특성까지 평가하는데 영향을 미치는 것이다. 이러한 후광효과는 어떤 대상에 대한 호의적 인상이 대상에 대한 평가에 긍정적으로 작용하는 지각오류를 의미한다. 후광효과에 반대되는 것이 뿔효과(horn effect)이다 뿔효과는 반대로 대상에 대한 비호의적 인상으로 인해 부정적으로 평가하는 지각오류이다. 예를 들어 후광효과는 흔히 첫 인상이 중요하다고 말한다. 우리는 사람의 외모를 보고 그 사람을 판단하거나 그가 타고 다니는 자동차를 보고 그 사람을 판단하기도 한다. 또는 업무능력이나 실력보다는 상대의 외모와 인상, 학벌로 상대를 평가하기도 한다. 제품 자체보다는 브랜드로 제품을 평가하기도 한다. 이와 같이 한 가지 측면만을 보고 그 사람을 전체적으로 판단하는 오류를 의미한다. 뿔효과는 실력과 능력이 있는데도 불구하고 외모나 학력이 떨어져 손해를 보는 경우이다.

(2) 상동적 태도

상동적 태도는 사람을 평가하는데 있어서 그 사람이 가지고 있는 특성에 바탕을 두지 않고 그 사람이 속한 집단에 대한 특징을 바탕으로 대상을 판단하는 것으로 흔히 일반화 오류와도 비슷한 개념이다.

후광효과와 뿔효과는 개인에 대한 지각을 바탕으로 하지만, 상동적 태도는 소속 집단을 바탕으로 판단하는 점에서 차이가 있다.

(3) 순위효과

순위효과는 대상을 평가할 때 인식한 지각의 순서에 따라 평가 결과가 달라지는 지각오류를 의미한다. 처음에 일어난 사건에 대한 정보를 바탕으로, 즉 가장 먼저 인식한 지각 대상의 첫인상이 평가에 크게 작용하는 것을 최초효과와 가장 마지막 순서의 지각인 최근 인상이 평가에 크게 작용하는 최근효과로 구분할 수 있다. 일반적으로 순위효과는 지각자가 스스로 오류를 범하고 있다는 사실을 인지하지 못하는 경우가 많다. 예를 들면 '너의 목소리가 보여'라는 오디션 프로그램에서의 순위나 직원 채용시 면접 등에서 발생할 수 있다.

(4) 선택적 지각(selective perception)

선택적 지각이란 상황을 객관적으로 파악하지 않고 자신의 내적 상태에 따라 듣고자 하는 것만을 듣는 경우이다. 즉, 자신의 입장이나 경험에 근거하여 자신에게 유리한 방향으로 상황을 인식하거나 해석하는 오류를 의미한다.

(5) 투영효과

투영효과는 자신이 가지고 있는 감정이나 특성을 다른 사람에게 투사시키려는 것으로 주관의 객관화를 의미한다. 즉, 평가대상에 지각자의 감정을 귀속시키는 것을 의미하며, 다른 사람들도 자신과 같은 태도나 감정일 것이라고 단정하여 주관적 상황을 객관적 상황으로 잘못 인식하게 되는 오류이다.

(6) 대비오류(대조효과)

대비오류는 지각 대상을 평가할 때 다른 대상과 비교를 통해 평가하는 것으로서 지각자는 자신이 더 좋아하는 지각 대상을 호의적으로 평가하는 지각오류를 의미한다. 예를 들어 무거운 것을 들다가 가벼운 것을 들었을 때 원래 가벼운 것의 무게감보다 훨씬 더 가볍게 느끼는 것이다. 여러분들이 만약 기업의 면접을 갔는데 세 사람이 같이 면접장에 들어가서 면접을 보는데 먼저 질문에 대한 답을 한 면접자가 유난히 똑똑하거나 대답을 잘한 경우 그 다음 면접자에게는 면접관들에게 과소평가될 확률이 높다. 이러한 경우 대조효과의 오류가 있다.

5. 귀인이론

귀인이론(attribution theory)이란 자신이나 다른 사람들의 행동의 원인을 찾아내기 위하여 추론하는 과정을 설명하는 이론이다. 귀인이론은 1958년 오스트리아 심리학자인 프리츠 하이더(Fritz Heider)에 의해 제시된 사회심리학 이론이다. 귀인이론은 사람들이 자신이나 타인의 행동에 대한 원인을 설명하는 방식에 대한 이론이다. 귀인이론은 내적 요인과 외적 요인으로 구분되어진다. 내적 요인은 개인성향처럼 인간이 통제할 수 있는 기질적 요인을 의미하며, 외적 요인은 천재지변과 같이 인간이 통제할 수 없는 환경적 요인을 의미한다. 예를 들어 같은 부서 옆자리의 동료는 항상 밝고 쾌활한데 오늘따라 시무룩해 보이고 의기소침해 보인다면 옆자리의 동료가 평소와 다른 행동을 하는 이유에 대하여 생각하게 된다. 무슨 일이 있는지? 관심을 가지게 된다. 이와 같이 자신이나 다른 사람들의 행동의 원인을 찾아내기 위하여 추론하는 과정을 설명하는 이론이다. 귀인(attribution)이란 어떤 행동의 원인을 어딘가에 귀속시킨다는 의미이다. 즉, 왜 이런 결과가 나타났는지 원인을 찾아 규명하려고 한다는 것이다.

6. 동기부여

우리는 지금까지 개인행동을 이해하고자 조직 구성원의 태도와 성격, 그리고 어떻게 지각하고 판단하는지에 대해 학습하였다. 이제 개인행동을 이해하는 단계의 마지막으로 동기부여에 대해 살펴보자. 동기(motivation)란 조직 구성원은 무엇을 하고자 하는 욕구가 일어난다면 이때 일을 하려고 하는 행위, 즉 동인(motivation drive)이 생기며 이에 따라 행동으로 옮겨 목표를 달성하게 된다. 이때 일련의 행동을 발생시키는 내적 요인을 총칭하여 동기라고 한다. 동기는 세 가지 요인으로 구분되는데 첫째, 얼마나 열심히 하려고 하는 동기가 생기는지에 대한 강도(intensity)이다. 둘째, 그렇다면 어떠한 방향으로 행동을 발생시키는지에 대한 방향(direction)이다. 셋째, 이제 얼마나 지속적으로 꾸준하게 무엇을 하고자 하는 욕구인 동기의 지속성(persistence)이다. 우리는 학교에서 공부를 할 때 가끔 아무런 이유없이 무기력해지거나 하기 싫을 때가 있음을 경험한다. 직장생활을 하는 직장인들도 마찬가지로 이러한 무기력함을 극복할 수 있는 동기를 부여할 수 있다면 좋을 것이다. 이렇게 조직 생활을 하는 조직 구성원들의 개인행동을 이해하지 않고는 기업을 경영하기 어려울 것이다. 사람의 동기를 설명하는데 여러 가지 이론이 있다. 그것은 동기의 내용이론(content theories of motivation)과 과정이론(process theories of motivation)이다. 우리가 제1장 경영학의 기초개념에서 경영학역사 중 살펴보았던 매슬로우의 욕구5단계설과 허츠버그의 2요인 이론, 그리고 맥그리거의 X, Y이론이다. 앞서 살펴본 이러한 이론들은 고전적 동기이론으로서 인간의 기본적인 욕구와 동기의 구성내용들에 대한 설명들이다. 즉, 동기의 내용이론이다. 오늘날 동기에 대한 이론들은 고전적 접근법의 내용보다는 조직 구성원들의 동기를 유발시키는 과정에 초점을 두고 있다. 즉, 동기의 과정이론이다. 우리가 제1장에서 살펴보았지만 이제 내용이론과 과정이론의 체계로 살펴본다.

(1) 동기의 내용이론

우리가 앞서 살펴본 고전적 동기이론인 매슬로우의 욕구5단계설, 허츠버그의 2요인 이론, 그, 맥그리거의 X,Y이론, 그리고 맥클레란드의 욕구이론을 간단히 정리하면 다음과 같다.

맥그리거의 XY이론
X 이론: 부정적인 인간관으로서 사람은 일하기를 싫어하며 가능한 한 일을 하지 않고 지내기를 원하며, 사람은 야망과 책임감이 부족하며, 변화를 싫어한다 **Y 이론:** 긍정적인 인간관으로서 사람은 기꺼이 일하려는 동기를 가지고 있으며 자기통제능력이 있다

매슬로우의 욕구5단계설
1단계 생리적 욕구: 욕구 단계의 최하위에 위치하며 인간이 가장 기본적인 욕구이다. **2단계 안전과 안정의 욕구:** 생리적 욕구가 충족되면 다음 단계로 안전과 안정의 욕구가 생긴다. 전쟁, 자연재해, 병이나 사고 등으로부터 안전욕구이다. **3단계 사회적 소속감의 욕구:** 개인의 생존문제가 충족되면 타인에게로 관심이 옮겨간다. 친구와 연인을 만나고, 종교나 직장 등 사회집단에 소속되는 애정 및 소속의 욕구이다 **4단계 인정과 존경의 욕구:** 소속감의 욕구가 충족되면 그들로부터 인정받고 존중받고 싶은 욕구가 형성된다. **5단계 자아실현의 욕구:** 자신의 잠재력과 가능성을 최대한 발휘하여 자신을 성장시키고 완성시키고자 하는 최상위 욕구이다.

허츠버그의 2요인 이론
위생요인(hygiene factors): 회사규칙과 관리, 감독, 상사와의 관계, 작업조건, 급여, 동료와의 관계, 개인생활, 부하직원과의 관계, 안전과 같은 외부동기(extrinsic motivation) **동기요인(motivators):** 성취감, 인정, 일 자체, 책임감, 발전이나 성장을 통해 만족을 증가시키는 내부동기(intrinsic motivation)

맥클레란드의 욕구이론(욕구의 세 가지 유형)
1. 성공하고 싶은 성취욕구(need for achievement) 2. 타인과 친해지고 싶은 친화성 욕구(need for affiliation) 3. 타인을 통제하고 싶어하는 권력욕구(need for power)

(2) 동기의 과정이론

조직 구성원들의 동기를 유발시키는 과정에 초점을 두고 있는 이론으로서, 목표설정이론, 공정성이론, 그리고 기대이론이 있다.

목표설정이론(goal-setting theory): 에드윈 로크(Edwin Locke)가 인간이 어떠한 일을 하는 행위는 본능이나 욕구가 아닌 목표와 노력에 의해 이루어진다는 관점이다. 목표를 달성하기 위해 노력하기로 마음먹고 노력하는 목표몰입과 일을 하면서 얻게 되는 성취감, 도전감과 같은 내적인 보상에 의해 나타나는 내적동기부여로 구분된다. 목표설정이론의 기본적 가정은 목표가 도전적일수록 성과가 높다는 것이다. 목표설정이론에 바탕을 둔 목표에 의한 관리(MBO; Management By Objecives)가 기업에서 실행되고 있다.

공정성이론(equity theory): 존 아담스(John Adama)가 사회비교이론에 근거한 심리적 과정을 중심으로 개인의 행동은 동기를 자극하는 욕구나 요인들이 아니라 다른 사람과의 상대적인 관계에서 작동한다는 것이다. 심리학에 의하면 우리는 모두 타인과의 비교를 하고 있는데 다른 사람과의 비교에서 나타난 공정성 정도를 판단해서 업무에 만족하거나 불만족한다는 것이다. 즉, 자신의 투입－산출 간 비율을 다른 사람들의 투입－산출 간 비율을 비교하여 같을 때에는 공정하다고 생각한다는 것이다.

기대이론(expectancy theory): 빅터 브룸(Victor Vroom)은 조직 구성원들은 결과에 대한 기대감이 동기와 행동을 결정한다는 것이다. 즉, 개인은 자신이 목표를 설정하고 노력하면 성과가 생기고 이러한 성과에 따라 보상을 받는다는 심리적 연결과정에 의해 동기부여된다는 것이다. 즉, 이를 수식으로 나타내면 다음과 같다.

동기부여(Motivation)＝기대감(Expectancy)×수단성(Instrumentality)×유의성(Valence)

제2절 집단행동의 이해

우리는 혼자 잘하는 것도 중요하지만 그것보다 더 중요한 것은 같이 함께 잘하는 것이다. 우리는 두 명 또는 그 이상의 개인들이 목표를 달성하기 위해 어느 조직이나 소속되어 있다. 학교에 소속되기도 하고 학과에 소속되기도 한다. 또한 졸업 후 회사에 소속되어 생활한다. 조직은 팀 단위로 또는 업무집단으로 구성되고 조직 내 다양한 기능들로 구성되어진 팀이나 조직에 소속되어 있다. 예를 들면 총무팀, 인사팀, 회계팀, 구매팀, 디자인팀, 생산팀 등 대부분의 기능들이 팀 위주로 구성되어 있다. 앞 절에서 우리는 개인행동에 대한 이해에 대해 학습하였다. 이번 절에서는 팀과 집단에서의 행동에 대한 이해가 필요하다. 구체적으로 집단과 팀의 개념, 집단과 팀의 영향력, 집단의 유형, 집단의 의사결정 등 다양한 집단의 영향력에 대해 학습하게 된다. 우리는 개인으로서 행동하는 경우와 집단의 구성원이 되었을 때의 행동에 차이가 있을 수 있다. 또한 이러한 집단이나 팀을 어떻게 이끌 것인가에 대한 리더십에 대해 살펴본다. 그 다음 이러한 조직 내 권력이나 갈등, 그리고 협상에 대한 이해가 필요하다.

1. 집단에 대한 이해

집단(group)은 공동 목적을 달성하기 위해 조직 구성원 사이의 상호작용을 의미하며, 두 명 또는 그 이상의 개인들이 모인 단위를 의미한다. 인간의 행동은 집단과 분리해서 이해할 수 없다. 왜냐하면 우리는 모두 조직이라는 공동의 이익을 기반으로 개인보다 높은 수준의 사회적 단위를 구성하여 생활하기 때문이다. 각 개인은 집단에의 소속을 다른 사람들에게 인정받는, 즉 사회적으로 인정받고 싶은 욕구가 있다. 집단을 이해하는데 중요한 개념인 사회정체성(social identity)이 있는데 이는 사회적 집단에 소속되어 있다는 생각에 바탕을 두어 생성되는 자기개념이다. 자신이 속한 집단이 잘하고 있으면 마치 자기가 잘하고 있는 것처럼 자부심을 느끼고 성과가 안 좋으면 자기가 잘 못하는 것처럼 인식한다는 것이다. 소속집단과 소속되고 싶은 준거집단이 있다. 사람들은 집단에 소속된 후 개인의 정체성과는 별개로 집단차원의 정체성을 가지며 집단 구성원들과 동료의식은 물론 동질감을 가지게 된다. 따라서 이러한 집단에 대한 이해가 경영에 있어 매우 중요하다.

> 오늘날 기업들은 이직률이 매우 높다. 다른 사람들은 어떤 생각을 하고 있는가? 팀장이 팀원을 선택할 때 능력이 있는 사람과 인성이 좋은 사람 당신은 누구를 선택할 것인가? 물론 상황과 경우에 따라 다를 수 있다. 예를 들어 어느 조직이 위기 상황이고 타개책을 찾으려면 인성보다는 능력, 능력보다는 성과를 중시한다.

(1) 집단의 유형

집단의 유형에는 여러 가지가 있지만 공식집단(formal group)과 비공식집단(informal group)을 중심으로 살펴보면 다음과 같다. 공식집단은 특정한 목적을 달성하기 위하여 조직된 집단으로 대표적인 것이 여러 부서들이다. 이러한 부서들은 인사부, 총무부, 회계/자금부, 생산부, 연구개발부, 영업부 등으로 공식적으로 조직하여 기업의 목표를 달성하고자 하는 조직을 의미한다. 비공식집단은 회사 내의 산악회, 탁구, 배드민턴 등 체육동아리와 같은 친목모임들로서 조직 구성원들의 자발적으로 모임을 가지고 의사소통을 하고 자연스럽게 모임을 가진다. 따라서 회사는 이러한 비공식집단을 활성화시키고 지원하여 조직 구성원들이 다양한 동아리활동을 통하여 스트레스를 해소하고 회사의 애사심과 소속감을 향상시키고자 한다. 이러한 비공식집단은 조직 구성원의 태도나 가치체계에 영향을 미치고 결과적으로 회사의 업무에 긍정적인 행동을 미친다. 현대 국가의 경쟁력은 전투기와 군함의 수가 아니라 좋은 기업의 숫자에 달렸다.

2. 리더십과 리더의 의의

리더십은 경영관리과정 중 지휘 과정의 중요한 요소로서 사람이나 자본, 원재료, 경비 등 투입물을 어떻게 조직목표의 달성을 위하여 조직 구성원들의 적절한 행동을 유인하는 것이다. 즉, 인적자원인 조직 구성원들에게 영향력을 행사하는 과정으로 볼 수 있다. 경영자가 어떠한 리더십을 어떻게 발휘하느냐에 따라 조직의 성패가 달라질 수 있다. 오늘날 기업들의 최고경영자가 기업을 어떻게 이끌고 가느냐는 최고경영자의 리더십이 매우 중요하다는 의미이다. 리더십이란 권력을 사용하여 다른 사람의 업무에 관한 행동에 영향을 미치는 과정이다. 다시 말해 리더십이란 목표달성을 위하여 리더가 권력을 보유하고 개인이나 집단의 행동에 영향력을 행사하는 과정이다. 우리는 왜 직장을 다니나? 왜 조직 생활을 하는가? 왜 함께 일하는가? 이러한 조직생활에서 리더의 역할은 매우 중요하다, 리더의 행동과 리더십 스타일에 따라 기업의 성과는 차이가 나타난다. 리더는 조직 내에서 누군가의 앞에 서는 사람이다. 조직 내에는 여러 조직 구성원들이 존재하는데 이들과의 관계가 매우 중요하다. 이러한 조직에서 하나의 방향으로 이끄는 사람, 그가 곧 리더이다. 관계 속에는 항상 갈등이 존재한다. 나와 상사, 나와 부하, 나와 동료, 고객, 업무 등 다양한 갈등이 존재한다. 이러한 갈등을 해결하는 사람, 조직 구성원들과 함께 즐겁고 행복한 일을 도모하는 사람. 이러한 사람이 좋은 리더가 아닐까? 리더란 다른 사람을 리더로 만들어주는 것이다. 진정한 리더는 리더가 된다는 것은 성격개조이다. 진정한 리더가 되기 위해서 거쳐야 하는 내적 전환의 어려움들이 나타난다. 스스로 만들어내야 하는 소위 성격까지 개조해야 하는 것일 수도 있다. 중간관리자에서 임원으로 승진한 경우 중간관리자로서 너무 잘해서 임원까지 승진했는데 리더로서의 문제가 발생하는 경우도 있다, 주니어 리더에서보다는 위의 포지션인 시니어 리더의 경우는 능력보다 인성이 더 중요하다. 냉소적인 사람은 문제가 생겼을 때 남의 탓을 한다. 긍정적이기보다는 부정적으로 보는 시각이기 때문에 건강하고 역동적인 조직의 힘을 만드는데 방해가 될 수 있다. 냉소적인 사람이 굉장히 성과가 높은 경우가 많다. 리더는 변화를 추구하며 동시에 주도하는 사람으로서 같은 일을 하더라도 지속적으로 개선하고자 하며 조직 내에서 좋은 결과를 만들어 내려 애쓰는 사람이다. 저 사람은 똑똑한데 혼자 일한다라는 이야기를 듣는다면 여러분들은 어떤 생각이 드는가?

역사에서 도출한 7가지 리더십을 살펴보자. 역사상에 나타난 유명한 경영인들을 크게 7가지 유형으로 나누어 볼 수 있다. 가장형, 활성자형, 인도자형, 혁신자형, 조직자형, 통제자형, 추종자형이 바로 그것이다. 헨리 하인즈는 자동차왕 헨리 포드와 함께 대표적인 통제자형이다. 통제자형이란 설계부터 생산이나 마케팅, 노사관리에 이르기까지 기업의 모든 자원을 직접 관할하는 다재다능한 스타일의 소유자다. 반대로 경영의 많은 부분을 다른 사람들에게 양도하고 다음에 어디로 가야할지 결정만 하는 인도자형도 있다. 석유왕 존 록펠러가 그 대표적 인물이다. 그는 좀처럼 자회사를 찾아가지도 않았고 측근을 제외한 다른 사람과는 거의 회의를 하지도 않았다. 회사가 가야 할 방향을 직접 결정하고 나면 그 실행은 하위자에게 일임했다. 또 직원들의 에너지를 결집시켜 직원들이 회사 일에 적극적으로 참여하도록 하여 성공을 거두는 활성자형도 있다. 뛰어난 마케터이자 프로모터인 사무엘 콜트나 P. T. 바넘이 이에 해당되고, 시카고 추잉껌 제왕인 윌리엄 리글리도 마찬가지다. 활성자 중에는 영웅 스타일이 많은데 이런 리더십의 약점은 그가 죽으면 적절한 후계자가 없다는 점이다. 그래서 이 리더는 일세를 풍미하고 끝나는 것이 대부분이다.

3. 리더십 이론

리더십 이론은 리더의 어떠한 행동으로 조직 구성원들이 영향을 받고 어떤 사람이 리더십이 있는가? 리더의 개인적 특성에 따라 훌륭한 리더십을 발휘하는가?에 대해 살펴보는 이론이다. 리더십 이론에는 리더의 개인적 특성이론, 리더의 행동유형에 따른 행동이론, 조직의 상황에 따라 적합한 리더십을 발휘하여 조직의 성과를 높일 수 있다는 상황이론, 그리고 경로-목표이론이 있다.

(1) 개인적 특성이론

개인적 특성이론은 리더의 개인적 특성에 초점을 두어 성공적인 리더의 특성과 자질에 대한 연구에 바탕을 둔다. 개인적 특성이론의 핵심은 리더는 선천적으로 타고나는 것으로 리더는 리더만의 특징을 가지고 태어난다라고 하는 이론이다. 즉, 리더의 특성을 가진 사람은 언제 어디서든 좋은 리더가 될 수 있다는 의미이다.

(2) 행동이론

행동이론은 개인적 특성이론에서처럼 리더는 선천적으로 타고나는 것이 아니라 구체적 행동에 대한 교육을 통하여 리더를 키워낼 수 있다는 주장이다. 즉, 효과적인 리더들이 어떠한 스타일과 패턴을 보이는지를 연구하고 규명하여 효과적이라고 입증된 리더십을 찾아내고 그것을 훈련시킨다면 누구나 좋은 리더가 될 수 있다는 의미이다.

(3) 상황이론

상황이론이란 리더가 가지고 있는 리더십 스타일이 바람직한 결과를 낼 수 있는가의 여부는 여러 가지 상황변수와 조건에 따라 달라진다는 것이다. 즉, 리더 개인적 특성이나 행동이론에서와 같이 훈련을 통한 것이 아니라는 것이다. 프레드 피들러(Fred Fiedler)는 10여 년 간의 연구결과 리더의 성격특성과 집단의 성과와의 관계를 분석하여 리더의 스타일을 업무지향형(task-oriented)과 관계지향형(relatiionship-oriented)의 두 가지 종류로 구분하였다. 만약 여러분들이 동아리 활동을 하고 있는데 여러분들이 생각하는 동아리회장은 업무중심형인가 관계중심형인가?

(4) 경로-목표이론

경로-목표이론은 리더가 조직 구성원들에게 목표를 달성할 수 있는 방법을 명확하게 알려주고, 조직 구성원들이 목표를 달성할 수 있도록 여러 가지 정보와 자원을 제공해 준다는 것이다. 경로-목표이론(path-goal theory)은 로버트 하우스(Robert House)가 1971년 논문을 통해 발표하였다. 경로-목표이론의 리더 유형을 네 가지 유형으로 구분하여 설명하고 있다. 첫째, 지시형 리더십(directive leadership)으로 조직 구성원들에게 업무를 명확하게 전달하고 업무규정을 중심으로 일을 한다. 둘째, 지원형 리더십(supportive leadership)으로 조직 구성원들과 친구 같은 관계를 중시하는 리더십 유형으로 조직 구성원들에게 사기를 동기부여에 효과적이다. 셋째, 참여형 리더십(participative leadership)으로 의사결정과정에 조직 구성원들을 참여시켜 그들의 의견을 듣고 반영하는 리더십 유형이다. 넷째, 성취지향형 리더십(achievement-oriented leadership)으로 조직 구성원들이 성과를 달성할 수 있도록 도전적인 목표를 설정해주고 조직 구성원들 자신의 능력에 자신감을 가지고 업무를 할 수 있도록 유도하는 유형의 리더십이다.

사례 | Leadership(리더십을 새롭게 하라 조직의 미래가 달렸다)

디지털화에 기업들이 목을 매며 경쟁우위를 만들기 위해 고군분투한다(디지털화는 필수로 여겨지지만 사실 차별화는 별로 안된다). 이를 위해 필요한 리더의 자질도 달라지고 있다. 최고경영진은 회사의 위치를 다시 생각하고 조직이 보다 야심 있는 목적을 달성하는 데 부응할 수 있도록 조직을 변화시켜야 한다. 경영진 스스로의 변화뿐 아니라 경영진이 회사를 집단적으로 관리하고 이끄는 방식에도 근본적인 변화가 필요하다.

점점 더 복잡해지는 세상에서 살아남으려면 기업은 디지털화 이상의 가치 창출을 위한 활동을 재구상해야 한다. 그러나 대부분의 경영진은 미래의 성공을 위해 조직을 개혁하고 포지셔닝할 준비가 돼 있지 않다. CEO는 리더십을 근본적으로 재고해 최고경영진이 현재의 비즈니스를 운영하기보다 앞으로 의미 있는 변화를 이끌어 나가는 데 주력하도록 해야 한다. CEO는 회사의 미래를 결정하는 데 필요한 리더의 역할을 규정하고, 이 역할에 알맞은 사람을 기용해야 한다. 또한 변혁을 위한 원동력을 강조하고, 최고경영진은 자신의 행동에 대한 주인의식을 가져야 한다.

[자료원: 하버드비즈니스리뷰 2022. 1~2월호 발췌]

4. 조직 내 갈등

오늘날 우리가 살아가는 세상에서 우리는 가장 사랑하는 사람하고도 티격태격 하고 있고, 부부싸움 안 하고 사는 사람이 얼마나 되고 형제자매간에 싸움 안 하는 사람이 어디 있을까. 부모 자식 간에 갈등 없는 집이 어디 있을까? 정도가 심하냐 안 심하냐, 서로 회복할 수 있느냐 없느냐의 문제이지 않을까? 우리가 소속되어 있는 어떠한 모임에도 문제와 갈등이 생긴다. 이러한 갈등을 회피하는 게 아니라 불필요한 갈등은 피할 수 있겠지만 갈등상황을 잘 조절하고 극복하고 우회하는 방법을 택해야 한다. 사회생활과 조직생활에 있어서도 조직 구성원 간 갈등은 피할 수 없다. 갈등이 없는 청정지역은 없다는 것을 알아야 한다. 갈등(conflict)이란 두 사람의 입장이나 이해관계자 간 또는 집단과의 관계에서 발생하는 심리적인 긴장과 스트레스 상태를 의미한다. 갈등의 원인은 사람 관계에 대한 인지 방식의 차이인 관계 형성의 왜곡과 상대방의 생각을 통제하고 판단하는 습관, 그리고 내 감정의 원인을 타인에게서 찾는 태도가 갈등의 원인이 된다. 우리가 살아가는 세상에서 세대 갈등, 남녀갈등, 그리고 노사갈등 등 여러 가지 갈등에 대한 이야기를 듣고 있다. 우리가 앞 절에서 개인행동을 이해하였고 집단행동에 대한 이해를 위해

> 김 대리는 얼마 전 부장과의 대화에서 매우 서운한 감정을 느꼈다. "김 대리, 요즘 너무 정신없는 것 같아. 내가 업무 요청한 게 열 개면 돌아오는 피드백이 다섯 개 정도밖에 안 되거든" "육아휴직 중인 오 대리에게 좀 일찍 복귀할 수 있냐고 물어보니까 가능하다고 하더군. 오 대리하고 연락해서 복귀 시점 확인하고, 업무 배분할 것 정리해서 넘기세요" 요즈음 회사의 인력이 부족한 상황에서 김 대리는 최선을 다해 중간관리자의 역할을 하고 있다고 생각했는데 부장님의 이야기를 듣고 서운함이 밀려왔다. 나에게 먼저 상의하지도 않고, 오 대리에게 바로 전화를 할 정도로 내가 그렇게 부족했었나, 속상한 마음에 옆 부서 동료에게 하소연을 했다. 함께 속상한 마음을 공감해 준 동료는 그런데 부장님도 이유가 있지 않을까? 김 대리 힘든거 아니까 업무 덜어주려고 그랬을 수도 있고, 부장님과 대화를 나눠보는 건 어떨까? 라고 말해 주었다. 김 대리가 느낀 서운한 감정과 회사까지도 그만 둘까라는 복합적인 마음을 정리해 보지만 부장님과의 관계가 불편하였다.

다른 사람이나 집단과의 관계에서 발생하는 이러한 갈등에 대해 살펴본다. 심리적인 대립상태와 이에 대한 행동적 표현인 갈등현상은 개인적, 집단적, 조직적, 사회적, 정치적, 국제적 차원 등 다양한 차원에서 발생한다.

(1) 갈등의 원인

갈등은 여러 가지 원인으로 발생할 수 있다. 의사소통에서의 오해나 착오, 조직 내 구조적인 문제인 업무의 양이나 리더십 스타일 때문이기도 하다. 무엇보다 개인 간 가치의 차이로 인하여 갈등이 발생한다. 이러한 관계형성의 왜곡원인으로는 네 가지 요인이 있다.

1) 주관성

그 자체를 지각하는 것이 아니라 우리 안에 있는 대상을 지각하는 주관적인 관점이다. 예를 들면 자기 눈에 안경이다라는 말이 있다. 이는 자기 자신을 중심으로 판단하는 주관성을 의미한다. 자기 눈에 안경이라는 말은 사랑을 하게 되면 단점도 장점으로 보이고 평상시 결점으로 보이던 것들도 좋게 보이는 왜곡 현상이다. 이러한 왜곡 현상으로 인하여 갈등이 발생할 수 있다.

2) 정형화(stereotyping)

과거 본인이 직접 경험하거나 책을 통한 간접경험이거나 본인이 알게 되었거나 타인으로부터 듣거나 알게 된 지식으로서 다른 사람을 만나거나 대화할 때 일반화시키는 왜곡 현상이다. 예를 들면 선입견 또는 편견을 의미한다. 우리나라의 경우 지역감정 등이 이에 속한다.

3) 행위자와 관찰자의 오류(actor-observer bias)

똑같은 행동이나 상황이라도 자신이 행위자인지 관찰자인지에 따라 다르게 바라보는 왜곡 현상이다. 소위 내로남불이라는 의미이다. 내가 하면 로맨스요, 남이 하면 불륜이라는 것이다.

4) 귀인오류(attribution error)

우리가 주어진 행동에 어떠한 의미를 부여하느냐에 따라 사람들을 다르게 판단하는 것이다. 상황보다는 사람에게 원인이나 책임을 돌리는 방식, 즉 자신보다는 남 탓을 하는 것들이다. 소위 잘되면 내가 잘해서 된 것이고 잘못되면 너 때문이다. 즉, 잘 되면 내 덕, 잘못되면 조상 탓이다. 스포츠 경기에서 우승하면 우리가 잘해서 이겼고 우승하지 못하면 심판의 편파 판정으로 졌다라는 생각이다.

제3절 조직행동의 이해

지금까지 우리는 개인행동에 대한 이해로 조직 구성원의 태도나 성격, 지각과 의사결정, 동기부여에 대해 살펴보았다. 그 다음으로 집단행동의 이해로 업무집단과 팀, 리더십, 그리고 조직 내 권력이나 갈등에 대해 살펴보았다. 이번 절에서는 조직 수준에서의 조직 전체의 업무활동을 공식적으로 알 수 있는 조직구조와 눈에 보이지 않는 조직 구성원들의 행동을 하나로 설명할 수 있는 조직문화에 대해 살펴본다.

1. 조직구조

조직구조란 조직 구성원들에게 상호작용을 통하여 특정 업무와 역할을 수행할 수 있도록 권한과 책임을 부여하고, 업무 간 조정과 연계를 해주는 관리체계이다. 다시 말해 조직 전체의 목표달성을 위한 여러 가지 작업을 조직 구성원들 개개인이 수행할 수 있도록 개별적인 작업으로 세분하고 각 개인들이 수행한 성과를 조직 전체로 다시 통합하는 과정이다. 이를 위해 기업들은 어떻게 조직을 설계하는가에 대해 많은 고민을 하게 된다. 따라서 기업들은 업무환경에 따라 조직을 여러 가지 형태로 구성할 수 있다. 조직 내부를 체계적으로 운영하기 위해 특성에 따라 조직을 세분화할 필요성이 있다. 이러한 조직을 세분화하는 방법이 조직의 부문화(departmentalization)이다. 즉, 조직 전체의 업무를 여러 가지 방식으로 배분하는 것이다. 가장 일반적인 부문화는 기능별로, 제품별, 시장별로 구분한다. 기능별 부문화는 기획실, 연구개발부, 영업부, 회계부, 총무부 등이다. 의사결정권한이 어디에 있는지를 기준으로 조직구조를 집권화(centralization)와 분권화(decentralization)로 구분한다. 집권화는 의사결정의 권한이 최고경영자 또는 조직의 상층부에 집중되는 것을 의미한다. 집권화는 조직의 규모가 작거나 창업했을 때와 같이 최고경영자의 의지와 노력으로 하나의 방향으로 집중하여 움직여야 하는 강력한 리더십을 발휘하는 상황에서 나타난다. 분권화는 집권화와는 반대로 의사결정의 권한이 하위경영자 또는 조직의 하층부에 집중되는 것을 의미한다. 이러한 분권화는 권한의 위임을 통하여 이루어지며 조직환경의 변화에 신속하게 대응할 수 있다. 특히 하위경영자들이 의사결정과정에 참여함으로써 각 부문은 업무에 창의성이 발휘되고 그 결과 동기부여되어 업무결정이 신속하게 이루어지는 장점이 있다.

2. 조직문화

여러분들은 삼성전자와 현대자동차의 조직문화가 당연히 다르다고 생각할 것이다. 모든 기업들은 각기 저마다의 독특한 조직문화를 가지고 있다. 조직문화(organization culture)는 조직 구성원들이 자신이 근무하고 있는 회사에 대한 공통적인 인식이자 공유된 가치체계를 의미한다.

가족들은 그 집만의 독특한 문화가 존재한다. 집안 대대로 내려오는 집안 내의 공유된 정신적인 가치가 그 집만의 문화이다. 마찬가지로 기업들도 모두 조직의 정체성을 나타내는 조직 내의 공유된 정신적인 가치가 있다. 이러한 조직문화는 크게는 기업문화라고 한다. 즉 기업내의 각 부서마다도 고유의 문화가 있다. 국가와 사회, 개인도 독특한 삶의 방식으로 문화를 소유하고 있는 것처럼 가정도, 기업도 사회적 구성체로서 삶과 일하는 방식을 가지고 있다. 이러한 조직문화는 조직 전체의 특징이기 때문에 어떠한 조직문화를 가지고 있느냐에 따라 그 조직의 성과에도 영향을 미친다.

사례 | "원가를 지키기 위해 일하는 '해군'이 아닌 자유롭고 공격적인 '해적'이 돼야 한다."

스티브 잡스 애플 창업자가 강조한 해적 문화는 애플이 혁신 제품을 만드는 원동력이 됐다. 구글의 모토는 '사악해지지 말자(Don't be evil)'다. 나쁜 짓을 저지르지 않고도 돈을 벌 수 있다는 것을 보여주자는 의미다. 사우스웨스트항공의 창업자 허브 켈러허 회장은 '펀(fun) 경영'으로 항공업계의 패러다임을 바꾸고 '사우스웨스트항공 조크'라는 용어까지 만들어 냈다. 켈러허 회장은 "유머는 조직의 화합을 위한 촉매제"라며 "일은 즐거워야 한다"고 했다. 성공하는 기업에는 '문화'가 있다. 기업문화는 조직의 가치를 창출하는 원동력이자 구성원들의 사고와 행동 양식을 규정한다. 직무 만족도·애사심·일체감·응집력·몰입 등에 영향을 미치므로 조직의 성장과 발전에 매우 중요한 요소다. 4차 산업혁명의 시대에 새로운 변화의 변곡점을 만들지 않으면 지속적인 성장이 불가능하다. 기업문화의 대가 에드거 샤인은 "당신이 문화를 관리하지 않으면 문화가 당신을 관리할 것이다"라고 조직문화의 중요성을 강조했다. 기업문화는 전략보다 더 강력한 힘을 발휘한다. 잘 갖춰진 문화는 기업 경쟁력의 원천인 인재 전쟁의 무기가 되고 경쟁사가 모방하기 어려운 차별적 경쟁 우위를 가져다준다. 잘나가는 기업들에서 독특한 기업문화를 공통으로 찾아볼 수 있는 이유다. 한국 기업들도 10여 년간 문화를 바꿔 오고 있다. 수직적 직급에 따른 상명하복식에서 최고경영자(CEO)까지 '님'으로 부르며 수평적 조직문화를 지향하는 기업들이 부쩍 늘었다. '월화수목금금금'이라는 한국 기업들의 장점(?)을 버리고 워라밸(일과 삶의 균형)을 목표로 하는 것이 표준이 됐다. 코로나19 사태가 가속화한 디지털 대전환의 패러다임 속에서 기업들은 생존 전략의 핵심 가운데 하나로 기업문화를 인식하기 시작했다. 기업문화는 이직률에도 상당한 영향을 미친다. 혁신적 문화가 조직 내 구성원의 참여를 높이고 이직률을 낮춘다는 연구 결과는 차고 넘친다. 조직 성과에도 긍정적인 효과를 미친다. 글로벌 컨설팅 기업 헤이그룹에 따르면 재무적 성과의 약 30%가 조직 분위기에 의해 좌우된다. 새로운 라운드를 촉발한 것은 코로나19 팬데믹 시기와 맞물린다. 기업 내 주류로 부상한 MZ세대와 코로나19 사태가 기업문화 변화에 영향을 미쳤다. MZ세대는 기존의 상명하복, 연공서열식 문화를 거부하고 자유롭고 수평적인 조직문화를 추구한다. 회사보다 개인의 성장을 추구하며 가슴에 사직서를 품고 다니는 세대라고 할 정도로 '프로퇴사러(이직과 퇴사를 반복하는 사람)'가 보편화돼 있다. 정년퇴직과 평생직장의 개념도 약해 기성세대가 승진과 높은 급여를 목표로 회사에 다니던 것과 달리 이들은 승진에도 연연하지 않고 개인의 성장과 워라밸 추구에 중점을 둔다. 잡코리아·알바몬이 지난해 7월 20~30대 직장인 971명을 대상으로 조사한 결과 이들 중 60%는 불합리한 조직문화를 경험하면 퇴사를 결심하는 것으로 나타났다. 그만큼 MZ세대를 담기 위한 기업문화 구축이 중요하다는 의미다. MZ세대가 추구하는 다양성과 창의성은 기업의 핵심 역량이 되고 있다. 인구 구조 변화로 점점 조직 내 MZ세대의 비율이 높아지고 있어 기업들도 대응책 마련에 부심하고 있다. 김영준 하나금융경영연구소 연구위원은 "기업은 MZ세대에게 회사에서의 자아실현이 가능한 '비전'을 제시할 필요가 있고 유연 근무제 일상화 등 새로운 근무 형태가 정착되기 위해서 경영진의 직원 신뢰와 직원의 책임감 있는 자세가 동시에 요구된다"고 말했다.

[자료원: 한경비즈니스 2022.5.21. 발췌]

사례 | 아마존, "1만4천 명 감원 이유는 AI 아닌 조직 문화 때문"

앤디 재시 아마존닷컴(NAS:AMZN) 최고경영자(CEO)는 최근 1만4천 명을 감원한 주된 이유가 재정적 문제나 인공지능(AI)이 아닌 '(조직)문화' 때문이라고 밝혔다. 재시 CEO는 30일(미국 현지시각) 3분기 실적 발표 콘퍼런스 콜에서 한 애널리스트의 질문에 "이번 정리해고 발표는 사실상 재정적 동기가 아니며 지금 당장은 AI 때문도 아니다"라며 "그것은 문화 때문"이라고 밝혔다. 그는 "최근 몇 년간 사업이 확장하면서 과거보다 훨씬 더 많은 인력이 충원됐고 훨씬 더 많은 계층이 생겨났다"며 "때로는 자신도 모르는 사이에 실제 업무를 수행하는 사람들의 주인의식을 약화시킬 수 있다"고 지적했다. 그는 "이러한 조직 비대화가 경영진의 의사결정 속도를 늦추는 결과를 초래할 수 있다"며 "우리는 세계 최대의 스타트업처럼 운영하기 위해 최선을 다하고 있으며 이는 곧 계층을 제거하는 것을 의미한다"고 강조했다. 앞서 아마존의 감원과 관련해 시장에선 AI가 인간의 일자리를 대체할 것이라는 광범위한 우려가 제기됐었다.

[자료원: 연합인포맥스(https://news.einfomax.co.kr) 2025.10.31]

강의 요약

1. 조직행동(organizational behavior)의 분야는 크게 세 가지로 구분된다. 첫째, 개인행동의 이해로서 조직 구성원의 태도, 성격, 조직 구성원의 지각과 의사결정, 동기부여를 다루고 있고, 둘째, 집단행동의 이해로서 업무집단과 팀, 리더와 리더십, 조직 내 권력·갈등·협상을 공부하고, 셋째, 조직행동의 이해에서는 조직문화와 조직구조를 다루고 있다.

2. 태도(Attitude)는 사전적으로 몸의 동작이나 모양새, 어떤 사물이나 상황을 대하는 자세를 의미하며, 태도는 인지적 요소, 정서적 요소, 그리고 행동적 요소의 세 가지 요소로 이루어져 있다.

3. 인지부조화(cognitive dissonance)의 개념은 태도와 행동 사이의 어떠한 불일치 또는 모순이다.

4. 성격이란 어떠한 상황에 대한 반응과 다른 사람과의 감정, 사고, 행동 패턴의 독특한 집합이다.

5. 지각(perception)이란 사람들이 우리의 감각적인 자극에 대한 반응과 같이 우리를 둘러싼 다양한 상황에 의미를 부여하기 위하여 여러 가지 정보들을 해석하는 과정이다.

6. 지각의 오류(perceptual bias)란 외부환경으로부터의 자극이나 정보를 지각하는 사람 자신의 이해관계, 경험, 그리고 선입견을 바탕으로 잘못 판단하거나 사실을 왜곡하는 것을 의미한다.

7. 후광효과(halo effect)란 어떤 대상의 한 측면만을 보고 그 대상에 대한 전체적인 이미지를 형성하여 다른 평가에까지 영향을 미치는 현상을 의미한다.

8. 뿔 효과(horn effect)는 대상에 대한 비호의적 인상으로 인해 부정적으로 평가하는 지각오류이다.

9. 상동적 태도는 사람을 평가하는데 있어서 그 사람이 가지고 있는 특성에 바탕을 두지 않고 그 사람이 속한 집단에 대한 특징을 바탕으로 대상을 판단하는 것이다.

10. 순위효과는 대상을 평가할 때 인식한 지각의 순서에 따라 평가 결과가 달라지는 지각오류를 의미한다.

11. 선택적 지각이란 상황을 객관적으로 파악하지 않고 자신의 내적 상태에 따라 듣고자 하는 것만을 듣는 것을 의미한다.

12. 투영효과는 자신이 가지고 있는 감정이나 특성을 다른 사람에게 투사시키려는 것으로 주관의 객관화를 의미한다.

13. 대비오류는 지각 대상을 평가할 때 다른 대상과 비교를 통해 평가하는 것으로서 지각자는 자신이 더 좋아하는 지각 대상을 호의적으로 평가하는 지각오류이다.

14. 귀인이론(attribution theory)이란 자신이나 다른 사람들의 행동의 원인을 찾아내기 위하여 추론하는 과정을 설명하는 이론이다.

15. 동기(motivation)란 조직 구성원은 무엇을 하고자 하는 욕구가 일어난다면 이때 일을 하려고 하는 행위를 의미한다.

16. 집단(group)은 공동 목적을 달성하기 위해 조직 구성원 사이의 상호작용을 의미하며, 두 명 도는 그 이상의 개인들이 모인 단위를 의미한다.

17. 리더십은 경영관리과정 중 지휘 과정의 중요한 요소로서 사람이나 자본, 원재료, 경비 등 투입물을 어떻게 조직목표의 달성을 위하여 조직 구성원들의 적절한 행동을 유인하는 것이다.

18. 리더십 이론에는 크게 네 가지로 구분되어지는데 첫째, 개인적 특성이론, 둘째, 행동이론, 셋째, 상황이론, 마지막으로 경로 – 목표이론이다.

19. 조직구조란 조직 구성원들에게 상호작용을 통하여 특정 업무와 역할을 수행할 수 있도록 권한과 책임을 부여하고, 업무 간 조정과 연계를 해주는 관리체계이다.

20. 조직문화(organization culture)는 조직 구성원들이 자신이 근무하고 있는 회사에 대한 공통적인 인식이자 공유된 가치체계를 의미한다.

연습문제

1. 조직문화에 대한 다음의 설명 중 옳지 않은 것은?

① 조직의 창업자는 초기 조직의 문화를 형성하는데 있어 가장 큰 영향을 미친다.
② 변화하는 환경에서는 강한 조직문화를 가진 조직이 변화에 대해 신속하게 대응할 수 있게 한다.
③ 조직사회화는 신입사원이 조직문화에 적응할 수 있도록 도와주는 방법 중의 하나이다.
④ 조직문화는 조직 구성원들에게 소속감과 정체성을 제공한다.

정답 1. ②

Chapter

10

의사소통

의사소통(Communication)의 어원은 '관계를 가지다', '공통분모를 가지다'라는 라틴어'communicare'의 명사형' communicatio'에서 유래한다. 커뮤니케이션은 좁은 의미에서는 정보나 신호를 전달하는 뜻이며, 넓은 의미에서는 무엇인가와 관계를 가진다는 뜻을 내포하고 있다. 따라서 경영에 있어서 커뮤니케이션은 매우 중요하다. 커뮤니케이션은 인간공동체의 보편적인 조건이다. 인간사회는 타인과의 끊임없는 관계이자, 고정된 상태가 아니라 변화한다.

야스퍼스(1883~1969)는 독일 실존주의를 대표하는 철학자이다. 야스퍼스가 자신의 철학에서 커뮤니케이션의 중요성을 크게 네 가지 측면에서 바라보고 있다. 첫째, 인간은 유한하다는 관점이다. 인간의 유한성을 극복하고자 하는 것이 인간의 욕망이다. 인간의 유한한 삶에 대한 성찰을 통하여 인간은 근본적인 갈망을 가지고 있고 이를 여러 커뮤니케이션을 통하여 찾고자 한다. 둘째, 인간은 다른 사람과 관계를 맺고 살아가고 있다. 즉, 사회적 동물이다. 다른 사람이란 자기 자신, 과거, 미래, 타인, 신, 자연 등 많은 것을 포함한다. 셋째, 인류의 생존조건으로 서로간의 갈등관계를 극복하고자 커뮤니케이션을 한다. 넷째, 인간 삶의 불확실성으로 본래적인 소통 의지가 근원에 자리 잡고 있다. 인간은 늘 삶의 불확실성으로 본래적인

우리는 매일 누군가와 소통하면서 살아간다. 특히 직장에서는 성과의 중심에 소통이 있다. 상사, 구성원, 동료와의 소통이 잘되어야 원하는 성과를 이룰 수 있다. 그런데 많은 직장인이 좋은 마음으로 소통해도 불통을 경험한다. 원하는 성과는 이루지 못하고 갈등의 불씨만 키울 때도 있다. 어떻게 하면 소통을 잘하고 원하는 성과를 이룰 수 있을까. 먼저, 우리가 왜 소통하는지 생각해볼 필요가 있다. 내 생각을 상대방이 알아주기를 원하든 상대방이 내가 원하는 행동을 하도록 만들든 소통은 내가 원하는 것이 있어서 시작한다. 그런데 내가 원하는 것을 줄지 말지를 결정하는 쪽은 상대방이다. 내가 아무리 좋은 의도로 말해도 그것을 들을지 말지는 상대방에게 달려 있다. 이것이 소통이 불통이 되는 이유다. 따라서 소통은 상대방에게 맞춰주는 것에서 시작해야 한다. 상대방에게 맞춰주고 또 맞춰주다 보면 그들은 나를 믿고 내 편이 된다. 그런 다음 내가 원하는 것을 얻기 위해 이끌어야 한다. 맞춰주기만 하고 이끌지 않으면 원하는 것을 얻을 가능성이 낮아진다. 실제로 상대방을 내 편으로 만드는 소통, 즉 맞춰주고(Pace), 맞춰주고(Pace), 이끄는(Lead) 소통이 필요하다.

소통의지가 존재한다는 것이다.

이러한 의사소통은 사람들끼리 서로 생각, 느낌과 같은 정보를 주고받는 일을 의미하여 말이나 글, 그 밖의 소리, 표정, 몸짓 등으로 이루어진다. 커뮤니케이션은 단순히 정보나 의견을 전달하는 것이 아니라 '의사소통'이 일어나는 양방향의 대화를 의미한다. 다시 말해 의사소통(communication)이란 개인과 개인 간, 개인과 집단 간에 이루어지는 정보의 전달 과정이다. 이는 조직 구성원 상호 간에 정보를 교환함으로써 관리적 기능을 서로 연결시켜 목표를 달성할 수 있도록 하는 관리적 기능이다. 조직 구성원들이 가지고 있는 생각, 감정, 뜻이 서로 언어나 몸짓, 기호 등의 수단을 통하여 주고 받는 행위를 의미한다. 기업경영활동이 효과적으로 이루어지기 위해서는 조직 구성원들 간의 의사소통은 매우 중요하다. 의사소통이 잘 되는 기업은 조직 구성원들에게 기업의 전략과 목표를 명확하게 전달하여 업무를 보다 전략과 목표에 맞추어 호의적인 태도를 가지고 업무에 임할 것이다. 이러한 적절한 의사소통을 통하여 기업은 목표와 효율성을 달성할 것이다. 오늘날 모든 조직활동은 조직 내 구성원들이나 부서 및 기업, 정부, 지방자치단체 등 끊임없는 의사소통이 이루어지고 있다. 특히 기업의 목표 달성을 위해서는 조직이 보다 효율적이고 효과적으로 운영될 수 있도록 개인 간 또는 집단 간에 서로의 의견이나 정보 등이 적절하고 정확하게 전달되어 여러 가지 활동이 조정되고 통합되어야 한다. 따라서 기업에서는 여러 가지 통로들을 통하여 효과적인 리더십을 발휘하여 조직 내 여러 활동을 조정하고 통합하며, 정보를 공유하기 위하여 의사소통이 원활하여야 한다. 오늘날 우리가 사용하고 있는 전자우편이나, 카카오톡, 전화통화, 회의참석. 부서별 회식에 참가하여 이야기하는 모든 것들이 의사소통에 해당된다. 한마디로 의사소통은 정보를 공유하는 과정이다.

1. 의사소통의 과정

의사소통은 크게 세 가지 방법으로 이루어진다. 첫째, 말을 사용한 의사소통, 둘째, 글을 사용한 의사소통, 셋째, 말이나 글 이외의 비언어적인 제스처 같은 의사

그림 10-1 의사소통의 요소

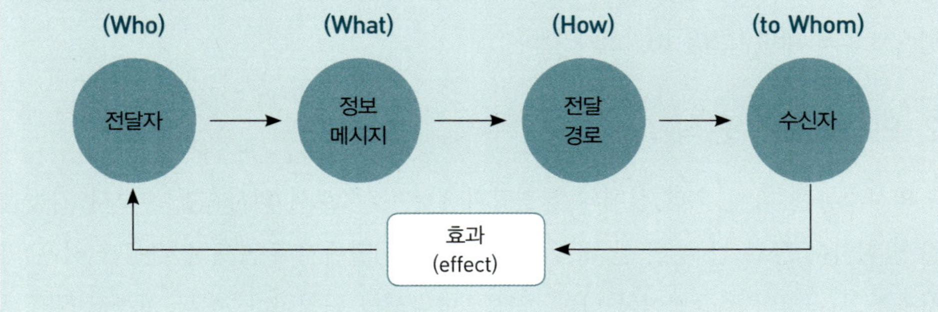

소통이 있다. 이러한 세 가지 방법의 의사소통은 다음과 같은 다섯 가지의 의사소통의 요소로 이루어진다. 누가(전달자), 무엇을(정보, 메시지), 어떠한 방법(전달경로)으로, 누구(수신자)에게 전달하고, 그 전달된 효과는 어떠한가?이다. 이를 그림으로 나타내면 [그림 10-1]과 같다.

이러한 의사소통의 다섯 가지 요소를 바탕으로 전달자로부터 수신자에게 전달되어지는 과정은 일곱 개의 단계로 이루어진다. 첫째, 전달자가 상대방에게 전달하려는 정보나 생각이다. 둘째, 전달자가 전달하고자 하는 생각이나 정보를 체계적인 기호로 바꾸는 부호화이다. 이러한 부호화는 말과 글이 대표적이다. 즉, 전달자의 생각과 정보를 수신자가 전달받아 이해할 수 있는 메시지 형태로 전환된 것이다. 셋째, 말이나 글을 여러 가지 매체 및 문서를 통하여 수신자에게 알려주는 전달이다. 넷째, 이렇게 부호화되어 전달된 생각과 정보를 수신자가 지각하는 것

그림 10-2 의사소통의 과정

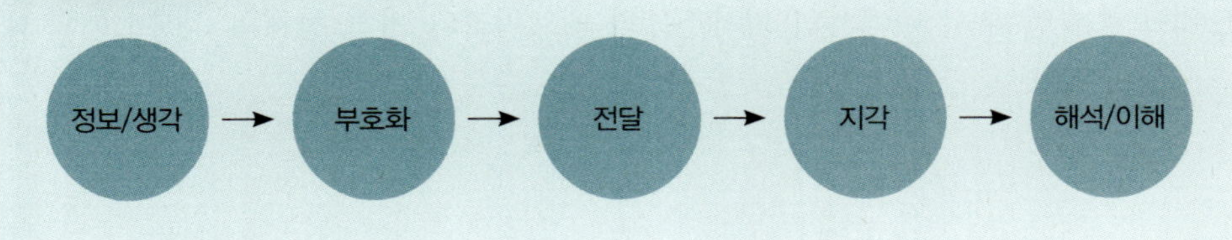

이다. 다섯째, 수신자가 받은 전달자의 부호화된 생각과 정보를 해석하는 것이다. 여섯째, 부호화되어 전달된 정보를 해석한 후 그 의미를 이해하는 것이다. 이를 그림으로 나타내면 [그림 10 - 2]와 같다.

2. 의사소통의 원칙

의사소통은 마치 우리 신체의 신경망과 같은 것으로서 의사소통이 보다 기능을 잘 발휘하여 동료 간 부서 간 조직의 연결고리가 떨어지지 않도록 다음과 같은 의사소통의 원칙이 준수되어야 한다. 첫째, 명료성의 원칙이다. 이는 의사소통은 분명한 것이 좋다는 의미이다. 둘째 일관성의 원칙이다. 한 입으로 두 말하지 않아야 한다. 셋째, 간결성의 원칙이다. 의사소통은 짧아야 하며 가능한 직선적인 라인이어야 한다. 그렇지 않으면 의사소통이 늦어지고 와전되어 정확한 의사소통이 어렵기 때문이다. 넷째, 적시성의 원칙이다. 의사소통은 필요할 때 바로 의사소통이 이루어져야 한다.

3. 의사소통의 네트워크

가정이나 기업이나 사람이 모인 곳이라면 어디라도 의사소통을 통하여 정보를 교환하고 공유하게 된다. 이러한 의사소통은 기업에서 조직 구성원들이 업무를 처리하기 위해서 필요한 정보를 효율적으로 파악하고 다른 부서나 동료들과 업무가 잘 결합될 수 있도록 만들어져야 한다. 그러나 오늘날 기업들의 규모나 조직이 커지면서 모든 조직 구성원들이 필요할 때마다 필요한 의사소통을 하는 것이 어려운 현실이다. 따라서 의사소통의 네트워크(communication network)가 필요하다. 이를 통하여 누가, 누구와 의사소통을 하는가에 대한 관리가 필요하다. 의사소통의 네트워크 종류인 부서 내에서의 의사소통의 네트워크와 기업 전체의 의사소통의 네트워크는 다를 수 있다.

사례 | 대화는 인간관계의 기본, 일상생활의 기반

대화는 나와 상대가 마주 대하여 말(이야기, 콘텐츠)를 주고받는 것이다. 대화는 소통의 기초요, 시작이다. 이 대화는 주로 말로 하는 것이 일반이지만, 글과 신체언어 또 다른 수단으로 나누는 대화도 있다. 또한 둘이 나누는 대화를 위시하여 개인과 집단, 집단과 집단이 나누는 대화도 있다. 거기에 오프라인 대화를 넘어서 요즘은 온라인 대화도 성행하고 있다. 대화는 인간관계의 기본이다. 사람과 사람 사이의 소통은 보통 대화로 이루어지고, 이 대화를 기반으로 사람과 사람 사이에 관계가 쌓여지기 때문이다. 아울러 우리의 일상생활 자체가 이 대화를 기반으로 이루어진다. 일상에서의 모든 만남과 업무가 이 대화를 기반으로 하기 때문이다. 따라서 우리가 바람직한 인간관계를 위해서, 또 건강한 일상생활을 위해서 이 대화만큼 중요한 것이 없다. 이렇게 인간관계와 일상생활에서 소통을 위해 나누는 대화를, 우리는 '의사소통'이라고 일컫는다. 의사소통은 가지고 있는 생각이나 뜻이 서로 통하는 것을 말한다. 의사소통은 말과 글을 통한 언어적 요소는 물론 제스처나 자세, 얼굴 표정, 눈맞춤, 목소리, 억양 등과 같은 비언어적 요소를 통해서도 이루어질 수 있다. 그래서 친한 친구끼리는 눈빛만 봐도 그 친구가 무슨 말을 하고 싶어 하는지 알 수 있다. 그런 것이 처음 보는 외국인과도 가능할까? 텔레파시가 통하지 않는 한 그렇게 되기는 어려운 일이다. 따라서 의사소통은 이렇게 무엇인가 생각을 전달하고 상대방이 이해해서 반응이 오고 가는 과정이다. 사람들 간에 생각이나 감정 등을 교환하는 총체적인 과정이자 행위인 것이다. 그렇다면, 의사소통을 하는 방법에는 어떤 것들이 있을까? 우리가 태어나서 '말'을 배워왔던 과정을 상기해 보자, 아기가 말을 배우기 전에는 그냥 울거나 웃는 것처럼 표정과 몸짓으로 표현을 할 수밖에 없었다. 그래도 엄마는 끊임없이 아기의 이름을 부르며 이야기를 해준다. 아기는 엄마가 해 주는 수많은 이야기들을 들으면서 처음 소리로 된 '언어'를 익히게 된다. 조금 더 자라서 글자를 배우게 되면, 그제야 책도 읽고, 자기 이름도 쓸 수 있게 되는 것이다. 의사소통은 이렇게 듣고, 말하고, 읽고, 쓰는 활동을 통해 이루어진다. 외부로부터 음성이나 문자 형태의 정보들이 우리 머릿속에 입력되면, 그 정보가 이해의 과정을 거쳐 그에 대응하는 적합한 말이나 글로 나타나게 된다. 즉, 듣기와 읽기를 통해 이해를 하게 되고, 이를 말하기와 쓰기를 통해 표현하게 된다. 이러한 듣기와 읽기, 말하기와 쓰기가 의사소통의 네 기둥인 것이다. 우리는 누구든 의사소통을 잘하고 싶어 한다. 그러나 생각만큼 의사소통이 잘되지는 않는다. 그만큼 어려운 것이 의사소통이기도 하다. 그래서 이 의사소통을 잘하는 사람에게, 특별히 '능력'을 붙여 '의사소통능력'이 뛰어나다고 한다. 의사소통능력은 인간관계나 일상생활에서 말과 글을 통해 상대방의 의견을 듣거나 자신이 뜻한 바를 표현할 때, 그 의미를 정확하게 파악하고 이해하며 바르게 전달할 수 있는 능력을 의미한다. 또한 오늘의 글로벌 시대에 필요한 외국어 문서이해능력과 의사표현능력도 포함한다. 따라서 의사소통능력은 글과 말을 중심으로 한 문서이해능력, 문서작성능력, 경청능력, 의사표현능력은 물론이고 기초외국어능력까지 포함하기도 한다.

[자료원: 인천in 시민의 손으로 만드는 인터넷신문 발췌]

(1) 부서 내에서의 의사소통 네트워크

오늘날 기업들은 분권화되어 있어 부서 내에서의 업무가 많이 이루어지고 있다. 이러한 부서 내에서의 이루어지는 업무에 있어서 부서장(팀 리더)은 어떻게 자신의 생각을 부서원들에게 전달할 것인지를 생각하게 된다. 부서 내에서의 의사소통 네트워크는 다음과 같이 다섯 가지로 분류하여 살펴본다. 첫째, 연쇄형(chain) 네트워크 유형, 둘째, Y형 네트워크, 셋째, X형 네트워크, 넷째, 원형 네트워크, 그리고 마지막으로 총연결형 네트워크가 있다. 이를 그림으로 살펴보면 [그림 10-3]과 같다.

[그림 10-3]에서 보는 바와 같이 첫째, 연쇄형 네트워크는 팀 내 서열이나 직위에 의하여 의사소통 경로가 엄격하게 설정되는 경우로서 조직 구성원은 자신의 직속 상급자와 직속 하급자에게만 의사소통을 하는 네트워크이다. 둘째, Y형의 네트워크는 C가 중심적 위치에서 조직의 다른 구성원들은 C를 통해서만 의사소통이 되는 네트워크 유형이다. 예를 들어 E가 A나 B에게 의사소통을 하기 위해서는 두 사람의 네트워크를 거쳐야 된다. 이러한 Y형은 팀 내에 강력한 리더는 없지만 대표

그림 10-3 의사소통 네트워크의 종류

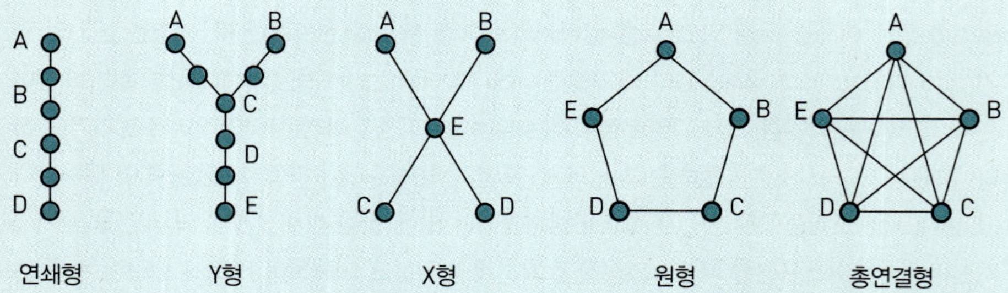

적인 구성원인 C를 통해 의사소통이 이루어지는 유형이다. 셋째, X자형 네트워크는 팀 내에 강력한 리더인 E가 있어 의사소통이 E에게 집중되는 경우를 의미한다. 원형 네트워크는 조직 구성원들의 서열이나 지위가 비슷하여 서로 동등한 입장에서 의사소통이 이루어지는 경우이다. 원형의 경우 각 조직 구성원은 다른 두 사람의 구성원과 직접 연락할 수 있다. 즉, A는 B와 E에게 직접 의사소통할 수 있다. 마지막으로 총연결형 네트워크 유형은 리더가 없거나 공식적 구조가 없는 비공식 팀에서 서로 다른 구성원들과 자유롭게 의사소통할 수 있는 형태이다. 즉, 모든 사람이 의사소통을 자유롭게 할 수 있다. 어느 조직 구성원이든 네 사람으로부터 똑같이 의사전달을 받을 수 있고 네 사람에게 전달해 줄 수 있는 유형으로 모든 사람이 똑같은 위치에 있기 때문이다. 이러한 총연결형 의사소통 네트워크는 분산형 네트워크라고 할 수 있고, Y형과 X형은 집중형 네트워크에 속하며 중심구성원인 C와 E가 존재함으로써 그가 더 많은 정보를 갖는 경우이다.

(2) 기업 전체의 의사소통 네트워크

기업 전체에서 나타나는 의사소통 네트워크로서 부서 내에서의 의사소통 네트워크보다 많은 사람들이 함께 참여하고 있는 형태의 네트워크이다. 기업 전체의 의사소통 네트워크는 다음에 살펴보게 되는 공식적인 의사소통과 비공식적 의사소통으로 구분된다. 공식적인 의사소통은 기업이 미리 정해 놓은 방법과 절차, 의사소통경로에 따라 정보가 전달되는 의사소통이다. 비공식적 의사소통은 동아리모임, 동기모임 등 자연스럽게 생겨난 비공식적 조직을 통한 의사소통을 의미한다. 오늘날 기업은 공식적 의사소통도 중요하지만 비공식적 의사소통을 통하여 조직 구성원들을 동기부여할 수 있다.

4. 의사소통의 유형

(1) 공식적 의사소통

공식적인 의사소통은 기업에서 공식적으로 정한 경로와 방법, 그리고 절차에 의해 정보가 전달되는 방식이다. 이러한 공식적인 의사소통은 체계적으로 의사소통이 이루어지는데 보통 상의하달식(top-down) 의사소통, 상향적(bottom-up) 의사소통, 수평적(sideward) 의사소통, 사선적 의사소통으로 구분된다.

[그림 10-4]에서 보는 바와 같이 상의하달식(top-down) 의사소통은 대표이사나 본부장이 부서장에게 직무와 관련된 사항을 지시하거나 명령, 공지사항 등으로 하달하는 것을 의미한다. 상의하달식과 반대로 상향적 의사소통은 부서에서 본부장이나 대표이사에게 업무처리 결과나 수집되어진 정보를 보고하거나, 제안, 업무처리요청 등의 의사소통하는 방식이다. 수평적 의사소통은 A사업본부와 B사업본부 간에 이루어지는 의사소통으로서 의사전달 내용이 회사 내의 심사위원회 등 다양한 위원회나 회의방법을 통하여 측면적으로 이동하는 경우의 의사소통방법이다. 수평적 의사소통 방법의 활용을 통하여 업무처리의 신중성과 여러 가지 업무활동의 상호조정을 달성할 수 있다. 마지막으로 사선적 의사소통은 기획조정실에서 사업본부와의 정보교환이나 흐름이 기능이나 조직의 계층에 구애받지 않고 여러 기능과 계층을 가로질러 이루어지는 의사소통방법이다.

그림 10-4 공식적 의사소통의 유형

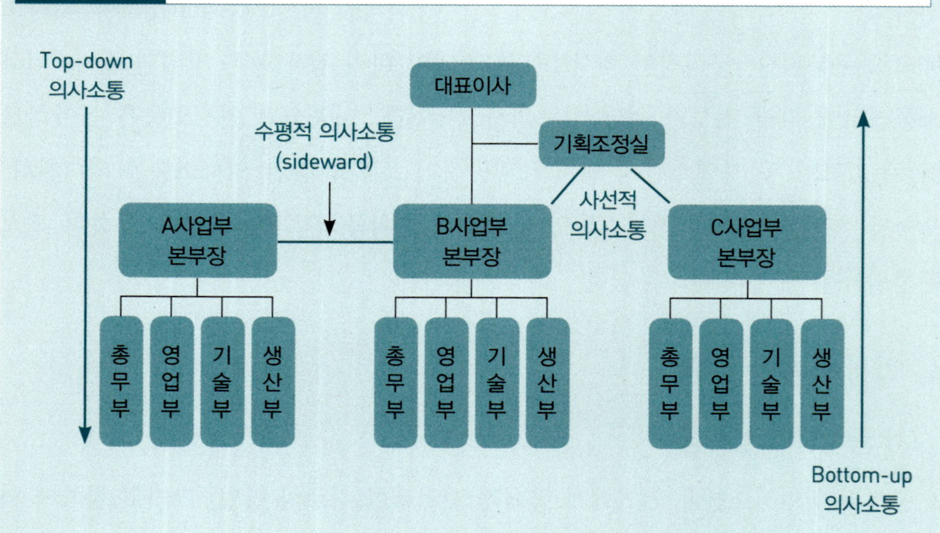

(2) 비공식적 의사소통

비공식적 의사소통조직은 입사 동기회, 종교 모임, 학교 동문회, 향우회, 취미 동아리 등 자연스럽게 생긴 비공식적 조직을 통해서 이루어지는 의사소통을 의미한다. 이러한 비공식적 의사소통은 공식적 의사소통과 함께하는 불가분의 관계에 있고, 또한 보완 관계를 가지고 있다. 비공식적 의사소통은 기업 전체에 퍼져 있는 포도덩굴처럼 모든 방향으로 의사소통이 이루어지는 포도덩굴형(grapevine type) 의사소통이 있다. 대부분의 기업현장에서 경영자들은 조직 구성원들과 의사소통하고자 하는 내용을 이러한 포도덩굴형 의사소통을 활용한다. 또 다른 비공식적 의사소통 형태로 배회관리(management by walking)형 의사소통이 있다. 이는 경영자가 특별한 스케줄 없이 일상적으로 기업의 이곳 저곳을 돌아다니며 조직 구성원들이나 고객들과 대화를 통하여 필요한 정보를 얻기도 한다.

5. 조하리의 창(Johari's window)

1955년 미국 샌프란시스코 주립대학 Joseph Luft와 UCLA의 Harry Inham 교수가 발표한 논문에서 개발된 마음의 창을 통해 본 인간관계의 유형을 통하여 어떻게 의사소통을 하면 좋은지에 대한 연구이다. 조하리의 마음의 창이라고도 하며, 개인의 마음을 창문에 비유하여 네 가지 영역으로 구분하여 분석한 모형이다. 인간관계의 두 가지 요소를 자신이 인식하는 부분과 타인이 인식하는 부분으로 구분하여 분석하였다. [그림 10-5]에서 보는 바와 같이 1사분면에는 자신이 인식하는 창에서 자신이 모르는 부분을 타인이 인식하는 창에서 타인은 아는 부분에 해당한다. 이 영역에서는 다른 사람들은 내가 어떤 사람인지 알고 있는데, 나는 나에 대해 모른다는 것이다. 조하리의 창에서 가장 중요시 여기는 영역으로서 상대가 나 자신이 모르고 있던 긍정적인 부분을 찾아내어 피드백을 해주면 자기가 모르던 자신을 알게 되어 타인에게 고마워 한다. 이 영역에서 가장 기본적인 인간관계의 소통이 이루어지고 이러한 의사소통을 통하여 개인과 조직은 성장할 수 있다.

2사분면에 있는 열려있는 창은 자신도 알고 있고 타인도 알고 있는 영역으로서

그림 10-5 조하리의 창(Johari's window)

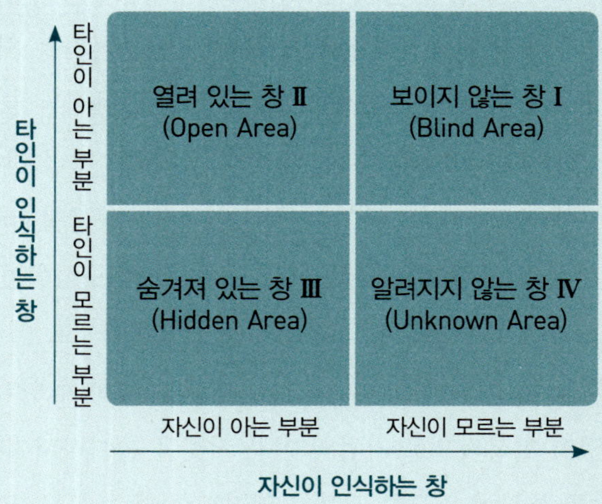

서로에게 긍정적인 피드백을 주고 받을 수 있는 영역이다. 너도 알고 나도 알고 있으니 의사소통이 원활하고 기업의 입장에서는 효과적인 의사소통을 위해서는 열려있는 창처럼 조직 구성원 간 의사소통을 위하여 이 부분의 영역을 확대할 필요성이 있다. 3사분면에는 숨겨져 있는 창으로서 자신은 알지만 타인은 모르는 자신만의 영역이다. 오늘날 기업에서 조직 구성원들이 대부분 가지고 있는 인식으로서 내면적인 고독감을 가질 수 있고, 말하고 싶지 않은 부분일 수 있다. 4사분면은 알려지지 않는 창으로서 미지의 영역이라고 할 수 있다. 즉, 자신도 모르고 타인도 모르는 누구도 알지 못하는 영역이다. 따라서 제대로 된 의사소통이 없다면 갈등이 발생할 수도 있고 오해할 수도 있는 영역이다. 알려지지 않는 창에서는 서로가 공감할 수 있는 의사소통이 필요하다. 부서장과 부서원 간 공감대를 이루어내어 다양한 의사소통을 통하여 관심을 가져야 하는 영역이다.

사례 | "같이 걷고 함께 먹죠"…MZ세대 직원 마음 연 '오준석표 소통'

"같이 걸으며 얘기하죠." 오준석 BNP파리바카디프생명 대표는 직원들과의 소통 방법 중 하나로 걷기를 좋아한다. '건강 없이 가능한 일은 없다'는 신념을 가진 오 대표는 규칙적인 운동을 여가 시간 활용의 1순위로 꼽는 만큼 직원들에게도 운동을 적극적으로 권유한다. 그는 "건강한 사람일수록 일에 대한 집중도도 높고 건강해야 생각도 건전해진다고 본다"며 "직원들이 부담을 느끼지 않되 건강을 증진할 수 있도록 동기부여가 될 만한 다양한 방안을 고민 중"이라고 말했다. 모든 최고경영자(CEO)들과 마찬가지로 오 대표도 MZ세대가 무슨 생각을 하고 이들의 관심사가 무엇인지에 대한 관심이 높다. 오 대표 본인도 MZ세대 자녀를 둔 아버지이다 보니 MZ세대에게 인기 있는 소셜네트워크서비스(SNS)나 다양한 애플리케이션 등을 활용해 트렌드를 읽고 유연한 생각을 갖기 위해 노력한다. 그는 "최근에는 MZ세대의 직업에 대한 가치관이 어떤지 알 수 있는 이직·취업 관련 앱을 흥미롭게 보고 있다"며 "MZ세대 구직자들이 어떻게 회사를 평가하고 이들의 이직 사유가 무엇인지, 어떤 것에 동기부여를 얻는지 등에 대한 것들을 엿볼 수 있다"고 말했다.

MZ세대 직원들과 좀 더 적극적으로 소통하기 위해 오 대표는 'CEO 런치'라는 시간을 마련해 직원들과 허물없이 이야기를 나눈다. 그는 "자신의 신념에 따라 행동하는 MZ세대 직원들이 회사라는 조직 안에서도 저마다 일에 대한 가치를 찾고 보람을 느낄 수 있도록 다양한 내부 프로그램들을 개발 중이며 이를 확장하기 위한 계획들도 구상하고 있다"고 전했다. 오 대표는 운동과 함께 인생에서 중요한 것으로 영어를 꼽는다. 어린 시절부터 언어를 유독 좋아했던 오 대표는 한국에서 대학을 졸업한 후 미국 대학원에 진학했다. 누구보다 영어에 자신이 있다고 생각했지만 생각보다 미국에서의 의사소통이 순탄하지만은 않았다. 그는 "두려워하지 말고 무조건 사람들과 더 많이 대화하고 네트워킹을 해야겠다고 생각하면서 영어가 급속도로 늘었다"며 "마냥 좋아했던 영어가 지금 와서 돌이켜보니 지금까지 사회생활을 하는 데 큰 플러스 요인이 됐다"고 설명했다. 영어를 배울 때와 마찬가지로 그는 CEO가 된 지금도 나이·직종과 상관없이 누구와도 적극적으로 소통하려고 한다. 오 대표는 "호기심도 많고 늘 생각이 많다 보니 일상생활에서 자연스럽게 다양한 정보들을 스펀지처럼 흡수하는 편"이라며 "회사 밖 동종·이종 업계에 있는 전문가들과도 꾸준히 교류하면서 사고의 폭을 넓히고 있다"고 말했다. 이어 "좋은 아이디어에 대해서는 불가능보다는 가능성에 집중해 실제로 실행에 옮기면서 아이디어를 구체화해나가려 한다"고 덧붙였다.

[자료원: 서울경제신문 2022.8.23. 발췌]

사례 | [한경에세이] 소통과 기업 경영 최신원 〈SK네트웍스 회장〉

통즉불통(通卽不痛) 불통즉통(不通卽痛). 《동의보감》에 나오는 얘기다. 허준 선생은 피의 흐름과 관련해 이 말을 했다. 막힌 핏줄을 뚫어주면 아프지 않고, 막혀서 통하지 않으면 아프다는 뜻이다. 한마디로 소통(疏通)이 잘돼야 건강하게 오래 살 수 있다는 의미다. 기업이나 우리 사회에 적용해도 전혀 무리가 없다. 왕따, 자살, 폭력 등 각종 사회병리 현상은 소통 부재가 밑바탕에 깔려 있다. 기업의 소통 부재는 기업의 존립을 위협한다. 조직과 구성원이 따로 놀아 통합된 힘을 발휘할 수 없다. 조직과 구성원, 구성원과 구성원 사이에 원활한 소통이 이뤄져야 공동의 목표를 향해 함께 나아갈 수 있다.

일본에서 경영의 신으로 추앙받는 마쓰시타 고노스케는 소통을 중시했다. 그는 "기업 경영의 과거형은 관리다. 경영의 현재형은 소통이다. 경영의 미래형 역시 소통"이라며 늘 소통을 강조했다. 기업 경쟁력의 원천을 소통에서 찾았던 것이다.

실제로 많은 기업이 소통을 기업 경쟁력의 원천으로 인식한다. 이 때문에 어떻게 하면 조직에 원활한 소통문화를 심을 수 있을까 고민한다. 하지만 소통은 생각처럼 쉽지 않다. 세기의 경영인으로 불린 미국 제너럴일렉트릭(GE)의 잭 웰치는 조직원과의 소통과 관련해 "10번 이상 얘기한 것이 아니면 한 번도 얘기하지 않은 것과 같다"고 했다. 소통이 말 한마디로 이뤄지지 않는 어려운 일임을 강조한 말이다. 기업이 당면한 문제의 70%는 의사소통 장애로 일어난다고 하는 통계도 있다. 경영에서 가장 중요한 일이 의사소통이다. 경영자가 의사소통에 상당한 시간을 할애해야 하는 이유다. 소통을 잘하는 방법은 역지사지(易地思之)다. 상대방 처지에서 생각하고 말해야 공감을 얻을 수 있다. 구급차 앞에 거꾸로 표기된 '앰뷸런스(ambulance)'라는 글자는 역지사지의 예다. 앞 차량은 룸미러를 통해 뒤의 사물을 인식한다. 앞차가 룸미러로 바로 앰뷸런스임을 알아보고 길을 비켜줄 수 있게 표기한 것이다. 소통의 기본 자세라 할 수 있다.

잘 듣는 것은 소통의 전부라 해도 과언이 아니다. 탈무드에 따르면 '사람의 입이 하나이고 귀가 둘인 것은 말하는 것보다 듣기를 더 많이 하라'는 의미라고 한다. 한문 사자성어에도 '이청득심(以聽得心)'이란 말이 있다. 잘 들어야 상대방의 마음을 얻을 수 있다는 뜻이다. 상대방 마음을 얻어야 자신의 의사를 상대에게 설득력 있게 전달할 수 있다. 리더의 소통능력은 기업의 미래와 직결된다. 원활한 소통문화 정착을 위해 먼저 나부터 상대방 이야기에 귀를 기울여야겠다.

[자료원: 한국경제신문 한경오피니언 2017.12.14. 발췌]

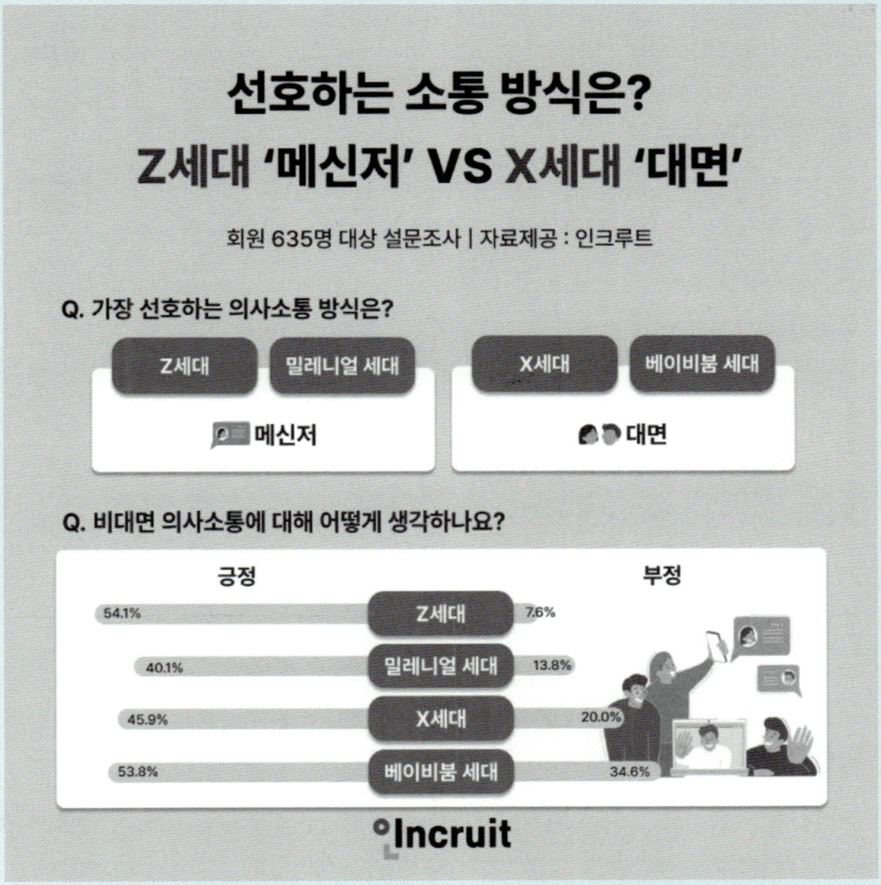

[자료원: 인크루트, 세대별 의사소통방식조사결과발표 2025.10.23]

강의 요약

1. 의사소통(communication)이란 개인과 개인 간, 개인과 집단 간에 이루어지는 정보의 전달 과정이다.

2. 의사소통의 과정은 크게 세 가지 방법으로 이루어진다. 첫째, 말을 사용한 의사소통, 둘째, 글을 사용한 의사소통, 셋째, 말이나 글 이외의 비언어적인 제스처 같은 의사소통이다.

3. 연쇄형 의사소통 네트워크는 팀 내 서열이나 직위에 의하여 의사소통 경로가 엄격하게 설정되는 경우로서 조직 구성원은 자신의 직속 상급자와 직속 하급자에게만 의사소통을 하는 네트워크이다.

4. Y형 의사소통 네트워크 경우는 어느 한 사람이 중심적 위치에서 조직의 다른 구성원들은 그 사람만을 통해서만 의사소통이 되는 네트워크 유형이다.

5. X형 네트워크는 팀 내에 강력한 리더인 한 사람이 있어 의사소통이 그 사람에게 집중되는 경우를 의미한다.

6. 원형 네트워크는 조직 구성원들의 서열이나 지위가 비슷하여 서로 동등한 입장에서 의사소통이 이루어지는 경우이다. 원형의 경우 각 조직 구성원은 다른 두 사람의 구성원과 직접 연락할 수 있다.

7. 총연결형 네트워크 유형은 리더가 없거나 공식적 구조가 없는 비공식 팀에서 서로 다른 구성원들과 자유롭게 의사소통할 수 있는 형태이다.

8. 공식적인 의사소통은 기업에서 공식적으로 정한 경로와 방법, 그리고 절차에 의해 정보가 전달되는 방식이다.

9. 비공식적 의사소통조직은 입사 동기회, 종교 모임, 학교 동문회, 향우회, 취미 동아리 등 자연스럽게 생긴 비공식적 조직을 통해서 이루어지는 의사소통을 의미한다.

연습문제

1. 구성원들 간 의사소통이 강력한 특정 리더에게 집중되는 유형은? (2020년 공인노무사)

① 원형　② Y자형　③ 수레바퀴형
④ 사슬형　⑤ 전체연결형

2. 조직 내 집단 간의 갈등을 유발하는 원인이 아닌 것은? (2011 가맹거래사)

① 업무의 상호의존성　② 보상구조　③ 생각의 차이
④ 한정된 자원의 배분　⑤ 상위목표

3. 의사소통 네트워크에 대한 설명 중 가장 적절하지 않은 것은?

① 사슬형(chain)은 대부분의 의사소통이 공식적인 명령계통에 따라 최고경영자에서 현장경영자까지 위에서 아래로만 흐르는 계층이 많은 집단에서 발견되는 의사소통 패턴이다.
② 바퀴형(wheel)은 조직 구성원들이 한 사람의 감독자에게 보고하는 기업에서의 의사소통 패턴이다.
③ 완전연결(all channel)형은 모든 조직 구성원이 자유롭게 행동하고 의사소통하는 패턴이다.
④ Y자형은 집단 내에 강력한 리더가 있는 것은 아니지만 어느 정도 대표성 있는 인물을 통하여 비교적 공식적인 계층을 따라 의사소통이 신속하게 이루어지는 패턴이다.
⑤ 조직 구성원들의 만족도가 가장 높은 의사소통 네트워크는 사슬형(chain)이다.

정답 1. ③　2. ⑤　3. ⑤

Chapter

11

통제화와 경영통제시스템

제1절 경영 통제화

1. 경영 통제화(Controlling)의 개념

여러분들은 뜨거운 여름이나 운동을 한 후, 사우나 후 흐르는 땀을 경험하였을 것이다. 우리의 몸은 누워서 쉴 때처럼 아무 일도 하지 않는 듯 보이는 동안에도 많은 열을 생산한다. 이렇게 땀이 흐르는 것은 우리의 신체가 온도를 통제하는 것이다. 즉, 온도조절을 하는 것이다. 우리의 몸에서 땀이 배출됨으로써 우리의 체온이 낮아지는 통제의 원리이다. 왜냐하면 우리의 신체는 적절한 온도를 유지해야 생명이 지속되기 때문이다.

에어컨이 미리 설정한 온도에 도달하면 자동적으로 작동을 멈추는 것은 통제의 하나이다. 즉, 피드백이라 불리우는 기능이다. 우리가 사용하는 화장실의 변기 물탱크가 넘치지 않고 일정한 물의 수위를 유지하는 것 역시 같은 원리이다. 즉, 물탱크의 수위가 미리 설정한 높이에 도달하면 자동으로 물의 공급을 멈추게 하는 것이 피드백 장치이다. 이는 수조에 물이 없을 때는 뜨게가 앞쪽으로 기울어져 밸브가 열리게 되고 수조에 물이 차올라 뜨게를 위쪽으로 들어 올려 바로 세워지면 밸브가 닫혀 더 이상 물이 공급되지 않는 피드백 장치가 물탱크 내부에 설치되어 있다. 우리 자신의 피드백은 이처럼 우리속에 자기제어장치를 가지고 있다. 양심이라고 하는 혹은 자기신념이라는 장치를 통해 사람의 욕심도 제어할 수 있어야 한다. 상한선이 없는 지나친 욕심은 우리의 삶을 망칠 수 있기 때문이다. 화장실의 변기 물탱크, 에어컨의 설정온도, 우리 몸의 온도조절장치가 적정하게 잘 맞추어져 있어야 쾌적한 상태를 유지할 수 있어 편안하다. 이와 같이 우리 마음의 욕심의 목푯값(설정값)을 결정할 때도 같은 원리이다. 마음속의 욕심의 설정값이 너무 높아 욕심이 과하면 세상 속에서 나오는 원망의 습기가 달라붙어 불편해지고 반대로 설정값이 너무 낮아 욕심이 없으면 냉혹한 현실세계에서 내 것을 지킬 수 없게 된다. 이로 인해 마음속에 원망의 냉기가 가득차 설정값이 높을 때와 마찬가지로 우리의 마음은 편안하지 않는 것이다.

또 다른 통제의 예는 자동차 운전을 할 때 가속페달을 밟으면 더 빠르게 달리고 브레이크페달을 밟으면 멈춘다. 핸들을 오른쪽으로 돌리면 자동차가 오른쪽으로 왼쪽으로 돌리면 왼쪽으로 이동한다. 이러한 장치들은 자동차의 속도와 방향을 통제하고 있는 것이다. 우리의 영리조직이나 비영리조직도 신체와 마찬가지로 우리가 목표로 했던 것과 이탈되면 우리가 수립한 목표에 일치 시키기 위한 다양한 통제(control)가 필요하다. 그러나 조직을 통제하는 것은 신체의 온도조절이나 자동차의 운행조절보다 훨씬 더 복잡하고 어렵다. 특히 오늘날과 같이 기업을 둘러싼 환경과 기술의 변화가 급변하는 상황에서는 더욱더 통제가 필요하다. 통제란 경영활동이 계획한 대로 실행될 수 있도록 여러 가지 과정과 결과를 확인하여 우리가 수립한 계획과의 차이를 분석하고 이를 수정조정 보완하는 과정이다. 우리가 통제라는 말은 다른 표현으로는 피드백(feedback)이라고 한다. 이러한 통제는 우리 기업을 둘러싼 여러 가지 불확실성과 조직의 복잡성, 인간 능력의 한계, 그리고 조직화에서 배웠던 것처럼 권한위임과 분권화 때문에 중요하다. 오케스트라 연주회장에 가면 지휘자가 나오기 전에 음을 조율하는 것을 보게 된다. 먼저 오보에가 A음을 분다, 이어서 수석 바이올린이 A음을 맞추고 이어 현악기, 금관악기, 목관악기 등 모든 악기가 A음에 맞도록 조율하며 통일된 음정을 맞춘다. 이러한 과정은 훌륭한 연주를 하기 위하여 오케스트라 단원들이 동일한 방향으로 나아가기 위한 것이다. 이러한 과정이 끝나면 지휘자가 등장한다. 통제화란 무엇인가? 우리가 목표로 설정했던 곳에 모든 조직이 모든 조직 구성원이 그 목표에 조율하는 것이다. 이러한 조율이 잘되었는지를 통제화라 한다. 경영 통제화는 기업에서 사전에 계획된 기업의 목표를 달성

그림 11-1 계획화와 통제화의 관계

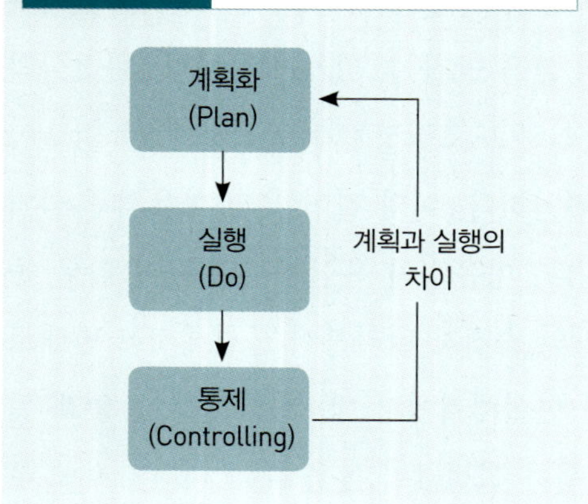

사례	즐거운 여행을 위한 통제

한 가족이 여름 휴가여행을 떠난다. 목적지가 결정되고 여행에 필요한 각종 준비물들이 준비되었다. 여행일정 또한 사전에 치밀하게 계획되었다. 장거리 운행을 위한 자동차 점검도 끝나고 이제 목적지를 향하여 출발을 한다. 익숙한 동네 길을 별 탈없이 지나 낯선 시골길을 달려간다. 평소에 다니던 길과는 달리 차들은 빨리 달리고 지도에서 본 것과는 다르게 도로안내표시판을 따라길을 찾아가는 것도 그리 수월한 일이 아니다. 곧은 길, 굽은 길, 돌아가는 길, 꺾어지는 길, 교차되는 길 등등 익숙치 않은 길들이 이어지며 펼쳐진다. 때때로 천둥 번개가 치며 소나기가 쏟아져 불안하게도 하고 금새 밝은 햇살이 나와 편안하게도 한다. 때때로 길을 횡단하는 보행자들이며 좁은 시골길을 느릿느릿 나아가는 트랙터들도 있다. 위험이 곳곳에 도사리고 있다. 교통신호등, 철도건널목, 주행속도 등에 관한 운전법규를 준수하고 때때로 벌어지는 예상치 못한 운행상의 돌발사건들을 정신을 곤두세우고 대처하며 여행길을 나아간다. 그러나 자동차를 안전하게 목적지까지 운행해 가는 과정에서 자동차의 속도계, 연료표시계기, 엔진온도표시계기 등과 같은 계기판이 제대로 작동하지 않는다고 가정하면 그 여행은 어떻게 될까? 안락한 여행은 커녕 성공적인 여행은 기대하기 어려울 것이다. 과속운전으로 단속되지 않으려면 무조건 천천히 가야 되고 연료가 소진되지 않으려면 불필요하게 자주 연료주입을 해야 할 것이다 기업의 경영은 낯선 목적지를 향해 떠나는 여행과 다를 바 없다. 여행계획이 필요하듯이 경영계획이 필요하고 현재의 진행상태를 보여주는 각종 계기판이 필요하듯이 경영상황을 보여주는 상황보고기능이 필요하다. 도로교통규칙으로부터 의도하지 않게 벗어난 경우 이를 즉각 시정하는 조치가 필요하듯이 계획으로부터 벗어나는 실적을 예방하거나 찾아내 수정하는 경영통제기능이 필요한 것이다.

하기 위하여 계획과 결과를 비교하여 기업의 성과를 측정하고 피드백을 통하여 계획과 결과의 편차를 수정하는 활동을 의미한다. 경영관리의 기능인 계획화와 실행, 그리고 통제의 관계는 [그림 11 - 1]과 같다.

2. 경영 통제화(Controlling)의 유형

경영통제화는 통제시기를 중심으로 유형을 구분하면 사전통제, 진행통제, 그리고 사후통제로 구분되어진다. 이를 그림으로 나타내면 [그림 11 - 2]와 같다. 사전통제는 예방통제라고도 하며 문제를 예측하여 사전에 예방하는 통제를 의미한다.

그림 11-2 경영 통제화의 유형

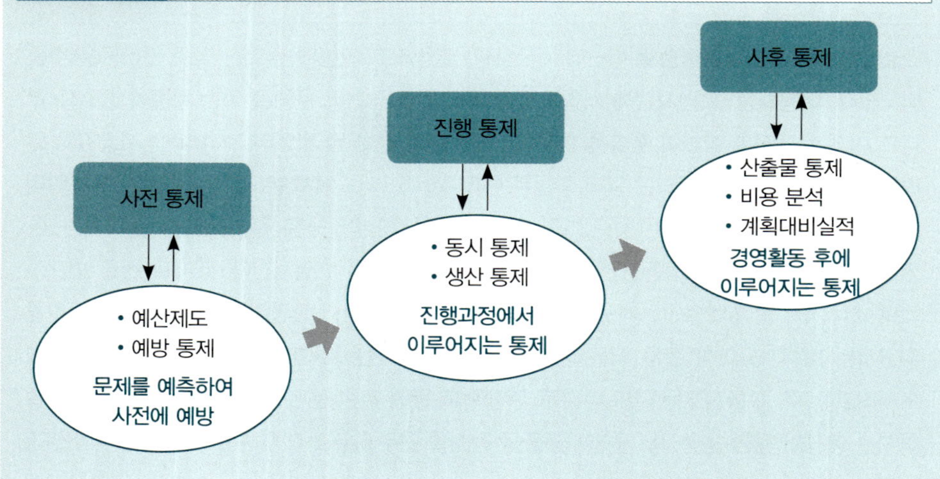

이는 목표로 설정한 계획화를 기준으로 활동이 이루어지기 전이나 문제가 발생하기 전에 이루어지는 통제를 의미한다. 사전통제는 원재료, 예산, 그리고 인적자원 등 목표달성을 위하여 적절한 자원이 활용 가능한지를 파악하는 계획화 단계에서 검토하고 문제가 있다면 사전에 통제하는 방식이다. 사전통제의 단점으로는 기업을 둘러싼 환경의 변화가 크고 불확실성이 많을 때에는 통제의 효과가 떨어진다. 이때에는 진행통제나 사후통제를 통해 통제의 효과를 보완할 수 있다. 진행통제는 동시통제를 의미하는데 계획한 것을 실행하는, 즉 진행과정에서 이루어지는 통제의 유형이다. 진행통제는 현재 추진 중인 업무를 중심으로 하는 통제의 유형으로서 생산통제가 대표적이다. 이러한 진행통제는 비용이 적게 들고 통제의 효과가 크기 때문에 통제를 통하여 계획을 수정하기도 한다. 사후통제는 산출물 통제라고도 하는데 이는 경영활동이 완료된 후 이루어지는 통제유형으로서 계획과 비교하여 차이가 나는 원인에 대하여 생각해 볼 수 있다. 또 다른 경영 통제화의 유형으로는 외적 통제와 내적 통제로 구분할 수 있다. 외적 통제는 조직 구성원들이 주로 외적 보상에 의하여 동기부여된다는 가정하에 상사들에 의해서 통제될 필요가 있다는 전제하에 통제가 이루어지는 것을 의미한다. 내적 통제란 조직 구성원들이 스스로 조직목표에 참여함으로써 동기부여가 이루어진다는 가정하에 통제가 이루어지는 것을 의미한다.

3. 경영 통제화의 필요성

경영 통제화가 필요한 이유는 크게 세 가지 이유이다. 첫째, 기업을 둘러싼 외부환경은 매우 불확실하고 여러 가지 위험요소가 존재하고 있다. 이러한 불활실성과 위험요소에 적절히 대응하여 기업의 목표를 달성하기 위하여 필요하다. 둘째, 기업의 목표를 달성하기 위하여 많은 조직구조를 가지고 있고, 다양한 활동을 하고 있다. 즉, 기업의 규모가 점차 커지고 업무들이 복잡해지기 때문에 분권화를 통하여 기업을 운영하고 있다. 따라서 적절한 경영 통제화가 필요하다. 셋째, 조직규모가 커지고 복잡해짐에 따라 조직 구성원들의 일처리에 오류나 실수가 있을 수가 있다. 만약 이러한 오류나 실수는 기업을 경영하는데 있어 치명적이기 때문에 이러한 오류나 실수를 제어하기 위하여 경영 통제가 필요하다.

4. 경영 통제화(Controlling)의 절차

경영 통제화의 절차는 크게 네 가지 단계로 구분 되어진다. 첫째, 기업들마다 목표에 따라 표준을 설정하는 것이다. 기준을 설정하는 것을 의미한다. 기준은 목표나 계획 프로그램, 정책과 절차, 예산 등 모든 계획의 유형이며 실제 혹은 기대하는 업무성과를 측정할 수 있는 표준을 의미하기도 한다. 표준에는 물리적 표준과 화폐적으로 측정되는 원가표준, 투자수익률과 같은 회계적 표준도 있다. 물리적 표준으로는 비화폐적 측정수단으로 생산량, 단위당 노동시간 등 계량적 기준을 반영할 수 있다. 원가표준으로는 화폐적 측정으로서 생산단위당 직접비, 제품단위당 노무비 등 제조원가를 중심으로 표준을 정할 수 있다.

둘째, 성과의 측정이다. 이는 표준이 설정되었으므로 표준에 도달했는지 성과를 측정하여야한다. 이때 성과를 측정하기 위하여 다양한 성과측정지표가 활용되어진다. 정량적 평가지표와 정성적 평가지표, ESG(Environment, Social and Gover-

그림 11-3 통제화의 절차

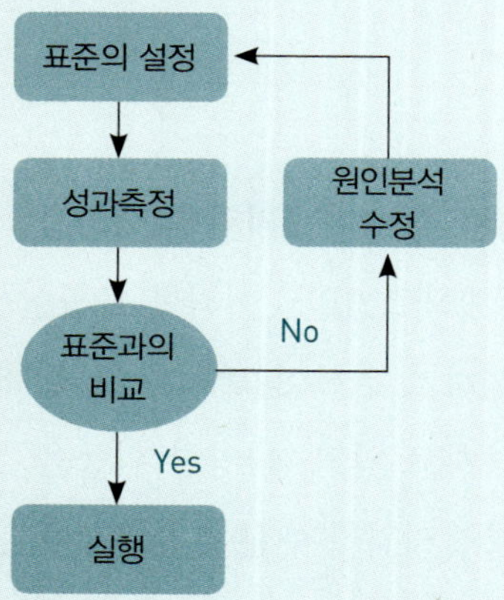

nance; 환경, 사회, 지배구조) 등 다양한 성과지표를 활용한다. 예를 들어 매출액을 통제하고자 한다면 월별, 분기별 매출액과 전년도 월별, 분기별 매출액과 비교하여 정량적으로 평가하게 된다. 셋째, 업무성과가 목표로한 표준과 비교를 하는 단계이다. 이는 업무성과가 측정지표에 의해 설정된 표준과 실제 결과를 비교하는 단계이다. 이 단계에서는 표준과 실제 결과와 비교해서 일치하는 경우 계획대로 진행하면 되고, 일치하지 않는다면 원인을 분석하는 단계이다. 표준원가제도가 대표적인데 표준과 실제를 비교하여 원인을 분석하여 조직구성원을 교육하거나 구매부서나 생산부서를 성과에 따라 원인을 분석하여 알게 하고 조치한다. 마지막 단계인 네 번째 단계에서는 수정조치를 포함한 피드백을 통하여 일치하는 경우는 계획대로 진행하고 일치하지 않는 경우는 표준을 다시 설정하기도 한다. 통제의 절차는 [그림 11-3]과 같다. 만약 여러분들이 살을 빼기로 계획을 하였다면 첫째, 목표를 설정하고 목표한 대로 실행되었는지 체중계에 올라가 측정하고 목표한 대로 체중절감이 이루어지면 계획한 대로 실행하고 만약 측정하여 목표에 도달하지 못했다면 원인을 분석하고 수정하여 다시 목표인 표준을 설정하고 측정하는 경영통제화의 절차를 이행하게 된다.

5. 경영 통제화(Controlling)의 방법

경영 통제화의 방법으로는 계획을 화폐적으로 변환한 예산을 바탕으로 하는 통제방법과 계량적 통제방법, 내부통제, 그리고 감사 등이 있다. 첫째, 예산통제방법은 계획화의 단계에서 앞으로의 계획을 숫자인 화폐적으로 표시된 예산을 의미한다. 이는 미래에 대한 경영활동의 계획을 화폐단위로 계량화하여 공식적으로 표현한 것이다. 기업의 계획단계에서 특정기간에 대한 예산을 작성하는 것을 예산편성(budgeting)이라고 한다. 또한 기업에서 예산통제라는 말을 많이 사용하고 있는데, 이는 예산을 이용하여 기업의 경영활동을 통제하여 경영활동의 결과를 기업이 계획한 목표와 일치시키는 데 사용하는 것을 의미한다. 예산의 종류는 종합예산이 기본적인데, 종합예산(master budget)은 경영자의 미래 계획과 실행방법을 기술하고 있는 것으로, 기업의 모든 세부단위의 목표를 요약하여 판매, 생산, 구매, 재무 등 기능별로 작성된다. 종합예산은 크게 두 부분으로 구분하여 살펴볼 수 있다. 기업의 판매, 생산, 그리고 관리를 위한 운영예산과 재무활동을 위한 재무예산으로 구분한다. 운영예산(operating budget)에는 수익예산, 제조원가예산, 그리고 운영비용예산 등이 포함되며, 여기에서 예산상의 순이익이 산출된다. 즉, 판매, 생산, 원재료와 인력의 조달 및 사용에 대한 계획을 기초로 하여 판매예산, 생산예산, 매출원가예산을 작성한다. 재무예산(financial budget)은 추정재무상태표, 자본프로젝트에 대한 계획, 그리고 차입 및 투자계획을 내포한 현금 유입 및 유출에 대한 상세계획이 포함된다. 즉, 자금의 조달과 투자를 위한 자본지출예산, 현금예산을 작성한다. 둘째, 계량적 통제방법이 있다. 계량적 통제방법은 주로 생산관리에서 사용되고 있는데 프로젝트에 대한 계획과 실행의 진척상황을 도표로 표시하고 이를 통제하는 간트차트, 시간예측을 바탕으로 활동 및 사건에 대한 일정을 계획하는 CPM/PERT(Critical Path Method/Program Evaluation and Review Technique)는 간트차트의 단점을 보완하기 위하여 개발된 기법으로 과업정의를 시작으로 과업의 시간추정치와 여유활동, 주공정의 파악하고 총시간 및 확률을 계산하여 통제하는 방법이다. 셋째, 내부 통제방법은 조직 내의 효율성 법규 및 규정준수 등 조직목표를 효과적으로 달성하기 위하여 조직 자체적으로 기준을 정하여 모든 조직 구성원들이 이행해야하는 절차를 정하고 이에 따라 통제하는 방법을 의미한다. 넷째, 감사는 회사가 정한 기준과 비교하여 조직 구성원들의 행동이나 업무에 문제가 있는지를 조사하고 감찰하는 방법으로 통제하는 방법이다. 즉, 감사는 잘못된 사항을 적발하고 개선점을 찾아내어 시행하는 통제방법으로 내부감사와 외부감사로 구분된다. 내부감사는 조직 내부에 있는 감사담당자에 의하여 이루어지는 경영활동의 감사로서

사례 | OKR로 되찾은 일의 격, 불확실성 넘어 하늘 날다

"KPI(Key Performance Index; 주요성과지표)는 기존 성과나 사업 방식을 관리하기 위한 하향식 업무 목표인 데 비해, OKR은 프로젝트기반 자기주도 성과 관리예요. 예컨대 커피숍의 경우 KPI 기반으로 일하면 누구는 커피를 몇 잔 이상 제조하고, 누구는 얼음잔을 몇 개를 만들어야 한다는 식의 성과 지표를 내세웁니다. 이 때문에 직원들도 업무 목표를 맞추는 데 급급하게 되죠. '고객에게 맛있는 커피를 제공한다'는 커피숍의 궁극적 목표는 경시되고 맙니다. 직원들에게 이 목표를 능동적으로 실현할 수 있는 방식을 고안하도록 하고, 내부 토론을 통해 핵심결과물로 만들어 가야 하죠. 그리고 회사·직원 각각의 개인적 목표를 동조화해야 합니다. 나의 발전이 곧 회사의 발전이라는 포인트를 정확히 일치시키지 않으면 임직원들은 잘 움직이지 않아요. 달리 말하면 OKR은 임직원들이 스스로 열심히 일할 수 있는 구조를 만드는 방법이라고 할 수 있습니다."(이상근 콴텍 대표)

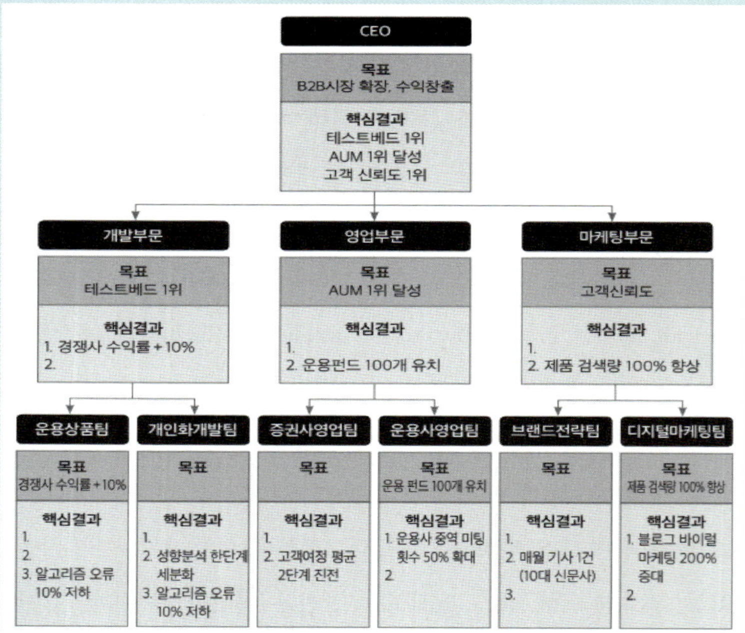

OKR(Objective Key Result): 목표와 주요 결과라는 합성어로서 인텔에서 고안되고 구글에서 사용되면서 확산이 된 목표와 결과에 대한 관리 도구이다. 회사가 먼저 목표를 정하게 되면 부서 차원과 개인 차원에서 목표를 설정하는 쌍방향 방식의 성과관리 도구이다.

[자료원: 아산 기업가정신 리뷰; OKR로 되찾은 일의 격, 불확실성 넘어 하늘 날다(콴텍) 발췌]

내부통제조직을 조사평가하고 조직내부의 각 부서 등 효율성과 효과성을 측정하여 경영에 관한 모든 기록을 조직 내의 감사기관이 수행하는 감사를 의미한다. 외부감사는 기업외부의 독립된 제3자인 감사인이 하는 회계감사를 의미하며, 외부감사를 통하여 주주, 채권자, 조직 구성원인 종업원 등 이해관계자들을 보호하고 기업의 건전성을 확보하기 위한 제도이다.

제2절 경영통제시스템(MCS)

오늘날 기업들은 시장경쟁력을 확보하기 위하여 다양한 노력을 하고 있다. 이러한 노력에도 불구하고 경영환경의 변화는 점점 가속화되고 있다. 특히 초연결의 시대로 대표되는 4차 산업혁명시대에 기업의 가치사슬이 변하고, 업무처리방식도 달라지고, 특히 조직 구성원들의 행태도 달라질 것이다. 기업 간의 경쟁 또한 치열하게 이루어지고 있고, 무엇보다 고객의 욕구가 다양화되고 있다. 이러한 환경변화 속에 적절한 경영통제시스템이 기업에게는 필요하다. 기업에서는 이러한 다양한 통제활동을 효과적으로 운영하기 위한 경영통제시스템이 필요하다. 적절한 경영통제시스템을 기업들이 구축해야 하는 이유는 첫째, 대규모의 조직에서 기본적인 업무는 그 조직 내에서 근무하고 있는 모든 사람들이 계획과 전략에 대한 합의를 통하여 조직 구성원들이 일을 해야 하기 때문이다. 둘째, 기업들이 수립한 좋은 계획들도 때때로 실패할 수 있다. 따라서 최고경영자는 언제 어떻게 개입할 것인가를 결정해야 한다. 경영통제시스템은 이러한 의사결정을 가능하게 도움을 준다. 기업의 성과를 감시하고 계획한 목표와의 차이를 찾아내고 원인을 규명함으로써 기업은 성장할 수 있다. 이러한 경영통제시스템의 목적은 조직의 목표나 표준에 실제성과를 일치시키도록 한다. 경영통제시스템의 전반적인 흐름은 [그림 11-4]와 같다. 그림에서 보는 바와 같이 경영통제시스템은 기업의 계획수립에서 실행까지의 과정에서 평가하는 기능을 가지고 있다. 계획수립은 표준원가를 수립하거나

그림 11-4 경영통제시스템의 흐름

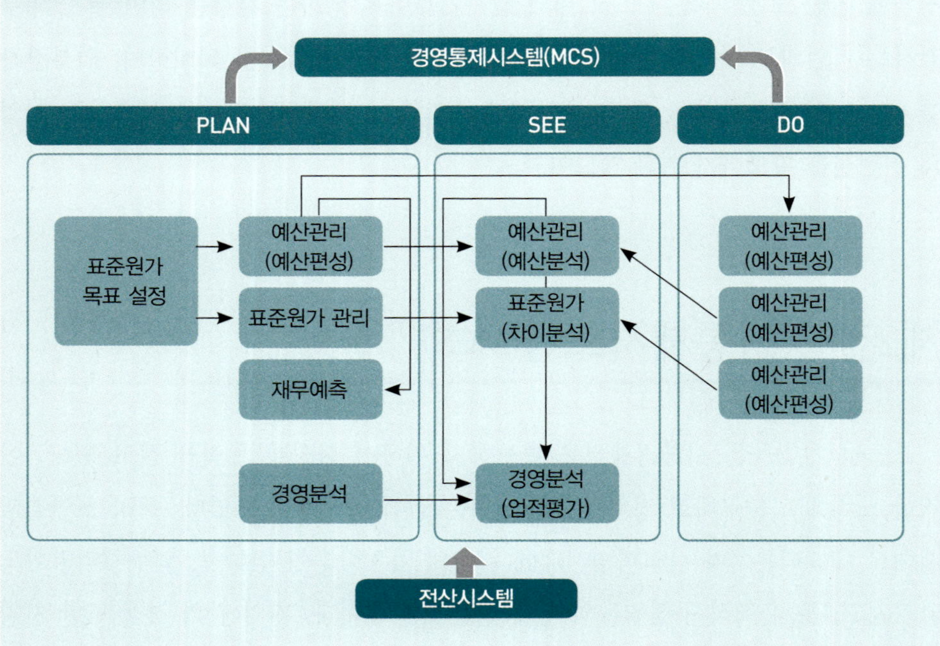

목표를 설정하고 이러한 목표에 부합하는 예산편성을 통한 예산관리와 재무예측, 경영분석을 한다. 이러한 경영통제시스템은 전산시스템으로 연동되어있다. 경영통제시스템은 예산통제와 경영분석과 같은 재무통제로 구분할 수 있다.

1. 예산통제시스템

예산통제란 기업이 미래의 일정기간 동안의 숫자로 되어진 계획서인 예산을 편성하고 편성되어진 예산에 의하여 기업 전체와 각 부문들의 활동을 지휘·조정을 통하여 실제성과와의 차이를 분석하는 통제관리기법이다. 일반적으로 기업의 계획단계에서 특정기간에 대한 예산을 작성하는 것을 예산편성(budgeting)이라고 한다. 또한 기업에서 예산통제라는 말을 많이 사용하고 있는데, 이는 예산을 이용하여 기업의 경영활동을 통제하여 경영활동의 결과를 기업이 계획한 목표와 일치시키는 데 사용하는 것을 의미한다. 이러한 예산통제시스템의 기능은 미래의 사업계획은 예산의 형태로 구체화된다. 예산은 기업의 공식적인 경영계획이다. 전략적 계획이나 장기적인 경영계획에 근거한 목표가 설정되면, 이를 기반으로 부문별로 계획이 수립되며 각 부문별 예산이 통합되어 필요한 조정을 거친다. 예산편성과정에서 부서 간의 수평적 의사소통과 조정이 이루어지며 이에 의해서 예산의 기능이 나타난다. 예산의 기능은 크게 네 가지로 구분할 수 있다.

첫째, 계획수립 및 계획의 계량화이다. 기업을 경영함에 있어 계획을 수립하지 않고서는 조직의 목적을 달성할 수 없다. 학교생활에서도 하루의 계획에서부터 한 주간의 계획에 이르기까지 다양한 계획의 수립이 요구된다. 여러분들도 대부분 초등학교시절 방학이 되면 생활계획표를 작성해 보았을 것이다. 또한 대부분 신혼부부는 신혼 초에 내 집을 마련하기 위한 계획을 수립한다. 기업도 마찬가지로 장기계획 혹은 단기계획을 수립한다. 기업의 계획수립은 희소한 자원의 효율적인 배분에 그 초점이 맞추어져 있다. 기업의 계획수립은 목표를 달성하기 위하여 조직 구성원의 노력을 조정하는 데 사용된다. 예산편성은 계획수립의 각 측면에서 측정이 가능한 기간목표를 구체화시키는 하나의 틀을 제공한다. 계획의 계량화는 경영자로 하여금 프로젝트의 비용과 효익을 비교하여 자원이 가장 적절하게 배분되었는지를 평가할 수 있도록 해 준다.

둘째, 기업내부의 조정 및 의사소통의 기능이다. 만약 기업의 조직 구성원이 각자 독립적으로 활동하고 자유롭게 개인 계획을 수립하여 실행에 옮긴다면 조직의 목표는 달성하기가 어렵다. 공식적인 예산은 조직의 다양한 측면에서의 계획을 통합시킨다. 예산편성 과정은 조직의 모든 부문 혹은 구성원의 생각을 교환하고 계획을 조정하는 도구이다. 조직의 다양한 부문의 계획은 조정할 필요성이 있기 때문에 부문 책임자 간의 의사소통은 활발해야 한다. 예산의 편성과정에서 잠재적인 문제가 노출될 때 조직의 하위단위들은 협력하여 문제해결 방안을 찾아내야 한다. 기업의 규모가 커지고 경영활동의 책임이 하위단위로 위임되면서 각 부문의 행동을 조직전체의 목표와 일치시키는 것은 매우 어려운 일이다. 예산은 이에 필요한 의사소통 및 조정기능을 가지고 있다.

셋째, 성과평가 및 통제의 기능이다. 예산통제시스템은 미래 운영활동에 대한 경영층의 추정치이므로 경영자는 계획과 실제성과와의 차이를 비교·분석함으로써 각 부문 및 부문경영자의 성과를 평가하고 이를 기초로 계획을 적절히 변화 또는 개선시켜 나가는 통제기능을 수행하여야 한다. 또한 예산통제시스템은 예산주체에 의해 인정할 만한 성과평가의 기준치로서의 역할을 담당하며 기업이 최선의 노력으로 달성해야 할 목표를 나타낸다. 이처럼 예산은 실제성과와의 비교를 통해 부문경영자가 얼마나 효율적으로 목표를 달성하였는가에 대한 정보를 제공해 준다. 또한 예산통제시스템은 달성해야 할 목표치를 제시해주고 경영자에게 자신의 업적을 감시할 수 있는 기초를 제공해 준다.

넷째, 조직 구성원들에게 동기부여하는 기능이다. 예산편성을 효과적으로 수행하기 위해서는 기업의 공식목표가 설정되어 있어야 한다. 일반적으로 최고경영층에 의해 제시되는 공식목표는 조직의 비전 혹은 미션이라고 한다. 이와 같은 비전이나 미션은 구체적이지 않는 경향이 있다. 예산은 이들 비전이나 미션을 보다 구체적으로 계량화하여 나타내 준다. 구체적인 조직목표는 조직을 성공적으로 경영하는 데 도움을 줄 뿐만 아니라 조직 구성원으로 하여금 자신의 목표를 달성하도록 동기부여해 줄 수 있다. 성과평가에 예산을 사용함으로써 조직 구성원의 행동이 조직목표와 일치되도록 유도한다. 이러한 목표일치성(goal-congruence)은 조직과 조직 구성원 간의 상호만족을 가져다주는 예산편성의 강력한 기능이다. 예산편성의 행태적 차원을 이해하는 조직은 보다 능률적이고 효과적인 조직이 된다.

2. 예산통제시스템의 분류

예산통제시스템은 기업 내의 각 계층의 경영자가 예산의 편성에 적극적으로 참여하는 참여적 예산편성시스템과, 예산기간 동안 지속적인 개선이 개념을 바탕으로 설정하는 카이젠 예산통제시스템, 활동기준예산, 그리고 영기준예산시스템이 있다.

(1) 참여적 예산편성시스템

참여적 예산(participative budgeting)은 각 계층의 경영자가 예산의 편성에 적극적으로 참여하여 하의상달식(bottom-up)으로 편성되는 예산이다. 참여예산은 조직 구성원을 예산편성에 참여하게 함으로써 그들의 목표를 경영자와 함께 설정하고, 예산목표를 결정하는 과정에 조직 구성원의 의견이 반영될 수 있는 기회를 제공한다. 참여는 조직 구성원에게 많은 효익을 가져다준다. 예산에 대한 몰입감이 증대되며 예산범위에서 목표를 달성하려는 동기부여가 증대된다. 참여적 예산에 관한 연구결과를 보면, 조직 구성원은 참여적 예산편성으로 자신의 직무에 대해 보다 크게 통제할 수 있기 때문에 일반적으로 보다 높은 직무만족을 느끼고 사기가 진작되는 것으로 나타났다. 예산 편성과정에의 참여는 조직 구성원이 직무를 얼마나 잘 수행할 수 있는지에 대한 사적정보를 의사소통하거나 기존 프로세스의 개선을 도울 수 있는 새로운 생각을 제시하도록 동기부여하기 때문에 조직 구성원의 참여를 허용하는 일은 경영층에도 추가 효익을 가져다준다. 예산을 협의하고 조정하는 과정에서 조직 구성원은 간접적으로 사적정보와 열망수준을 경영층에게 보여주게 된다.

(2) 카이젠 예산통제시스템

카이젠(Kaizen)은 지속적인 개선을 의미하는 일본어이다. 카이젠 예산(kaizen budgeting)은 예산기간 동안 지속적인 개선의 개념을 설정된 예산수치로 명백하게 보여주는 예산 설정방식이다. 카이젠 예산을 사용하는 일본의 기업은 설정된 예산은 반드시 달성해야 하는 목표치의 개념으로 받아들이는 경향이 크다. 이와는 반대로 설정된 예산이 단순한 계획치 내지는 예상치 정도의 참고자료로만 인식된다면 지속적인 개선을 도모하기 위한 노력의 일환으로 제시된 카이젠 예산편성의 실질적인 효익은 달성되기 어려울 것이다.

(3) 활동기준예산통제시스템

활동기준원가계산은 기업에서 제공하는 제품 및 서비스에 필요한 모든 활동원가를 집계하여 정확한 원가정보를 산출하려고 시도되는 원가계산방법이다. 활동기준예산(activity – based budgeting)은 이러한 활동기준원가계산의 개념을 예산편성에 적용하는 것이다. 즉, 활동기준 예산편성은 제품과 서비스를 생산하고 판매하는 데 필요한 모든 활동원가를 예상하여 이를 바탕으로 보다 정확한 예산을 설정하는 방법이다. 따라서 계산절차는 활동기준원가계산과 똑같다. 단지 활동기준 예산편성에서 사용되는 숫자는 미래에 관한 것이므로 전부 예상치이다.

(4) 영기준예산통제시스템

영기준예산(zero – base budget)은 예산을 편성할 때 전년도 예산에 기초하지 않고 영(0)을 기준으로 원점에서 재검토한 뒤 예산을 편성하는 방법이다. 영기준예산에서는 관리자가 예산을 편성할 때 매년 이전 연도의 예산을 염두에 두지 않은 채 모든 프로그램의 예산을 정당화시켜야만 비로소 예산으로 책정하게 된다. 심한 경우 수 년 동안 지속되는 프로그램에 대해서도 한 번 편성되면 그 프로그램이 종료될 때까지 계속하여 예산의 효력이 존재하는 것이 아니라 매년 계속해서 예산을 새로 편성해야 하며, 정당화되는 비용만 예산으로 편성하게 된다. 이러한 절차는 의사결정 패키지(decision packages)의 작성과 평가에 의해 이루어진다. 즉, 하위관리자가 예산프로그램인 의사결정 패키지를 작성하여 올리면 최고경영자는 다양한 프로그램을 평가하여 그 중요성과 비용 – 효익분석에 따라 우선순위를 결정짓는다. 예산의 배정은 당연히 우선순위가 높은 의사결정 패키지부터 차례로 돌아가게 된다. 의사결정 패키지 속에는 해당 프로그램의 목적과 효과, 소요비용, 소요인력 등이 명시된다. 넓은 의미에서 영기준예산은 전혀 새로운 개념이 아니다. 과거에도 관리자들이 부서의 비용에 관하여 깊이 있게 검토해 왔다. 그러나 영기준예산에서는 이러한 검토를 매년 예산편성시에 하도록 한다는 점에서 기존의 개념과는 차이가 있다. 영기준예산하에서 매년 무에서 출발하여 예산을 편성하게 되면 시간과 비용이 불필요하게 많이 소요된다는 주장도 있다. 이러한 문제점을 보완하고 영기준예산 편성의 장점을 살리는 방안으로 매년 무에서 시작할 것이 아니라, 가령 5년에 한 번씩 무에서 시작하여 기존 활동을 비판적으로 검토하자는 제안이 설득력 있게 수용되고 있다. 이를 영기준검토라고 한다.

제3절 성과평가

성과평가 및 보상이란 기업이 사전에 설정된 표준, 예산 또는 목표에 따라 특정 조직의 성과를 성가측정지표에 따라 평가하는 성과평가와 기업가치 증진에의 공헌도 측면에서 평가한 결과를 토대로 성과배분을 결정하고 조직 구성원들을 동기부여할 수 있는 인센티브를 제공하는 보상을 의미한다. 성과평가 및 보상을 포함한 개념을 성과평가 및 보상제도로 본다. 일반적으로 성과평가란 개인 또는 집합체에 부과되어진 목표의 수행정도를 어떠한 형태로 측정하고 충분한가, 불충분한가, 양호한가, 불량한가 등의 판단을 내리는 것이다. 성과측정이라는 개념은 기업내 각 집단이나 개인이 계획한 목표와 실제 결과를 주기적으로 비교 분석하여 그 실현도를 평가하는 것으로서 목표달성을 위한 통제수단이다. 성과측정은 설정된 목표와 관계된 성과를 평가하는 프로세스이다. 성과측정치는 측정된 결과를 나타내며, 지속적인 활동을 결정하는 성과측정프로세스의 도구이다. 성과측정치들은 기업의 조직 구성원들의 행태에 지대한 영향을 미치기 때문에 목표달성을 위한 성과측정치의 고안은 중요하며, 기업의 궁극적인 목표와 구체적인 전략과 합치되도록 선택되는 것이 바람직하다. 또한 성과측정치들은 각 구성원들의 동기부여문제와 기업 전체의 목표를 위해 각 구성원들의 다양한 이해관계를 조화시키는 문제를 고려하여 성과측정에 활용되어야 한다. 성과평가제도는 구성원들의 업무수행결과 나타난 성과를 평가하는 것을 의미하며 보상제도는 구성원들의 업무결과 나타난 성과를 바탕으로 구성원들에게 주어지는 것으로 금전적 보상과 신분적 보상으로 구분된다. 기업경영에서 성과수준이란 목적을 효과적이고 효율적으로 달성한 정도를 의미하며 이를 계량적으로 표현한 것이 곧 성과측정이라 할 수 있다. 그런데 기업의 경영성과는 단일의 성과측정치에 의해서 파악될 수 있는 것이 아니라 여러 가지 개별성과측정치로 구성된 일단의 성과측정시스템에 의하여 종합적으로 측정, 보고되는 것이다.

한편, 기업성과는 항상 동일한 차원 안에 존재하지는 않는다. 일반적으로 기업성과의 적절한 측정을 위해서는 성과측정의 대상, 자료의 형태 및 특성, 측정지표의 상대성, 그리고 성과 간의 인과관계 등 다양한 차원을 함께 고려해야 한다. 성과측정치는 첫째, 부문, 부서, 개인의 목표가 고객의 요구와 일치하도록 측정지표가 마련되어야 하며, 둘째, 측정지표개발에 종업원의 참여가 필요하고, 셋째, 측정지표는 업무방식의 개선과 관련된 지표가 포함되어야 한다는 것이다. 이러한 Eccles의 주장은 단순한 수치의 나열로 이루어지는 단편적 성과측정은 기업의 지속적 성장에 아무런 기여를 하지 못한다는 것이다.

1. 균형성과표에 의한 성과평가

최근 우리나라의 주요 기업들도 자기 기업에 적합한 성과 평가시스템을 개발하기 위하여 노력하고 있다. 그러나 모든 기업에 적합한 통일적인 성과 평가시스템을 개발하는 것은 불가능할 것이다. 새로운 성과평가시스템을 설계하기 위해서는 무엇보다도 기업의 사명과 전략들을 가시적인 목표와 측정지표들로 전환시켜야 하며, 측정지표들은 주주나 고객을 위한 외부적인 측정지표들과 기업 내부활동에 대한 측정지표들 간에 균형이 필요하다. 이것은 또한 과거 노력들의 산출인 결과물 측정지표들과 미래의 성과 측정치들 간의 균형도 이루어져야 한다. 이와 같이 재무적 측정치들이 제공하고 있는 단점에 대한 대안으로 등장 한 것이 균형성과표이다. 균형성과표(BSC; Balanced Scorcard)는 과거의 성과에 대한 재무적인 측정지표에 추가하여 미래 성과를 창출하는 동인(driver)에 대한 측정지표인 고객과 공급자, 종업원, 프로세스 및 혁신에 대한 지표를 통하여 미래가치를 창출하도록 하는 관리시스템이다. 균형성과표(BSC)는 조직의 사명과 전략들을 전략적인 측정 및 관리시스템을 위한 틀을 제공하는 포괄적인 측정지표들의 집합이라는 형식으로 바꾸어준다. 이러한 균형성과표(BSC)에는 목표달성에 대한 강조점과 그러한 재무적인 목표달성을 가능하게 해주는 성과동인들(performance drivers)이 포함되어 있다. 또한 균형성과표(BSC)에는 네 가지 균형잡힌 관점, 즉 재무적 관점, 고객의 관점, 내부비즈니스 프로세스 관점, 그리고 학습과 성장의 관점이 포함된 조직의 성과를 측정하는 틀을 제공하고 있다. 이를 간단하게 그림으로 나타내면 [그림 11 – 5]와 같다. 이는 재무적 지표와 비재무적 지표, 단기와 장기, 조직과 개인의 균형을 이룰 수 있음을 의미한다. 이러한 균형성과표의 유용성으로는 네 가지 상이한 관점에서 정보를 제공해주면서도, 기업이 경쟁력을 제고 하는데 신경을 써야 할 여러 가지 핵심 요소들을 한꺼번에 묶어서 단일 경영보고서로 보여주는데 있다. 또 다른 유용성으로는 기업 전체의 최적화에는 오히려 장애를 가져다 줄 수 있는 부분 최적화를 방지하는데 있다. 즉, 한 부문에서의 향상이 또 다른 부문을 희생시키면서 성취된 것인지 아닌지를 파악할 수 있다. 전략적인 경영을 수행하기 위해서는 재무적 측정지표 그리고 비재무적 측정지표가 적절히 활용되어야 한다는 것이다.

그림 11-5 균형성과표(BSC)의 네 가지 관점

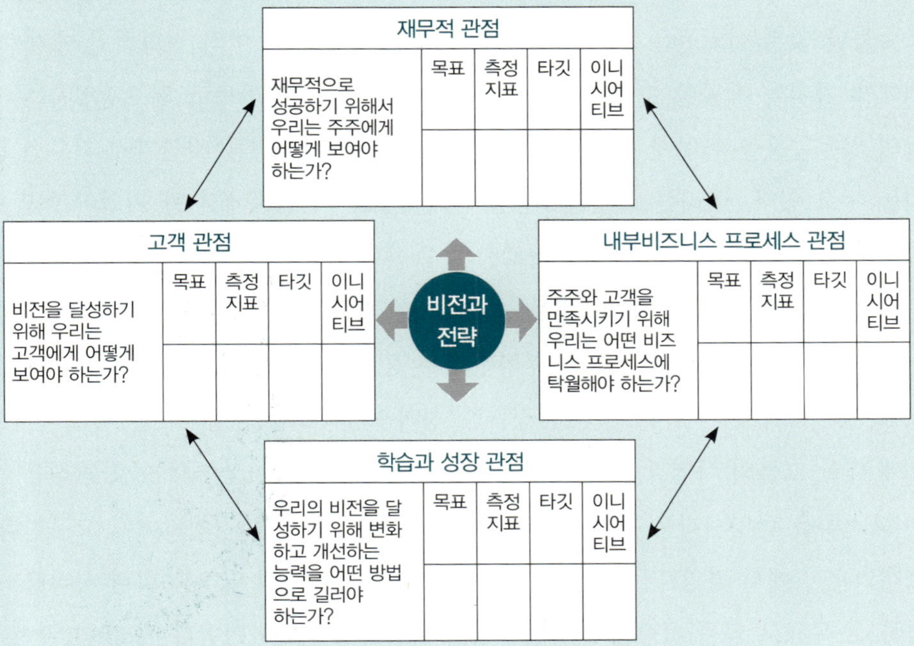

자료: Robert S. Kaplan and David P. Norton, *Using the Basanced Scorecard as a Strategic Management System*(Harvard Business Review, January-February 1996), p.76. (수정)

(1) 재무적 관점

기존의 성과평가에 있어 재무적인 성과지표는 일반적이었다. 즉, 재무적 관점은 재무적 측정지표들을 이용하여 성과를 측정하는 관점이다. 재무적 평가지표는 주주에게 제공되는 궁극적인 결과에 대한 측정치로서 영업이익과 자본 수익률 등과 같이 수익성(profitability), 수입성장 (revenue growth)이 많이 사용되어 왔으며, 최근에는 경제적 부가가치(EVA), 주주가치(shareholder value)와 같은 평가지표를 많이 사용하고 있다. 재무적 목표들은 성과측정기록표에 있는 다른 시각에서 도출된 목표들과 측정지표의 핵심으로 작용한다. 재무적 업적 측정치들은 기업의 전략, 실행, 그리고 달성이 기업의 순이익 개선에 공헌하였는지 등을 나타낸 것이라고 할 수 있다.

(2) 고객관점

오늘날 많은 기업들은 고객들에게 초점을 맞추고 있다. 이의 전형적인 예가 '고객에게 가치를 제공할 수 있는 일등기업이 되자'이다. 그러므로 최고경영자는 자사의 업무활동을 어떻게 하면 고객관점에서 수행되도록 만들 것인가에 최우선 순위를 두고 있다. 이러한 고객만족경영에 의해 고객의 관점에서 한 기업이 어떻게 실행하고 있느냐 하는 것은 최고경영층의 관심사이다. 일반적으로 고객의 관심사는 시간, 품질, 성능, 서비스, 비용 등 네 가지 범주로 구분된다. 따라서 시간, 품질, 성능, 서비스에 대한 목표를 분명하게 설정하고, 그런 다음 이 목표를 구체적인 측정지표로 전환시켜야 한다. 전략적 성과측정시스템은 경영자들의 고객서비스에 대한 그들의 사명감을 담은 일반적인 문구를 고객들이 실제적으로 관심을 갖는 요소들을 반영시키는 구체적인 측정지표로 표현할 것을 경영자에게 요구한다. 고객의 관점에서 경영자들은 사업단위가 경쟁하게 될 고객 및 세분화된 시장을 규명하고, 목표로 삼은 시장에서 사업단위의 성과측정치를 파악한다. 고객의 관점에서는 전형적으로 잘 수립되고 이행된 전략으로부터 핵심적 혹은 일반적인 몇 가지 성공적인 결과물의 측정지표들이 포함된다. 고객의 관점에서는 회사의 재무적 목표에서의 수입의 원천이 되는 고객 및 세분시장을 파악한다. 회사의 목표가 아무리 고객만족이라 해도 수익을 창출하지 못하는 고객만족은 곧 기업의 붕괴를 의미한다. 즉 고객만족이 재무적 지표들의 선행지표가 되어야 하는 것이다. 또한 내부 비즈니스 프로세스와도 밀접한 관계를 가지고 있는데 이 지표들에게는 후행지표가 되는 것이다. 즉 고객의 욕구를 만족시키기 위하여 내부 프로세스를 개선하는 것이다. 고객을 고려하지 않는 기업은 지속적인 성장을 할 수가 없는 것이다. 따라서 기업의 입장보다는 고객의 입장에서 조직을 바라보고 고객의 요구사항을 적극 수용하는 것이 미래 기업의 가치를 향상시키는 것이다. 고객관점에서의 핵심적 측정지표로는 시장점유율, 고객확보율, 고객수익성, 고객유지율, 그리고 고객만족도가 있다.

(3) 내부 프로세스 관점

고객 지향적인 측정지표도 중요하지만, 이들 측정지표는 고객의 기대에 부응하기 위하여 기업이 내부적으로 무엇을 해야 하는가에 대한 측정지표로 전환되어야 한다. 즉, 고객관점에 기반을 둔 측정지표를 토대로 하여 자사가 고객들의 기대에 부응하여 내부적으로 무엇을 해야 하는가에 대한 측정지표를 구해야 한다. 결국 고객의 관점에서 본 우월한 고객은 조직 전반에 걸쳐서 일어나는 프로세스, 결정, 그리고 활동으로부터 나타난다. 따라서 경영자는 고객의 욕구를 충족시켜 줄 수 있는 중요한 내적 운영활동에 관심을 집중시킬 필요가 있다. 내부측정지표는 고객만족에 가장 큰 영향을 주는 비즈니스 프로세스에서 유래한다. 내부 프로세스란 기업 내의 원재료, 정보, 사람 등과 같은 입력요소를 제품과 서비스 등의 산출요소로 변환시키는 과업이나 활동들의 집합을 의미한다. 예를 들면 신제품개발, 주문처리, 자원배분 등을 들 수 있다. 기업은 이러한 비즈니스 프로세스를 활용하여 고객의 기대를 충족시키고 조직의 전략을 성공적으로 실행할 수 있다. 따라서 기업은 고객의 욕구를 가장 신속하게 파악하고 충족시켜 주는 내부 프로세스를 보유함으로써 급변하는 경쟁환경하에서 적응해 나갈 수 있다. 내부 프로세스관점은 앞의 고객의 관점을 만족시키기 위하여 경영관리 측면에서 필요한 프로세스, 의사결정, 조직을 통한 기업의 장점에 대한 지표들로 이루어져 있다. 즉, 고객의 욕구를 만족시켜 주는 데에 중요한 내부 프로세스관리에 초점을 맞추는 것으로 순환주기, 품질, 종업원기술, 생산성에 영향을 미칠 수 있는 요소들이 포함된다. 이 관점에 대한 전통적인 접근방식과 균형성과표(BSC) 방식은 근본적인 차이가 난다. 전통적 방식은 현존 고객들에게 현재의 제품 및 서비스를 제공하는 운영 프로세스에 초점을 맞추어 현존 운영방식을 통제하고 개선하려는 가치창조의 짧은 파동에 중점을 둔 반면 균형성과표(BSC) 방식은 가치창조의 긴 파동에 초점을 맞춘 혁신 프로세스를 포함하고 있다. 이 혁신 프로세스는 많은 회사들에서 단기간의 운영사이클보다 더 강력한 미래의 재무적 성과동인이다. 많은 회사들은 운영 프로세스를 관리하는 것보다 다년간의 제품개발 프로세스를 성공적으로 관리하는 능력 혹은 미래의 잠재고객에게 접근할 수 있는 역량을 개발하는 것이 미래의 경제적인 성과에 더 필수적이다. 그러나 운영 프로세스를 도외시 할 수는 없다. 따라서 균형성과표(BSC)에서의 가치사슬은 현재와 미래의 고객욕구를 파악하고 그 욕구에 대한 새로운 해결책을 탐색하는 것이다. 이는 혁신 프로세스에서 시작하여 기존 고객에게 기존 제품과 서비스를 전달하는 운영 프로세스로, 나아가 회사가 제공하는 제품 및 서비스로부터 고객이 받는 가치를 증가시키는 판매 후 서비스로 이어진다. 이를 그림으로 나타내면 [그림 11 - 6]과 같다.

그림 11-6 내부 비즈니스 프로세스 관점: 일반가치사슬 모형

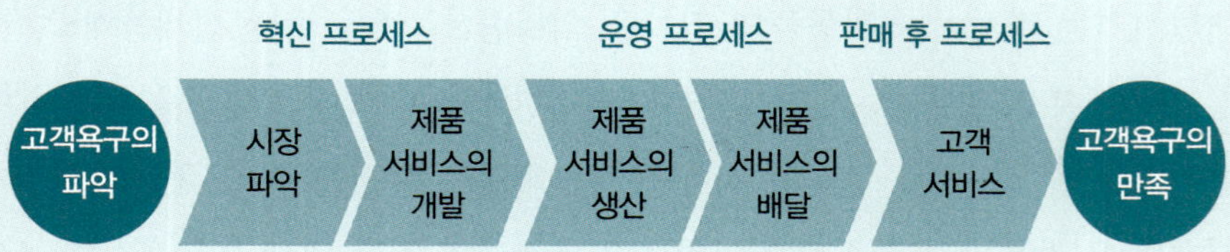

자료: Robert S. Kaplan and David P. Noton, *The Balanced Scorecard*, 1996, p.98.

내부 비즈니스 프로세스의 관점에서의 지표는 위 가치사슬에 모두에 해당하는 측정지표들이 포함되어야 하는데, 대표적인 지표로는 프로세스 타임, 프로세스 품질, 프로세스 원가 등이 있다.

(4) 학습 및 성장의 관점

균형성과표상에 있는 고객 관점의 측정지표와 내부 프로세스관점의 측정지표는 기업이 경쟁에서 이기기 위해 가장 중요하게 고려해야 할 요인들을 식별하는 데 도움을 준다. 이는 현재와 미래의 성공을 위해 가장 중요한 요소들을 파악하는 것이다. 사업은 현재의 기술과 역량들을 사용하여 고객과 내부프로세스를 위한 장기적 목표를 만족시키기가 사실 어렵다는 데 있다. 그러나 성공을 위해서 설정한 목표 그 자체는 환경에 맞추어 끊임없이 변해야 한다. 학습과 성장의 관점에서는 조직의 학습과 성장을 실행시키는 목표와 측정지표를 개발한다. 조직학습과 성장은 주요한 세 가지 원천인 사람, 시스템, 조직의 각종 절차로부터 나온다. 전략이 효과적으로 달성되기 위해서는 조직의 역량을 구축하도록 도와주는 사람과 시스템, 그리고 프로세스에 대해 상당한 투자가 필요하다. 전략적 성과측정시스템에 나타난 고객지향적인 측정지표와 내부적인 비즈니스 프로세스에 관한 측정지표들은 기업이 경쟁에서 성공을 거두기 위해서 고려하여야 할 가장 중요한 변수들을 식별한다. 그러나 성공을 위한 수행목표들은 계속 변하며, 치열해져 가는 범세계적인 경쟁으로 기업들이 현재의 상품과 프로세스를 지속적으로 개선하며, 확대된 능력을 가지고 전체적으로 신제품을 출하할 수 있는 능력을 가져야 한다. 학습 및 성장 관점에서는 앞의 세 가지 관점에서 나타난 기업의 궁극적인 목표인 장기적인 성장과 가치창조를 위해 필요한 목표와 측정지표를 개발한다. 혁신하고 개선할 수 있는 기업의 능력은 곧바로 기업의 가치창조와 연결되기 때문에 학습과 성장 관점은 중요한 성과측정 부문이 된다. 학습과 성장관점에는 종업원의 역량, 조직의 각종 절차(동기부여, 권한 위양, 드리고 정렬) 등의 영역이 존재하며, 각 영역별로 세부적인 측정지표들을 개발해야 한다.

강의 요약

1. 경영통제화는 통제시기를 중심으로 유형을 구분하면 사전통제, 진행통제, 그리고 사후통제로 구분되어진다.

2. 사전통제는 예방통제라고도 하며 문제를 예측하여 사전에 예방하는 통제를 의미한다. 이는 목표로 설정한 계획화를 기준으로 활동이 이루어지기 전이나 문제가 발생하기 전에 이루어지는 통제를 의미한다.

3. 진행통제나 사후통제를 통해 통제의 효과를 보완할 수 있다. 진행통제는 동시통제를 의미하는데 계획한 것을 실행하는, 즉 진행과정에서 이루어지는 통제의 유형이다.

4. 사후통제는 산출물 통제라고도 하는데 이는 경영활동이 완료된 후 이루어지는 통제 유형으로서 계획과 비교하여 차이가 나는 원인에 대하여 생각해 볼 수 있다.

5. 경영 통제화의 절차는 크게 네 가지 단계로 구분되어진다. 첫째, 기업들마다 목표에 따라 표준을 설정하는 것이다. 기준을 설정하는 것을 의미한다. 둘째, 성과의 측정이다. 셋째, 업무성과가 목표로 한 표준과 비교를 하는 단계이다. 네 번째 단계에서는 수정조치를 포함한 피드백을 통하여 일치하는 경우는 계획대로 진행하고 일치하지 않는 경우는 표준을 다시 설정하기도 한다.

6. CPM/PERT(Critical Path Method/Program Evaluation and Review Technique)는 간트차트의 단점을 보완하기 위하여 개발된 기법으로 과업정의를 시작으로 과업의 시간추정치와 여유활동, 주공정의 파악하고 총시간 및 확률을 계산하여 통제하는 방법이다.

7. 예산통제란 기업이 미래의 일정기간 동안의 숫자로 되어진 계획서인 예산을 편성하고 편성되어진 예산에 의하여 기업 전체와 각 부문들의 활동을 지휘·조정을 통하여 실제성과와의 차이를 분석하는 통제관리기법이다.

BUSINESS ADMINISTRATION

04

PART 04

경영의 기능

Chapter 12

마케팅 활동

제1절 고객과 소비자 그리고 마케팅

제1절 고객과 소비자 그리고 마케팅

1. 마케팅의 의의 및 과정

이번 장부터 경영학의 각론, 즉 경영학의 각 기능별로 공부하게 된다. 제일 먼저 고객과 소비자, 그리고 마케팅에 대해 살펴본다. 경영학은 숲과 나무로 구성되어 있다. 여러 가지 나무들이 모여서 숲을 구성하는 것처럼 여러 가지 경영의 기능, 즉 구매, 생산 및 제조기능, 마케팅, 투자, 재무관리, 조직 및 인사관리, 국제경영, 회계학과 같은 여러 가지 기능은 나무이다. 이러한 나무들이 모인 숲은 크게 앞에서 학습한 경영의 관리기능 계획화, 조직화, 통제화를 통해 인류사회가 필요로 하는 재화나 서비스를 생산하는 것이다. 먼저 여러분들은 고객, 소비자와 마케팅하면 무엇이 생각나는가? 자동차광고, 핸드폰 광고와 같은 제품광고를 마케팅이라고 생각하고 있다. 고객과 소비자는 마케팅의 프로세스의 필수요인이다. 고객과 소비자는 매일매일 먹고 마시고 입고, 잠을 자는 의식주 같은 생활에 반드시 필요한 제품과 여가활동에 필요한 것들까지 원한다. 이러한 고객과 소비자의 욕구와 필요를 이해하는 것이 마케팅의 출발점이다. 즉, 고객과 소비자의 마음을 이해하고 원하는 것과 가치를 만들어 소비자와의 관계를 관리하는 과정이 마케팅이다. 오늘날 다양한 환경변화로 인한 소비자의 마음을 이해하지 못하는 조직은 생존하기 어렵다. 이렇게 영리조직이나, 비영리조직이나 중소기업이나 대기업에 이르기까지 마케팅은 중요하다. 여러분들은 마케팅이라고 하면 주로 영업직과 광고문구가 생각날 것이다. 마케팅이란 기업이 고객과 소비자가 무엇을 원하는지 이해하고 뛰어난 고객가치를 제공하는 제품과 서비스를 개발하고 효과적인 가격, 유통, 프로모션을 통하여 소비자와의 관계를 관리하는 제반 활동을 의미한다. [그림 12 - 1]에서 보는 바와 같이 마케팅은 기업과 고객 간의 교환을 원활하게 하는 기업의 활동이다. 기업의 활동은 마케팅믹스를 조절함으로써 이루어진다. 미국마케팅협회(American Marketing Association)에서는 마케팅을 소비자(customer), 고객(client), 협력

그림 12-1 마케팅의 의의

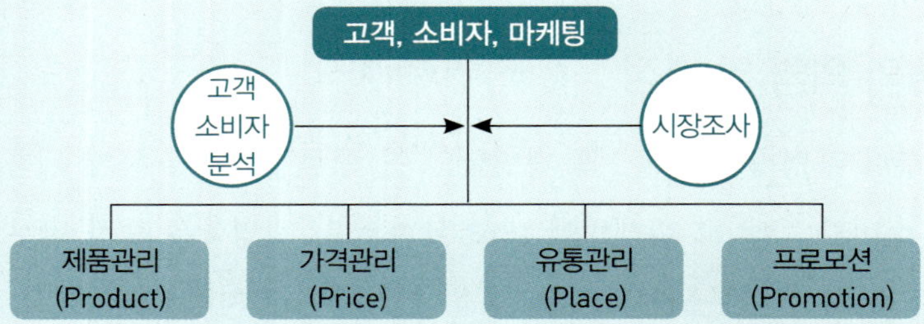

사(partner), 그리고 사회 전반에 걸쳐 가치 있는 것을 창출하고 의사소통하고 전달하고 교환하기 위한 일련의 제도 및 과정이라고 정의하고 있다.

- 월트 디즈니: 디즈니는 무엇을 파는가? 사람들에게 행복을 제공, 여가시간을 즐기려는 수요를 혁신의 기회로 발굴한 기업
- 쿠팡의 기업경영목표는 창립 이후 한 번도 바뀌지 않았다. 쿠팡의 최우선 가치 그것은 와우(WOW)인 고객이 외치는 감동의 소리이다.
- 마케팅이란 다양한 기술을 사용하여 전략적으로 그 상품이 필요하다고 느끼게 하는 것

마케팅 포인트는 결국 소비자의 마음이다. 마케팅은 사람으로부터 시작된다.

그 사람은 어떤 곳에서 살고 싶어 할지, 어떤 생활을 추구할지, 더 나아가 '나'는 어떤 곳에서 어떤 삶을 즐기고 싶은지를 생각해 보면 답은 금세 나온다. 마케팅 포인트는 결국 그 안에 사는 사람들이 원하는 것을 찾는 것이다.

[자료원: MDM 문주현 회장 "아이디어·열정·도전이 성공의 원동력"]

마케팅의 과정은 고객을 위한 가치 창출과 호의적인 고객관계를 구축하는 것이다. 이렇게 구축되어진 고객가치의 창출을 통하여 기업은 수익을 창출하거나 기업가치를 확보할 수 있다. 이러한 마케팅과정은 [그림 12-2]와 같다. 그림에서 보는 바와 같이 첫째, 인류사회가 필요로 하는 제품이나 서비스를 산출하기에 앞서

그림 12-2 마케팅 과정

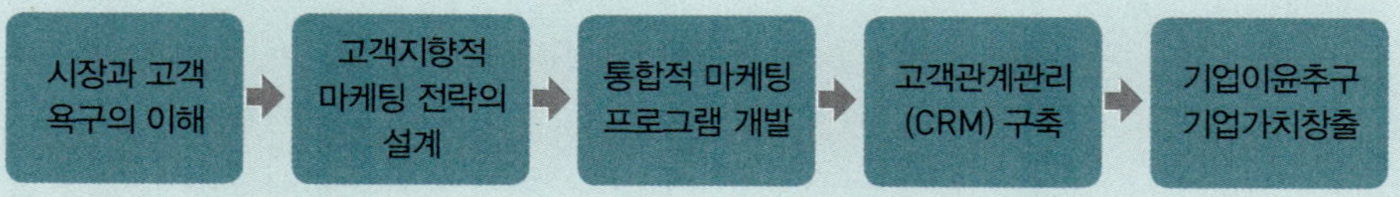

먼저 시장과 고객 욕구를 파악하여야 한다. 이러한 고객의 욕구를 파악하기 위해서 철저한 시장조사를 통하여 소비자가 원하는 수요를 이해하여야 한다. 둘째, 앞서 시장조사를 통하여 파악한 목표 고객을 통하여 시장세분화와 목표시장을 선정하고 목표 고객을 확보하기 위하여 제품의 차별화와 포지셔닝을 통하여 어떠한 가치를 제공할 것인지를 결정하는 단계이다. 셋째, 고객에게 제공될 가치를 위한 통합적인 마케팅 프로그램을 개발하여야 한다. 앞서 [그림 12-1]에서 살펴본 제품관리, 가격관리, 유통관리, 그리고 프로모션을 통한 마케팅믹스를 통한 마케팅 프로그램을 개발한다. 넷째, 지속적인 고객관계를 통하여 마케팅 관리자는 고객충성도를 최대화하기 위하여 구체적인 고객정보를 관리하고 고객관계관리(CRM; Customer Relationship Management)를 추진하여야 한다. 이러한 마케팅과정을 통하여 궁극적으로 고객으로부터 고객가치의 창출을 통하여 고객만족을 통하여 고객충성도와 고객점유율을 높여 궁극적으로 이윤추구나 기업가치를 높일 수 있다.

2. 마케팅믹스

마케팅믹스란 마케팅 목표의 효과적인 달성을 위하여 마케팅 활동에서 사용되는 여러 가지 방법을 전체적으로 균형이 잡히도록 조정·구성하는 일이다. [그림 12-1]과 [그림 12-2]를 통하여 우리는 마케팅의 정의와 마케팅의 단계인 과정에 대해 살펴보았다. [그림 12-1]에서 살펴본 제품관리, 가격관리, 유통관리, 그리고 프로모션을 마케팅믹스라고 한다. [그림 12-2]에서 마케팅 과정의 세 번째 단계인 통합적 마케팅 프로그램의 개발이 바로 마케팅믹스 활동이다. 이러한 마케팅믹스 활동을 통하여 소비자들에게 회사가 제공하는 제품이 경쟁회사의 제품과 비교하여 우위를 차지하도록 하는 활동을 의미한다.

(1) 제품(Product)

마케팅믹스에서 제품은 단순하게 제품이라고 생각하는 것이 아니라 고객이 그 제품을 받았을 때 제품의 브랜드, 포장, 디자인, 품질, 그리고 배송에 이르기까지 제품에 관련된 전체를 의미한다. 즉, 마케팅믹스에서 제품은 넓은 의미의 제품으로 파악하여야 한다.

제품이나 서비스에 붙여진 이름이나 상징, 그리고 도안 등을 우리는 브랜드라고 한다. 소비자들은 강력한 브랜드의 제품을 구매하게 되며 소비자들이 선호하는 브랜드는 제품경쟁력을 지니고 있다. 요즈음은 소비자들은 가성비와 가심비를 중요

사례 | "자이 브랜드 통했다"

GS건설, 올해 도시정비사업 수주 6조원 돌파
서울 사업만 2조9,835억원 수주

GS건설이 올해 도시정비사업 수주 6조원을 돌파했다. 사업 안정성이 높은 서울지역 도시정비사업만 2조9,835억원을 수주하면서 브랜드 파워를 확인했다. GS건설은 23일 올 한해 도시정비사업 수주액이 총 6조3,462억원을 기록했다고 밝혔다. GS건설은 올 한해 지난 1월 서울 용산구 이촌동에 위치한 이촌한강맨션 재건축사업 시공사 선정을 시작으로 최근 성남 신흥1구역 재개발정비사업까지 모두 15건의 도시정비사업을 수주했다. 정비사업 유형별로는 재건축 6건, 재개발 7건, 리모델링 2건이다. 지역별로는 서울과 경기, 부산, 대전, 대구 등 대도시를 중심으로 수주했다. 지역별 수주현황을 살펴보면 서울 수주액은 2조9,835억원으로 전체 수주액의 약 47%를 차지했다. 이어 경기(1조4,203억원), 부산(9,097억원), 대전(4,782억원), 대구(3,553억원) 순이었다. 특히 GS건설을 서울에서만 이촌 한강맨션, 불광 5구역, 신길 13구역, 일원개포한신, 이촌한가람아파트, 목동 우성아파트 등 8개 사업지에서 시공사로 선정됐다. 또 최근 부동산114가 한국리서치와 공동으로 실시한 '2022년 베스트 아파트 브랜드' 설문조사 결과에서 자이(Xi)가 지난해에 이어 2년 연속 종합 1위를 차지했다. 같은 조사에서 자이는 최근 6년간, 5번 1위를 차지했다.

[자료원: 조선일보 2022.11.23. 발췌]

시하기 때문에 넓은 의미의 제품으로 생각하고 제품의 겉모습부터 세세하게 제품에 대해 고민하고 준비하여야 소비자들의 관심을 얻을 수 있다.

(2) 가격(Price)

마케팅믹스에서 가격전략이란 소비자가 제품구입을 위해 지불하는 금액을 결정하는 것을 의미한다. 금액을 단순하게 판매가격이나 할인가격으로 보는 것이 아닌 소비자가 느끼는 상품의 가치에 비해 낮은 금액으로 보여지지 않도록 관리해야 한다. 가격결정은 기업이 신제품을 개발하거나 획득할 때나 새로운 유통경로를 도입할 때 이루어진다. 이러한 가격결정은 제품에 대한 시장의 수요를 결정하는 요인으로서 경쟁기업과 상대적 위치와 시장점유율에 커다란 영향을 준다. 제품의 가격결정은 크게 세 가지 요소로 구분할 수 있는데 첫째, 비싸게 판매하는 고가전략이 있다. 고가전략은 고소득층 시장을 대상으로 높은 가격을 책정하는 것이다. 둘째, 경쟁사의 가격을 활용하여 가격을 책정하는 방법이 있다. 셋째, 저렴하게 판매하는 저가전략이 있다. 저가전략은 가격을 낮추어서 제품이나 서비스를 판매하게 되면 많은 고객을 확보할 수 있다. 요즈음 우리들은 가성비를 많이 추구한다. 바로 이러한 저가전략이 고객들이 원하는 저렴하게 가격을 설정하는 것이다. 그러나 어떠한 가격결정을 해야 하는가에 대한 정답은 없다. 제품과 환경에 따라 적절한 가격전략을 수립하여야 한다.

(3) 유통관리(Place)

유통관리는 제품을 적절한 시기에 적절한 장소에서 적절한 양만큼 소비자에게 판매하는 유통경로이다. 이는 장소의 개념보다는 모바일과 온라인에 초점을 맞추는 것이 현재시점에 더 적합하다. 이러한 유통관리는 유통경로, 수송방법, 그리고 적정재고수준을 결정하는 것이다. 첫째, 유통경로는 제품이 생산자로부터 소비자 및 사용자에 이르기까지의 경유노선을 의미한다. 다른 말로 마케팅경로 또는 판매경로라고 한다. 둘째, 수송방법은 수송거리나 제품의 크기 등을 고려하여 결정한다. 셋째, 적정재고수준을 결정하는 재고관리는 재고를 얼마로 하는 것이 적정한가를 결정하는 것이다.

(4) 프로모션(Promotion)

프로모션은 어떤 방법으로 소비자에게 접근해서 소통할지 등을 의미하는 판매촉진이다. 이는 해당 제품의 효능에 대해서 실제고객이나 잠재고객을 대상으로 정보를 제공하는 활동을 의미한다. 어떻게, 어느 시점에서, 어떤 정보를, 누구에게 제품을 구매하도록 설득하는 활동이다. 주로 광고, 인적판매, 홍보 등이 있다.

지금까지 살펴본 마케팅믹스를 잘 활용한다면 보다 효과적인 마케팅이 가능하다. 마케팅믹스는 가장 기본적이기 때문에 절대 빠져서는 안되는 필수적인 요소이다.

> 모든 것이 변했다
> 라이프도 변했다
> 집도 변해야 한다
> 다시 새롭게
>
> 당신이 바라는
> 그 모든 변화를 담아
>
> 래미안
> Your Life Companion
>
> 래미안 광고

(5) 마케팅전략과 마케팅믹스

마케팅전략(marketing strategy)이란 고객가치 창출을 통하여 기업의 수익이 되는 고객관계시스템 구축을 위한 마케팅활동의 기본방향을 정하는 것을 의미한다. 기업은 마케팅전략을 근거로 통합적인 관점의 마케팅믹스 프로그램을 설계하게 된다. 이러한 마케팅믹스는 앞에서 살펴본 바와 같이 마케터가 통제할 수 있는 수단인 마케팅믹스인 Product, Price, Place, Promotion으로 구성된다. 마케터는 최적의 마케팅전략과 마케팅믹스를 개발하기 위하여 마케팅을 잘 관리해야 한다. 마케팅관리의 주요기능으로는 마케팅분석, 마케팅계획수립, 마케팅실행, 그리고 마케팅통제이다. 기업은 일련의 마케팅활동을 통하여 주요 마케팅환경요인의 변화를 인지하고 잘 적응해야 한다.

사례 | LG화학, '고객의 해' 선포하고 고객가치 경영 박차

LG화학은 올해를 '고객의 해'로 선포하고 고객 가치 혁신을 위해 전담 조직을 강화하고 고객사 기술지원,고객관계관리(CRM) 시스템 구축 등 전 사업 영역에서 체질 개선에 나서고 있다고 23일 밝혔다. 회사는 고객 맞춤형 기술 지원 시설인 CS(고객 솔루션)캠퍼스를 한국과 중국에 이어 미국과 유럽으로 확대하며 '글로벌 4각' 고객지원 체제를 구축하고 있다. CS캠퍼스는 LG화학의 석유화학 제품을 구매한 고객사와 협력사를 대상으로 제품 개발, 품질 개선, 생산성 향상 등 종합적인 기술 솔루션을 제공하는 고객 지원 전문 조직이다. 회사는 지난 1995년 국내 최초의 고객 기술 지원 조직을 대전에 설립한 이래 현재 경기도 오산과 중국 화남 CS캠퍼스를 운영하고 있다. 중국 화동 CS캠퍼스는 건설 중이다. 미국 오하이오주와 독일 프랑크푸르트에도 2023년까지 CS센터를 완공할 계획이다. 특히 경기도 오산에 위치한 LG화학 CS캠퍼스는 250여 명에 달하는 국내외 전문인력들이 매년 200건 이상의 솔루션을 고객사에 제공하고 있다. 기술지원을 받는 고객사까지 포함하면 전 세계 5,000여 곳에 달한다. CS캠퍼스 인력들은 고객사의 요구를 미리 파악하는 마케팅 사고와 생산공정에 대한 전문지식을 동시에 갖춘 '테크니컬마케터'를 지향한다. 고객사의 '페인 포인트(불편사항)'를 해결하고, 첨단기술력을 활용해 시장 개척까지 돕고 있다. LG화학 CS캠퍼스는 협력사와 상생 경영을 위해 다양한 기술교육 프로그램을 운영하고 있다. 설립 이후 2,200여 명의 고객사와 협력사 임직원이 플라스틱에 대한 기본 지식부터 제조 공정 전반에 대한 교육을 받았다. 회사는 석유화학 업계 최초의 통합 디지털 영업 플랫폼인 'LG Chem On' 운영을 통해 고객사 불편을 해소하고 고객이 원하는 인사이트를 제공하고 있다. LG Chem On은 온라인 쇼핑몰에서 검색하듯 석유화학제품을 쉽게 살펴보고, 언택트로 기술 협업과 실시간 주문 현황 파악까지 가능하도록 만든 통합 영업 플랫폼이다. 회사는 고객사 500여 곳으로부터 모은 페인 포인트를 분석해 빠른 제품 탐색, 실시간·비대면 업무 처리, 보다 쉬운 전문 정보 접근성 등에 중점을 둔 LG Chem On을 만들었다. 시스템 구축에는 CRM 솔루션 기업 세일즈포스와 협력했다. 전 세계 석유화학 기업 중 하나의 플랫폼에서 고객 접점 업무를 제공하는 것은 LG화학이 처음이다.

[자료원: 디지털타임스 2022.11.24. 발췌]

사례 | "한 달에 900만 병 팔려"…

'새로' 대박난 롯데칠성, '헬시 플레져(healthy pleasure)' 트렌드

롯데칠성음료가 지난해 잇달아 선보인 신제품들이 시장에서 큰 호응을 얻고 있다. 특히 과당이 함유되지 않은 소주로 이른바 '제로 소주' 시대를 열었다는 평이 나오는 가운데 롯데칠성음료의 실적에도 이목이 쏠리고 있다. 9일 롯데칠성음료에 따르면 지난해 4월 출시된 '별빛청하'의 판매량이 최근 1,000만 병을 돌파했다. '별빛청하'는 기존 '청하'에 화이트와인과 탄산을 더한 것인데 알코올 도수는 7도에 불과하다. 저도주 애호가도 부담 없이 즐길 수 있어 출시 50여일 만에 150만 병이 판매될 정도로 인기를 끌었다. 또 지난해 9월 출시된 '처음처럼 새로'도 3개월여 만에 누적 판매량 2,700만 병을 돌파했다. 이 제품은 기존 소주와 달리 과당을 사용하지 않은 '제로 슈거(Zero Sugar)' 방식으로 제조된 점이 특징이다. 롯데칠성음료가 '처음처럼' 이후 16년 만에 선보인 소주 신제품임에도 출시 한 달 만에 680만 병이 판매되며 시장에 성공적으로 안착했다. 주류업계에서는 두 제품 약진을 모두 예의주시하는 가운데 특히 '처음처럼 새로'에 주목하고 있다. 즐겁게 건강을 챙기자는 '헬시 플레져(healthy pleasure)' 트렌드를 성공적으로 공략하면서 시장에서 큰 반향을 일으켰다는 평이 나온다. 한 주류업계 관계자는 "전국단위 시장에서는 '참이슬'의 아성이 두터워 순위 변경은 없을 것으로 보인다"면서도 "성수와 홍대 등 서울 내 '핫플레이스' 상권에서 ('처음처럼 새로'의) 수요가 빠르게 늘어나고 있다"고 설명했다. '처음처럼 새로' 출시 후 시장에서 제로 소주가 더 인기를 끌 것이란 전망이 짙어지자 소주업계 1위 기업인 하이트진로도 지난해 말 대응에 나섰다. 자사의 기존 제품 '진로'를 '제로 슈거' 콘셉트로 리뉴얼하기로 한 것. 당시 하이트진로는 "시대의 흐름과 트렌드를 리딩하기 위해 진로 리뉴얼을 진행하게 됐다"고 밝혔지만, 업계 일각에선 롯데칠성음료를 견제하려는 시도로 해석하기도 했다.

롯데칠성음료가 공세적인 마케팅에 나서는 건 엔데믹에 접어들면서 외식시장에서 소비자 수요가 급증하고 있기 때문으로 풀이된다.

[자료원: 매일경제 2023.1.9. 발췌]

3. 마케팅 전략

마케팅 전략은 마케팅 목표를 달성하기 위하여 다양한 마케팅 활동을 통합하는 가장 적합한 방법을 찾고 실행하는 것을 의미한다. 이러한 마케팅 전략을 수립하기 위해서는 [그림 12-3]과 같다. 그림에서 보는 바와 같이 첫째, 시장세분화(segmentation), 둘째, 목표시장 선정(targeting), 셋째, 포지셔닝(positioning)의 순으로 진행되어진다.

그림 12-3 마케팅 전략 수립의 과정

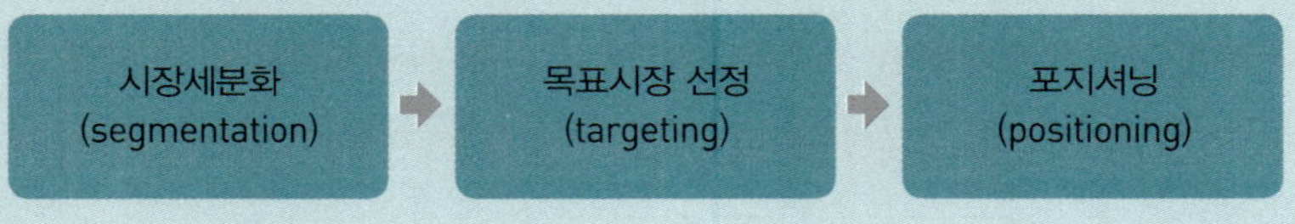

(1) 시장세분화(segmentation)

시장세분화는 한 기업이 시장을 일정한 기준에 따라서 몇 개의 동질적인 소비자 집단으로 구분하는 과정을 의미한다. 이러한 시장세분화는 기업이 특정 시장을 공략하기 위하여 분석하는 방법이다. 제품의 생산에서부터 유통, 프로모션에 이르기까지 일관된 마케팅 전략을 집행하기 위해 잠재소비자의 성격을 명확히 하는 것이다. 시장세분화는 잠재고객의 욕구를 확인하고 경쟁자와의 비교우위를 통하여 목표시장을 확보하는 것이다. 시장은 잠재고객과 경쟁기업의 두 가지 구성요소를 확인하여야 한다. 시장세분화의 기준으로는 첫째, 시장을 국가, 지역, 도시 등과 같은 서로 다른 지리적 단위로 나누는 지리적 세분화가 있다. 둘째, 시장을 연령이나 성별, 소득, 직업, 종교 등 인구통계적 세분화가 있다. 셋째, 구매자를 사회계층, 생활양식, 개성을 바탕으로 서로 다른 세분시장으로 나누는 심리분석적 세분화가 있다. 넷째, 구매자를 지식이나 태도, 제품에 대한 반응 등에 근거하여 구분하는 행동적 세분화가 있다.

사례 | 시장세분화로 성공한 '인앤아웃 버거'

'인앤아웃'은 70여년 전 하나의 매장에서 출발해 현재는 380개 매장에 직원 2만7,000여 명, 연 10억 달러가 넘는 매출액을 기록하고 있다. '인앤아웃 버거'는 어떻게 고객들의 엄청난 사랑을 받는 전설과도 같은 햄버거 기업이 될 수 있었을까? 해리 스나이더와 그의 부인은 1948년 남가주의 볼드윈파크 지역에서 햄버거 가게를 열었다. 이 가게의 이름이 '인앤아웃 버거(IN·N·OUT BURGER)'이다. 당시 햄버거 업계에는 강력한 경쟁자들이 많았다. '인앤아웃 버거'가 한정된 인력, 그리고 자금력에도 불구하고 지속해서 성장할 수 있었던 것에는 경쟁자들과는 다른 몇 가지 운영 전략이 있었기 때문이다. 첫째, '인앳아웃'은 모든 햄버거 재료의 신선도를 최고 기준으로 고집했다. 이 기준 때문에 대부분의 재료는 가게와 근접한 지역에서 구입했으며, 햄버거 빵도 당일 생산된 것만 사용했다. 또 패티용 소고기는 유통센터에서 48시간 이내에 가게로 배송되어야 하며, 소고기는 냉장만 사용하고 냉동은 절대 사용하지 않았다. 이런 신선함을 고객들이 원하는, 그러나 당시 충족되지 않었던 욕구라는 것을 스나이더 부부는 인지하고 있었다. 다른 경쟁 햄버거 기업들은 그 당시, 그리고 지금도 이 신선함에서 '인앤아웃'과 비교가 되지 않는다. 둘째, '인앤아웃'은 극히 한정된 인적 자원과 재정자원 때문에 드라이브인(Drive-In) 시스템을 도입한 첫 번째 기업이었다. 이 방법은 상당히 효율적인 고객 서비스로 제2, 그리고 제3의 가게를 여는데 상당히 중요한 역할을 하였다. 또 지금까지도 '인앤아웃'은 개인소유 기업을 고집하며 프렌차이즈 운영체계를 거부하고 있다. 일관된 품질관리와 최상의 고객서비스를 위해서는 기업의 절대적인 컨트롤이 필요하기 때문이라는 것이 이유다. 셋째, 스나이더 부부는 안정된 가게 운영을 위해 종업원들과의 원활한 관계 유지에 많은 노력을 기울였다. 가족 같은 노사관계를 만든 것이다. 참으로 놀랄 만한 점은 1948년 부터 1950년 사이에 일했던 직원 3명은 2010년까지도 '인앤아웃'의 일원으로 관계를 유지했다는 점이다. 이러한 스나이더 부부의 철학은 '인앤아웃'의 기업 철학으로 계승되어 지금도 임직원 평균 고용 기간은 햄버거 기업 중에서 가장 긴 것으로 나타났다. 넷째, 스나이더 부부는 기존고객들의 만족이 그들의 성공에 절대적인 요인이라 생각하였으며 고객들을 만족시킬 수 있는 모든 요소를 점검하고 집행하고 결과를 분석하는 철저함을 몸소 실천했다. 특히 품질의 중요성을 강조하여 창업주 스나이더가 깨알같이 쓴 제품제조 방법은 '인앤아웃'의 성경책으로 불리며 본사 케비넷에 소중히 간직되어 있다. '인앤아웃'은 지속적인 성장을 위해 나름대로 독특한 성장전략을 구사했다. '인앤아웃'은 매장 숫자를 늘려 성장을 시도하기보다는 기존 매장에서 가능한 최고의 매출을 올리면서 서서히 그러나 체계적으로 성장하는 방법을 택했다. 고객들의 절대적인 사랑과 입소문이 이러한 성장방법을 가능하게 했다. '인앤아웃'은 건강과 직원 배려라는 점 때문에 칭찬을 받는 극소수의 패스트푸드(Fast Food) 기업 중의 하나다. 또한 줄리아 차일드, 앤소니 보데인 등 세계적인 유명 요리사들이 자신의 소셜 미디어를 통해 '인앤아웃 햄버거'를 소개도 하였다. 따라서 '인앤아웃' 매장 오픈은 그 지역의 이벤트가 되었다. 예를 들어 애리조나주 스코츠데일에 인앤아웃 매장이 오픈할 때 고객들은 4시간이나 기다렸고 TV 방송 헬기들이 매장 주차장 위를 촬영하기도 했다. 신선한 재료의 햄버거를 최상의 서비스로 제공한다는 전략은 고객들로부터 찬사를 받고, 경쟁자들은 따라 할 수 없다는 장점이 있지만 동시에 빠른 성장을 막는 약점도 된다. 신선한 패티용 소고기의 냉장 유통이라는 한계 때문이다. 유통센터에서 24시간 또는 48시간 이내에 패티용 소고기가 매장에 공급되려면 많은 제약 조건이 따른다. 따라서 현재까지 6개 주에만 인앤아웃 매장이 있고 총 380개 매장 가운데 69%는 아직도 캘리포니아에 집중되어 있다.

[자료원: 중앙일보 2022.11.22. 발췌]

(2) 목표시장 선정(targeting)

아무리 좋은 제품이나 서비스라고 하더라도 이에 가장 적합한 목표시장이 없으면 안된다. 목표시장은 시장세분화를 통해 확인되어진 시장 중에서 마케팅 활동을 전개할 가장 매력적인 시장으로 선정된 시장을 의미한다. 이러한 목표시장을 선정하기 위해서는 크게 두 가지 요소를 기준으로 평가한다. 첫째, 목표시장으로 선택할 시장이 가지고 있는 매력도이다. 이러한 시장의 매력도는 시장규모, 성장성, 경쟁상황, 파급효과 등으로 판단한다. 둘째, 표적시장을 선정하기 위해서는 어떤 시장을 어떻게 공략할 것인가를 파악하는 것이다. 이는 〈표 12-1〉에 나타나 있다. 〈표 12-1〉에서 보는 바와 같이 넓은 목표시장의 경우는 대량마케팅을 좁은 목표시장인 경우는 지역이나 개인을 목표로 하는 미시적 마케팅 전략을 수립하게 된다.

표 12-1 목표시장 선정 전략

전략	내용
대량(비차별적)마케팅 Mass marketing (Undifferentiated marketing)	시장을 나누지 않고 시장을 모두 하나로 보고 전체 시장을 대상으로 제품과 서비스를 제공하는 접근방법
차별적 마케팅 Differentiated marketing (Segmented marketing)	시장을 여러 개로 나누어서 각각의 시장에 적합한 제품을 만들어서 하나씩 따로 공략하는 접근방법
집중적 마케팅 Concentrated marketing (Niche marketing)	기업이 가진 마케팅 역량을 하나의 시장에 집중하는 접근방법. 특정 소비자 집단만을 목표로 하기 때문에 이들의 특성에 적합한 제품과 서비를 제공
미시적 마케팅 Micro marketing (Local/individual marketing)	개별고객 수준에서 각 고객의 욕구나 선호도에 맞추어 제품과 마케팅 프로그램을 제공하는 접근방법

사례 | CJ올리브영 "여성 건강 시장 이끌겠다" … 'W케어' 선봬

CJ올리브영은 여성 건강을 위한 'W케어' 상품군을 만들어 국내 시장 육성에 나선다고 16일 밝혔다. 여성들에게 건강한 생활 습관을 제안하는 상품을 선보이며 시장 트렌드를 이끌겠다는 목표다. 올리브영은 최근 국내외에서 '펨테크(Femtech)'가 각광받고 있다는 점에 주목했다. 펨테크는 여성(female)과 기술(technology)을 합쳐 여성 건강을 위한 기술과 상품, 서비스 등을 일컫는 말로, 오는 2027년 세계 펨테크 시장 규모가 약 80조원에 달할 것이란 전망도 나오고 있다. 이러한 추세를 반영, 올리브영은 여성 건강을 위한 다양한 상품을 'W케어'라는 새로운 이름으로 고객에게 선보인다. W케어는 '우리(We), 여성(Woman), 웰니스(Wellness)'의 의미를 함축적으로 담은 것으로, 여성들이 일상에서 W케어를 쉽게 경험할 수 있도록 4개의 카테고리로 나누어 상품을 제안한다.

[자료원: 파이낸셜뉴스 2022.11.16. 발췌]

(3) 포지셔닝(positioning)

목표시장이 선정되었으면 다음으로 제품의 포지셔닝을 한다. 포지셔닝이란 목표시장에서 고객들의 마음속에 우리 회사의 브랜드나 이미지가 어떻게 자리 잡게 할 것인가?에 대한 기업의 활동을 의미한다. 즉, 고객의 마음속에 자사 제품의 바람직한 위치를 형성하기 위하여 제품의 효능과 이익을 개발하고 의사소통하는 활동을 의미한다. 포지션(position)이란 제품이나 서비스가 소비자들에 의해 지각되고 있는 모습을 의미한다. 포지셔닝이란 경쟁업체와 차별화할 수 있는 독자적인 시장의 위치를 설정하는 것이다.

사례 | '그랜저 신화' 공급망 관리가 좌우

현대자동차가 사전 계약만으로 한국 승용차 역사를 새로 쓴 7세대 '그랜저'를 14일 공식 출시했다. 현대차에 따르면 이미 새 그랜저를 택한 고객이 10만9,000명에 이른다. 현대차는 이를 바탕으로 올 연말부터 내년까지 총 판매 목표를 11만9,000대로 잡았다. 장재훈 현대차 사장은 "지금까지 그랜저와는 차원이 다른 새로운 경험을 선사하겠다"고 밝혔다. 그랜저는 '국민 세단'으로 불리면서 최근 5년 동안 베스트셀링카 자리를 지켜 왔다. 현대차는 물론 업계 전체가 새로운 그랜저의 행보에 주목하고 있다. 그랜저의 성공은 현대차를 뒷받침하는 수많은 협력사에도 중요한 이슈다. 그동안 현대차의 연구개발(R&D)과 디자인 역량 개선을 감안하면 7세대 그랜저로 한층 높아진 경쟁력을 선보일 것으로 보인다. 관건은 이미 10만 대를 넘어선 소비자 수요에 즉각 응답할 수 있는 생산·공급량을 확보하는 것이다. 지난 2~3년 동안 자동차 업계는 극심한 부품난에 시달렸다. 이로 말미암아 소비자가 원하는 차량을 제때 공급하지 못했다. 인기 차량을 받으려면 대기 기간 1년은 보통이다. 재고 걱정은 줄었지만 적시에 제품을 판매하지 못하는 문제가 발생했다. 신형 그랜저도 공급망 관리가 최대 숙제로 꼽힌다. 부품 수급 체계가 흔들려서 차량이 소비자에게 인도되는 기간이 추가로 늘어난다면 애써 마련한 흥행 기반은 무용지물이 될 수 있다. 수입차 업계가 틈을 노리고 공략해 올 가능성도 짙다. 그랜저가 한국 자동차 산업의 새 역사를 이어 가려면 무엇보다 공급망 관리에 만전을 기해야 한다. 수급 상황에 따른 시나리오별 대응 체계를 마련하고 정보기술(IT) 기반 관리시스템을 강화하는 등 부품 수급과 생산에 차질이 없도록 해야 한다.

[자료원: 전자신문 2022.11.14. 발췌]

4. 마케팅믹스 전략

마케팅믹스 전략은 앞에서 살펴본 마케팅믹스인 제품관리, 가격관리, 유통관리, 그리고 프로모션을 중심으로 살펴본다.

(1) 제품전략

제품이란 소비자의 욕구를 충족시킬 수 있는 대상물로서 눈에 보이는 유형재를 포함하여 서비스, 아이디어 같은 무형재까지 기업이 소비자에게 대가를 받고 제공하는 모든 것을 의미한다. 이러한 제품전략에서는 제품을 분류하고 제품에 관한 의사결정, 브랜드, 신제품개발, 그리고 제품수명주기에 대해 살펴본다.

1) 제품의 분류

제품은 크게 소비재와 자본재로 구분한다. 경제학에서 제품은 인간의 욕구와 욕구를 충족시킬 수 있는 상품을 의미한다. 소비재는 사람들이 인간의 욕망을 충족하기 위해 일상생활에서 직접 소비하는 재화를 의미한다. 자본재는 최종 사용을 위해 소비자가 아닌 제조업체가 장래에 생산하는 데 사용되는 재화이다. 소비재는 쇼핑습관에 따라 편의품(convenience product), 선매품(shopping product), 전문품(specialty product)으로 크게 세 가지로 구분된다. 소비재 유형별 마케팅 고려요인이 〈표 12 - 2〉에 나타나 있다. 첫째, 편의품은 구매계획을 하지 않고 빈번한 구매를

표 12-2 소비재 유형별 마케팅 고려요인

	편의품	선매품	전문품
구매 빈도	높다	중간	낮다
관여도 수준	낮다	비교적 높다	매우 높다
제품 종류	치약, 세제, 비누, 껌, 과자류	패션의류, 승용차, 가구, 가전	고급 시계, 보석류, 고급 오디오
가격	저가	고가	매우 높은 가격
유통	집중적 유통	선택적 유통	전속적 유통
프로모션	높은 광고비 지출, 빈번한 판매촉진	제품의 차별성 강조	구매자의 지위 강조

하는 고객의 관여수준이 낮다. 이러한 편의품은 저가격이며 광범위한 유통이 이루어진다. 예를 들면 치약이나 세탁세제, 음료수 등이다. 둘째, 선매품은 편의품 보다는 덜 자주 구매되며 상당한 구매계획과 쇼핑노력을 기울이고 있다. 가격은 편의품보다 높으며 예를 들면 주요 내구재, TV, 가구 등이다. 셋째, 전문품은 고가격의 상징적 제품으로 강한 브랜드 선호도와 충성도를 가지고 있는 제품으로 특별한 구매 노력이 이루어지는 신중한 구매이다. 예를 들면 최고급 시계, 최고급 자동차 등이다.

2) 제품 및 서비스에 대한 의사결정

제품 및 서비스에 대한 의사결정은 크게 세 가지로 구분된다. 첫째, 개별제품(individual product)에 대한 의사결정, 둘째, 제품라인(product line)에 대한 의사결정, 셋째, 제품믹스(product mix)에 대한 의사결정이다. 개별제품에 대한 의사결정은 제품의 속성, 브랜딩, 패키징, 라벨링, 제품지원서비스와 관련된 의사결정이 이루어진다. 제품라인에 대한 의사결정은 제품라인은 서로 밀접하게 관련된 제품들의 집합이다. 이와 관련된 주요의사결정으로는 제품라인의 품목 수에 관한 결정으로서 라인확대(고급라인에 일반적인 제품을 추가하는 하향확대와 일반적이 제품에 고급라인을 추가하는 상향확대가 있다)와 라인충원(품목을 추가하는 전략)이 있다. 제품믹스에 대한 의사결정은 제품 포트폴리오라고 부르며, 한 기업이 생산하여 판매하는 모든 제품라인과 품목을 합한 것을 의미한다. 이와 관련된 주요 의사결정으로는 제품라인이 추가되면 제품믹스가 넓어지게 되고, 제품라인이 길어지면 제품믹스의 길이가 연장되게 된다.

3) 브랜드 자산

브랜드는 기업에게 매우 가치 있는 무형자산이다. 우리에게 널리 알려진 코카콜라, 나이키, 맥도날드, 스타벅스 등이 바로 브랜드자산의 예이다. 기업이 강력한 브랜드를 구축하기 위서는 브랜드포지셔닝, 브랜드명 선정, 새로운 브랜드개발, 브랜드 소유권자의 결정에 관한 의사결정을 해야 한다. 브랜드는 소비자들과 지속적인 의사소통과 공감이 필요하다. 이렇게 될 때 광고가 도움이 되고 브랜드가 유지된다. 기업은 광고 제작뿐만 아니라 고객과의 브랜드 접촉점을 관리하는데 관심을 가져야 한다.

4) 신제품개발 전략 및 과정

신제품을 개발하는 방법은 첫째, 다른 기업의 인수를 통한 것이고 둘째, 자체적으로 신제품을 개발하는 것이다. 이러한 신제품을 개발하는 방법으로는 경쟁사의 제품을 관찰하고 소비자의 불편 사항이나 유통업자, 공급업자로부터 아이디어를 받아들인다. 성공적인 신제품개발과정은 아이디어를 창출하고 이러한 아이디어를 선별하여 제품 콘셉트를 개발하고 테스트를 거쳐서 마케팅전략을 개발한다. 이후 사업성분석을 통하여 제품을 개발하고 테스트마케팅을 거쳐 상품화한다.

5) 제품수명주기

제품수명주기란 제품이 출시된 후 소멸하기까지 일정한 패턴이 존재한다는 것이다. 제품수명주기는 크게 4단계를 거친다. 첫째, 도입기이다. 도입기에는 제품이 처음으로 시장에 도입되는 시기로서 출시 초기에는 제품을 알리는데 주력한다. 둘째, 성장기이다. 성장기는 마케팅을 하면서 판매가 크게 증가하게 된다. 이러한

그림 12-4 제품수명주기

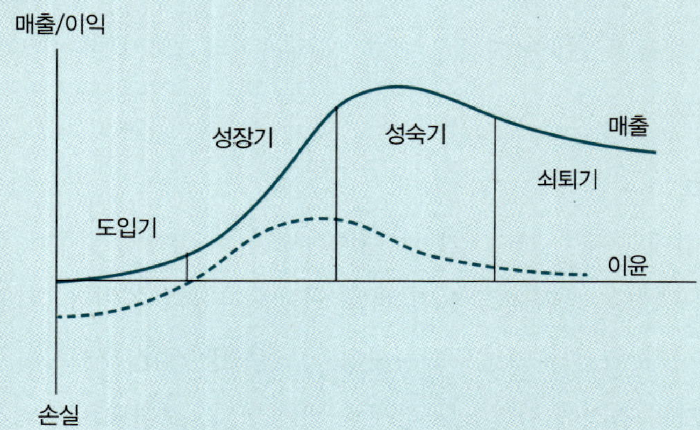

성장기에는 경쟁자가 생기고 시장도 세분화되기 시작한다. 셋째, 성숙기이다. 성숙기에 들어서면 초기에는 판매가 최고조에 달하지만, 곧이어 성장률이 둔화되기 시작하는 시기를 의미한다. 넷째, 쇠퇴기이다. 쇠퇴기는 매출이 감소하고 이익도 줄어드는 시기를 의미한다. 이를 그림으로 살펴보면 [그림 12 - 4]와 같다.

(2) 가격결정 전략

가격이란 제품이나 서비스를 소유 또는 사용하는 대가로 지불하는 금전적 가치이다. 가격은 기업의 수익을 결정하는 원천이다. 가격결정에 영향을 미치는 요소는 외부환경으로는 정부의 규제, 경쟁사 가격이 있고 내부환경으로는 기업전략, 원가구조에 의하여 가격결정이 이루어진다. 이러한 가격결정은 세 가지 방법으로 구분할 수 있다. 첫째, 원가중심 가격결정, 둘째, 소비자중심 가격결정, 셋째, 경쟁자중심 가격결정이 있다.

1) 원가중심 가격결정 방법

가격을 결정하기 위해서는 원가를 알아야 한다. 원가가 결정되면 원가에 이익을 더해서 가격을 결정하게 된다. 이는 가격산정이 간편하게 이루어지고 동종 산업 내의 이익률이 관행적으로 받아들여 지는 경우, 불필요한 경쟁을 피할 수 있는 방법이다. 또 다른 방법은 목표이익 가산법이다. 목표로 하는 이익률을 확보해 놓고 거꾸로 가격을 산정하는 방법이다.

2) 소비자중심 가격결정 방법

소비자중심 가격결정 방법은 소비자가 지각하는 제품의 가치에 바탕을 두고 제품가격을 결정하는 방법이다. 설문조사를 통하여 소비자가 지각하는 가치를 측정하여 가격을 결정하는 방법이다. 또 다른 소비자중심 가격결정 방법으로는 소비자의 심리에 바탕을 둔 가격결정 방법이 있다. 첫째, 단수가격(odd-pricing)을 이용하는 방법으로서 가격을 십진수 단위체계보다 통상 한두 단위 낮춘 체계로 책정하는 것이다. 즉, 1,000, 10,000, 100,000원 등 화폐단위에 맞게 결정하는 것이 아니라 조금 낮은 990, 9,800, 98,500원 등으로 가격을 책정하는 방법이다. 이러한 방법은 소비자로 하여금 제품가격을 정확하게 계산하여 최대한 낮추었다는 인상을 줄 목적으로 사용된다. 이는 소비자가 상당히 낮은 가격으로 느낄 수 있도록 유도하는 것이다. 둘째, 관습가격(custom pricing)방법이 있다. 이는 원가상승에도 불구하고 오랜 기간 동안 소비자들이 습관적으로 일정금액을 지불해 왔기 때문에 기업들이 그에 따라 가격을 책정하는 것을 의미한다. 셋째, 명성가격(prestige pricing)방법인데 이는 가격과 품질의 상관관계가 매우 높게 인지되는 제품인 경우에는 고가격을 유지하는 가격결정 방법이다.

3) 경쟁자중심 가격결정 방법

경쟁자중심 가격결정 방법은 경쟁기업과 동일한 수준으로 가격을 결정하는 방법이다. 이러한 방법은 저가격 정책, 고가격 정책, 그리고 경쟁사와 비슷한 가격을 책정하는 방법이 있다. 첫째, 저가격 정책은 후발 주자로서 선발주자가 시장을 잠식하려는 경우에는 경쟁 제품의 가격보다 낮은 가격을 책정하는 방법이다. 둘째, 고가격 정책은 인지도가 높거나 경쟁사에 비해 차별적인 우위에 있는 경우에는 고가격 정책을 사용한다. 실제로 품질이 비슷하다 하더라도 제품의 명성을 유지하기 위해서 경쟁제품보다 고가격을 책정한다. 셋째, 경쟁사와 비슷한 가격을 책정하는 방법인데 과점적 경쟁상황 등과 같이 각 제품의 가격에 소비자들이 민감하게 반응하는 상황에서는 경쟁사와 비슷한 가격으로 결정하는 방법이다.

(3) 유통경로 전략

유통경로란 제조업체가 생산한 제품을 최종소비자에게 전달하는 통로이다. 즉, 제품이나 서비스가 소비자에게 전달 유통되는 통로, 경로를 의미한다. 유통경로는 생산자와 소비자가 직접 연결되는 직접유통경로와 중간상인을 통하여 이루어지는 간접유통경로로 구분된다. 간접유통경로는 주로 중간상인을 통하여 이루어지는데 이러한 중간상인의 존재 이유는 생산자와 소비자와의 접촉이나 거래횟수를 줄이고, 거래비용의 감소를 통한 유통경로의 효율을 높이기 위함이다. 또한 상품의 구색을 형성하고 상품을 분류하고 취합하고 배분하는 역할을 중간상인이 한다. 유통

그림 12-5 전통적 유통경로와 수직적 마케팅 시스템

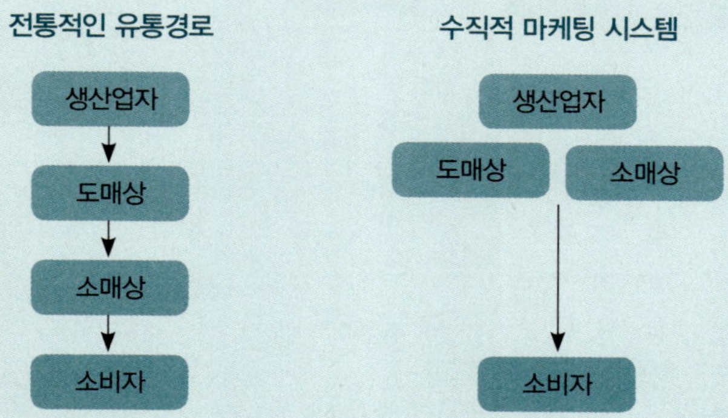

경로 전략으로는 첫째, 수직적 마케팅 시스템(VMS; Vertical Marketing System)이 있다. 수직적 마케팅 시스템은 생산자, 도매상 및 소매상이 하나의 단일 시스템으로 활동하는 것을 의미한다. 전통적 유통경로와 수직적 마케팅 시스템을 그림으로 나타내면 [그림 12-5]와 같다. 그림에서 보는 바와 같이 전통적 유통경로는 생산업자가 도매상으로 도매상은 소매상으로 소매상에서 소비자에게 연결되는 것이다. 이와 반면 수직적 마케팅 시스템은 생산업자와 도매상, 소매상이 하나의 단일 시스템으로 활동하고 있다. 둘째, 수평적 마케팅 시스템은 새로운 마케팅 기회를 추구하기 위해서 같은 경로 수준에 있는 기업들이 자본과 생산기능, 그리고 마케팅 기능등을 결합한 것을 의미한다. 셋째, 복수경로 마케팅 시스템은 기업이 둘 이상의 유통경로를 통하여 여러 가지 세분시장을 공략할 때 사용한다.

1) 상권분석

상권이란 상업상의 거래가 이루어지고 있는 공간적 범위를 의미한다. 즉, 일정한 지역을 중심으로 제품과 서비스의 유통이 이루어지는 공간적 범위이며, 상품이 유통되는 일정한 지역을 의미한다. 상권은 지리적 범위에 따라서 1차 상권, 2차 상권, 그리고 한계상권으로 구분한다. 일반적 1차 상권은 점포를 중심으로 전체 고객의 약 50~70% 정도가 존재하는 지역범주를 말한다. 2차 상권은 전체 고객의 약

20%~25% 정도가 존재하는 범주를 말하고, 한계상권은 나머지 고객이 존재하는 상권을 의미한다. 상권분석은 소상공인 육성, 전통시장, 상권활성화를 위하여 설립된 소상공인시장진흥공단에서 제공한다. 홈페이지 주소는 https://sg.sbiz.or.kr/godo/index.sg이다.

상권분석 방법으로는 〈표 12-3〉과 같다.

표 12-3 상권분석 방법

방법	주요 내용
체크리스트법 (checklist method)	상권의 범위에 영향을 미치는 요인들은 첫째, 상관 내의 제반 입지 특성, 둘째, 상권의 고객 특성, 셋째, 상권경쟁구조 등으로 구분하고 이들 각각에 관한 체크리스트를 만들어서 분석하는 방법
유추법 (analog method)	자사의 신규점포와 특성이 비슷한 기존의 유사점포를 선정하여 그 점포의 상권 범위를 추정한 결과를 자사 점포의 신규입지에서의 상권 규모를 측정하여 분석하는 방법
중심지이론 (central place theory)	지역 내에 여러 상권이 존재할 때 각 상업중심지로부터 상업 서비스 기능을 제공받을 수 있는 가장 이상적인 배후상권의 모양은 정육각형으로 나타나 중심지를 중심으로 분석하는 방법
소매인력법칙 (law of retail gravitation)	두 경쟁도시가 그 중간에 위치한 소도시로부터 끌어들일 수 있는 상권 규모는 인구에 비례하고 각 도시와 중간도시 간의 거리의 제곱에 반비례한다는 소매인력법칙을 중심으로 분석하는 방법
공간적 상호작용 모델 (spatial interaction model)	소비자의 점포에 대한 효용은 점포의 매장면적이 클수록 증가하고 점포까지의 거리가 멀수록 감소한다는 공간적 상호작용모델을 중심으로 분석하는 방법

(4) 촉진전략

여러분들이 유튜브(Youtube)나 TV에서 지속적으로 제공되는 광고를 자주 본다. 이러한 광고들은 모두 기업들이 제품 및 서비스, 그리고 기업에 대해 소비자가 가지는 이미지를 관리하기 위하여 여러 정보들을 소비자에게 의도적으로 전달하는 시도를 촉진(promotion)이라고 한다. 기업들은 마케팅 목표를 달성하기 위하여 다양한 활동들을 하고 있는데 광고, 인적판매, 홍보, 판매촉진 등으로 구성되는 것을 촉진믹스라고 한다. 이러한 촉진믹스는 〈표 12-4〉에 나타나 있다.

표 12-4 촉진믹스의 종류

종류	내용
광고 (advertising)	제품이나 서비스에 대한 정보를 여러 가지 매체를 통하여 고객에게 널리 알리는 의도적인 활동
판매촉진 (sales promotion)	제품 및 서비스의 사용 혹은 구매를 촉진하기 위한 활동
인적판매 (personal selling)	판매와 고객 관계를 구축하기 위한 목적으로 고객 및 예상 고객과 직접 접촉할 때 판매원이 기울이는 여러 가지 활동
홍보 (public relations)	사람을 통하지 않고 제품이나 서비스, 기업에 대한 내용을 다양한 매체(TV, You-tube, 신문 등)에 기사 형식으로 게재한다. 광고가 홍보보다 더 큰 개념이다.
다이렉트 마케팅 (direct marketin)	SNS, 전화, 팩스, 이메일, 인터넷을 이용하여 특정 고객이나 예상고객들과 직접 커뮤니케이션하는 활동

사례

AI 시대, '잊혀질 권리(Right to be Forgotten)'와 '기억될 권리(Right to be Remembered)

과거 '잊혀질 권리'는 주로 온라인 검색 엔진이나 게시물 삭제 요청과 관련이 있었다. 하지만 AI 시대에 들어서며 문제는 훨씬 복잡해졌다. AI는 방대한 데이터를 학습하고 개인의 디지털 발자국을 끊임없이 추적하며, 심지어는 예측까지 한다. 내가 원치 않아도 나의 과거 정보가 AI의 '기억' 속에 영원히 남아, 미래의 나를 규정할 수 있게 된 것이다. AI의 '기억'은 우리가 상상하는 것보다 훨씬 강력하고 영구적이다. '기억될 권리'는 AI가 방대한 데이터를 '기억'하고 분석함으로써 얻을 수 있는 사회적 이점 또한 막대하기 때문이다. 역사적 기록의 보존, 복잡한 학술 연구의 효율화, 질병 예측 및 예방, 심지어는 범죄 수사의 효율화 등 공익을 위한 AI의 '기억력'은 필수이기도 하다.

AI시대 많은 소비자들은 예전처럼 네이버나 다음, 구글, 유트브의 검색창을 두드리기보다는 생성형 AI에게 답을 구하고 있다. AI는 수많은 정보를 탐색하여 최적의 답변을 제공하고 있다. 디지털마케팅에서는 검색엔진에 효율적으로 기업과 브랜드를 노출하여 소비자에게 어필하였다면 지금은 AI의 '기억공간'에 기업의 브랜드나 제품홍보를 할 수 있는 콘텐츠를 생산해야 한다. 감성적인 문구보다도 제품의 성능 등 우리의 제품이 왜 인류사회에 필요한지, 이런 상황에서 유용하고, 소비자의 페인포인트를 해결해준다는 구조화된 답면을 제공해 주어 AI의 기억공간에 기억되게 만들어야 한다.

사례 | 마케팅, PR, 광고, 브랜드의 차이

마케팅의 꿈은 소비자의 무의식을 점령하고 마음대로 조정하는 것이라고 할 수 있다. 그 꿈의 정점은 바로 '브랜드'가 되는 것이다. 그렇다면 과연 브랜드라는 것은 어떻게 우리를 조종하는지 남녀의 만남으로 표현해 보자. 어떤 파티에서 한 남자와 한 여자가 처음 만났다고 가정해 보자. 먼저 마케팅은 '직접 자신을 알리는 것'이다. 남자가 여자에게 다가가 "나는 돈이 많아"라고 이야기하는 것이 바로 마케팅이다. PR은 다른 사람을 통해서 자신을 알리는 것이다. 친구가 여자에게 다가가 "나를 믿어. 그는 돈이 많대"라고 이야기를 하는 것이다. 광고는 지속적으로 "나는 돈이 많아"라고 귀에 못이 박히도록 떠드는 것이다. 그러나 브랜드는 말하지 않아도 상대방이 자신을 먼저 알아보는 것이다. "내 생각에 당신은 돈이 많은 것 같아요"라고 말이다.

[자료원: EBS 다큐프라임 자본주의 제작팀]

사례 | 미닝아웃(Meaning Out)

■ 미닝 아웃(Meaning Out) = 신념을 뜻하는 '미닝(Meaning)', 벽장 속에서 나온다는 뜻을 가진 '커밍아웃(Coming Out)'을 합친 용어다. 자신의 정치적·사회적 신념을 소비 행위에 적극적으로 반영하는 것을 의미한다.

미닝 아웃은 이미 우리 주변에서 상당히 다양한 형태로 드러나고 있다. ▲환경을 생각한 다회용 제품 구입, ▲동물들을 위해 동물실험을 하지 않는 비건(vegan) 화장품 구입, ▲일본군 위안부 피해자분들을 돕기 위한 에코백 구입, ▲장애인을 고용하는 업체의 제품 구매 등이 대표적이다.

또한 ▲선행을 베푸는 가게를 적극적으로 찾아가 소비하는 일명 '돈쭐내기(돈으로 혼쭐을 낸다는 긍정적 의미의 신조어)' 문화, ▲불필요한 소비를 줄이고 하나만 구매하는 요노(YONO·You Only Need One), ▲역사를 왜곡하고 사과하지 않는 일본의 행태를 비판하면서 일본 제품을 불매하는 행위, ▲사회적으로 문제가 된 기업의 브랜드를 구매하지 않는 행위도 적극적인 미닝 아웃의 사례다. 미닝 아웃은 '개념소비'라는 단어로 표현되기도 한다.

[자료원: 더스쿠프(https://www.thescoop.co.kr)]

강의 요약

1. 마케팅이란 소비자(customer), 고객(client), 협력사(partner), 그리고 사회 전반에 걸쳐 가치 있는 것을 창출하고 의사소통하고 전달하고 교화하기 위한 일련의 제도 및 과정이다.

2. 마케팅 목표의 효과적인 달성을 위하여 마케팅 활동에서 사용되는 제품관리, 가격관리, 유통관리, 그리고 프로모션을 마케팅믹스라고 한다.

3. 마케팅믹스에서 제품은 단순하게 제품이라고 생각하는 것이 아니라 고객이 그 제품을 받았을 때 제품의 브랜드, 포장, 디자인, 품질, 그리고 배송에 이르기까지 제품에 관련된 전체를 의미한다.

4. 마케팅믹스에서 가격전략이란 소비자가 제품구입을 위해 지불하는 금액을 결정하는 것을 의미한다.

5. 유통관리는 제품을 적절한 시기에 적절한 장소에서 적절한 양만큼 소비자에게 판매하는 유통경로이다.

6. 프로모션은 어떤 방법으로 소비자에게 접근해서 소통할지 등을 의미하는 판매촉진이다.

7. 마케팅전략(marketing strategy)이란 고객가치 창출을 통하여 기업의 수익이 되는 고객관계시스템 구축을 위한 마케팅활동의 기본방향을 정하는 것이다.

8. 시장세분화는 한 기업이 시장을 일정한 기준에 따라서 몇 개의 동질적인 소비자 집단으로 구분하는 과정이다.

9. 목표시장은 시장세분화를 통해 확인되어진 시장 중에서 마케팅활동을 전개할 가장 매력적인 시장으로 선정된 시장이다.

10. 포지셔닝이란 목표시장에서 고객들의 마음속에 우리 회사의 브랜드나 이미지가 어떻게 자리 잡게 할 것인가?에 대한 기업의 활동이다.

11. 제품수명주기란 제품이 출시된 후 소멸하기까지 일정한 패턴이 존재한다는 것이다. 제품수명주기는 크게 4단계를 거친다. 첫째, 도입기, 둘째, 성장기, 셋째, 성숙기, 마지막으로 쇠퇴기이다.

12. 상권이란 상업상의 거래가 이루어지고 있는 공간적 범위를 의미한다. 즉, 일정한 지역을 중심으로 제품과 서비스의 유통이 이루어지는 공간적 범위이며, 상품이 유통되는 일정한 지역을 의미한다.

연습문제

1. 선매품(shopping goods)에 관한 설명으로 옳은 것은? (2021년 공인노무사)

① 소비자가 필요하다고 느낄 때 수시로 구매하는 경향을 보인다.
② 소비자는 가격, 품질, 스타일 등 다양한 정보를 수집하여 신중하게 비교하는 경향을 보인다.
③ 소비자는 잘 알지 못하거나 알고 있어도 능동적으로 구매하려 하지 않는다.
④ 일상생활에서 빈번히 구매하는 저관여 제품들이 많다.
⑤ 독특한 특징을 지니거나 브랜드 차별성을 지니는 제품들이 많다.

2. 브랜드(brand) 요소를 모두 고른 것은?

ㄱ. 정글(jingle)	ㄴ. 캐릭터(character)	ㄷ. 슬로건(slogan)	ㄹ. 심볼(symbol)

① ㄱ, ㄴ ② ㄷ, ㄹ ③ ㄱ, ㄴ, ㄷ ④ ㄴ, ㄷ, ㄹ ⑤ ㄱ, ㄴ, ㄷ, ㄹ

3. ㈜한국은 10,000원에 상당하는 두루마리 화장지 가격을 9,990원으로 책정하였다. 이러한 가격결정 방법은?

① 단수가격 ② 명성가격 ③ 층화가격 ④ 촉진가격 ⑤ 관습가격

정답 1. ② 2. ⑤ 3. ①

Chapter 13

생산 및 서비스활동

제1절 생산 및 서비스관리

1. 생산 및 서비스관리의 의의

우리는 인류사회가 필요로 하는 제품과 서비스를 효과적이고 효율적으로 산출하는 관리활동들을 학습했다. 제품과 서비스를 생산한다는 것은 여러 가지 투입요소(원자재, 노동력, 기계, 에너지, 데이터, 정보 등)들이 변환과정(가공, 조립, 제조, 운반, 운송, 저장)을 거쳐서 제품과 서비스라는 경제적 가치를 산출하는 과정이 결국은 생산이라고 할 수 있다. 즉, 생산요소(투입물)를 유형이나 무형의 경제재(산출물)로 변환시켜 효율을 창출하는 변환과정이라고 할 수 있다. 이러한 생산 및 운영관리는 제품이나 서비스를 산출하는데 필요한 여러 가지 자원을 최적의 상태로 관리하고 그러한 기능을 수행하기 위한 의사결정이다. 인류사회가 필요로 하는 제품과 서비스를 고객만족과 경제성을 달성할 수 있도록 생산활동이나 생산과정을 관리하는 것을 의미한다. 여기서 경제적 생산을 통한 고객만족이 생산의 목적인데 이러한 생산관리에서는 품질, 원가, 신속, 정확, 유연성을 목표를 설정하고 이를 관리하는 것이다. 품질은 높아야 하고, 원가는 낮아야 하고, 납기는 신속·정확해야 한다. 생산관리의 의사결정의 두 가지 의사결정은 생산설계와 생산운영이다. 〈표 13-1〉에서 보는 바와 같이 생산설계는 첫째, 생산의 계획화이며 목표이다. 즉 품질, 원가, 납기, 유연성 등 여러 가지 전략 중 어떠한 것에 초점을 맞출 것인지에 대한 생산전략이다. 둘째, 어떤 제품을 생산할 것인가에 대한 제품설계이다. 설계는 매우 중요하다. 셋째, 그렇다면 제품을 어떻게 생산할 것인가에 대한 공정설계이다. 넷째, 생산능력을 얼마로 정하는 것이 경제적인지에 대한 생산능력이다. 다섯째, 제품을 생산할 시설을 어디에 둘 것인가에 대한 시설입지이다. 여섯째, 설비와 장비들을 어디에 배치하는 것이 경제적인지에 대한 설비배치이다. 일곱째, 작업은 어떻게 하는 것이 작업자와 조직에 도움이 되는지에 대한 직무설계이다. 이제 생산운영에 대한 의사결정이 중요하다. 생산운영은 크게 수요예측, 생산계획,

표 13-1 생산설계와 생산운영

생산설계	1. 생산의 계획화 목표	→	품질, 원가, 납기, 유연성
	2. 제품설계	→	어떤 제품을 생산할까?
	3. 공정설계	→	어떻게 제품을 생산할까?
	4. 생산능력	→	얼마나 생산할까?
	5. 시설입지	→	어디에서 생산할까?
	6. 설비배치	→	어떻게 배치할까?
	7. 직무설계	→	누가 어떻게
생산운영	1. 수요예측		
	2. 생산계획		
	3. 일정관리 및 프로젝트관리		
	4. 재고관리		
	5. 품질관리		

일정관리, 프로젝트관리, 재고관리, 그리고 품질관리이다. 구체적으로 삼성전자 생산관리자는 어떠한 일을 하고 있을까? 생산관리자는 반도체 생산공정이 24시간 가동이 되기 때문에 전날 어떠한 생산이슈가 있었는지 아침마다 정리를 해서 유관 부서와 회의를 하고 문제점을 찾아서 파악하고 해결하는 일을 하고 있다. 생산관리 업무는 크게 생산계획, 생산공정관리, 신제품, 물류, 시스템 등으로 구분되어지며 반도체를 생산할 때 800개가 넘는 과정들이 진행되는데 이때 설비나 여러 가지 공정들에 영향을 받기 때문에 문제점을 파악하고 해결해야 한다. 기술의 발달에 따른 패러다임의 진화과정 수력과 증기를 이용한 최초의 기계화된 제조인 1차 산업혁명에서 전력을 이용한 대량생산 도입의 2차 산업혁명과 전자, 컴퓨터기술을 통한 자동화인 3차 산업혁명을 지나 정보통신기술이나 가상물리시스템을 통한 4차 산업혁명까지 생산은 무척 중요하다.

우리가 경영원리인 계획화, 조직화, 통제화를 배웠다. 계획화의 일원으로 기업은 이익을 창출하기 위해 노력하고 있다. 이익을 창출하기 위해서는 원가를 낮추어야 하는데 현실은 재료비나 노무비, 제조간접비는 상승하는 실정이다. 생산 및 서비스관리에서는 생산성 향상 및 품질 문제를 해결해야 한다. 생산을 하기 위한 생산제조, 자재구매시스템 조달활동을 잘 관리해야 한다. 우리가 앞장에서 배운 고객과 소비자, 그리고 마케팅활동을 통하여 현금 및 매출채권이 기업으로 유입되고 이렇게 유입된 자금을 어떻게 운용하느냐는 다음 장인 재무관리에서 학습하게 된다. 이번 장에서는 우리는 생산요소를 어떻게 효율적이고 효과적으로 운영하여 인류사회가 필요로 하는 제품 및 서비스를 산출하여 이익을 창출할 수 있는지를 학습한다.

2. 제조업의 생산활동 과정

물질 또는 구성요소에 물리적·화학적 작용을 가하여 새로운 제품으로 전환하는 산업활동인 제조업은 다양한 생산활동을 하고 있다. 이러한 제조업의 생산활동 과정은 [그림 13-1]에 나타나 있다. 그림에서 보는 바와 같이 생산활동은 시장의 수요를 예측하고 생산전략을 수립하고 제품설계에 착수한다. 제품설계가 이루어진

그림 13-1 **제조업의 생산활동 과정**

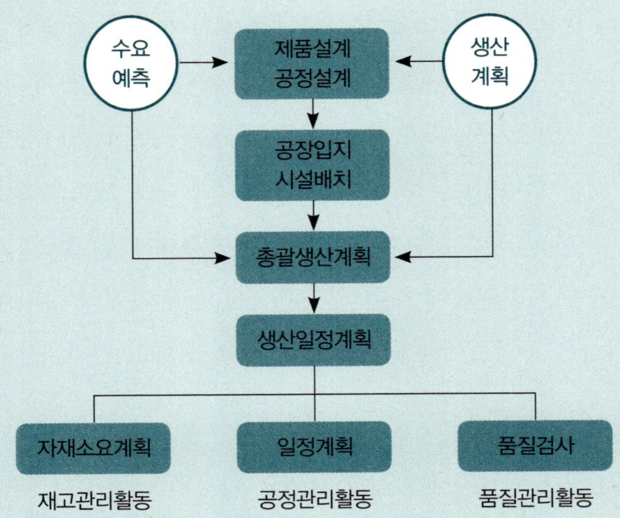

후 제품을 생산할 공장의 입지를 선정하고 시설을 배치하게 된다. 이때 입지선정과 시설배치는 제조업의 생산활동 과정 중 가장 중요하다. 왜냐하면 한번 입지를 선정하고 시설을 배치하면 변경하는데 많은 비용과 시간이 소요되기 때문이다. 따라서 신중하게 입지와 시설배치를 실행하여야 한다. 그 다음 순서로 총괄생산계획(APP; Aggregate Production Planning)을 수립하게 되는데 총괄생산계획이란 특정한 시간에 대한 수요예측을 바탕으로 제품생산능력을 적절히 할당하고 배분하여 생산수준이나 재고수준을 계획하는 것을 의미한다. 이렇게 총괄생산계획이 수립되면 생산일정계획을 수립하게 된다. 이때 월별, 주별 단위로 각 품목의 생산량과 생산시기를 결정하는 것을 의미한다. 생산일정계획이 수립되면 생산일정에 맞추어 자재소요계획과 세부적인 일정계획, 그리고 품질검사 기준 및 제품의 품질에 대한 철저한 품질관리활동을 시행하게 된다.

(1) 제품설계 및 공정설계

제조업의 생산활동 과정에서 수요를 예측하고 생산전략과 생산계획을 수립하였다면 이제 제품설계와 공정설계의 단계이다. 제품설계(product design)는 어떠한 제품을 만들 것인지를 결정하고 이에 적합한 제품설계를 실시한다. 이러한 제품설계는 생산하고자 하는 제품을 결정하고 이러한 제품에 대한 설계가 끝나면 공정설계 단계에 들어간다. 공정설계(process design)란 제품을 생산하기 위하여 여러 가지 투입물(작업자, 장비, 시설, 자재 등)을 통하여 제품으로 산출되기까지의 여러 공정을 설계하는 것을 의미한다. 즉, 설계도에 명시한 대로 제품의 생산방법을 개발하는 것이다. 이러한 공정설계는 어떠한 제품을 고객에게 팔 것인지와 효율적이고 경제적인 제품을 만들 것인지에 대한 의사결정에 따라 기업의 수익성에 영향을 미친다. 따라서 기업은 공정설계에 대해 신중한 결정을 하고 있다.

(2) 공장입지와 시설배치

수요예측을 통하여 제품설계와 공정설계가 끝나면 제품이나 서비스를 고객이 원하는 장소와 시간에 맞추어 제공하기 위해서는 창고, 판매망을 연결하는 유통체계와 공장입지와 시설배치의 결정이 이루어져야 한다. 공장설립은 입지(location)선정이 매우 중요하다. 개별적으로 부지를 물색하여 공장을 건설하는 개별입지가 있고, 이미 조성되어진 산업단지에 입주하는 경우로 구분한다. 산업단지는 산업시설과 관련시설, 그리고 부대시설로 구성되어 있다. 산업단지는 국가산업단지, 일반산업단지, 도시첨단산업단지, 농공단지로 구분된다. 우리나라 산업단지현황은 [그림 13-2]와 같다. 그림에서 보는 바와 같이 2022년 기준 전국적으로 1,257개의 산업단지가 있는데 그중 국가산업단지는 47개, 일반산업단지는 697개, 도시첨단산업단지는 37개, 그리고 농공단지는 476개가 있다. 이러한 공장입지 선정의 요인으로서는 원재료, 인력 등 생산투입요소의 공급의 용이성과 비용이 고려된다. 공장입지가 결정이 된 후 제품생산을 위한 자재의 흐름과 고객서비스를 제공하기 위한 프로세스에 따라 시설을 배치하여야 한다. 이러한 시설배치는 작업의 흐름에 의해 크게 세 가지로 구분된다. 첫째, 공정별 배치이다. 공정별 배치는 기능별 배치라고

그림 13-2 전국산업단지 현황

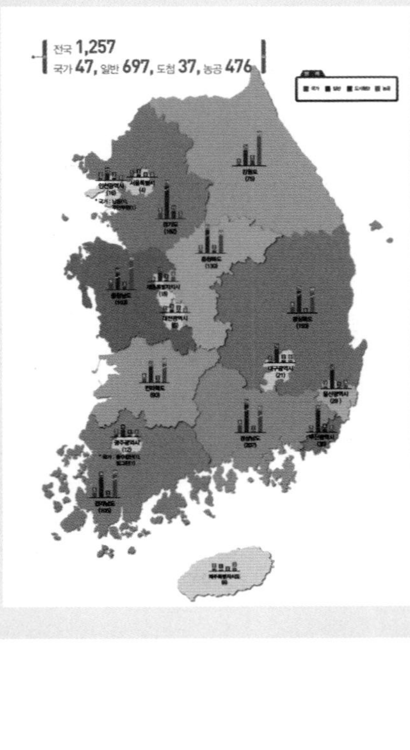

도 하는데 생산설비를 공정별로 한 장소에 배치하는 것을 의미한다. 둘째, 제품별 배치이다. 제품별 배치는 특정 제품을 생산하는데 필요한 설비를 작업순서대로 배치하는 방법이다. 대표적인 산업이 자동차 산업이다. 셋째, 조선업종의 경우처럼 생산물 위치를 고정시키고 작업자, 자재, 그리고 생산 기자재 등이 이동하면서 생산하는 시설배치방식이다.

(3) 총괄생산계획

총괄생산계획은 6개월에서 18개월까지의 중기 또는 장기에 해당되는 생산계획으로 기업이 생산하는 제품의 포괄적인 범위에 대한 생산일정과 생산수량이 결정되는 과정을 의미한다. 총괄생산계획에서는 예측되어진 기간별 수요를 충족시키고 비용이 최소화될 수 있도록 생산량, 생산요소의 투입수준, 그리고 재고 보유수준에 대한 의사결정을 통하여 제품별 생산계획을 수립하는 것을 말한다.

(4) 자재소요계획

자재소요계획(MRP; Material Requirement Planning)은 제품의 수량 및 생산 일정을 토대로 그 제품 생산에 필요한 원자재, 부분품, 공정품, 조립품 등의 소모량 및 소요 시기를 역산해서 일종의 자재 조달 계획을 수립하여 일정 관리를 겸한 효율적인 재고관리를 모색하는 시스템. 자재 명세서(BOM; Bill of Material), 재고 기록철(inventory file), 총괄 생산 계획(MPS) 정보를 이용한다.

(5) 일정계획

일정계획은 자원을 작업활동에 배분하는 것을 의미한다. 이는 생산계획에서 결정되어진 납기를 맞추기 위하여 소요 재료의 구입, 작업자, 그리고 작업활동에 필요한 설비의 확보를 통하여 작업일정을 수립하는 것이다. 이러한 작업일정은 언제, 어떤 순서로, 그리고 어떻게 진척관리를 하여 생산할 것인가에 대한 계획서이다. 즉, 가장 효율적인 작업순서를 정하고 작업활동에 배분하는 활동이다.

(6) 품질관리

회사가 설정한 품질요구조건을 충족시키기 위하여 직접 제품을 관측하는 활동을 포함하여 원자재 검수, 공정 검수, 완성품 검사, 납품 검사를 의미한다. 즉, 회사가 생산한 모든 제품은 품질에 문제가 없는 제품을 생산하기 위한 모든 활동이다. 생산공정에는 직접 제품생산에 기여하는 작업단계뿐만 아니라 제품이 일정한 규격 혹은 품질수준을 유지하고 있는지를 판단하는 검사단계가 있다. 검사단계에서 합격품은 정상품으로 그리고 불합격품은 불량품과 공손품으로 분류된다. 정상품은 검사단계를 하자없이 통과한 정상적인 판매가치를 지닌 제품을 말한다. 즉, 정상적으로 소비자에게 판매가능한 제품이다. 이러한 품질관리에 있어 품질검사(quality inspection) 또는 품질통제(quality control)라고 한다. 이러한 품질을 관리하기 위해 100PPM(parts per million)인 100만 개 생산 중 100개인, 즉 1만 개 생산 중 1개만의 불량률을 허용한다는 내용이다. 또한 6시그마는 기업이 최고의 품질 수준을 달성할 수 있도록 유도하는 고객에 초점을 맞추고 데이터에 기반을 둔 경영혁신 방법론이 있다. 시그마(σ)는 모집단(population)의 표준편차를 나타내는 그리

그림 13-3 시그마 수준과 표준편차와의 관계

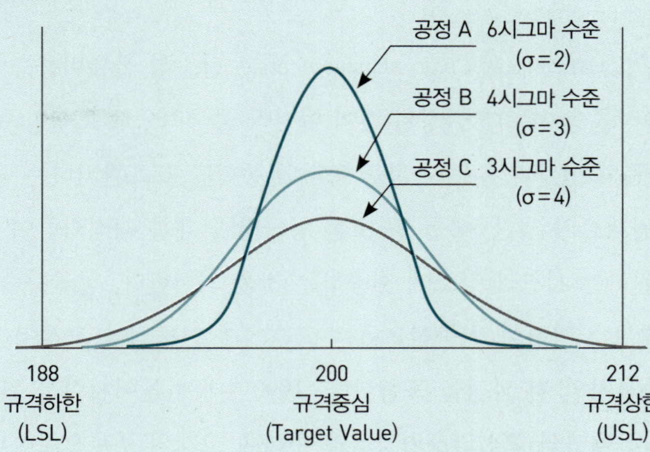

스 문자이다. 이는 데이터의 변동이나 산포의 크기를 나타내는 통계적 측정단위로서 Sigma란 불량발생률이 100만분의 3.4회 분포하는 무결점을 의미한다. [그림 13-3]에서는 시그마 수준과 표준편차와의 관계를 보여주고 있다.

6시그마 무결점 상태인 6Sigma 수준의 품질을 목표로 하는 역사상 가장 강력한 경영혁신 프로그램이다. 6시그마의 특징으로 크게 세 가지로 구분되는데 첫째, 6시그마는 철학이며 목표이다. 이는 무결점을 지향하는 완벽한 경영실현으로서 무조건 열심히 하는 것이 아니라, 스마트(Smart)하게 효율적으로 잘하는 것을 의미한다. 둘째, 6시그마의 특징으로는 철저한 고객가치에 중점을 둔 경영혁신 전략이다. 이는 고객의 요구수준을 품질지표화하여 불량(defect)이 발생되지 않도록 하는 고객만족 및 수익성의 획기적인 방법이다. 셋째, 6시그마는 통계적 도구(tool)를 활용한 고도의 전문화된 문제해결 프로그램이다. 이는 정확한 데이터(data)의 수집과 통계분석을 활용하여 오류의 원천을 정확히 파악하고, 그것들을 제거하는 체계적인 문제해결 프로그램이다.

제2절 공급사슬관리(SCM)

공급사슬관리(SCM; Supply Chain Management)는 단순히 물류비용을 낮추고 생산시스템의 효율성을 높이는데 한정된 것이 아니라 궁극적으로 고객만족을 향상시키는데 있다. 제품의 생산과 유통 과정을 하나의 통합망으로 관리하는 공급사슬관리는 기업에서 원재료의 생산, 유통 등 모든 공급망 단계를 최적화하여 소비자가 원하는 제품을 원하는 시간과 장소에 제공하는 것을 의미한다. 공급사슬관리는 제조 및 조달단계에서 시작하여 최종적으로는 고객에게 인도되어 고객이 만족하는 수준에 도달하기까지의 전 과정을 포함한다. 1990년대에 들어서면서 기업에서는 글로벌시장 환경하에서의 핵심경쟁력강화를 위하여 고객의 주문으로부터 자재조달, 생산, 물류, 그리고 상품인도까지의 물자나 정보와 자금을 효율적으로 관리하기 위하여 공급사슬관리활동이 본격화되었다. 1980년대 초 공급사슬이라는 용어가 몇몇 연구가들에 의해 생산과 운영부문에서 소개되었다. 기존의 물류관리가 단순히 기업 내부의 흐름을 통제하고 관리하는 것이라고 한다면, 공급사슬관리는 소비자 중심의 리엔지니어링을 통하여 내부 통합뿐만 아니라, 공급사슬상의 비즈니스 요소인 거래 기업들 간의 통합을 구현하는 것을 의미한다. 따라서 공급사슬관리(SCM; Supply Chain Management)의 정의는 공급자의 공급자에서 고객의 고객에 이르기까지의 설계, 조달, 생산, 마케팅, 배송의 프로세스를 수행하며 이 과정에 상호적 방향으로 정보, 제품, 자금의 흐름이 이루어지는 것을 의미한다.

1. SCM의 주요 기능

SCM은 기본적으로 업무 및 데이터 통합 시스템을 제공하며 이와 더불어 최적화된 솔루션을 제공한다. 또한 연관된 다른 업무 프로세스와의 문제해결 기능을 보유하고 공급업체와 협력, 고객과의 협력을 통하여 공급업체 최적화를 달성하는 기능이 필요하다. 일반적으로 SCM의 주요기능은 산업과 제품에 따라 차이가 있지만 일반적으로 생산계획, 원자재 조달, 생산, 수주, 출하로 구성되어 있다. 보다 세부적으로는 재고관리, 수요관리, 생산능력 및 생산조정 계획, 수주관리, 물류관리와 같은 다양한 기능을 가지고 있다. SCM의 주요구성요소는 첫째, 공급사슬 전략이 있다. 이는 공급사슬상의 다른 기업과 상생전략을 통하여 상호이익을 창출하기 위한 공급 네트워크에 대한 전략을 수립하는 것이다. 현재 기업은 핵심역량에 자원을 집중하기 위하여 비핵심역량의 업무기능에 대하여 외주를 주고 있다. 만약 외주를 주게 되면 비용이 많이 들지만 업무를 저렴하게 서비스할 수 있는 회사에 위탁하여 인건비 및 설비 등을 절감하고 상황변화에 대한 대응이 유리하다. 둘째, SCM 설계이다. 소위 SCM 설계(DFSCM; design for SCM)는 제품설계 단계에서 생산뿐만 아니라 구매, 물류 등 SCM을 고려한 설계기법으로써 설계부터 고객에 인도되기까지의 총비용을 최소화시키는 것을 목표로 한다.

사례	'그랜저 신화' 공급망 관리가 좌우

현대자동차가 사전 계약만으로 한국 승용차 역사를 새로 쓴 7세대 '그랜저'를 14일 공식 출시했다. 현대차에 따르면 이미 새 그랜저를 택한 고객이 10만9,000명에 이른다. 현대차는 이를 바탕으로 올 연말부터 내년까지 총 판매 목표를 11만9,000대로 잡았다. 장재훈 현대차 사장은 "지금까지 그랜저와는 차원이 다른 새로운 경험을 선사하겠다"고 밝혔다. 그랜저는 '국민 세단'으로 불리면서 최근 5년 동안 베스트셀링카 자리를 지켜 왔다. 현대차는 물론 업계 전체가 새로운 그랜저의 행보에 주목하고 있다. 그랜저의 성공은 현대차를 뒷받침하는 수많은 협력사에도 중요한 이슈다. 그동안 현대차의 연구개발(R&D)과 디자인 역량 개선을 감안하면 7세대 그랜저로 한층 높아진 경쟁력을 선보일 것으로 보인다. 관건은 이미 10만 대를 넘어선 소비자 수요에 즉각 응답할 수 있는 생산·공급량을 확보하는 것이다. 지난 2~3년 동안 자동차 업계는 극심한 부품난에 시달렸다. 이로 말미암아 소비자가 원하는 차량을 제때 공급하지 못했다. 인기 차량을 받으려면 대기 기간 1년은 보통이다. 재고 걱정은 줄었지만 적시에 제품을 판매하지 못하는 문제가 발생했다. 신형 그랜저도 공급망 관리가 최대 숙제로 꼽힌다. 부품 수급 체계가 흔들려서 차량이 소비자에게 인도되는 기간이 추가로 늘어난다면 애써 마련한 흥행 기반은 무용지물이 될 수 있다. 수입차 업계가 틈을 노리고 공략해 올 가능성도 짙다. 그랜저가 한국 자동차 산업의 새 역사를 이어 가려면 무엇보다 공급망 관리에 만전을 기해야 한다. 수급 상황에 따른 시나리오별 대응 체계를 마련하고 정보기술(IT) 기반 관리시스템을 강화하는 등 부품 수급과 생산에 차질이 없도록 해야 한다.

[자료원: 전자신문 2022.11.14. 발췌]

제3절 스마트 팩토리

스마트 팩토리는 완벽한 제품을 만들기 위해 지능화된 공장을 의미한다. 즉, 생산방식의 최적화를 구현하는 똑똑한 공장이며 소비자 맞춤형 상품제작이 가능하고 제품의 불량도 예방할 수 있다. 4차 산업혁명 시대가 오면서 AI(인공지능), IoT(사물인터넷), 클라우드 기술이 더 이상 낯설지 않게 됐다. 다양한 산업 인프라에서 디지털화가 이뤄지고 있다. 예를 들어 자율주행 자동차, 스마트 오피스 등의 개념도 현실화되면서 스마트 팩토리도 점차 그 중요성이 강조되고 실현되고 있다. 미래형 공장의 모습으로 대표되는 스마트 팩토리는 전통적인 제조업이 한계에 부딪히면서 등장했다. 21세기 들어 생산 현장 노동인구가 감소하면서 문제 발생 시 대처 능력이 이전보다 떨어지고, 빠르게 변화하는 소비트렌드로 인해 제품의 수명 주기가 짧아지면서 고객 맞춤형 제품을 생산해야 할 필요성이 나타났다. 스마트 팩토리는 생산 현장에 디지털 기술을 적용해 생산방식의 혁신과 최적화를 달성하는 형태이다. 공장 내 설비와 기계에 센서가 설치돼 데이터를 실시간으로 수집하고, 수집한 데이터를 분석해서 공장의 상황을 한눈에 확인할 수 있다, 이를 바탕으로 최적의 생산방식을 산출해 스스로 공정을 제어하는 시스템이다. 스마트 팩토리는 전후 공정 간의 데이터를 연계할 수 있어 불필요한 작업 과정을 제거하고, 전체적으로 효율적인 생산 공정을 설계할 수 있다. 여러분들은 뉴스나 유튜브에서 최근 생산 현장에서 무인운반차(AGV; Automated Guided Vehicle), 드론, 자율 주행 로봇 등이 돌아다니는 모습을 심심찮게 볼 수 있는데 이러한 로봇도 작업 효율성을 높이고, 불량 제품의 발생률을 낮추는 스마트 팩토리의 한 부분이다.

스마트 팩토리를 구축하려면 네 가지의 선행조건이 필요하다. 첫째, 생산 라인을 가동하기 전에 가상으로 전체 공정을 시뮬레이션해서 생산공정과 생산량 등을 예측하는 것이다. 둘째, 가상화, IoT 기술을 활용해 공장의 운영 방식과 프로세스를 작업자가 원격으로 조정하거나, 시스템이 스스로 제어해 생산 프로세스를 유연하게 변경할 수 있다. 셋째, 유연화, 드론 및 자율 주행 이송 로봇 등을 가동해 사람의 업무를 도와주고, 불필요한 생산 공정을 생략하는 간소화한다, 넷째, 제품 공급망의 실시간 관리를 통해 재고수준을 최적화하고, 주문 상태를 고객과 공유하는 동기화의 선행조건이 필요하다.

사례 | 현대오토에버의 스마트 팩토리

1. 고객니즈를 반영한 제조혁신플랫폼 SFaaS

SFaaS(Smart Factory as a Service)는 고객 중심형 온디맨드(On-demand)의 제조 혁신 IT 서비스로써 다품종 소량 생산으로 제조 패러다임이 바뀌고 있는 미래 제조 산업의 스마트 지능형 제조 혁신 플랫폼입니다. 기존의 온프레미스 방식으로 서버와 소프트웨어를 투자 구축할 필요가 없이 클라우드를 기반으로 스마트 MES와 지능형 제조 플랫폼을 통합 서비스로 제공합니다. 이를 통해 제조 전 영역의 데이터를 통합하여 밸류체인 연결성을 강화하고 혁신성을 제고합니다. SFaaS는 고객의 다양한 니즈를 실현하고 제조 경쟁력을 강화하며 IT 비용 절감을 통해 스마트 팩토리를 현실로 만듭니다.

2. 제조혁신을 위한 기반 솔루션 MES

제조실행시스템(MES; Manufacturing Execution System)을 통하여 '제조 서비스 통합 및 공장 지능화'를 위한 필수 플랫폼인 MES는 공장의 모든 상황을 실시간으로 파악하고, 계획된 작업의 수행, 추적 관리 및 생산 현황 분석, 품질 종합 분석 서비스를 제공합니다. 현대오토에버의 MES는 통합 운영 및 확장이 용이한 클라우드 기반 플랫폼으로 다양한 산업에 활용 가능한 맞춤형 비즈니스 서비스를 보유하고 있습니다. 제조 통합 지능화 MES 솔루션은 고객의 다양한 니즈를 지원하고, 제조 경쟁력을 강화하며, IT 비용을 절감하여 스마트한 공장을 현실로 만듭니다.

3. 지능형 공장관리

현대오토에버는 제조 현장의 한계를 극복할 새로운 기술을 적용한 지능형 공장 시스템을 구축하여 제조 운영 환경을 최적화하고 제조 경쟁력 확보를 위한 핵심 서비스를 제공합니다. 공장 관리에 필요한 모든 정보를 수집하여 정보간 상호 연결성을 확보하고, 머신러닝을 활용한 연계 분석으로 최적의 관리 방안을 산출합니다.

4. IoT 플랫폼

설비 로봇 등 공장에 설치된 각종 센서를 통해 데이터를 수집하고 이를 분석하여 자동 제어할 수 있는 IoT 플랫폼은 스마트 팩토리의 핵심입니다. IoT 플랫폼은 빅데이터 분석을 통해 설비 이상, 고장 원인, 고장 패턴 등을 분석하고 이상 징후가 포착되면 즉각적으로 대응하여 안전하고 지속적인 운영이 가능하게 합니다. 또한 지능화된 설비 정비 및 진단 체계를 통해 제조 설비의 수명, 고장을 예측하고 이상 현상을 사전에 감지하여 개선하는 등 스마트한 운영을 통해 혁신성을 제고합니다.

5. 로봇통합관제시스템(Robot Fleet Management System)

현대오토에버는 자동차 Fleet 운영 경험과 자동화 설비 시스템 운영 역량을 토대로 로봇의 생산 및 판매 확대 시 필수적인 로봇 통합관제서비스 플랫폼을 제공합니다. 로봇의 동시간 최적화, 원격 모니터링, 시나리오 배포 등을 위한 통합관제시스템을 구현하고, 소프트웨어의 원격 업데이트 기술을 적용하여 보안위협 방지 및 현장 적용을 지원합니다.

[자료원: 현대오토에버 홈페이지 발췌]

강의 요약

1. 생산 및 운영관리는 제품이나 서비스를 산출하는데 필요한 여러 가지 자원을 최적의 상태로 관리하고 그러한 기능을 수행하기 위한 의사결정이다.

2. 제품설계는 생산하고자 하는 제품을 결정하고 이러한 제품에 대한 설계가 끝나면 공정설계 단계에 들어간다. 공정설계(process design)란 제품을 생산하기 위하여 여러 가지 투입물(작업자, 장비, 시설, 자재 등)을 통하여 제품으로 산출되기까지의 여러 공정을 설계하는 것을 의미한다.

3. 제품이나 서비스를 고객이 원하는 장소와 시간에 맞추어 제공하기 위해서는 창고, 판매망을 연결하는 유통체계와 공장입지와 시설배치의 결정이 이루어져야 한다. 공장설립은 입지(location)선정이 매우 중요하다.

4. 총괄생산계획은 6개월에서 18개월까지의 중기 또는 장기에 해당되는 생산계획으로 기업이 생산하는 제품의 포괄적인 범위에 대한 생산일정과 생산수량이 결정되는 과정이다.

5. 자재소요계획(MRP; Material Requirement Planning)은 제품의 수량 및 생산 일정을 토대로 그 제품 생산에 필요한 원자재, 부분품, 공정품, 조립품 등의 소모량 및 소요 시기를 역산해서 일종의 자재 조달 계획을 수립하여 일정 관리를 겸한 효율적인 재고 관리를 모색하는 것이다.

6. 일정계획은 자원을 작업활동에 배분하는 것을 의미한다. 이는 생산계획에서 결정되어진 납기를 맞추기 위하여 소요 재료의 구입, 작업자, 그리고 작업활동에 필요한 설비의 확보를 통하여 작업일정을 수립하는 것이다.

7. 100PPM(parts per million)인 100만 개 생산 중 100개인, 즉 1만 개 생산 중 1개만의 불량률을 허용한다는 내용이다.

8. 6시그마는 기업이 최고의 품질 수준을 달성할 수 있도록 유도하는 고객에 초점을 맞추고 데이터에 기반을 둔 경영 혁신 방법론이 있다. 시그마(σ)는 모집단(population)의 표준편차를 나타내는 그리스 문자이다. 이는 데이터의 변동이나 산포의 크기를 나타내는 통계적 측정단위로서 Sigma란 불량발생률이 100만분의 3.4회 분포하는 무결점을 의미한다.

9. 공급사슬관리(SCM; Supply Chain Management)란 공급자의 공급자에서 고객의 고객에 이르기까지의 설계, 조달, 생산, 마케팅, 배송의 프로세스를 수행하며 이 과정에 상호적 방향으로 정보, 제품, 자금의 흐름이 이루어지는 것을 의미한다.

10. 스마트 팩토리는 완벽한 제품을 만들기 위해 지능화된 공장을 의미한다. 즉, 생산방식의 최적화를 구현하는 똑똑한 공장이며 소비자 맞춤형 상품제작이 가능하고 제품의 불량도 예방할 수 있다.

연습문제

1. 품질의 산포가 우연원인에 의한 것인지, 이상원인에 의한 것인지를 밝혀주는 역할을 하며, 제조공정의 상태를 파악하기 위해 공정관리에 이용되는 것은? (2020 공인노무사)

① 파레토도　② 관리도　③ 산포도
④ 특성요인도　⑤ 히스토그램

정답 1. ②

Chapter 14

재무관리와 회계

제1절 재무관리

제2절 회계

제1절 재무관리

1. 재무관리의 의의

우리는 인류사회가 필요로하는 재화와 서비스를 산출하기 위하여 필요한 여러 가지 자원들을 효율적으로 관리하는 것이 경영이라고 배웠다. 이제 여러분들이 경영학의 세부전공분야별로 여러분들이 선호하는 옷(전공분야)을 탐색하여야 한다. 이번 장에서는 재무관리라는 옷을 소개하고자 한다. 여러 가지 자원들 중에 실물자산인 토지, 공장, 기계장치, 그리고 다양한 유형자산과 상표권, 특허권, 기술 등의 무형자산이 필요하다. 이러한 자산을 구입하려면 수많은 자금이 필요한데, 이와 같은 자금을 자기 돈과 남의 돈을 조달하여 실물자산을 구입한다. 이때 우리는 필요한 자금과 관련된 여러 가지 기업활동을 다루는 것을 배워야 하는데 그것이 바로 재무관리(financial management)이다. 재무관리는 기업의 자금조달과 운용을 어떻게 효율적으로 관리하는가에 대한 학문이다. 이는 현대 기업에 필요한 투자활동, 자금조달을 어떻게 합리적으로 관리할 것인가에 대한 공부이다. 즉, 남의 돈과 내 돈을 조달하여 여러 가지 자산에 어떻게 투자할 것인가에 대한 자금의 조달과 운용이라는 재무의사결정에 대한 공부이다.

자금의 운용	자금의 조달
자산	남의 돈(부채)
유동자산	내 돈(자본)
비유동자산	

어느 정도의 자금을 토지, 건물, 기계장치 등 어느 자산에 투자할 것인가를 결정하는 투자의사결정과 투자에 필요한 자금을 내 돈과 남의 돈을 어떻게 조달할 것인가를 결정하는 자본조달 의사결정이다. 투자의사결정과 자본조달 의사결정을 통하여 기업의 가치를 극대화하는 것이다. 이러한 재무관리의 궁극적인 목적은 기

업의 가치를 극대화하는 것이다.

기업의 가치=미래 기업 현금흐름의 총현재가치

기업의 가치(firm value)는 기업이 벌어들일 미래 현금흐름을 그 발생시기와 불확실성에 따라서 적절하게 할인한 현재가치의 총합을 의미한다. 앞으로 앞에서 학습한 것처럼 기업은 가치를 창출하는 것을 경영의 기본적인 목표로 알고 있다. 이러한 기업의 가치는 재무관리에서 미래 기업 현금흐름의 총현재가치를 가장 크게 하는 것이 재무관리의 궁극적인 목적이다. 이제 현재가치의 개념과 미래가치의 개념에 대해 알아보자.

2. 화폐의 시간가치

일반적으로 사람들은 동일한 금액인 경우에 미래의 현금흐름보다는 현재의 현금흐름을 더 선호한다. 이는 내일의 돈보다 오늘의 돈에 더 가치를 둔 다는 것이다. 이는 사람들은 일반적으로 미래의 소비보다 현재의 소비를 더 선호하는 시차선호(time preference)의 경향을 가지고 있다. 시차선호는 경제학에서 time discounting, delay discounting 등으로 불리며 재화나 현금을 미래에 받는 것과 비교하여 현재에 받는 것에 대한 현재의 상대적 평가이다. 시차선호는 사람들의 일반적인 행동적 특성에 따라 미래의 소비보다 현재의 소비를 더 선호하는 강도는 달라질 수 있다. 사람들이 현재의 소비를 더 선호하는 이유는 미래의 불확실성 때문이다. 사람들은 위험을 싫어하기 때문에 적절한 보상이 없다면 불확실한 미래의 소비를 선택하지 않기 때문이다. 여러분들의 현재와 미래에 대한 시차선호는 어떤가? 다시 화폐의 시간가치 개념에 대해 살펴보자. 오늘의 돈과 내일의 돈의 가치가 엄밀하게 차이가 있다는 것이다. 즉, 동일한 금액이라도 미래에 받게 되는 현금보다도 오늘의 현금을 더 선호하게 되는데 오늘 여러분들이 ₩10,000,000을 받기로 하는 경우와 1년 후에 ₩12,000,000을 받는 두 가지 대안이 존재한다면, 여러분은 오늘의 ₩10,000,000을 선택하겠는가? 아마도 일년 후에 못 받을 수 있다는 불확실성을 느끼거나, 오늘 ₩10,000,000을 받아 투자하여 일년 후의 ₩12,000,000보다 더 많은 금액을 수령할 수 있는 사람은 오늘의 ₩10,000,000을 선호할 것이다. 기업의 경우는 수없이 많은 의사결정을 하여야 하는데, 즉, 다양한 투자안이 존재할 때 어떠한 투자안을 선택하는 것이 좋을 것이냐는 분석을 하게 된다. 이때 투자안을 비교할 수 있는 기준은 동일한 시점으로 환산하는 것이다. 미래의 현금흐름을 현재 시점으로 환산하는 것은 현재가치(present value)라고 하며, 앞으로 발생할 현금흐름을 미래의 어느 특정 시점으로 환산하는 경우를 미래가치(future value)라고 한다. 미래가치와 현재가치의 개념을 이해하기 위하여 단순이자(simple interest)와 복리이자(compound interest)의 개념을 살펴보자. 단순이자 계산은 발생된 이자에 대해서는 이자가 계산되지 않고, 원금에 대해서만 이자계산이 되는 것을 의미한다. 복리이자는 이자의 이자 개념으로 미지급이자가 다시 원금에 가산되어 새로운 원금이 되고 그 새로운 원금을 기초로 다시 이자 계산을 반복하는 것을 의미한다.

예를 들어, 승달산(주)가 상품을 매출하고 약속어음(120일 만기, 연 8% 이자율) ₩1,000,000을 수취하였다면, 만기일에 받게 되는 이자는

이자 = 원금 × 이자율 × 기간

(₩1,000,000 × 0.08 × 120/365) = ₩26,301원이다.

복리이자 계산의 경우는 ₩1,000,000을 연 8%의 이자율로 3년간 차입하여 원리금을 3년 후에 상환하기로 한 경우, 1년 후의 원리금은(₩1,000,000 × 0.08 × 1 =)80,000원이므로 ₩1,080,000이 되고 2년 후에는 ₩1,080,000을 새로운 원금으로 이자를 계산하면 ₩86,400을 더한 ₩1,166,400이 되고 3년 후에는 ₩1,166,4000에 1.08의 이율을 계산한 ₩1,259,712이 된다.

3. 미래가치와 현재가치

미래가치란 현재의 일정금액을 미래의 일정시점의 화폐가치로 환산한 것을 의미한다. 예를 들어 오늘의 ₩1,000,000이 1년 후의 ₩1,000,000과 그 가치는 같지

않다. 이자가 있기 때문이다. 만약 시장이자율이 연 8%라면 ₩1,000,000의 1년 후의 미래가치를 계산해 보자. 지금 현재 소유하고 있는 ₩1,000,000의 미래가치는 다음과 같은 공식에 의하여 계산될 수 있다.

$$
\begin{aligned}
\text{미래가치}(F_n) &= \text{현재가치} + (\text{현재가치} \times \text{이자율}) \\
&= (P) + (P \times r) \\
&= \text{현재가치}(1 + \text{이자율}) \\
&= 1{,}000{,}000(1 + 0.08) \\
&= 1{,}080{,}000
\end{aligned}
$$

마찬가지 방법으로 3년 후의 미래가치는 다음과 같이 계산할 수 있다.

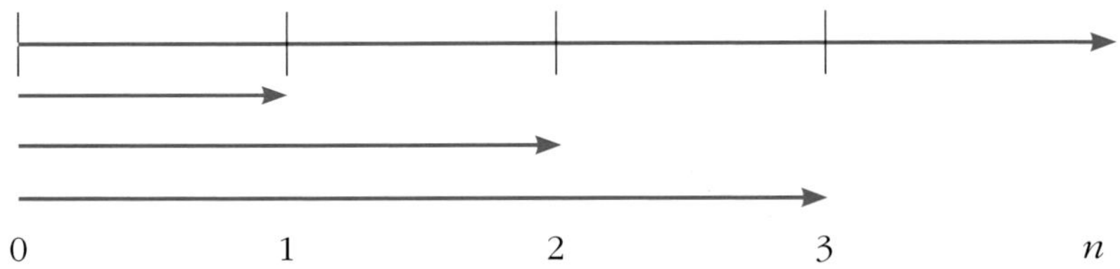

$$
\begin{aligned}
F_0 &= 1{,}000{,}000 \\
F_1 &= 1{,}000{,}000 \times 1.08 = 1{,}080{,}000 \\
F_2 &= (1{,}000{,}000 \times 1.08) \times 1.08 = 1{,}000{,}000 \times (1.08)^2 = 1{,}166{,}400 \\
F_3 &= [1{,}000{,}000 \times (1.08)^2 \times 1.08 = 1{,}000{,}000 \times (1.08)^3 = 1{,}259{,}712
\end{aligned}
$$

따라서 n기간 후의 미래가치 F_n은 다음과 같은 공식으로 알 수 있다.

$$F_n = P(1 + r)^n$$

F_n: n기간 후의 미래가치

P: 현재가치

r: 이자율

n: 기간

반대로 현재가치는 $P = \frac{P_n}{(1+r)n} \times 100$이다. 현재가치란 미래에 발생할 일정금액을 현재시점의 화폐가치로 환산한 것을 말하며, 이는 미래가치에서 살펴본 이자율처럼 현재가치에서는 할인율(discount rate)을 적용한 할인계산과정을 의미한다. 앞의 미래가치의 예를 통하여 시장이자율이 8%이고 1년 후에 받을 예상인 ₩1,000,000의 현재가치를 계산해 보자. 즉, 1년 후에 받게되는 ₩1,000,000의 현재가치는 (1+0.08)로 나누어준 값이다. ₩925,925.92925원이다. 즉 반올림해서 ₩925,926원이 현재가치이다.

사례	돈의 값: 금리와 환율

금리는 돈의 값이다. 돈을 갖고 있을 때 얼마만큼의 가치를 얻을 수 있는지 나타낸다. 금리가 국내시장에서의 돈의 값이라면 환율은 대외적인 돈의 값이다. 우리나라 돈을 비교한 상대적 가치다. 따라서 환율은 비교군이 필요하다. 시소에 탄 A가 올라갔다면 B는 내려온다. 환율도 마찬가지다. 상대 국가가 있고 그 값은 수요와 공급에 의해 결정된다. 수요가 늘거나 공급이 줄 때 값은 더 비싸진다. 예를 들어 1달러에 1,000원이라고 가정해 보자 원달러 환율은 1,000원이다. 1,000원을 내야 1달러짜리 물건을 살 수 있었다. 그런데 달러를 사려는 사람이 크게 늘어난 상황이 닥치면 달러 값은 올라간다. 우리 돈으로 1,500원을 주어야 1달러를 살 수 있데 되는 상황이 달러 강세다. 즉 원화의 가치가 평가절하된 것이다. 원달러 환율은 1,000원에서 1,500원으로 오른 상황을 환율상승이라고 표현한다.

다음은 채권이다. 은행에 강비하는 정기예금을 상상해보자. 예를 들어 김목포가 10년짜리 정기예금에 가입했는데 그 금리가 연 5%라고 가정해 보자. 그런데 일주일 후 은행 정기예금 금리가 2%로 폭락한다. 이틀 전 가입한 김목포는 5%의 이자를 받으니 연 2%짜리 예금통장을 가진 이들은 매우 부러워할 것이다. 그리고 5%짜리 정기예금 통장을 사려고 할 것이다. 수요가 증가하면 김목포는 프리미엄을 얹어주는 사람에게 넘기거나 아니면 안 팔 것이다. 즉 높은 금리로 고정되어 있는 기존 통장(채권)의 값어치는 높아진다.

[자료원: 한경Business No.1486 2024.5]

4. 기업의 재무제표분석

(1) 재무제표분석의 의의

재무제표분석은 기업의 과거와 현재의 재무상태나 경영성과를 파악하고 이를 바탕으로 미래 경영을 위한 의사결정에 필요한 기초자료를 제공한다. 이러한 재무제표분석은 재무제표를 중심으로 분석하며, 주로 자본의 조달과 운용의 적절성에 대해 살펴보게 된다. 재무제표분석은 주로 비율분석 방법이 사용된다. 재무제표를 활용하여 의사결정을 하는 사람들은 크게 외부정보이용자와 내부정보이용자로 구분된다. 기업의 최고경영자와 중간경영자, 그리고 하위경영자들은 외부보고용의 재무제표 이외에도 기업경영과 관련된 다양한 정보를 필요로 하고 이는 기업내부의 원가정보를 알려주는 원가회계와 의사결정에 필요한 관리회계정보를 최고경영자에게 전달한다. 외부정보이용자인 채권자와 투자자들은 과거 기업의 영업성과와 현재 기업의 영업성과를 비교하고 싶어 하고, 이를 통하여 기업미래의 수익 잠재력과 그 기업의 위험성을 예측하고자 회계정보를 이용한다. 재무제표분석(financial statement analysis)이란 기업이 제공하는 재무제표를 활용하여 외부정보이용자나 내부정보이용자에게 유용한 정보를 창출하는 분석과정이다. 우리가 매년 건강을 위하여 병원에 가서 건강진단을 받는 것과 같이 재무제표를 통하여 기업경영의 건강진단을 할 수 있다. 여러분들도 병원에 가면 의사가 다양한 문진을 통하여 여러분들의 상태를 확인한다. 그중 대표적인 것이 여러분들의 혀와 목구멍을 제일 먼저 살펴보는 것을 경험하였을 것이다. 그 다음 피검사를 통하여 기본적인 건강정보를 파악한다. 과연 기업의 건강도 체크할 수 있을까? 그렇다면 제일 먼저 확인하는 것은 무엇일까? 아마도 현금흐름일 것이다.

5. 재무제표분석 방법

기업에서 작성된 재무제표를 이용하여 분석하고자 할 때 보고된 수치들 간의 관계가 무엇을 의미하는지, 비율분석의 수치는 어떠해야 하는지 등 체계적인 분석을 위한 판단이 필요하다. 이를 위한 방법으로 과거 평균 비율을 통한 시계열 분석을 할 수 있고, 또한 특정 시점에서 분석대상기업이 속한 업종에서 다른 기업과의 비교를 통하여 살펴볼 수 있는 산업평균비율분석인 횡단면 분석을 할 수 있다. 시계열 분석(time-series analysis)이란 두 기간 이상에 걸쳐 관심 있는 기업의 재무제표 수치나 재무비율을 분석하는 것을 의미한다. 시계열 분석을 통하여 관심 있는 기업의 재무제표의 금액이나 비율이 과거보다 좋아졌는지 나빠졌는지를 파악하여 개괄적인 판단을 할 수 있다. 시계열 분석은 두 기간 이상에 걸친 변화를 비교 분석하는 기법으로 기준 연도의 각 항목을 100으로 설정하고, 이후 연도의 각 항목 금액은 기준연도에 대한 비율로 표시하여 분석한다. 횡단면 분석(cross-sectional analysis)은 관심 있는 기업이 속한 업종 내의 다른 기업과의 비교를 특정시점에서 실시하는 것을 의미한다. 횡단면 분석을 위하여 동종 업계 내의 유사기업과 비교를 하거나, 관심 있는 기업이 속한 산업평균과 비교하여 분석하게 된다. 이러한 분석을 통하여 관심 있는 기업이 어느 정도인지를 파악할 수 있다.

(1) 성장성 분석

성장성 분석은 일정 기간 기업의 규모나 경영성과가 얼마나 증가하였는지를 파악하는 방법이다. 기업이 지속적으로 발전하기 위해서는 성장해야 한다. 기업이 얼마나 성장하는지를 파악할 수 있는 방법은 성장성 비율을 확인하는 것이다. 성장성 비율은 기업의 외형적 규모와 경영성과가 전년에 비하여 얼마나 증가하였는가를 나타내는 비율로서, 기업의 경쟁력이나 미래의 수익창출능력을 간접적으로 나타낸다. 또한 매출액증가율, 총자산증가율 등과 같이 기업의 외형적 성장세를 나타내는 비율과 순이익증가율, 주당이익증가율 등과 같이 기업의 실질적 성장세를 나타내는 비율로 구분할 수 있다. 따라서 성장성 비율은 기업의 경쟁력이나 미래 수익 창출능력을 간접적으로 나타내는 지표이다.

1) 매출액증가율

매출액증가율(sales growth rate)은 매출액이 전년도에 비해 당해 연도에 얼마나 증가하였는지를 나타내는 비율이다. 매출액증가율은 기업의 외형적 성장률을 판단하는 대표적인 비율이다.

$$매출액증가율(\%) = \frac{당기매출액 - 전기매출액}{전기매출액} \times 100$$

2) 총자산증가율

총자산증가율(total assets growth rate)은 기업에 투자되어 운영된 총자산이 작년에 비하여 얼마나 증가하였는지를 나타내는 지표로서 일정한 기간 동안 기업의 자산 규모가 어느 정도 증가하였는지를 측정한다.

$$총자산증가율(\%) = \frac{당기자산총계 - 전기자산총계}{전기자산총계} \times 100$$

3) 순이익증가율과 주당이익증가율

순이익증가율(net profit growth rate)은 기업 활동의 최종성과인 순이익이 전년도에 비하여 당기에 얼마나 증가하였는지를 나타내는 성장률 지표이다. 주당이익증가율(earnings per share growth rate)은 주당이익이 작년에 비하여 얼마나 증가하였는지를 보여주는 지표이다.

$$순이익증가율(\%) = \frac{당기순이익 - 전기순이익}{전기순이익} \times 100$$

$$주당이익증가율(\%) = \frac{당기주당이익 - 전기주당이익}{전기주당이익} \times 100$$

(2) 안전성 분석

안정성 비율(safety ratio)은 재무상태표 항목인 자산·부채·자본 간의 관계를 나타내는 비율로서 장기지급능력을 파악할 수 있는 비율이다. 또한 기업의 타인자본인 부채와 자기자본인 자본과의 관계를 이용하여 기업의 장기적인 능력을 파악할 수 있다. 채권자의 관점에서는 투자한 기업에 대하여 원금과 이자를 제대로 지급받을 수 있는지를 평가하고 기업의 경영자에게는 자금조달에 대한 의사결정을 하는데 도움을 줄 수 있다. 안정성 비율은 기업의 단기지급능력을 의미하는 유동성분석, 자본조달구조에 따른 경기변화에 대한 대응능력을 의미하는 레버리지 분석, 조달된 장기성 자본(자기자본 혹은 장기타인자본)이 비유동자산에 안정적으로 배분되었는지를 살펴보는 자본배분의 안정성 분석 등이 포함된다.

1) 부채비율

부채비율(debt ratio)은 부채를 자기자본으로 나눈 비율이다. 부채비율은 타인에게 빌린 차입금을 포함한 부채가 자기자본의 몇 배가 되는가를 나타내는 비율이다.

$$\text{부채비율}(\%) = \frac{\text{총부채}}{\text{자기자본}} \times 100$$

2) 자기자본비율

자기자본비율(debt-equity ratio)이란 기업의 총자산 중에서 소유주의 비중은 얼마인가를 나타내는 비율이다. 자기자본비율이 높을수록 기업의 재무구조가 건전하다고 판단할 수 있다.

$$\text{자기자본비율}(\%) = \frac{\text{자기자본}}{\text{총자본}} \times 100$$

3) 차입금 의존도

차입금 의존도는 총자본 중 외부로부터 조달한 차입금의 비중을 나타내는 지표로, 차입금 의존도가 낮을수록 이자 비용 부담이 감소되어 안정성이 높아진다.

$$\text{차입금 의존도}(\%) = \frac{\text{차입금}}{\text{총자본}} \times 100$$

(3) 수익성 분석

기업의 수익성은 기업을 성장시키는데 있어서 가장 중요한 원동력이다. 따라서 수익성 분석은 중요하다. 수익성 비율은 일정기간 동안의 기업의 경영성과를 측정하는 비율이다. 투자된 자본이나 자산 혹은 매출액 대비 창출된 이익의 정도를 나타내므로, 이익창출능력에 대한 평가는 물론 성과를 요인별로 분석하고 검토하기 위한 지표로도 유용하게 사용된다. 일반적으로 수익성 비율에는 매출액이익률, 총자본(자산)순이익률, 총자본영업이익률, 그리고 주당순이익이 있다.

1) 매출액이익률

매출액이익률은 매출액총이익률, 매출액영업이익률, 그리고 매출액순이익률로 구분하여 분석할 수 있다. 매출액총이익률(gross profit ratio)은 매출총이익을 매출액으로 나눈 비율로서 기업의 생산마진을 측정한다. 매출액영업이익률(operatingprofit to sales ratio)은 영업이익을 매출액으로 나눈 비율로서 기업의 영업마진을 측정한다. 매출액순이익률(earning after tax to sales ratio)은 당기순이익을 매출액으로 나눈 비율로서 기업의 전체적인 최종이익을 의미한다.

$$\text{매출액총이익률}(\%) = \frac{\text{매출총이익}}{\text{총자본}} \times 100$$

$$\text{매출액영업이익률}(\%) = \frac{\text{영업이익}}{\text{매출액}} \times 100$$

$$\text{매출액순이익률}(\%) = \frac{\text{당기순이익}}{\text{매출액}} \times 100$$

(4) 활동성 분석

활동성 분석은 투하된 자산이나 자본이 회계기간 중 얼마나 활발하게 활용되고 있는지를 나타내며, 효율성 비율 또는 회전율이라고도 한다. 기업은 투하된 자산이나 자본을 이용해서 끊임없이 성과를 창출해야 하는데, 대표적인 성과물이 바로 손익계산서의 매출액이다. 따라서 활동성 지표는 투하된 자산이나 자본 대비 창출한 매출액의 배수로 측정된다. 활동성 비율은 기업이 보유한 자원과 매출액을 비교한 비율로서 보유한 자원을 효율적으로 활용할수록 기업의 수익성은 증가한다. 활동성 비율을 통한 분석은 자원의 효율적 이용정도에 따라 총자산회전율, 자기자본회전율로 구분되고 소요 운영자금 규모에 따라 재고자산회전율과 매출채권회전율로 구분된다.

1) 총자산회전율과 자기자본회전율

총자산회전율(total asset turnover)은 총자본회전율이라고 하며 이는 매출액을 총자산으로 나눈 비율이다. 총자산회전율을 통하여 기업이 보유하고 있는 총자산이 수익을 창출하는데 얼마나 효율적으로 이용되는가를 측정하는 비율이다. 구하는 방법은 분모는 기초 총자산과 기말 총자산의 평균치를 사용하고, 분자는 매출액을 사용한다. 자기자본회전율(equity turnover)은 매출액을 자기자본으로 나눈 비율이다. 이 비율은 자기자본이 1년 동안 몇 번 회전했는지를 나타내는 비율로서 주주가 투자한 자본의 활용도를 나타내는 비율이다.

$$\text{총자산회전율}(\%) = \frac{\text{매출액}}{\text{평균총자산}} \times 100$$

$$\text{자기자본회전율}(\%) = \frac{\text{매출액}}{\text{평균자기자본}} \times 100$$

2) 재고자산회전율과 매출채권회전율

재고자산회전율(inventory turnover)은 재고자산에 투하된 자본이 얼마나 빨리 회수되는가를 측정하는 지표이다. 이는 연간 매출액을 재고자산으로 나눈 비율로서 재고자산의 회전속도를 나타낸다. 매출채권회전율(receivable turnover)은 매출액을 매출채권으로 나눈 비율로서 매출채권의 현금화 속도를 측정하는 비율이다. 매출채권회전율이 높다는 것은 매출채권이 잘 관리되고 매출채권의 현금화 속도가 빠르다는 것을 의미한다.

$$재고자산회전율(\%) = \frac{매출액}{평균재고자산} \times 100$$

$$매출채권회전율(\%) = \frac{매출액}{평균매출채권} \times 100$$

6. 위험과 수익률

(1) 위험과 수익률의 개념

재무관리에서 위험과 수익률은 투자 결정의 핵심 요소이다. 위험(Risk)은 미래현금흐름의 변동 가능성(불확실성)을 의미한다. 즉, 현금흐름의 변동폭이 크면 위험이 크다고 하며, 반대면 위험이 작다고 한다. 수익률(Return)은 투자로부터 얻는 이익을 투자 원금으로 나눈 비율로 표현된다. 수익률은 실현수익률과 기대수익률로 구분된다. 실현수익률은 실제로 달성된 수익률이며, 기대수익률은 미래에 얻을 것으로 예상되는 수익률이다. 투자자는 과거의 실현수익률을 참고하여 미래의 기대수익률을 추정하지만, 실제 결과는 기대와 다를 수 있다.

(2) 위험의 유형

투자에서 총위험은 체계적 위험(Systematic Risk)과 비체계적 위험(Unsystematic Risk)의 합으로 구성된다. 체계적 위험은 시장 전체에 영향을 미치는 위험으로 분산투자로도 제거할 수 없는 위험이다. 경기침체, 인플레이션, 금리 변동, 정치적 불안정 등이 체계적 위험의 대표적인 예이다. 이는 시장위험 또는 분산불가능위험이라고도 불린다. 반면 비체계적 위험은 특정 기업이나 산업에만 영향을 미치는 위험으로, 적절한 분산투자를 통해 줄이거나 제거할 수 있다. 경영진의 실수, 신제품 개발 실패, 노사분규, 특정 산업의 규제 변화 등이 비체계적 위험에 해당한다. 이는 기업고유위험 또는 분산가능위험이라고도 한다. 지금까지 살펴본 위험의 유형과 포트폴리오를 살펴보면 [그림 14-1]과 같다.

그림 14-1 포트폴리오와 위험의 구성

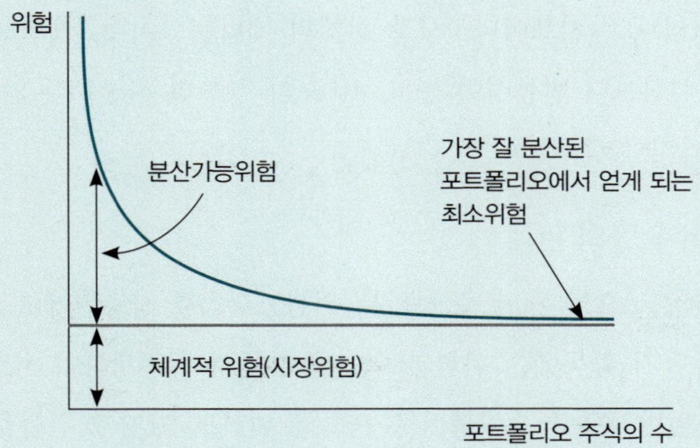

수익률은 다양한 방법으로 측정될 수 있다. 가장 기본적인 단순수익률은 다음과 같이 계산된다.

수익률 = {(기말가격 − 기초가격 + 배당금)/기초가격} × 100

예를 들어, 주식을 10,000원에 매수하여 11,000원에 매도하고 배당금 200원을 받았다면, 수익률은 {(11,000 − 10,000 + 200)/10,000} × 100 = 12%가 된다. 투자기간이 1년 미만이거나 여러 기간에 걸친 수익률을 비교할 때는 연환산수익률을 사용한다. 또한 인플레이션의 영향을 제거한 실질수익률과 인플레이션이 포함된 명목수익률을 구분하여 분석하는 것이 필요하다.

(4) 위험의 측정

위험의 크기는 주로 표준편차(Standard Deviation)와 베타(Beta)계수로 측정된다. 표준편차는 수익률의 변동성을 나타내는 지표로 값이 클수록 위험이 높다는 것을 의미한다. 과거 수익률 데이터의 평균값을 중심으로 실제 수익률이 얼마나 흩어져 있는지를 보여준다. 표준편차가 10%인 투자와 20%인 투자가 있다면, 표준편차가 큰 후자가 더 위험한 투자로 간주된다.

베타계수는 개별 자산의 수익률이 전체 시장수익률 변동에 얼마나 민감하게 반응하는지를 나타내는 지표이다. 시장 전체의 베타는 1이며, 개별 주식의 베타가 1.0보다 크면 시장보다 변동성이 높고, 1.0보다 작으면 시장보다 안정적임을 의미한다.

(5) 위험과 수익률의 관계

투자에서 가장 중요한 개념 중 하나는 위험-수익률 상충관계(Risk-Return Trade-off)이다. 모든 투자 활동에는 위험과 수익률이 동시에 존재하며 서로 상반된 관계를 나타낸다. 일반적으로 수익률이 높을수록 위험도 커지고 위험을 줄이려 할수록 수익률이 낮아지는 것이 투자의 기본 원칙이다. 따라서 합리적인 투자자는 동일한 수익률이 기대된다면 위험이 낮은 투자를 선호하고, 동일한 위험 수준이라면 수익률이 높은 투자를 선호한다. 투자자가 위험을 추가로 부담함으로써 더 요구하는 수익률을 위험에 대한 대가 또는 위험프리미엄(Risk Premium)이라고 한다. 이러한 관계는 자본자산가격결정모형(CAPM: Capital Asset Pricing Model)으로 설명된다. CAPM에 따르면 기대수익률은 무위험수익률에 위험프리미엄을 더한 값으로 결정된다.

$$\text{기대수익률} = \text{무위험이자율} + (\text{시장수익률} - \text{무위험이자율})$$
$$E(r_i) = r_f + \text{위험프리미엄}$$

여기서 무위험이자율은 일반적으로 시장의 1년 만기 정기예금 금리 수준을 의미하고, (시장수익률 - 무위험수익률)은 시장위험프리미엄을 나타낸다.

7. 포트폴리오 이론

(1) 포트폴리오 이론의 개념과 발전

포트폴리오는 하나의 자산이 아닌 여러 자산으로 이루어진 투자집합체를 의미한다. 포트폴리오 이론(Portfolio Theory)은 1952년 해리 마코위츠(Harry Markowitz)가 제시한 현대 투자이론의 출발점이다. 이 이론은 "계란을 한 바구니에 담지 말라"는 전통적인 투자 격언을 수학적으로 체계화한 것으로, 여러 자산에 분산투자함으로써 전체 포트폴리오의 위험을 줄이면서 동시에 적절한 수익률을 달성할 수 있다는 것을 증명했다. 마코위츠 이전의 투자자들은 주로 개별자산의 위험과 수익률만을 고려했지만, 포트폴리오 이론은 자산 간의 상관관계(Correlation)를 고려하여 전체 포트폴리오 차원에서 위험을 분석하는 새로운 관점을 제시했다. 이 혁신적인 접근 방식으로 마코위츠는 1990년 노벨경제학상을 수상했으며, 현대 금융이론의 아버지로 불린다. 포트폴리오 이론의 핵심은 투자자가 위험 회피적(Risk-Averse)이라는 가정에서 출발한다. 즉, 투자자는 동일한 기대수익률이라면 위험이 낮은 투자를 선호하고, 동일한 위험 수준이라면 수익률이 높은 투자를 선호한다는 것이다.

(2) 분산투자의 원리

분산투자의 효과는 자산 간의 상관계수(Correlation Coefficient)에 의해 결정된다. 상관계수(ρ)는 -1과 $+1$ 사이의 값을 가지며, 두 자산의 수익률이 어떤 관계에 있는지를 나타낸다. 완전 정(+)의 상관관계($\rho=+1$)일 때는 두 자산의 수익률이 완전히 같은 방향으로 움직인다. 이 경우 분산투자효과가 전혀 없으며, 포트폴리오의 위험은 각 자산 위험의 가중평균과 같아진다. 완전 부(−)의 상관관계($\rho=-1$)일 때는 두 자산의 수익률이 완전히 반대 방향으로 움직인다. 이 경우 적절한 비중으로 투자하면 포트폴리오의 위험을 0까지 줄일 수 있다. 현실적으로는 완전한 부의 상관관계를 가진 자산을 찾기 어렵다. 한편, 무상관관계($\rho=0$)일 때는 두 자산의 수익률 움직임이 서로 독립적이다. 이 경우에도 상당한 분산투자효과를 얻을 수 있다. 현실에서 대부분의 자산들은 0과 $+1$ 사이의 상관계수를 가지므로, 완벽한 위험 제거는 불가능하지만 포트폴리오를 구성하면 상당한 위험 감소 효과를 얻을 수 있다. 이를 포트폴리오효과 또는 분산투자효과라고 한다.

(3) 포트폴리오의 기대수익률과 위험

두 개의 자산으로 구성된 포트폴리오를 예로 들어 포트폴리오의 기대수익률과 위험을 계산해 보자. 자산 A와 자산 B로 구성된 포트폴리오에서 각각의 투자비중을 W_A, W_B라 하면 ($W_A + W_B = 1$).

$$\text{포트폴리오 기대수익률} : E(R_p) = W_A \times E(R_A) + W_B \times E(R_B)$$

포트폴리오의 기대수익률은 각 자산의 기대수익률을 투자비중으로 가중평균한 값이다. 이는 상관계수와 무관하게 항상 성립한다.

포트폴리오 위험(표준편차) :

$$\sigma_p = \sqrt{W_A{}^2 \times \sigma_A{}^2 + W_B{}^2 \times \sigma_B{}^2 + 2(W_A \times W_B) \times \sigma_A \times \sigma_B \times \rho_{AB}}$$

여기서 σ_A, σ_B는 각각 자산 A, B의 표준편차이고, ρ_{AB}는 두 자산 간의 상관계수이다. 이 공식에서 중요한 점은 포트폴리오의 위험이 각 자산 위험의 단순 가중평균이 아니라는 것이다. 상관계수가 +1보다 작으면 포트폴리오 위험이 개별자산 위험의 가중평균보다 작아진다.

(4) 효율적 투자선

효율적 투자선(Efficient Frontier)은 포트폴리오 이론의 핵심 개념으로, 주어진 위험 수준에서 최대 수익률을 제공하거나, 주어진 수익률 수준에서 최소위험을 제공하는 포트폴리오들의 집합을 나타낸다. 효율적 투자선 상의 모든 포트폴리오는 효율적 포트폴리오(Efficient Portfolio)라고 불린다. 합리적인 투자자라면 반드시 효율적 투자선의 포트폴리오를 선택해야 한다. 효율적 투자선 아래쪽에 있는 포트폴리오는 비효율적 포트폴리오로, 같은 위험 수준에서 더 높은 수익률을 얻거나 같은 수익률에서 더 낮은 위험을 감수할 수 있는 다른 포트폴리오가 존재한다. 효율적 투자선은 일반적으로 위험 - 수익률 좌표 상에서 위쪽으로 볼록한 곡선 형태를 갖

그림 14-2 투자가능한 포트폴리오와 효율적 투자선

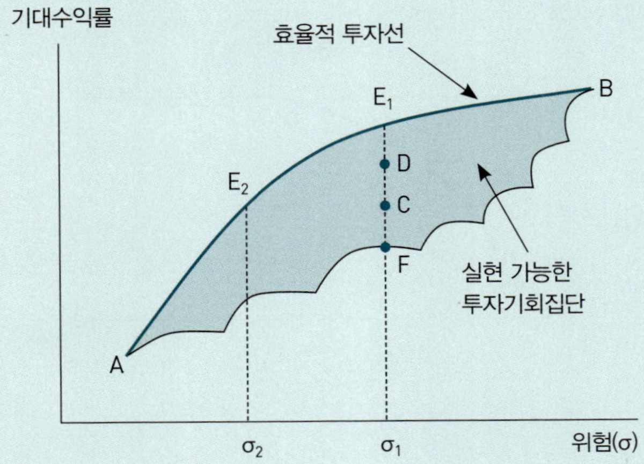

는다. 이는 한계위험 체증의 법칙을 보여주는데, 수익률을 높이기 위해서는 점점 더 많은 추가 위험을 감수해야 한다는 의미이다. 투자가능한 포트폴리오와 효율적 투자선은 [그림 14-2]와 같다.

(5) 최적 포트폴리오의 선택

효율적 투자선상의 여러 포트폴리오 중에서 투자자는 자신의 위험 선호도에 따라 최적 포트폴리오를 선택한다. 이는 무차별곡선(Indifference Curve)과 효율적 프런티어의 접점에서 결정된다. 무차별곡선은 투자자에게 동일한 효용을 제공하는 위험-수익률 조합들을 나타낸다. 위험회피 성향이 강한 투자자일수록 무차별곡선의 기울기가 가파르며, 상대적으로 낮은 위험의 포트폴리오를 선택한다. 이를 살펴보면 [그림 14-3]과 같다. 투자자는 기대수익률과 위험 사이에서 무차별곡선과 접하는 최적 포트폴리오를 선택하게 된다.

그림 14-3 무차별곡선과 최적 포트폴리오 선택

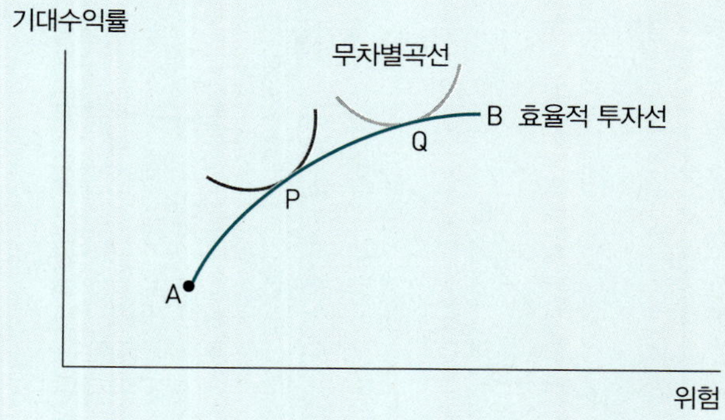

(6) 자본자산가격결정모형(CAPM)

포트폴리오 이론은 자본자산가격결정모형(Capital Asset Pricing Model, CAPM)의 기초가 된다. 마코위츠의 포트폴리오 이론에 무위험자산의 개념을 도입하면 모든 투자자가 선택하는 위험자산 포트폴리오는 동일해진다. 이를 시장포트폴리오라고 한다. 무위험자산과 시장포트폴리오를 결합한 자본시장선(Capital Market Line, CML)은 투자자가 달성할 수 있는 최고의 위험-수익률 조합을 나타낸다. 투자자는 자신의 위험 선호도에 따라 무위험자산과 시장포트폴리오의 비중만 조정하면 된다.

1) CAPM의 개념과 발전 배경

자본자산가격결정모형(Capital Asset Pricing Model, CAPM)은 1964년 샤프(William Sharpe), 린트너(John Lintner), 모신(Jan Mossin)이 개발한 자본시장 이론이다. 이 모형은 마코위츠의 포트폴리오 이론을 확장하여, 개별자산의 기대수익률이 어떻게 결정되는지를 설명한다. CAPM은 체계적 위험만이 추가적인 수익률(위험프리미엄)을 제공한다는 핵심 통찰을 제시한다. 즉, 분산투자를 통해 제거할 수 있는 비체계적 위험에 대해서는 시장이 추가 보상을 제공하지 않는다는 것이다. 이는 현대 금융이론의 가장 중요한 발견 중 하나로 평가받는다. 다만, CAPM은 다음과 같은 가정하에서 성립한다

1. 투자자는 위험 회피적이며 평균-분산 효용을 극대화한다.
2. 모든 투자자의 투자 기간은 동일하다(일반적으로 1년).
3. 모든 투자자는 동일한 정보를 가지고 있어 기대수익률과 위험에 대해 같은 예측을 한다.
4. 완전 자본시장이 존재한다(거래비용, 세금 없음, 모든 자산이 무한분할 가능).
5. 무위험자산이 존재하며, 모든 투자자가 동일한 무위험이자율로 자금을 빌리거나 빌려줄 수 있다.
6. 공매도 제약이 없다.

이러한 가정들은 현실과 다소 거리가 있지만, 복잡한 현실을 단순화하여 핵심 원리를 도출하기 위한 이론적 장치이다.

2) 자본시장선(CML)

무위험자산의 도입으로 투자자들은 무위험자산과 위험자산 포트폴리오를 결합한 새로운 투자기회를 얻게 된다. 무위험자산(R_f)에서 시작하여 위험자산 포트폴리오에 대한 접선을 그으면 이 접선이 자본시장선(Capital Market Line, CML)이 된다. 이는 [그림 14-4]와 같다.

그림 14-4 자본시장선

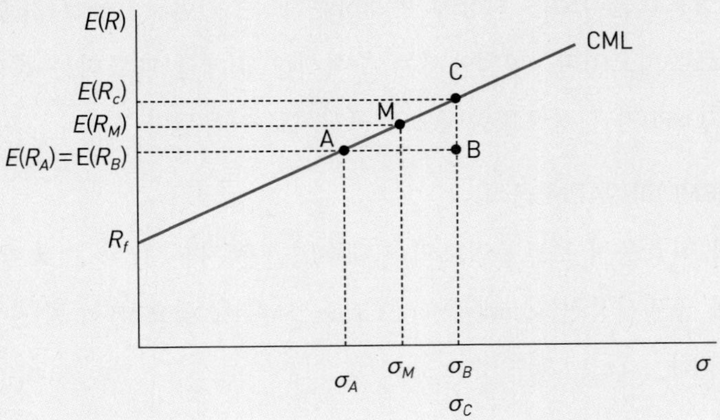

자본시장선(CML)의 식은 다음과 같다.

$$E(r_p) = r_f + [E(r_m) - r_f)/\sigma_m] \times \sigma_p$$

여기서, $E(r_p)$: 포트폴리오의 기대수익률
r_f: 무위험이자율
$E(r_m)$: 시장포트폴리오의 기대수익률
σ_m: 시장포트폴리오의 표준편차
σ_p: 포트폴리오의 표준편차

CML은 효율적 포트폴리오들이 달성할 수 있는 최선의 위험-수익률 조합을 나타낸다. 모든 합리적 투자자는 CML 상의 포트폴리오를 선택하게 되며, 각 투자자는 자신의 위험 성향에 따라 무위험자산과 시장포트폴리오의 비중만 조정하면 된다.

3) 시장포트폴리오와 분리정리

CAPM에서 가장 중요한 발견 중 하나는 분리정리(Separation Theorem)이다. 이는 투자 결정이 두 단계로 분리될 수 있음을 의미한다. 첫째 단계에서 최적 위험자산 포트폴리오 결정하고, 둘째 단계에서 개인의 위험 선호도에 따른 무위험자산과 위험자산 포트폴리오 간의 비중 결정한다. 이는 모든 투자자가 동일한 정보를 가지고 있다는 가정하에서, 모든 투자자가 선택하는 최적 위험자산 포트폴리오는 동일하다. 이것이 바로 시장포트폴리오이다.

이와 같이 시장포트폴리오는 시장에 존재하는 모든 위험자산을 시가총액 비중으로 보유한 포트폴리오이다. 현실에서는 주식시장 전체를 대표하는 종합주가지수(예: S&P 500, KOSPI)가 시장포트폴리오의 근사치로 사용된다.

4) 증권시장선(SML)과 CAPM 공식

개별 자산이나 비효율적 포트폴리오의 기대수익률은 자본시장선으로 설명할 수 없다. 이를 위해 증권시장선(Security Market Line, SML)이 필요하다. 증권시장선은 [그림 14-5]와 같다.

그림 14-5 증권시장선

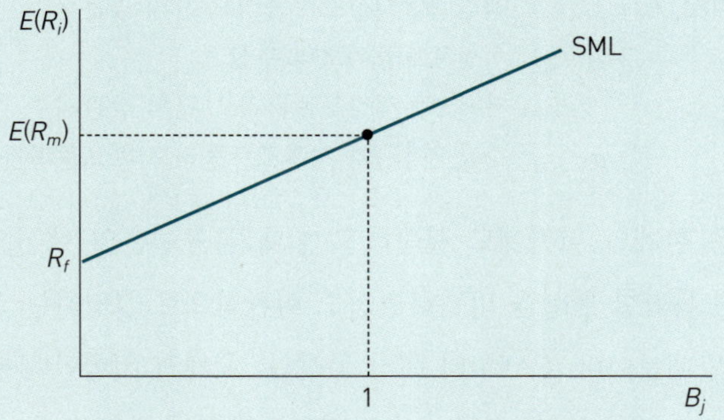

증권시장선(SML)은 개별 자산의 체계적 위험(베타)과 기대수익률 간의 관계를 나타내며, 이것이 바로 CAPM 공식이다.

$$E(r_i) = r_f + \beta_i \times [E(r_m) - r_f]$$
$$= \text{무위험이자율} + \beta_i \times [\text{시장위험프리미엄}]$$

여기서, $E(r_i)$: 자산 i의 기대수익률
r_f: 무위험이자율
$E(r_m)$: 시장포트폴리오의 기대수익률
β_i: 자산 i의 베타(체계적 위험 측정치)

5) 베타(β)의 의미와 계산

베타는 개별 자산의 수익률이 시장포트폴리오 수익률 변동에 얼마나 민감하게 반응하는지를 나타내는 지표이다. 베타가 1이면 시장과 같은 위험을 나타내고, $\beta > 1$이면 시장보다 위험하고 변동성이 큰 자산, 즉 공격적 자산이고, 반대로 $\beta < 1$이면 시장보다 안전하고 변동성이 작은 방어적 자산이 된다. 무위험자산은 $\beta = 0$이다. 예를 들어, 어떤 주식의 베타가 1.5라면, 시장이 10% 상승할 때 이 주식은 평균적으로 15% 상승하고, 시장이 10% 하락할 때는 15% 하락할 것으로 예상된다.

$$\beta_i = Cov(r_i, r_m) / Var(r_m) = \rho_{im} \times (\sigma_i / \sigma_m)$$

여기서, $Cov(r_i, r_m)$: 자산 i와 시장포트폴리오 간의 공분산
$Var(r_m)$: 시장포트폴리오의 분산
ρ_{im}: 자산 i와 시장포트폴리오 간의 상관계수
σ_i, σ_m: 각각 자산 i와 시장포트폴리오의 표준편차

CAPM은 많은 한계와 비판에도 불구하고 현대 금융이론의 핵심으로 자리잡고 있다. 그 이유는 복잡한 현실을 단순하면서도 직관적으로 설명하는 강력한 프레임워크를 제공하기 때문이다. CAPM의 핵심 통찰인 "체계적 위험만이 추가 수익률을 제공한다"는 여전히 유효하며, 실무에서 광범위하게 활용되고 있다.

따라서 경영학도들은 CAPM의 기본 원리를 정확히 이해하고, 동시에 그 한계점도 인식하여 비판적으로 활용할 수 있는 능력을 기르는 것이 중요하다. 이는 향후 재무관리, 투자분석, 기업가치 평가 등의 분야에서 필수적인 기초 지식이 될 것이다.

(7) 포트폴리오 이론의 실무 적용

1) 자산배분 전략

포트폴리오 이론은 전략적 자산배분(Strategic Asset Allocation)의 이론적 기초가 된다. 투자자는 주식, 채권, 부동산, 원자재 등 서로 다른 자산군에 분산투자함으로써 위험을 줄일 수 있다. 특히 경기 순환에 따라 다르게 움직이는 자산들을 조합하면 효과적인 분산투자가 가능하다.

2) 국제분산투자

국내 자산에만 투자하는 것보다 해외 자산에도 투자하면 추가적인 분산 효과를 얻을 수 있다. 각국의 경제상황이 다르고 환율 변동 등의 요인이 작용하므로, 국제분산투자는 포트폴리오 위험을 더욱 줄일 수 있다.

3) 펀드 운용

뮤추얼펀드나 연기금 등 기관투자자들은 포트폴리오 이론에 기반하여 체계적인 포트폴리오를 구성한다. 현대의 로보어드바이저들도 포트폴리오 이론을 알고리즘에 적용하여 개인투자자에게 최적화된 포트폴리오를 제안한다.

(8) 포트폴리오 이론의 한계와 발전

포트폴리오 이론은 몇 가지 한계를 가지고 있다. 첫째, 과거 데이터에 기반한 기대수익률과 위험 추정이 미래에도 지속될 것이라는 가정이다. 둘째, 투자자가 완전히 합리적이고 시장이 효율적이라는 가정이다. 셋째, 거래비용과 세금 등 현실적 제약을 고려하지 않는다는 점이다.

이러한 한계를 보완하기 위해 행동재무학, 블랙-리터만 모형, 위험균등(Risk Parity) 전략 등 다양한 발전된 이론과 기법들이 개발되었다. 또한 대안투자와 파생상품의 발달로 투자 가능한 자산의 범위가 크게 확대되면서 포트폴리오 구성의 선택폭도 넓어졌다.

그럼에도 불구하고 포트폴리오 이론의 핵심 통찰인 분산투자를 통한 위험 감소와 위험-수익률 트레이드오프는 여전히 현대 투자 실무의 기본 원칙으로 자리잡고 있다. 이는 개인 투자자부터 대형 기관투자자까지 모든 투자 주체가 반드시 이해해야 할 재무관리의 핵심 이론이다.

사례 | 고졸 제빵사가 21조 자산가 됐다…아들 잃은 팔순 아빠의 기적

서핑을 즐기는 평범한 제빵사였던 로버트 더건은 자신의 이름이 월스트리트저널(WSJ)에 오르리라는 생각을 해본 적이 없었다. 대학 졸업장은 없었지만 바다와 서핑보드, 오븐만 있으면 행복했다. 그러다 2004년 아들이 암으로 26세의 나이로 사망하면서, 삶의 목표가 달라졌다. 아들의 목숨을 살릴 수 있는 방법은 없었을까. 인류가 질병에 무릎을 꿇지 않는 방법은 뭘까. 탐구에 탐구를 거듭하던 그는 자연스레 바이오테크 업계에 관심을 두게 되고, 관심은 투자로 이어졌다. 행운의 여신은 그의 편이었다. 경제전문지 포브스 집계에 따르면 그의 자산은 9월 현재 160억 달러(약 21조원)에 달한다. 그는 올해 80세다.

WSJ는 23일(현지시간), '고졸 서퍼가 바이오테크 기업의 억만장자가 되다'라는 제목으로 그의 삶을 조명했다. 기업인 자수성가 스토리 중에서도 더건이 특별한 까닭은 바이오테크라는 분야 때문이라고 WSJ는 전했다. 다른 분야와 달리 바이오테크는 관련 분야를 전공으로 공부한 학자들이 CEO로 변신하는 경우가 많다는 게 WSJ의 설명이다. 그만큼 문턱이 높은 분야를 더건은 독학과 자신의 감으로 돌파한 셈이다. 그는 아들의 병을 치료할 수 있는 신약을 개발하던 제약회사, 파마사이클릭스에 주목해 주식을 사들이기 시작했다. 생업인 제빵으로 모아둔 종잣돈을 털어서다. 이 기업은 암 신약 개발엔 실패했지만, 백혈병 치료제 개발에 성공한다. WSJ가 "백혈병 치료제의 블록버스터"라고 부른 이 약의 성공으로 더건은 백만장자 반열에 오른다.

더건은 만족하지 않고 또 다른 바이오테크 투자에 나서고, 2022년 서밋 테라퓨틱스라는 기업에 주목하고 아예 최고경영자(CEO)로 취임하기에 이른다. 그리고 이 기업은 폐암 등 폐 관련 질환 신약 개발에 박차를 가하면서 1년 전 대비 1,000%의 주가 상승을 기록한다. WSJ는 "이미 억만장자였던 더건 CEO는 두 번째 성공을 거둠으로써 놀라움을 안겼다"고 전했다. 그의 비결은 뭘까. 그는 WSJ에 "사람들은 내가 제빵사로 일하고 서핑을 했다고 하면 웃어넘긴다"며 "하지만 나는 당시에도 최고의 초콜릿 쿠키를 구워보려고 노력했고, 그런 마음가짐으로 여기까지 왔다"고 강조했다. 그는 WSJ에 쿠키의 폭신한 식감을 위해 했던 다양한 실험 이야기를 들려줬다고 한다. 그의 의지를 읽을 수 있는 대목이다.

그가 CEO로 있는 기업의 신약은 아직 안전성 테스트 등에서 갈 길이 멀다. 그러나 WSJ가 주목한 건 특정 신약이 아니라, 그 뒤에 있는 평범했던 인물의 의지다. WSJ는 "바이오테크 기업에선 화려한 학력과 어려운 용어가 대세라는 인식을 더건 CEO는 정면으로 돌파해 뒤집었다"며 "숫자로 증명해낸 그의 성공은 결국 중요한 건 배우려는 열망과 의지임을 알려준다"고 짚었다.

[자료원: 중앙일보 2024.9.25.]

제2절 회계

1. 회계란 무엇인가?

숫자는 세계를 이해하는 또 다른 언어이다. 우리는 숫자를 통하여 유동적이고 연속적인 현실을 불연속적으로 확정한다. 우리가 이러한 숫자를 어떻게 해석하고 활용하는가는 매우 중요하다. 만약 숫자를 잘 이해한 경영자는 기업경영에 있어 좋은 방향을 알려주고 새로운 가능성을 열어주기도 한다. 회계는 단순한 기록이 아니라 경영자에게 불확실한 미래를 알게 하는 지도와 같은 도구가 되어야 한다.

회계를 잘 알지 못하는 사람들은 부기가 곧 회계인 것으로 오해를 하기도 한다. 부기(簿記, bookkeeping)란 장부기입의 준말이다. 회계는 복식부기(double- entry bookkeeping) 원리에 의하여 거래를 자산·부채·자본·수익·비용으로 기록·계산하여 그 증감을 기록하는 것이다. 따라서 부기 능력은 그 작성 기준에 따라 거래의 발생 에서부터 재무제표 작성까지 반복적으로 행하는 기술이기 때문에 수개월의 훈련을 거쳐 숙련될 수 있다. 회계(accounting)는 원래 부기와 동일한 뜻으로 사용하였으나 경제사회의 발달에 따라 그 영역이 확대되고 이론이 과학적으로 발전하면서 부기를 그 내용의 일부로 함한 학문적 체계이다. 즉, 기록·분류·요약·해석하는 부기영역에서, 과학적인 측정(measurement)과 효율적인 전달(communication)의 과정으로 이해함으로써 그 영역을 정보의 측정 기록에서 회계정보이용자가 합리적인 의사결정을 할 수 있도록 기업실체에 관한 유용한 정보를 식별·측정·전달하는 학문적 체계로 이해할 수 있다. 회계(accounting)란 회계정보이용자가 합리적인 의사결정을 할 수 있도록 경제 실체의 활동에 대한 다양한 경제적 정보를 측정하고, 기록하며, 전달하는 과정이라고 할 수 있다. 미국회계학회(AAA: American Accounting Association)에서는 회계를 다음과 같이 정의하였다. Accounting is the process of identifying, measuring, and communicating economic information to permit informed judgements and decisions by users of the information. 즉, 정보이용자

사례 | 회계는 경영의 언어이니까

먼저 같은 기획서라도 각 부서의 입장에 따라서 해석이 달라질 수도 있겠다라는 것입니다.

가능성이 있다라는 영업부서의 말은 재무부서한테는 좀 더 따져봐야 한다는 말로 이해가 될 수 있다.

마찬가지로 긍정적인 반응이라는 말은 아직은 아무것도 결정된 게 없다라는 걸로 읽힐 수 있다는 것입니다.

또

사업예산을 집행하는 재무팀의 메커니즘에 대해서 알게 된 것이 제일 큰 소득이었습니다.

제 머릿속에 있는 피상적인 매출 예상액이, 재무팀에서 보다 더 타당한 근거를 안고 다시 설정되는 과정에서 그럼에도 불구하고 할 수 있는 사업과 그래도 할 수 없는 사업이 있다는 거 그리고 그것에 판단이 모두 등급화된다는 것입니다. 앞으로 제 기획안이 보류되고 거부된다면 뭐가 잘못 됐는지를 고민하지 않고 무엇을 만족시키지 못했는가를 고민할 것 같습니다.

보고서도 보다 낫네^^ – 돌아가 봐 전공이 뭐였지

정치외교학과입니다. – 어울려 회계공부는 따로 했나? – 하고 있습니다. – 그래 빨리 배워둬

회계는 경영의 언어이니까

〈기획의도〉

직장인들은 매일 전쟁터로 출근한다. 겉으로 보기에 조용하기 이를 데 없는 사무실에서도

조금만 가까이 다가가면 컴퓨터를 통해, 혹은 전화기를 통해 얼굴 모를 상대방과 사투를 벌이고 있는 모습을 쉽게 발견할 수 있을 것이다.

과장되게 전화기를 통해 고함을 치지 않더라도, 바쁘게 서류뭉치를 들고 왔다 갔다 하지 않더라도, 속사포같이 두드려지는 키보드를 통해, 조근 조근 말하는 목소리를 통해 치열한 심리전이 진행되고 있다. 그것은 마치 정적 속에서 오직 바둑판을 사이에 두고 벌이는 바둑 기사들의 치열한 '수 싸움'과 같을 것이다.

'미생'은 '바둑'만이 인생의 모든 것이었던 주인공이 프로입단에 실패한 후 냉혹한 현실에 던져지면서 벌어지는 이야기다. 주인공은 바둑을 잊고 싶어 하지만 결국 자신에게 닥친 문제를 해결해 나갈 수 있는 열쇠는 역설적이게도 바둑으로부터 얻은 통찰이다.

남들이 보기엔 사소하고 작은 일일지라도 자신의 일에 최선을 다하는, '정치'가 아니라 '일'로 평가 받으려고 애쓰는 이 땅의 모든 건강한 직장인들을 위한 송가가 되고자 한다.

[자료원: tvN 미생((https://www.youtube.com/watch?v=bSizKjFrC0k)]

들이 경제적 실체의 자원배분에 관한 합리적인 의사결정을 할 수 있도록 기업실체의 경제적 활동을 화폐적으로 측정하고 기록하며 이에 관한 정보를 요약하여 정보이용자들에게 전달하는 시스템이다. 회계를 기업경영의 언어(language of business)라고 부르는데, 이는 회계에 대한 지식이 없이는 기업 활동을 수행하거나 기업에 관련된 의사소통을 할 수 없음을 의미한다. 이러한 의사소통을 통하여 기업은 희소한 자원의 배분을 가능하게 하며, 기업의 목표 및 전략달성이 가능하도록 조직구성원에게 동기부여할 수 있다.

2. 회계의 기능

회계정보는 정보이용자가 합리적인 의사결정을 할 수 있도록 경제실체의 활동에 대한 다양한 경제적 정보를 측정하고, 기록하고, 전달하는 과정으로서 보고서의 형태로 나타나게 된다. 이는 기업의 활동을 통하여 기업의 재무상태와 수익성이 정확하게 표시되어야 함을 의미한다. 회계정보는 전통적으로 수탁책임보고의 기능과 경제적 자원의 배분과 이용기능으로 크게 구분할 수 있다.

(1) 전통적인 회계기능

수탁책임(stewardship responsibility)의 보고수탁책임(stewardship responsibility)이란 타인자본인 부채가 아닌 자기자본을 수탁받은 경영자가 자본을 제공한 여러 주주들을 대신하여 기업을 경영할 책임이 있는 것을 의미한다. 이는 위탁자인 주주들은 수탁자인 경영자의 책임을 확인하기 위한 정보가 요구되는데 이것이 바로 회계정보이다. 따라서 전통적인 회계기능이 수탁책임이다. 수탁책임보고는 기업의 경영자가 회계정보시스템에 의하여 작성한 재무상태와 포괄손익계산서에서 제공되는 기업의 경영성과가 정확하게 표시되어야 하는데 소유와 경영이 분리된 오늘날 주식회사제도 하에서 전문경영자는 재무제표에 나타나는 성과인 매출액이나 이익 등 기업 가치를 실제보다 과대하게 표시하여 경영을 잘한 것으로 주주에게 표현할 가능성이 있다. 이러한 행위를 분식회계 또는 분식결산으로 볼 수 있다. 여기서 분식(扮飾)이란 라면·오뎅·떡볶이 같은 분식이 아니라 실제보다 좋게 보이도록 거짓으로 꾸미는 것으로, 기업이 고의로 자산이나 이익 등을 크게 부풀리고 부채를 적게 계상함으로써 재무상태나 경영성과를 조작하는 것을 의미한다. 이를 방지하기 위하여 일정한 규모 이상(자산총액 100억 이상)의 자산을 가지고 있는 회사는 외부감사인인 공인회계사로부터 회계감사를 받아야 한다.

(2) 경제적 자원의 배분과 이용기능

기업의 경제적 자원배분이 적절하였는지에 대한 정보를 제공하는 것이 회계정보이다. 이는 한정되어 있는 제약조건을 충족하면서 경제적 자원을 효율적으로 사용하여야 하기 때문이다. 즉, 자본시장이나 노동시장에서 자원의 배분과 이용에 대한 회계정보가 필요하다. 자본시장에서는 기업에서 필요한 자금을 조달하는데 자본공급자입장에서 기업의 재무상태나 경영성과, 기업의 수익성, 안정성 등 다양한 회계정보가 없다면 의사결정을 하기가 어렵기 때문이다. 따라서 경제적 자원의 배분기능을 회계정보가 제공하고 있는 것이다. 또한 노동시장의 경우 노동자들은 그들이 제공하고자 하는 노동력에 대한 대가를 충분히 보상받기 위하여 기업이 안정적인지, 성장가능성이 있는지에 대한 정보가 필요하기 때문이다. 따라서 자본시장과 노동시장에서 한정된 경제적 자원이 제대로 배분되기 위하여 필요한 정보가 바로 회계정보이다. 이에 따라 회계의 기능으로 경제적 자원의 배분기능이 있다. 회계정보를 이용하여 경영의사결정에 사용하는 부분에 초점을 맞추는 회계 영역을 관리회계(management accounting)라고 하는데 원가계산과 재무예측기법을 주로 많이 활용한다. 거의 모든 조직의 각 계층에서 경영의사결정을 내려야 하는 경우가 상존하게 되는데, 예컨대 장·단기 경영의사결정을 하고, 의사결정 대상의 본질을 파악하고, 문제해결을 위한 대안들을 파악하여 그중 하나를 선택하고, 그 결과로 경영자의 업적을 평가하는 등의 회계정보를 제공하는 것도 관리회계 담당자의 역할이다.

3. 회계의 분류

회계는 다양하게 분류할 수 있는데 크게 재무회계, 관리회계, 그리고 세무회계이다. 재무회계(financial accounting)는 기업의 일정시점의 재무상태와 일정기간 동안의 경영성과인 손익계산서를 외부의 이해관계자에게 재무제표를 작성하여 제공하는 것을 의미한다. 관리회계(managerial accounting)는 내부 경영자에게 계획 및 의사결정, 그리고 통제에 필요한 미래지향적인 정보를 생산하여 제공하는 것을 의미한다. 즉, 경영관리를 위한 여러 가지 정량적 정보인 제품원가, 원가와 효익의 분석을 통한 의사결정에 필요한 정보를 생성하고 분석하는 것이다. 세무회계(tax accounting)는 국세청에 세법에 근거하여 기업의 과세 소득에 대한 세금 정보를 제공하는 것을 의미한다. 즉, 기억이 세법에 따라 법인소득세, 개인소득세, 부가가치세 등의 세금과 관련된 회계이다. 세무회계에서는 세금과 관련된 과세표준 및 세무신고서 작성 등 과세대상 소득과 세액을 계산한다. 또한 회계감사(auditing)에서는 기업이 작성한 재무제표에 대한 신뢰성을 확보하기 위하여 외부의 공인된 회계감사자(공인회계사)가 기업의 재무제표가 회계기준을 적절히 준수하여 작성되었는지를 감사보고서를 통하여 정보이용자들에게 제공한다.

4. 기업회계기준과 K-IFRS

기업이 수행한 활동을 측정, 기록, 보고, 전달하는 회계는 이해관계자에게 기업활동결과를 일정한 기준을 준수하여 재무제표를 통하여 보고한다. 회계기준이란 조직이 회계행위를 할 때 준수해야 할 행위의 지침으로서 사회에 있어서 기업의 회계실무를 이끌고 가는 지침 또는 지도원리이다. 이러한 지침과 지도원리를 한국회계기준원(www.kasb.or.kr)은 한국채택국제회계기준(K-IFRS), 국제회계기준(IFRS), 일반기업회계기준, 특수분야회계기준, 중소기업회계기준, 비영리조직회계기준을 제정하는 기구이다. 만일 재무제표를 작성하는 통일된 지침이나 지도원리가 존재하지 않는다면 기업들은 자기들의 이해관계에 따라 유리한 방식으로 재무제표를 작성하기 때문이다. 따라서 기업이 재무제표를 작성하기 위해서는 일정한 회계기준을 준수하여야 하는데 이를 일반적으로 인정된 회계원칙(GAAP; Generally Accepted Accounting Principles)이라고 한다. 일반적으로 인정된 회계원칙은 각 국가마다 사회적 경제적 환경의 변화로 인하여 각각 다른 회계기준을 사용하였다. 그러나 국제적으로 자본시장과 금융시장이 개방되고 자본 이동이 활발해질수록 투자자와 채권자 등 회계정보이용자들은 각 국가마다 상이한 회계기준에 따라 작성된 재무제표에 대한 이해와 비교가능성의 저하로 인하여 혼란을 겪어야 했다. 이에 통일된 회계기준의 필요성이 요구되었고, 1973년 영국 런던에서 국제적인 회계제정기구인 국제회계기준위원회(IASB; International Accounting Standards Board)가 설립되었다. IASB는 국제적으로 통일된 회계기준의 제정을 목표로 국제회계기준(IFRS; International Financial Reporting Standards)을 제정하였다. IFRS의 주요 특징으로 원칙중심의 회계기준, 공정가치 평가의 확대, 연결재무제표 중심의 공시체계, 그리고 경제적 실질 강조가 있다. IFRS는 38개의 국제회계기준서 및 27개의 국제회기준해석서 등 총 65개로 구성되어 있으며, 회계정보이용자들을 위하여 재무제표의 작성과 표시에 있어 기초가 되는 개념을 정립하였다. 현재까지 EU 회원국, 호주, 중국, 브라질 등 전 세계 120여 개국이 IFRS를 채택하고 있다. 미국 및 일본이 2015, 2016년 중 IFRS를 도입할 예정이며, 한국은 이미 2011년부터 상장기업 및 주요 금융회사가 K-IFRS를 의무적으로 적용하였다. 한국의 경우 과거 법률적 성격을 지닌 법조문 형식의 회계기준에서 1997년 외환위기 이후 국제적 표준에 부합되도록 회계기준을 전면 개정하였다. 그러나 한국의 실정에 맞춘 일부 내용과 형식 때문에 여전히 IFRS와 다른 회계기준을 사용하는 나라로 분류되어 이른바 회계 투명성을 인정받지 못하는 "코리아 디스카운트" 현상이 발생하였다. 해외무역 등 대외의존도가 높은 한국의 입장에서는 국제사회에서 회계 투명성을 제고하여 코리아 디스카운트 현상을 점진적으로 해소하고 국내기업의 가치를 제대로 평가받는 일이 급선무였다. 이에 한국채택국제회계기준(K-IFRS)을 제정 공표하였다. 한국의 경우 2011년부터 국내의 모든 상장기업이 K-IFRS를 의무적으로 적용함에 따라 본격적으로 회계기준의 이원화가 시작되었다. 비상장기업은 회계처리 부담경감을 위하여 K-IFRS를 간략하게 수정하여 제정된 일반회계기준을 적용한다. 그러나 회계기준의 이원화는 국내의 기업 간 비교가능성이 저하되어 불편을 초래할 수도 있다. 또한 긍정적인 관점에서는 K-IFRS의 성공적인 정착에 따른 시너지 효과가 극대화되는 경우, 비상장기업도 K-IFRS를 선택이 아닌 의무적으로 확대적용하게 될 가능성이 있다.

우리나라의 경우 1997년에 발생한 금융위기를 극복하는 과정에서 회계투명성 제고를 위해 정부로부터 독립된 민간기국인 한국회계연구원(2006년 한국회계기준원으로 명칭 변경)을 1999년 설립하였다. 이후 한국회계연구원 내 회계기준위원회(KASB; Korea Accounting Standard Board)에서 IFRS를 벤치마킹하여 회계기준(K-GAAP)을 제정하기 시작하였다. KASB가 제정한 회계기준은 내용 면에서는 IFRS와 거의 유사하였으나, 국제적으로는 IFRS로 인정받지 못하였다. 이로 인해 국제적으로 실시된 국가신인도 및 회계투명성 평가에서 우리나라는 매우 낮은 평가를 받았으며, 기업들은 상대적으로 높은 자본조달비용을 부담하였다. 이에 정부는 2007년 회계기준의 국제적 정합성을 확보하여 회계투명성과 국가신인도를 높이기 위해 IFRS를 전면 도입한다는 로드맵을 발표하였다. 이 로드맵에 따라 우리나라의 모든 상장기업은 2011 회계연도부터 한국채택회계기준(K-IFRS)에 따라 재무제표를 작성하여 공시하고 있다. K-IFRS는 '규칙중심(rule-based) 회계기준'인 기존의 K-GAAP와는 달리 '원칙중심(principle-based) 회계기준'으로서, K-IFRS의 해석 및 적용에 있어 재무제표 작성자 및 감사인의 전문가적 판단을 필요로 한다. 원칙중심 회계기준은 개념체계에서 제시된 개념에 기초한 회계기준 또는 개념체계에서 파생된 원칙에 기초한 회계기준으로 정의되고 있다(Schipper, 2003, Hodgdon 등 2011, Wells 2011). 즉 원칙중심 회계기준에서는 개념체계에서 정하는 개념에 기초하여 구체적인 회계처리방법의 결정 근거가 되는 원칙을 제공한다. 반면, 규칙중심 회계기준은 회계처리방법을 결정하는 규칙을 제시하고 이러한 규칙의 해석이나 적용에 대한 구체적인 지침을 제공한다. 이에 따라 규칙중심 회계기준은 회계기준의 적용범위나 회계처리에 예외를 허용하고, 회계처리방법 간에 일관성이 결여될 수 있다. 원칙중심 회계기준과 규칙중심 회계기준이 적용되는 예를 살펴보면 다음과 같다. 기업이 다른 기업에 대해 유의적인 영향력을 행사할 수 있으면 지분법을 적용하여 회계처리하도록 하는 것은 원칙중심 회계기준이다. 이 경우 작성자는 다른 기업에 대해 유의적인 영향력이 있는지를 판단해야 한다. 반면, 다른 기업의 지분을 20% 이상 보유하고 있으면 지분법을 적용하도록 규정하는 것은 규칙중심 회계기준이다. 이처럼 규칙중심 회계기준에서 유의적인 영향력을 판단하기 위한 구체적인 지침을 제시하는 경우 기업은 해당지침을 회피할 수 있도록 거래 자체를 설계할 수 있다. 예로 지분율 20% 이상 보유시 지분법을 적용하도록 하는 경우 기업은 지분율을 20% 미만으로 낮춤으로써 지분법 적용을 회피할 수 있다. 그러나 유의적인 영향력을 행사할 수 있으면 지분법을 적용하도록 하는 원칙중심 회계기준에서는 지분율이 20% 미만이라도 유의적인 영향력이 있다면 지분법을 적용해야 한다. 따라서 원칙중심 회계기준하에서 경제적 실질을 보다 잘 반영할 수 있는 회계처리가 유도될 수 있다. 원칙중심 회계기준이 규칙중심 회계기준에 비해 경제적 실질을 보다 잘 반영할 수 있지만 이는 작성자가 경제적 실질에 대한 판단을 제대로 할 수 있다는 것을 전제로 한다. 규칙중심 회계기준에서는 그 해석 및 적용에 관한 구체적인 지침이 제시되므로 해당되는 기준에서 제시하는 지침에 따라 회계처리하면 된다. 즉, 규칙중심 회계기준에서는 작성자 및 감사인의 전문가적 판단이 개입될 여지가 크지 않다. 그러나 원칙중심 회계기준에서는 그 해석이나 적용에 대한 구체적인 지침이 없으므로, 거래나 사건을 K-IFRS에 따라 회계처리하기 위해서는 재무제표 요소의 식별, 인식, 측정, 보고 및 공시 등의 결정에 있어 작성자의 전문가적 판단이 요구된다. 또한 적용가능한 K-IFRS가 없는 새로운 유형의 거래가 발생하는 경우, 작성자는 개념체계에 기초하여 적절한 회계처리방법을 결정할 수 있는 의사결정능력이 요구된다. 원칙중심 회계에서는 감사인의 입장에서도 의사결정능력이 요구된다. 규칙중심 회계기준에서는 작성자가 회계기준에서 제시된 지침에 따라 거래나 사건을 제대로 회계 처리하였는지를 확인하는 것이 감사중점사항이었다. 그러나 원칙중심 회계기준에서는 원칙에 기초하여 작성자가 결정한 구체적인 회계처리 방법이 적정한지를 판단하는 것이 감사중점사항이므로 감사인의 전문가적 판단능력이 요구된다. 요약하면 원칙중심 회계기준에서 재무제표 작성자와 감사인은 회계기준에서 제시하는 원칙에 근거해서 스스로 구체적인 회계처리방법을 결정해야 하는 사고의 전환을 필요로 한다

5. 재무제표

재무제표란 기업의 경영활동을 재무적으로 표현한 다양한 보고서로서 기업외부의 정보이용자들에게 의사결정에 유용한 정보를 제공하는 여러 가지 보고서를 의미한다. 즉, 일정한 시점에서 현재 기업이 가지고 있는 자산, 부채, 그리고 자본의 재무상태에 관한 정보를 제공하는 재무상태표와 일정한 기간 동안 기업의 경영성과를 보여주는 포괄손익계산서는 재무제표의 주요한 보고서이다. 우리나라의 K-IFRS에서 재무제표는 재무상태표, 포괄손익계산서, 현금흐름표, 자본변동표, 주석으로 되어있다. 기업의 회계기간은 보통 1월 1일부터 12월 31일까지이다. 기업은 한 회계기간 동안 다양한 활동을 전개하고 이러한 활동은 회계정보시스템에 의하여 화폐적으로 측정되고 기록되며 재무제표로 전달된다. 먼저 기초재무상태표는 1월 1일 시점에서의 경제적 자원인 자산과 타인자본 및 자기자본으로 표시하여 기업의 재무상태를 보여주는 보고서이다. 마찬가지로 기말재무상태표는 12월 31일 시점에서 기말의 재무상태를 보여주고 있다. 이제 한 회계기간 동안 기업의 경영성과를 알려주는 포괄손익계산서는 기업의 활동을 요약, 보고하는 보고서이다. 현금흐름표는 회계기간 동안 기업의 영업활동이나 투자활동, 그리고 재무활동을 통하여 현금흐름의 변화를 보여주는 재무보고서이다. 자본변동표는 회계기간 동안 자본의 변동내용을 보여주는 보고서이다.

(1) 재무상태표와 회계정보

재무상태표는 일정한 시점에서의 기업의 재무상태를 보고하는 데 그 목적이 있다. 즉, 일정한 시점에서 기업이 보유하고 있는 자산, 부채, 그리고 자본의 구성내

용과 금액이 재무상태표를 통하여 보여진다. 즉 일정시점에서의 기업의 재무 상태는 재무 상태표에 요약·보고된다. 재무상태표의 형식은 계정식과 보고식으로 구분할 수 있는데 계정식은 왼쪽에는 자산, 오른쪽에는 부채와 자본을 보고하여 계정의 차변과 대변형식으로 보고하는 방법으로 간단히 요약하여 보고할 때 많이 사용된다. 보고식은 자산 다음에 부채, 그 아래에 자본을 이어서 보고하는 방법으로 직전 회계연도와의 비교를 위하여 전기와 당기(이번 회계연도)를 함께 제시하는 경우가 일반적이다.

1) 자산(assets)

자산은 기업이 소유하고 있는 현금 등 재화와 외상매출금 등 채권을 말한다. 즉 자산은 기업이 소유하고 있는 재화나 권리를 포함한 여러 가지 경제적 자원을 표시한다.이를 구체적으로 정의하면 자산이란 과거의 거래 등의 결과로 현재 기업실체에 속하고 미래의 경제적 효익을 창출할 것으로 기대되는 자원이다. 자산이란 경제적 가치가 있는 자원으로서, 즉 가치가 있는 물건 또는 권리로서 재산과는 다르다. 화폐단위로 표시할 수 있어야 회계기록의 대상이다(예: 유머감각, 부드러움 등).자산은 대차대조표일로부터 1년 이내에 현금화할 수 있는지의 여부에 따라 크게 유동자산과 비유동자산으로 분류된다.

2) 부채

부채는 기업이 미래에 타인에게 상환해야 할 채무를 말한다. 즉, 타인으로부터 현금을 빌리거나, 상품·제품과 같은 재화나 용역을 제공받고 그 대가를 지급하지 않아 앞으로 반드시 갚아야할 경제적 의무이다. 이를 구체적으로 정의하면 부채란 과거의 거래 등의 결과로서 현재 기업실체가 부담하고 그 이행에 자원의 유출이 예상되는 의무이다. 부채는 대차대조표일로부터 만기가 1년 이내에 도래하는지의 여부에 따라 크게 유동부채와 비유동부채로 분류된다.

3) 자본

자본은 자산총액에서 부채총액을 차감한 잔액을 말한다. 자본은 순자산·잔여지분이라고도 하며 여기서 자본등식이 도출된다.

자본 등식: 자산－부채＝자본

자본금은 법정자본금으로 한다. 자본잉여금은 증자나 감자 등 주주와의 거래에서 발생하며 자본을 증가시키는 잉여금이다. 예를 들면, 주식발행초과금, 자기주식처분이익, 감자차익 등이 포함된다. 자본조정을 당해 항목의 성격으로 보아 자본거래에 해당하나 최종 납입된 자본으로 볼 수 없거나 자본의 가감성격으로 자본금이나 자본잉여금으로 분류할 수 없는 항목이다. 예를 들면, 자기주식, 주식할인발행차금, 주식선택권, 출자전환채무, 감자차손 및 자기주식처분손실 등이 포함된다. 기타 포괄손익누계액은 보고기간 종료일 현재의 매도가능증권평가손익, 해외사업환산손익, 현금흐름위험회피, 파생상품평가 손익 등의 잔액이다. 이익잉여금(또는 결손금)은 손익계산서에 보고된 손익과 다른 항목에서 이입된 금액의 합계액에서 주주에 대한 배당금, 자본금으로의 전입 및 자본조정항목의 상각 등으로 처분된 금액을 차감한 잔액이다.

사례	60년 수익률 550만%…'투자자' 버핏과 시장위험

2025년 5월 4일 은퇴를 선언한 워런 버핏(94) 버크셔해서웨이 회장의 지난 60년(버크셔 인수·운영 1965~2024년) 투자수익률이 550만2,284%(버크셔 주가상승률)에 이른다고 한다. 장기 복리투자, 즉 기하평균 기준으로 60년간 해마다 수익률 20.0%(평균)를 거뒀다는 뜻이다. 같은 기간 스탠더드앤드푸어스(S&P)500지수의 총수익률은 3만9,054%(배당 포함), 60년 연간 기하평균수익률로 10.4%에 해당한다. 1965년에 1달러를 S&P500에 투자했다면 지금 379달러가 돼 있을 테고, 당시 버크셔 주식을 산 사람은 5만6,347달러가 됐다는 뜻이다. 전설적인 가치투자의 대가이자 '오마하의 현인'으로 불리지만 상상을 뛰어넘는 수익률 뒤편에는 '투자 위험'을 통제·관리하는 수많은 전략이 철칙으로 지켜졌을 것이다. 버핏은 '금리는 마치 중력처럼 우리의 모든 자산에 항상 작용한다'고 말하기도 했다.

우리는 '최적'을 선택·행동하는 경제주체로서 생산에서 이윤·소득 극대화, 소비에서 효용 극대화, 투자에서 수익률 극대화를 추구한다. 그러나 비용 극소화, 효율 극대화를 좇는 자본주의 시장경제에 존재하는 고유하고 주요한 특징은 '위험'이다. 명령·계획 경제가 아닌 무정부적 자유시장경제에서 위험은 모든 상품에 항상 내재한다.

생산된 물건은 그 전부든 일부든 교환 과정을 거쳐 시장에서 '팔려야만' 사회적 가치를 인정받는 터라 상품은 항상 '목숨을 건 도약'을 무릅써야 한다. 제조상품이든 투자상품(주식·채권·펀드)이든 주택·부동산·대출상품이든 심지어 예·적금상품까지도 원금 보장은 존재할 수 없다. 2025년 9월부터 예금보호한도가 1억원(1개 금융회사당)으로 오르지만, 은행이 직접 보장해주는 건 아니다. 은행들이 예금보험공사에 내는 보험료는 '더 높은 대출금리'와 '더 낮은 예·적금 금리'를 통해 은행 고객의 부담으로 충당된다.

엄밀한 경제분석에서 '위험'(Risk)과 '불확실성'(Uncertainty)은 서로 구분된다. 1920년대 시카고학파를 창립한 거두로 불리는 프랭크 나이트 경제학 교수는 수많은 경제적 '위험'은 어떤 나이에 죽을 위험과 마찬가지로 그 객관적 확률분포를 계산할 수 있고, 따라서 보험 장치 등을 통해 다른 사람의 부담으로 옮길 수 있다고 주장했다. 반면에 예전에 발생한 적이 없고, 확률분포 등 객관적 수치로 결코 환원할 수 없는 '불확실성'도 존재한다고 말했다.

워런 버핏이 투자 위험과 수익을 말할 때 금리를 '중력'이라고 은유했듯, 위험과 불확실성은 인간의 모든 경제적 행동에 영향을 미치는 기본적인 힘이다. 사회에 존재하는 수많은 중요한 제도는 불확실성을 떠맡고 대처하는 기능을 맡고 있다. '인류가 만들어낸 최고의 상품'으로 불리는 보험, '현재와 아직 확정되지 않은 불확실한 미래 사이를 연결하는 고리'로서의 화폐가 대표적이다. 화폐의 가격, 즉 금리에는 인플레 위험과 기업 신용 위험, 전반적인 경제·금융 위험이 모두 반영돼 있다.

미래의 각종 위험·불확실성을 수학적으로 적절하게 처리하기 위해 인류가 고안해낸 방법이 '현재가치 할인'이다. 먼 무한대의 장래까지도 '확률적 기대 형성' 방식으로 위험의 크기를 계산해내고 거기에 맞게 최적 수준의 할인율을 적용하면 된다.

버핏 투자 세계의 경우, 과연 이와 비슷하게 명석하고 수리적인 '위험 극소화' 원리를 철저하게 적용하고 따른 덕분에 550만%라는 경이적인 수익률이 달성된 것일까? '투자자' 버핏도 자신이 투자한 자산이 낳을 60년 뒤 먼 장래 수익이 아니라 때로는 당장 눈앞의 이익에 신경을 쏟았거나, 혈기·신경과민·히스테리와 같은 심리적 요인도 가끔은 투자에 영향을 미쳤을 것이다.

[자료원: 한겨레신문 2025.6.8.]

사례 | 특수관계자

75년간 동업해 온 영풍그룹(장 씨)와 고려아연(최 씨)의 경영권을 둘러싼 싸움이 연일 도마 위다. 이때 등장하는게 '특수관계자', 특별관계자란 용어이다. 특수관계자는 회사나 주식에서 서로 가까운 관계에 있는 사람들을 말한다. 즉, 회사나 주식을 소유한 사람들이 서로의 이익을 부당하게 챙기지 못하도록 하기 위해 가까운 관계에 있는 사람들은 특정 거래를 하지 못하게 규제하는 것이다. 고려아연과 영풍은 서로 특수관계자로 엮여 있어 최윤범 고려아연 회장이 마음대로 주식을 더 사거나 매수하는 것이 법적으로 어렵다. 특별관계자는 주식을 사고팔 때 특정한 규칙을 따라야 하는 사람들을 뜻한다. 주식을 공개적으로 사는 경우 이미 주식을 많이 가진 사람이나 그와 특별한 관계에 있는 사람들은 공정하게 거래하기 위해 마음대로 주식을 더 사지 못하게 하는 규칙이 있다. 이런 사람들을 특별관계자라고 부르고 특별관계자는 정해진 방식으로만 주식을 거래할 수 있다.

[자료원 : 헤럴드경제 2024.10.2.]

재무상태표 양식

과 목	당 기		전 기	
자 산				
유동자산		×××		×××
당좌자산		×××		×××
현금및현금성자산	×××		×××	
단기투자자산	×××		×××	
매출채권	×××		×××	
선급비용	×××		×××	
이연법인세자산	×××		×××	
……	×××		×××	
재고자산		×××		×××
제품	×××		×××	
재공품	×××		×××	
원재료	×××		×××	
……	×××		×××	
비유동자산		×××		×××
투자자산		×××		×××
투자부동산	×××		×××	
장기투자증권	×××		×××	
지분법적용투자주식	×××		×××	
……	×××		×××	
유형자산		×××		×××
토지	×××		×××	
설비자산	×××		×××	
(−) 감가상각누계액	(×××)		(×××)	
건설중인자산	×××		×××	
……	×××		×××	

과　　목	당　　기		전　　기	
무형자산		×××		×××
영업권	×××		×××	
산업재산권	×××		×××	
개발비	×××		×××	
......	×××		×××	
기타비유동자산		×××		×××
이연법인세자산	×××		×××	
......	×××		×××	
자산총계		×××		×××
부　　채				
유동부채		×××		×××
단기차입금	×××		×××	
매입채무	×××		×××	
당기법인세부채	×××		×××	
미지급비용	×××		×××	
이연법인세부채	×××		×××	
......	×××		×××	
비유동부채		×××		×××
사채	×××		×××	
신주인수권부사채	×××		×××	
전환사채	×××		×××	
장기차입금	×××		×××	
퇴직급여충당부채	×××		×××	
장기제품보증충당부채	×××		×××	
이연법인세부채	×××		×××	
......	×××		×××	
부채총계		×××		×××

과 목	당 기		전 기	
자 본				
자본금		×××		×××
보통주자본금	×××		×××	
우선주자본금	×××		×××	
자본잉여금		×××		×××
주식발행초과금	×××		×××	
……	×××		×××	
자본조정		×××		×××
자기주식	×××		×××	
……	×××		×××	
기타포괄손익누계액		×××		×××
매도가능증권평가손익	×××		×××	
해외사업환산손익	×××		×××	
현금흐름위험회피	×××		×××	
파생상품평가손익	×××		×××	
……				
		×××		×××
이익잉여금(또는 결손금)	×××		×××	
법정적립금	×××		×××	
임의적립금	×××		×××	
미처분이익잉여금				
(또는 미처리결손금)				
자본총계		×××		×××
부채 및 자본 총계		×××		×××

(2) 포괄손익계산서와 회계정보

포괄손익계산서는 일정한 기간 동안의 경영성과에 대한 정보를 제공하는 보고서로서 한 회계기간 동안 발생한 모든 수익과 비용을 보고한다. 포괄이라는 말은 기업경영에서 경상적이고 반복적으로 발생하는 수익과 비용뿐만 아니라 비경상적이고 비반복적으로 발생하는 수익과 비용을 모두 포함한다는 뜻이다. 즉, 모든 것을 포괄하여 경영성과를 보고하는 보고서로를 포괄손익계산서(statement of comprehensive income)라고 한다. 포괄손익계산서는 당해 회계기간의 경영성과를 나타낼 뿐만 아니라 기업의 미래현금흐름과 수익창출능력 등의 예측에 유용한 정보를 제공한다. 포괄손익계산서(income statement, profit and loss statement; I/S, P/L)는 일정 회계연도의 경영성과를 나타내는 일람표로서 회계연도 내에 발생한 수익과 이에 대응하는 발생비용을 체계적으로 나타내어 순이익의 발생원인과 발생과정을 표시해 주는 가장 중요한 재무제표 중의 하나이다. 즉, 매출액에서 매출원가를 차감하면 매출총이익이 산출되고, 다시 판매비와 관리비를 차감하면 영업이익이 산출된다. 또한 영업이익에 영업외수익을 가산하고 영업외비용을 차감하여 법인세차감전순손익이 산출된다.계속사업손익 법인세비용을 차감하여 계속사업손익이 산출되고 중단사업손익을 가감하여 당기순손익을 계상한 후 주당손익을 산출하도록 하여 각 단계별로 이익의 특성을 구분하도록 하고 있다. 이렇게 몇 단계로 구분하여 수익과 비용을 대응시키면서 이익을 산출하는 것은 경영활동의 원인과 결과 그리고 그 진행과정을 파악하여 비교 분석함으로써 이해관계자의 의사결정효과를 높이기 위함이다. 또한 손익계산서를 통하여 현재의 수익성 파악과 미래의 수익예측이 가능하며, 단기적 경영자의 경영능력과 경영업적을 평가할 수 있다.

1) 수익

수익이란 기업의 경영활동에 의해서 발생된 자본의 증가원인을 말한다. 단, 자본의 증가원인 중에 자본금의 추가 출자(증자)와 같은 자본은 수익이라고는 할 수 없다.

2) 비용

비용이란 기업의 영업활동에 의해서 발생한 자본의 감소원인을 말한다. 다만, 자본의 감소원인 중에 자본금의 인출(감자)같은 자본의 감소원인은 비용이라 할 수 없다.

손익계산서 양식(중단사업손익이 없을 경우)

손 익 계 산 서

제×기 20××년×월×일부터 20××년×월×일까지
제×기 20××년×월×일부터 20××년×월×일까지

기업명 (단위 : 원)

과 목	당 기		전 기	
매출액		×××		×××
매출원가		×××		×××
기초제품(또는 상품)재고액	×××		×××	
당기제품제조원가 (또는 당기상품매입액)	×××		×××	
기말제품(또는 상품)재고액	(×××)		(×××)	
매출총이익(또는 매출총손실)		×××		×××
판매비와관리비	×××		×××	
급여	×××		×××	
퇴직급여	×××		×××	
복리후생비	×××		×××	
임차료	×××		×××	
접대비	×××		×××	
감가상각비	×××		×××	
무형자산상각비	×××		×××	
세금과공과	×××		×××	
광고선전비	×××		×××	
연구비	×××		×××	
경상개발비	×××		×××	
대손상각비	×××		×××	
……	×××		×××	

과　　목	당　　기		전　　기	
영업이익(또는 영업손실)		×××		×××
영업외수익		×××		×××
이자수익	×××		×××	
배당금수익	×××		×××	
임대료	×××		×××	
단기투자자산처분이익	×××		×××	
단기투자자산평가이익	×××		×××	
외환차익	×××		×××	
외화환산이익	×××		×××	
지분법이익	×××		×××	
장기투자증권손상차손환입	×××		×××	
유형자산처분이익	×××		×××	
사채상환이익	×××		×××	
전기오류수정이익	×××		×××	
……	×××		×××	
영업외비용		×××		×××
이자비용	×××		×××	
기타의대손상각비	×××		×××	
단기투자자산처분손실	×××		×××	
단기투자자산평가손실	×××		×××	
재고자산감모손실	×××		×××	
외환차손	×××		×××	
외화환산손실	×××		×××	
기부금	×××		×××	
지분법손실	×××		×××	
장기투자증권손상차손	×××		×××	
유형자산처분손실	×××		×××	
사채상환손실	×××		×××	
전기오류수정손실	×××		×××	
……	×××		×××	
법인세비용차감전순손익		×××		×××
법인세비용		×××		×××
당기순이익(또는 당기순손실)		×××		×××

(3) 현금흐름표와 회계정보

현금흐름표는 일정한 회계기간 동안의 현금의 흐름을 일목요연하게 보여주는 재무보고서로서 기업의 영업활동, 투자활동, 그리고 재무활동으로 인하여 현금의 유입과 유출을 보여주는, 즉 현금의 흐름을 보여주는 보고서이다. 재무상태표상의 현금은 일정한 시점에서 기업이 보유하고 있는 중요한 자산인 현금의 수입과 사용에 대한 보고서로서 현금의 흐름뿐만 아니라 어떠한 활동을 통하여 현금이 유입되고 유출되었는지를 보여준다. 이러한 현금흐름표가 제공하는 회계정보는 기초의 재무상태표와 포괄손익계산서, 그리고 기말의 재무상태표가 연결됨을 앞에서 살펴보았다. 현금흐름표의 유용성은 크게 세 가지로 볼 수 있다. 첫째, 기업의 현금흐름창출능력을 파악할 수 있다. 회계정보이용자들에게 기업이 창출하거나 미래에 창출할 현금흐름의 크기와 시기에 관한 정보를 제공함으로써 의사결정에 유용한 정보를 제공할 수 있다. 둘째, 기업의 현금흐름을 파악함으로써 그 기업이 장래에 배당능력이 있는지 또한 이자지급능력이 있는지, 종업원 입장에서 급여지급능력이 있는지 등을 파악할 수 있다. 만약 기업이 적정한 수준의 현금보유 또는 현금흐름이 좋지 않다면 소위 흑자부도가 발생할 수 있기 때문에 종업원, 채권자 및 주주들이 관심을 가지고 있는 현금흐름에 대한 정보를 제공할 수 있다. 셋째, 현금흐름표는 당기순이익과 영업활동 현금흐름 간에 차이가 발행하는 이유를 파악하게 해준다. 현금흐름표(cash flow statement)는 기업의 경영활동 결과 현금의 조달과 사용내역을 제공하기 위해서 작성되는 보고서이며, 여기서 현금흐름이란 현금의 조달(유입)과 사용(유출)을 말한다. 현금흐름표는 기초현금과 기말현금의 변동과정을 조달측면과 사용측면으로 구분하고 이를 다시 영업활동, 투자활동, 재무활동으로 구분하여 보고한다.

현금흐름표 양식(직접법)

현 금 흐 름 표

제×기 20××년×월×일부터 20××년×월×일까지
제×기 20××년×월×일부터 20××년×월×일까지

기업명 (단위 : 원)

과 목	당 기		전 기	
영업활동으로 인한 현금흐름		×××		×××
매출등 수익활동으로부터의 유입액	×××		×××	
매입 및 종업원에 대한 유출액	×××		×××	
이자수익 유입액	×××		×××	
배당금수익 유입액	×××		×××	
이자비용 유출액	×××		×××	
법인세의 지급	×××		×××	
투자활동으로 인한 현금흐름		×××		×××
투자활동으로 인한 현금유입액				
단기투자자산의 처분	×××		×××	
유가증권의 처분	×××		×××	
토지의 처분	×××		×××	
투자활동으로 인한 현금유출액				
현금의 단기대여	×××		×××	
단기투자자산의 취득	×××		×××	
유가증권의 취득	×××		×××	
토지의 취득	×××		×××	
개발비의 지급	×××		×××	
재무활동으로 인한 현금흐름		×××		×××
재무활동으로 인한 현금유입액				
단기차입금의 차입	×××		×××	
사채의 발행	×××		×××	
보통주의 발행	×××		×××	
재무활동으로 인한 현금유출액				
단기차입금의 상환	×××		×××	
사채의 상환	×××		×××	
유상감자	×××		×××	
현금의 증가(감소)		×××		×××
기초의 현금		×××		×××
기말의 현금		×××		×××

(4) 자본변동표와 회계정보

자본변동표는 현금흐름표와 마찬가지로 일정한 기간 동안의 자본의 변동에 관한 정보를 제공하는 보고서이다. 즉, 자본의 크기와 그 변동에 관한 정보를 제공한다. 자본변동표는 자본을 구성하고 있는 자본금, 자본잉여금, 기타포괄손익누계액 이익잉여금의 변동에 관한 포괄적인 정보를 제공하고 있다. 자본변동표에는 소유주의 투자와 소유주에 대한 분배 소유주와의 거래 이외의 모든 자본의 변동에 대한 정보를 제공하고 있다. 자본변동표는 현금흐름표와 마찬가지로 재무제표 간의 연계성을 통하여 재무제표의 이해가능성을 제고하고 있다. 자본변동표에는 지배기업의 소유주와 비지배지분에 각각 귀속되는 금액으로 구분하여 표시한 해당 기간의 총포괄손익과 당기순손익, 기타포괄손익, 그리고 소유주로서의 자격을 행사하는 소유주와의 거래(소유주에 의한 출자와 소유주에 대한 배분, 그리고 지배력을 상실하지 않는 종속기업에 대한 소유지분의 변동을 구분하여 표시)에 대한 변동액을 구분하여 표시한 기초시점과 기말시점의 장부금액 조정내역을 보여주고 있다. 자본변동표는 자본을 구성하고 있는 자본금, 자본잉여금, 자본조정, 누적기타포괄손익, 이익잉여금(결손금)의 변동에 대한 포괄적인 정보를 제공한다. 자본변동표의 기본구조를 살펴보면 다음과 같다. 자본변동표에는 자본금, 자본잉여금, 자본조정, 기타포괄손익누계액, 이익잉여금(결손금)의 각 항목별로 기초잔액, 변동사항, 기말잔액을 표시한다. 자본금의 변동은 유·무상증자(또는 감자)와 주식배당에 의하여 발생하며, 자본금은 보통주자본금과 우선주자본금으로 구분하여 표시한다. 자본잉여금의 변동은 유·무증자(또는 감자), 결손금처리 등으로 구분하여 표시한다. 자본조정의 변동은 주식할인발행차금, 배당건설이자, 자가주식, 주식매수선택권, 출자전환채무, 감자차손, 자기주식처분손실 등으로 구분하여 표시한다. 기타포괄손익누계액의 변동은 매도가능증권평가차손익, 해외사업환산차손익, 현금흐름위험회피 파생상품 평가차손익으로 구분하여 표시한다. 이익잉여금의 변동은 연차배당과 기타 전기말 미처분 이익잉여금의 처분, 중대한 전기오류 수정손익, 회계정책의 변경으로 인한 누적효과, 중간배당, 당기순손익 등으로 구분하여 표시한다.

자본변동표 양식

자 본 변 동 표

제×기 20××년×월×일부터 20××년×월×일까지
제×기 20××년×월×일부터 20××년×월×일까지

기업명 (단위 : 원)

구 분	자본금	자본 잉여금	자본조정	기타포괄 손익누계액	이익 잉여금	총 계
20××.×.×(보고금액)	×××	×××	×××	×××	×××	×××
회계정책변경누적효과	(×××)	(×××)	(×××)	(×××)	(×××)	(×××)
전기오류수정	(×××)	(×××)	(×××)	(×××)	(×××)	(×××)
수정후 자본	×××	×××	×××	×××	×××	×××
연차배당					(×××)	(×××)
처분후 이익잉여금					×××	×××
중간배당					(×××)	(×××)
유상증자(감자)	×××	×××				×××
당기순이익(손실)					×××	×××
자기주식 취득			(×××)			(×××)
해외사업환산손익				(×××)		(×××)
20××.×.×	×××	×××	×××	×××	×××	×××
20××.×.×(보고금액)	×××	×××	×××	×××	×××	×××
회계정책변경누적효과	(×××)	(×××)	(×××)	(×××)	(×××)	(×××)
전기오류수정	(×××)	(×××)	(×××)	(×××)	(×××)	(×××)
수정후 자본	×××	×××	×××	×××	×××	×××
연차배당					(×××)	(×××)
처분후 이익잉여금					×××	×××
중간배당					(×××)	(×××)
유상증자(감자)	×××	×××				×××
당기순이익(손실)					×××	×××
자기주식 취득			(×××)			(×××)
매도가능증권평가손익				×××		×××
20××.×.×	×××	×××	×××	×××	×××	×××

(5) 주석과 회계정보

주석은 재무 상태표, 손익계산서, 현금흐름표 및 자본변동표에 인식되어 본문에 표시되는 항목에 관한 설명이나 금액의 세부내역뿐만 아니라 우발상황 또는 약정사항과 같이 재무제표에 인식되지 않는 항목에 대한 추가 정보를 포함하여야 한다. 한국채택국제회계기준 등의 최초적용으로 인한 회계기준의 중요한 변동이 예상되는 경우, 기업의 준비상황 및 재무제표에 미칠 수 있는 영향 등을 추가 정보로 공시할 것을 권장한다. 주석은 일반적으로 재무제표이용자가 재무제표를 이해하고 다른 기업의 재무제표와 비교하는 데 도움이 될 수 있도록 다음의 순서로 작성한다. 첫째, 일반기업회계기준에 준거하여 재무제표를 작성하였다는 사실의 명기, 둘째, 재무제표 작성에 적용된 유의적인 회계정책의 요약하고, 셋째, 재무제표 본문에 표시된 항목에 대한 보충정보(재무제표의 배열 및 각 재무제표 본문에 표시된 순서에 따라 공시한다), 넷째, 기타 우발상황, 약정사항 등의 계량정보와 비계량정보를 제공한다.

6. 원가회계

오늘날 영리조직이나 비영리조직에 있어서 원가의 개념은 매우 중요하다. 우리에게 잘 알려진 거짓말 중에 하나가 장사꾼의 “본전 밑지고 판다”라는 말이다. 이러한 말은 장사꾼이 손해를 보고 판매를 한다는 의미이다. 또한 “밑져야 본전”이라는 말도 있다. 이 말의 뜻은 어떠한 일이 잘못되어서 밑졌다고 해도 이익을 보지 못했을 뿐 손해를 보지 않아 본전은 남아 있다는 말이다. 또한 “90% 폭탄세일” “원가 이하 판매” 등 우리 주변에는 원가와 관련된 다양한 상황들이 존재한다. 기업은 이윤을 추구한다고 하는데 왜 이러한 말들을 하고 있는 걸까? 김장철이 다가올 때면 산지의 배추가격이 ₩1,500이라고 한다. 과연 배추의 산지가격도 이와 같을까? 배추의 유통과정에서 여러 중간단계를 거치게 되고, 원가는 상승하게 될 것이다. 원가란 무엇일까? 원가를 잘 안다고 하는 것이 기업을 경영하는 경영자의 입장에서 왜 중요하고 이러한 원가정보를 활용하여 어떠한 의사결정을 할 수 있을까? 영리조직이나 비영리조직에서 일하는 모든 직원과 중간관리자, 그리고 경영자는 원가회계에 대한 지식이 반드시 필요하다. 원가(cost)란 원래의 가격으로서 재화나 서비스를 창출하기 위하여 희생되는 일체의 경제적 가치를 의미한다. 그렇다면 우리가 많이 사용하고 있는 비용(expense)과는 어떻게 다를까? 비용(expense)은 매출 등의 수익을 창출시키면서 사용된 희생된 자원의 가치를 의미한다. 즉, 비용은 자원의 사용시점에서 발생한 것을 의미한다. 우리가 7장 수익·비용 개념과 발생주의에서 살펴본 바와 같이 비용은 기업이 한 회계기간 동안 재화나 서비스를 판매하거나 구매하는 등 다양한 기업 활동을 통하여 이익을 얻기 위하여 희생된 가치, 즉 수익을 창출하는 과정에서 소비된 자산의 원가를 의미한다.

(1) 원가의 구분

제품을 제조하는 데 발생되는 주요 원가에는 세 가지 형태가 있는데 이들을 제품원가요소(product cost elements)라 하며 직접재료원가, 직접노무원가, 그리고 제조간접원가가 포함된다. 예를 들면 자장면을 만드는 중국음식점에서는 밀가루, 양파, 춘장, 파, 단무지, 등 재료비가 들어간다. 자장면을 만드는 직접재료원가(direct materials costs)는 자장면을 만드는 직접재료의 원가이다. 자장면과 짬뽕, 그리고 탕수육, 잡채밥 등 특정제품의 생산에 구체적으로 식별시킬 수 있는 원재료의 원가이다. 원재료는 완성된 제품의 부분이 되는데 직접재료는 많은 경우 세 가지 제조원가요소 중 가장 큰 비중을 차지하고 있다. 제조과정에서 사용되는 원재료 가운데는 제품의 부분을 형성하지 않거나 형성하더라도 전체 제조원가에 견주어서 그 중요성이 미약한 것이 있는데, 이러한 원재료는 간접재료(indirect materials)원가라 불리어진다. 자장면을 만드는데 있어서 간접재료는 무엇일까? 간접재료의 원가인 간접재료원가는 제조간접원가에 포함된다. 직접노무(direct labor)원가는 수타 자장면을 만들기 위하여 주방장이 밀가루를 반죽하는 등 다양한 활동을 하게 되는데 이러한 주방장이 무엇인가 만들기 위하여 제공된 노동력의 대가를 의미한다. 특정제품이나 제품군의 생산과 구체적으로 식별되어질 수 있는 노동이며 제품의 완성에 직접적으로 기여한다. 예를 들면 자동차 조립라인에서 자동차를 완성시키기 위해 자동차의 부품을 조립하는 종업원은 직접노무로 분류되며 직접노무의 원가는 직접노무원가(direct labor costs)라 부른다. 직접노무와는 달리 생산공정에 필수적인 직무를 수행하지만 개별제품이나 제품군의 생산과 용이하게 식별되어질 수 없는 노동이 있는데 이를 간접노무(indirect labor)라 부른다. 간접노무의 예로는 생산기계를 유지·보수하는 종업원, 생산감독자 등 직접노무를 제공하는 종업원 이외의 생산현장의 모든 종업원이 이에 포함된다. 이들 간접노무를 제공하는 종업원의 노무원가는 간접노무원가(indirect labor costs)라 하는데, 간접노무원가는 앞에서 설명한 간접재료원가와 그 밖의 제조간접원가 항목과 함께 제조간접원가에 포함된다. 특히 직접노무를 제공하는 종업원에게 제공되는 노무원가라 하더라도 유휴시간에 대한 노무원가, 초과근무수당, 종업원의 복리후생비 등은 간접노무원가에 속한다. 제조간접원가(manufacturing overhead costs)는 직접재료원가와 직접노무원가를 제외한 제품생산에 필요한 모든 원가로 구성된다. 즉 모든 간접제조 비용을 총칭하여 제조간접원가라 하는데, 이의 특징은 제품생산에 필요한 원가이지만 특정제품군과 직접적으로 연계시켜 식별하기는 어렵다는 데 있다. 자장면을 만드는 중국음식점에서는 제조간접원가에는 앞에서 언급한 간접재료원가와 간접노무원가 이외에 자장면을 만드는데 필요한 가스사용료, 전기요금 등 자장면집이나 제조공장에서 발생된 감가상각비, 유지비, 보험료, 광열비, 재산세, 임차료 등이 포함된다. 이 밖에도 직접재료원가와 직접노무원가를 제외한 제조공장에서 발생된 모든 비용이 제조간접원가에 포함된다. 제조간접원가는 제조원가의 한 요소이기 때문에 제품원가계산에 포함시켜야 한다.

(2) 제품의 가격

학교 앞 이디야 커피전문점의 아메리카 커피가격은 ₩3,200이다. 자판기의 커피 값은 ₩3,400원이다. 호텔 카페의 커피값은 ₩8,000원이다 왜 커피가격이 차이가 날까? 원두커피나 가공커피나 원가차이는 크지 않을 텐데 말이다. 분위기 값이겠지라고 생각하는 이들도 있을 것이다. 비싼 커피 마시면 상류층 사람 같고, 자판기 커피 마시면 아주 서민적인 사람이라고 생각할 수 있다. 하지만 그 커피값 속에는 다양한 비용들이 포함되어 있다. 예를 들어 호텔카페의 커피값에는 그만큼 비싼 인테리어의 감가상각비가 포함되어 있다. 분위기를 만들려고 하니 비싼 인테리어가 필요했기 때문이다. 이처럼 우리가 알고 있는 가격은 제품제조원가에 단순히 이익을 붙여 결정되는 것이 아니다. 제품가격에는 제조원가뿐만 아니라 판매관리비도 포함되어 있다. 신문이나 방송을 보면 유명 연예인이나 운동선수들이 어느 대기업과 몇억 혹은 몇십억에 광고전속계약을 체결하였다는 기사를 자주 보게 된다. 연예인들에게 지급되는 광고비는 누가 부담하는가? 모두 소비자의 부담이다. 광고를 많이 하면 할수록 기업이 제품단위당 이익을 줄이지 않는 한 가격은 그만큼 높아지게 된다. 중소기업들이 광고비 지출을 많이 할 수 없는 것은 자금부족도 원인이 있겠지만 가격이 그만큼 높아지기 때문이다. 일반적으로 제품의 가격은 [그림 14-6]과 같이 구성된다.

제품의 가격은 판매이익과 판매관리비, 직접재료원가, 직접노무원가, 제조간접원가 등으로 구성된다. 이 가운데 직접재료원가와 직접노무원가 그리고 제조간접원가는 제조원가(제품원가)이다. 원가회계에서 주 대상으로 삼는 것은 바로 제조원가이다. 제조원가에 이익을 추가하여 제품가격을 결정해서는 안 된다. 여기에는

그림 14-6 제품의 가격

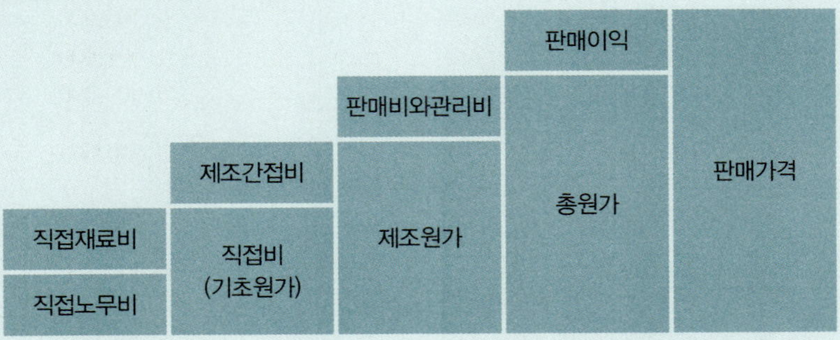

판매관리비가 포함되어야 한다. 제조원가보다는 판매관리비 등이 더 큰 비중을 차지하는 경우가 허다하기 때문에 특히 주의해야 한다.

제조원가명세서(Schedule of cost of goods manufactured)란 제품을 생산하는데 필요한 재료비, 노무비, 각종 경비의 상세내역을 기재한 표를 의미한다. 제조원가명세서는 아래 표에서 보는 바와 같이 크게 재료비, 노무비, 제조간접비, 기초재공품, 기말재공품으로 구성되어 있다. 제조원가명세서에 의해 산출되어진 당기제품제조원가는 포괄손익계산서의 매출원가를 구성한다.

매출원가＝기초제품재고액＋당기제품제조원가－기말제품제조원가

제조원가명세서

Ⅰ. 원재료비	1,600,000
1. 기초재료재고액	500,000
2. 당기재료매입액	1,400,000
3. 타계정으로 대체액	
4. 기말재료재고액	(－)300,000
Ⅱ. 노무비	7,000,000
1. 급 여	5,000,000
2. 제수당	2,000,000
Ⅲ. 제조간접비(경비)	2,400,000
1. 전력비	500,000
2. 보험료	200,000
3. 수선비	100,000
4. 임차료	600,000
5. 감가상각비	1,000,000
Ⅳ. 당기총제조원가	11,000,000
Ⅴ. 기초재공품재고액	500,000
Ⅵ. 기말재공품재고액	(－)1,000,000
Ⅶ. 당기제품제조원가	10,500,000

7. 관리회계와 세무회계

관리회계는 작업자, 중간관리자 그리고 최고경영자 등 내부정보이용자들에게 경제적인 정보를 제공한다. 강제성이 있는 재무회계와는 달리 관리회계에서는 상당한 자유재량권이 주어져 있다. 즉, 재무제표와 같은 일정한 보고양식이 없으며, GAAP와 같은 강제적인 회계원칙에서도 비교적 자유롭다. 관리회계는 회계정보가 조직의 의사결정자인 경영자에게 유용한 정보를 적시에 제공하여 경영관리에 도움을 주는 여러 가지 정보들을 제공한다. 다음은 원가회계가 재무회계 및 관리회계와 어떤 연관성이 있는지를 살펴보고자 한다. 재무회계와 관리회계가 모두 역사적 원가자료를 사용하고 있지만 서로 다른 관점에서 보고 있다. 재무회계에서는 범용목적의 재무제표를 작성하는 데 원가자료를 사용하는 반면, 관리회계는 경영자의 의사결정을 위하여 미래의 계획을 설정하고, 내부의사결정, 조직을 운영·통제하는 데 원가자료를 사용한다. 이러한 측면에서 볼 때 원가회계는 재무회계와 관리회계 모두에서 유용한 정보가 되고 있음을 알 수 있다. 세무회계는 세법에 따라 기업이 일정한 금액의 세금을 국가 또는 지방자치단체에 납부하여야 할 납세액을 계산하여 제공하는 것을 목적으로 하는 회계이다.

강의 요약

1. 회계(accounting)란 회계정보이용자가 합리적인 의사결정을 할 수 있도록 경제 실체의 활동에 대한 다양한 경제적 정보를 측정하고, 기록하며, 전달하는 과정이다.

2. 재무관리는 기업의 자금조달과 운용을 어떻게 효율적으로 관리하는가에 대한 학문이다.

3. 기업의 가치(firm value)는 기업이 벌어들일 미래 현금흐름을 그 발생시기와 불확실성에 따라서 적절하게 할인한 현재가치의 총합을 의미한다.

4. 재무제표분석(financial statement analysis)이란 기업이 제공하는 재무제표를 활용하여 외부정보이용자나 내부정보이용자에게 유용한 정보를 창출하는 분석과정이다.

5. 시계열 분석(time-series analysis)이란 두 기간 이상에 걸쳐 관심 있는 기업의 재무제표 수치나 재무비율을 분석하는 것을 의미한다.

6. 횡단면 분석(cross-sectional analysis)은 관심 있는 기업이 속한 업종 내의 다른 기업과의 비교를 특정시점에서 실시하는 것을 의미한다.

7. 성장성 분석은 일정 기간 기업의 규모나 경영성과가 얼마나 증가하였는지를 파악하는 방법이다. 성장성 분석방법으로는 매출액증가율, 총자산증가율, 주당이익증가율 등이 있다.

8. 안정성 비율(safety ratio)은 재무상태표 항목인 자산·부채·자본 간의 관계를 나타내는 비율로서 장기지급능력을 파악할 수 있는 방법이다. 안정성 분석방법으로는 부채비율, 자기자본비율, 그리고 차입금 의존도 등이 있다.

9. 수익성 비율은 일정기간 동안의 기업의 경영성과를 측정하는 비율이다. 일반적으로 수익성 비율에는 매출액이익률, 총자본(자산)순이익률, 총자본영업이익률, 그리고 주당순이익이 있다.

10. 활동성 분석은 투하된 자산이나 자본이 회계기간 중 얼마나 활발하게 활용되고 있는지를 나타내며, 효율성 비율 또는 회전율이라고도 한다. 활동성 분석의 종류로는 자기자본회전율, 재고자산회전율, 매출채권회전율 등이 있다.

11. 재무제표란 기업의 경영활동을 재무적으로 표현한 다양한 보고서로서 기업외부의 정보이용자들에게 의사결정에 유용한 정보를 제공하는 여러 가지 보고서를 의미한다. 즉, 일정한 시점에서 현재 기업이 가지고 있는 자산, 부채, 그리고 자본의 재무상태에 관한 정보를 제공하는 재무상태표와 일정한 기간 동안 기업의 경영성과를 보여주는 포괄손익계산서는 재무제표의 주요한 보고서이다. 우리나라의 K-IFRS에서 재무제표는 재무상태표, 포괄손익계산서, 현금흐름표, 자본변동표, 주석으로 되어 있다.

연습문제

1. 재무상태표의 자산 항목에 해당하지 않는 것은? (2022 공인노무사)

① 미수금 ② 단기대여금 ③ 선급금 ④ 이익준비금 ⑤ 선급비용

2. 다음의 주어진 자료를 이용하여 산출한 기말자본액은? (2022 공인노무사)

〈자료〉	
기초자산: 380,000원,	기초부채: 180,000원
당기 중 유상증자: 80,000원,	당기 중 현금배당: 40,000원
당기순이익: 100,000원	

① 260,000원 ② 300,000원 ③ 340,000원 ④ 380,000원 ⑤ 420,000원

3. 회계거래 분개에 관한 설명으로 옳은 것은?

① 매입채무의 증가는 차변에 기록한다.
② 장기대여금의 증가는 대변에 기록한다.
③ 자본금의 감소는 차변에 기록한다.
④ 임대료 수익의 발생은 차변에 기록한다.
⑤ 급여의 지급은 대변에 기록한다.

4. 공장을 신축하고자 1억원의 토지를 현금으로 취득한 거래가 재무제표 요소에 미치는 영향은 ? (2021년 공인노무사)

① 자본의 감소, 자산의 감소
② 자산의 증가, 자산의 감소
③ 자산의 증가, 자본의 증가
④ 자산의 증가, 부채의 증가
⑤ 비용의 증가, 자산의 감소

5. 유형자산에 해당하는 항목을 모두 고른 것은?

ㄱ. 특허권	ㄴ. 건물	ㄷ. 비품	ㄹ. 라이선스

① ㄱ, ㄴ　② ㄴ, ㄷ　③ ㄱ, ㄴ, ㄷ　④ ㄴ, ㄷ, ㄹ　⑤ ㄱ, ㄴ, ㄷ, ㄹ

정답 1. ④　2. ③　3. ③　4. ②　5. ②

찾아보기

ㅅ

ㅇ

ㅈ

ㅊ

ㅋ

ㅌ

ㅍ

ㅎ

기타

저자 약력

이창대(李昌大) 교수

국립목포대학교 경영학부 교수

서강대학교 대학원 경영학 박사
대한상공회의소 산업부 연구원
캘리포니아 리버사이드대학(Univ. of Calfornia at Riverside) 교환교수
목포대학교 전임강사, 조교수, 부교수, 교수
목포대학교 전략경영연구소장
목포대학교 교무부처장
목포대학교 교수평의회 부의장
목포대학교 국제교류교육원장
목포대학교 경영대학장

[저서]
사용자중심의 Smart 원가회계, 유원북스
사용자중심의 Smart 관리회계, 유원북스
경영학의 이해, 정독
회계학의 이해, 정독

조영석(曺永奭) 교수

국립목포대학교 경영학부 교수

부산대학교 경영대학 회계학과 졸업
건국대학교 대학원 경영학 박사
미국 델라웨어주립대학(Delaware State University) 교환교수
국립목포대학교 전임강사, 조교수, 부교수, 교수
국립목포대학교 전략경영연구소장
국립목포대학교 창업지원센터장
국립목포대학교 경영대학장
국립목포대학교 경영행정대학원장
한국금융공학회 논문편집위원장, 학회장
한국재무관리학회, 한국재무학회, 한국기업경영학회 부회장

[저서 및 논문]
재테크 시작하기, 율곡출판사
사회적 신뢰와 한국 경제, 고려대학교출판문화원
세계사를 바꾸어 놓은 기독교 설교, 부산대학교출판부
기업가치를 창조하는 IR, 한국IR협의회
포트폴리오관리론, 한국금융연수원
"Information Contents of Stock Lending and Borrowing Transactions in Korea"
「우리나라 금융교육의 방향성 탐구」 등 76편

제2판
경영학의 이해

초판 발행 2023년 2월 20일
제2판 발행 2026년 1월 5일

지은이 이창대 · 조영석
펴낸이 김중용
편 집 심성보
펴낸곳 도서출판 정독
경기도 고양시 일산서구 하이파크로 113, 102-204
등록 제406-2014-000093호

전 화 031)924 - 7203 팩 스 031)935 - 0345
홈페이지 www.jeongdok.co.kr 이메일 admin@jeongdok.co.kr
ISBN 979 - 11 - 6858 - 414 - 3 93320

정 가 22,000원